十三經清人注疏

公羊義疏

六

〔清〕陳立 撰

劉尚慈 點校

歸無惡於弒立也。歸無惡於弒立者何？靈王爲無道，作乾谿之臺，三年不成。楚公子棄疾脅比而立之。然後令于乾谿之役曰：「比已立矣，後歸者不得復其田里。」衆罷而去之，靈王經而死。【注】時棄疾詐告比得晉力可以歸，至而脅立之。比之義，宜效死不立，而立，君因自經，故加弒也。言歸者，謂其本無弒君而立之意，加弒，責之爾。不日者，惡靈王無道。封内地者，起禍所由，因以爲戒。【疏】舊疏云：「歸無惡於弒立也者，言所以書其歸者，正於弒虔之時，比無惡。」靈王經而死者，舊疏云：「謂縣縊而死也。」按：論語憲問篇：「自經於溝瀆。」王曰：「經，經死於溝瀆中也。」國語晉語：「申生雉經。」史記田單傳：「遂經其頸於樹枝。」索隱：「經，猶繫也。」廣雅釋詁：「經，絞也。」荀子彊國篇注：「經，縊也。」左傳亦云：「王縊于芋尹〔一〕申亥氏。」繁露王道云：「楚靈王行强乎陳、蔡，意廣以武，不顧其行；慮所美，内罷其衆。乾谿有物女，水盡則女見，水滿則不見。靈王舉發其國而役，三年不罷，楚國大怨；有行暴意，殺無罪臣成然，楚國大懣。公子棄疾卒令靈王父子〔二〕自殺，而取其國。虞不離津澤，農不去疇土，而民相愛也〔三〕。此非盈意之過耶！」又曰：「觀乎楚靈，知苦民之壤。」盧注：「壤，猶傷也。」又五行相勝云：「土者，君之官也，其相司營。司營爲神，主所爲，皆曰可；

〔一〕「芋尹」，原訛作「芊尹」，叢書本同，據左傳校改。芋尹，楚國、陳國的職官名。
〔二〕「父子」二字原脱，據春秋繁露校補。
〔三〕「而民相愛也」五字原脱，叢書本同，據春秋繁露校補。

主所言，皆曰善。諂順主指，聽從爲比。進主所善，以快主意。導主以邪，陷主不義。大爲宮室，多爲臺榭，雕文刻鏤，五色成光；賦歛無度，以奪民財；多發傜役，以奪民時；作事無極，以奪民力；百姓愁苦，叛去其國，楚靈王是也。作乾谿之臺，三年不成，百姓罷弊而叛，及其身弑。夫士者，君之官也，君大奢侈，過度失禮，民叛矣。其民叛，其君窮矣，故曰木勝土。」新語懷慮云：「楚靈王居千里之地，享百邑之國，不先仁義而尚道德，作乾谿之臺，立百仞之高，欲登浮雲〔一〕，窺天文，然身死於棄疾之手。」淮南泰族訓：「靈王作章華之臺，發乾谿之役，外内騷動，百姓罷敝，棄疾乘民之怨而立公子比。百姓放臂而去之，餓於乾谿，食莽飲水，枕塊而死。」易林需之泰：「楚靈暴虐，罷極民力，禍起乾谿，棄疾作毒，扶仗〔二〕奔逃，身死亥室。」是皆以弑君謀起棄疾，故比歸無惡於弑立也。左傳與此小異，亦云：「蔡公使須務牟與史狎先入，因正僕人殺太子禄及公子罷敵。公子比爲王。」又云：「公子棄疾爲司馬，先除王宮。使觀從從師于乾谿，而遂告之。且曰：『先歸復所，後者劓。』師及訾梁而潰。」與此會乾谿之役語大同。○注「時棄」至「立之」。○舊疏云：「正以經書自晉，故得爲有力之義，故如此解。」校勘記云：「此本『晉』誤『有』，『可』誤『司』，今據諸本訂正。」按：紹熙本不誤。○注「比之」至「弑也」。○繁露王道云：「觀乎楚公子比，知臣子之道，效死之義。」通義云：「高閎曰：棄疾不得比之勢，則無以濟其亂。比見利而動，遽欲爲君。則成楚

〔一〕「欲登浮雲」，原訛作「雖登浮文」，叢書本同，據新語校改。

〔二〕「扶仗」，原訛作「扶伏」，叢書本同，據易林校改。仗或作杖。

靈之弒者，乃比也。若使人受其名，己享其利，後世姦人苟有藉口以濟其私者，莫不皆置力焉。故聖人正名，比之弒君，所以絶後世姦人之禍也。」是則君弒由於比立，故比宜坐弒。比之義，宜效死不立，下傳文。○注「言歸」至「之爾」。○桓十五年傳：「『歸者，出入無惡』，故爲明其〔一〕本無弒君而立之意。加弒，責之，即責其不效死而立也。」穀梁傳：「自晉，晉有奉焉爾。歸而弒，不言歸，言歸，非弒也。歸一事也，弒一事也，而遂言之，以比之歸弒，比不弒也。」是亦以比不弒君，故弒爲加弒焉。校勘記出「謂其本無弒君而立之意」，云：「諸本同，誤也。鄂本『謂』作『明』。疏引注同，當據正。」按：紹熙本亦作「明」。又出「加弒，責之爾」，云：「此本疏中引注作『加殺』，閩、監、毛本亦改作『弒』。」○注「不日」至「無道」。○舊疏云：「正以宣二年『秋，七月，乙丑，晉趙盾弒其君夷獋』；四年，『夏，六月，乙酉，鄭公子歸生弒其君夷』，則春秋之義不問加弒與否，例皆書日。此不日，故解之。」按：晉靈亦無道而日者，晉靈止宮中虐戾，害不及民，又有趙盾諸人執政，非如楚靈之黷武樂禍，外肆殄滅，內極力役，殃民淫刑，多行不義，故不日以惡無道。○注「封內」至「爲戒〔二〕」。○宣九年、襄七年、下二十五年等傳「諸侯卒其封內，不地」，此地，故解之。宣九年：「晉侯黑臀卒于扈。」傳：「此何以地？卒于會，故地也。」注：「起時衰多窮厄伐喪。」而卒于諸侯會上，故地，危之。襄七年：「鄭伯髡原卒于操。」傳：「此何以地？隱之也。何隱爾？弒也。」下二

〔一〕「爲其明」三字，公羊注疏原文作「云」。
〔二〕「封內至爲戒」，原訛作「致內至爲戒」，據【注】文校改。

十五年：「宋公佐卒于曲棘。」傳：「此何以地？ 憂内也。」注：「時宋公聞昭公見逐，欲憂納之，至曲棘而卒，故恩録之。」是則諸侯卒其封内不地。 今此靈王見弒，由於乾谿，故著地以爲戒也。 潛研堂答問云：「楚子虔弒于乾谿，書其地，著役之久也。 君親出師，久而不歸，禍之不旋踵宜矣。 楚之强，莫强于虔，伐吴執慶封，滅賴，滅陳蔡，史不絶書，而無救于弒者，無德而有功，天所惡也。」

○楚公子棄疾弒公子比。【疏】左氏、穀梁「弒」作「殺」。 孔氏音義云：「『弒』，二家經作『殺』。」 若然，則比專得弒君之罪，而棄疾反類於討賊之人矣，不亦頗乎？ 此條及晉里克弒其君之子奚齊，公羊經文皆特長於左、穀。」

比已立矣，其稱公子何？【注】据齊公子商人弒其君舍。【疏】注「据齊」至「舍〔一〕」。 ○文十四年彼傳云：「此未踰年之君也，其言弒其君舍何？ 己立之，己殺之，成死者〔二〕而賤生者也。」注：「惡商人懷詐無道，故成舍之君號，以賤商人之所爲。」則彼未踰年見弒稱君，此亦未踰年君稱公子，故据以難。 舊疏所以不据僖九年「晉里克弒其君之子奚齊」者，正以取成君之號以難公子義强也。

其意不當也。【注】据上傳知其脅。【疏】注「据上傳知其脅」。 ○即上傳云：「楚公子棄疾脅比而立

〔一〕據文例，標示注文起訖皆爲二字，則「舍」上當補「君」字。
〔二〕「死者」，原訛作「使者」，叢書本同，據公羊注疏校改。

之。」繁露王道云：「楚公子比脅而立，而不免於死。」是也。穀梁傳曰：「當上之辭也。當上之辭者，謂不稱人以殺，乃以君殺之也。討賊以當上之辭，殺非弒也。比之不弒〔一〕有四，取國者稱國以弒，楚公子棄疾殺公子比，比不嫌也。春秋不以嫌代嫌，棄疾主其事，故嫌也。」是亦以比無弒君之意，與此同。惟彼經弒作殺，故以當上之辭爲解，果爾，則經當書楚殺其大夫公子比矣，故當從公羊作「弒」。

其意不當，則曷爲加弒焉爾？【注】據王子朝不貶。【疏】注「據王子朝不貶」。○下二十二年：「尹氏立王子朝。」注：「子朝不貶者，年未滿十歲，未知欲富貴，不當坐，明罪在尹氏。」是則子朝不貶，此亦不當加弒，故据以難。

比之義宜乎效死不立。【疏】通義云：「卷緇而比出，比歸而虔縊，比自謂於虔，無一日君臣之義。然而君子惡比受棄疾之君，已而樂成其弒也。故歸弒於比，以爲後世大防。比不立而弒虔，謂之討賊；比立而殺虔，是弒而已矣。」孔氏此論可謂持平矣。故吴光弒僚致國季子，季子不受，去之延陵，終身不入吴國，君子以其不受爲義，於其來聘焉賢之。其不殺光者，札力不能討，君子恕之。若受光之讓，能逃弒君之罪乎？可與比事反觀也。效死不立，猶孟子之「效死勿去」，謂甯死不立也。經韻樓集云：「此以上釋上文經書『公子比弒其君虔于乾谿』也。」「比實未弒，經書『弒其君虔』，上傳未釋，故於此既釋仍稱公子比之下，補釋上文所以書弒之意。謂比之義，宜乎效死不立，不當爲棄疾所脅也。受脅而首亂，故云弒。」

〔一〕「弒」，原訛作「殺」，叢書本同，據穀梁傳校改。

大夫相殺稱人，此其稱名氏以弒何？【注】据經言弒公子比也。【疏】文十六年傳：「大夫相殺稱人。」通義云：「難不言楚人，又不言殺公子比意。」

言將自是爲君也。【注】故使與弒君而立者同文也。不言其者，比實已立，嫌觸實公子，弃疾則楚子居也。【疏】正以棄疾弒比之後，即自爲君，故注云：「使與弒君而立者同文也。」舊疏云：「同文，即文十四年『齊公子商人弒其君舍』是也。」通義云：「棄疾奉比爲王，而已爲之司馬。比雖不成君，棄疾固君之矣。故經曰『弒公子比』，既不與比以君之名，仍罪棄疾以弒之實。春秋〔一〕一言而權衡，各當如此。」經韻樓集云：「經有殺謂爲弒者乎？曰：有，公羊經昭十三年『楚公子棄疾弒公子比』是也。既言弒，則下當言其君比，不得云公子比也。既言公子比，則上當言殺。兩相殺耳，不得云弒也。春秋言弒其君者二十三，言弒吴子、弒蔡侯者各一，言弒其君之子者一，總爲二十六，皆君也。未有書弒公子者也。公子比被脅爲亂首，故春秋正其罪，曰弒其君，所以儆天下後世倉皇被脅首亂以成篡弒者也。公子棄疾殺之，如衛人殺州吁、蔡人殺陳佗，討賊之辭如〔二〕此。不言楚人殺公子比，而系之楚公子棄疾者，棄疾非有討賊

〔一〕「春秋」二字原脱，據公羊通義校補。

〔二〕「如」字原脱，據經韻樓集校補。

之誠，主於自立而已矣〔一〕，深惡之也。比雖自立爲王〔二〕，不可言弒比，言弒者，是殺州吁、殺陳佗皆當言弒也。左氏、穀梁皆作殺，惟公羊作弒。傳曰：『此其稱名氏以弒何？』於春秋書法大不合，由今考之，乃何劭公之誤，而傳未嘗誤。公羊經楚公子棄疾殺公子比固與左、穀同也。傳曰：『大夫相殺稱人，此其稱名氏以殺何？』稱名氏以殺，與稱人以殺爲異文，異在稱人、稱名氏，不在稱殺與弒。經著於竹帛者既譌，何氏又襲譌爲注，此何氏之學主於株守，不知正誤，故往往經闕文，猶臆爲之説。而此尤於大義有傷也。」按：段説非是。經文如作殺，則傳文但云「大夫相殺稱人，此其稱名氏何」可矣，何爲連以弒問〔三〕之？正以將爲君，故加弒文也。如以州吁、陳佗爲比，則當書楚人殺公子比，何爲特著棄疾？棄疾非同謀之人，猶可曰以討賊予之也。弒君之事起于棄疾，本欲先脅比立，後再去比，其弒比之心即萌於弒虔之時。故觀從謂子干曰：「不殺棄疾，雖得國，猶受禍也。」是其心路人皆知矣。晉惠殺里克，猶不予以討賊辭，況曾所臣事之君，復予之討賊辭乎？棄疾爲子比司馬，無論其誠心臣事與否，其君臣之名無以易也，春秋書弒公子比，非以成死者，乃以賤生者也。故楚世家亦云：「平王以詐弒兩王而自立也。」潛研堂答問云：「楚公子比之弒君，棄疾成之，而比獨主惡名者，奸君位也。而棄疾之惡終不可掩，故以相殺爲文，著其罪同。」彼雖左、穀相殺爲説，而義則本公羊。若如段氏謂未有書弒公子者，春秋無達例，如弒君之

〔一〕「矣」，原訛作「是」，據經韻樓集校改。
〔二〕「爲王」二字原脱，據經韻樓集校補。
〔三〕「問」，原訛作「聞」，叢書本不誤，據改。

子，闔弒吴子，盜弒蔡侯，皆别無所見，何獨於弒公子疑之？比之稱公子，猶餘祭申之，不稱其君稱爵也爾。○注「不言」至「公子」。○莊二十二年「陳人殺其公子禦寇」，下十四年「莒殺其公子意恢」，皆言其，此不言其，故解之。正以若言其，則似實公子，明比已爲君故也。○注「棄疾」至「居也」。○校勘記云：「鄂本同。閩、監、毛本『則』作『即』，疏同。」楚世家云：「棄疾即位爲王，改名熊居，是爲平王。」下二十六年「楚子居卒」是也。

○秋，公會劉子、晉侯、齊侯、宋公、衛侯、鄭伯、曹伯、莒子、邾婁子、滕子、薛伯、杞伯、小邾婁子于平丘。【疏】杜云：「平丘在陳留長垣縣西南。」大事表云：「寰宇記：『在封丘縣東四十里，蓋縣與封丘接境。』陳留風俗傳曰：『衛靈公所置邑。』」水經注濟水篇：「又東過平丘縣南，北濟也，縣故衛地也。春秋魯昭公十三年，諸侯盟于平丘是也。」按：一統志：「在大名府長垣縣西南五十里。」

○八月，甲戌，同盟于平丘。【注】不舉重者，起諸侯欲討棄疾，故詳録之。不言劉子及諸侯者，間無異事可知矣。【疏】包氏慎言云：「八月書甲戌，月之十日。」差繆略云：「甲戌，穀梁作庚戌。唐石經穀梁泐，注疏本亦作甲戌。」○注「不舉」至「録之」。○文十四年：「公會宋公以下同盟于新城。」彼亦會盟並有，經止書盟，舉其重者也，不别言會于某。此會盟並舉，故解之。欲討棄疾者，舊疏云：「諸侯欲討棄疾。以上有棄疾弒君之事，下傳有諸侯遂亂之言，故知於閒詳録此會，欲討之矣。」蓋以凡詳録者，皆所善故也。按：繁露隨本消息云：「諸侯會于平丘，謀誅楚亂臣。」是公羊舊義也。○注「不言」至「知矣」。○舊疏云：「春秋之義，會盟咸有而間隔事者，則重言諸侯，即定四年：『三月，公會劉子、晉侯以下于召陵，侵楚。』『夏，四月，蔡公孫歸姓帥師滅沈，以沈子嘉歸，殺之。』『五月，公及諸侯盟于浩油。』然則，彼由間有隔事，劉子不與盟，是以重出諸侯。今則間無隔事，劉子復與盟，是以不勞重出劉子及諸侯，見其可知矣。」

公不與盟。晉人執季孫隱如以歸。公至自會。

公不與盟者何？公不見與盟也。【注】時晉主會，疑公如楚，不肯與公盟，故諱使若公自不肯與盟。【疏】注「時晉」至「與盟」。○舊疏云：「言時晉主會者，以此會劉子在其間，故須辨之。知非劉子主會者，以當時天子微弱故也。知疑公如楚，不肯與公盟者，正以上七年『三月，公如楚』，『九月，公至自楚』；十一年『公如晉，至河乃復』，是其見疑，不得入晉故也。」按：繁露隨本消息云：「魯昭公以事楚之故，晉人不入。楚國强而得意，一年再會諸侯，伐强吴，爲齊誅亂臣，遂滅厲。魯得其威以滅鄫，其明年如晉，無河上之患，先晉昭之卒一年無難。楚國内亂，臣弒君，諸侯會于平丘，謀誅楚亂臣，昭公不得與盟，大夫見執。」「由此觀之，所行從不足恃，所事者不可不慎，此亦存亡榮辱之要也。」按：其明年句有譌脱，是實晉辭公，不與公盟，春秋諱使若公自不與盟也。鄂本「肯」作「肎」，下同。

公不見與盟，大夫執，何以致會？【注】据得意乃致會。【疏】注「据得」至「致會」。○莊六年注云：「公與二國以上出會盟，得意致會，不得意不致。」是也。今此平丘之盟，公見拒，君子恥見拒，榮見與也，又大夫被執，不得意可知。今乃致會，故据以難。

不恥也。曷爲不恥？【注】据扈之會，公失序，恥之。【疏】注「据扈」至「恥之」。○舊疏云：「即文七年『秋，八月，公會諸侯、晉大夫盟于扈』，傳：『諸侯何以不序？大夫何以不名？公失序也。公失序奈何？諸侯不可使與公盟，昳晉大夫使與公盟也。』注：『爲諸侯所薄賤，不見序，故深諱爲不可知之辭。』是也。」

諸侯遂亂，反陳、蔡。君子不恥不與焉。【注】時諸侯將征棄疾，棄疾乃封陳、蔡之君，使説諸侯，諸侯從陳、蔡之君言，還反，不復討楚，楚亂遂成，故云爾。公不與盟，不書成楚亂者，時不受盟也。諸侯實不與公盟，而言公不與盟者，遂亂，雖見與，公猶不宜與也，故因爲公張義。【疏】校勘記云：「唐石經、諸本同。此本脱上『不』字，今補正。」○注「時諸」至「云爾」。○史記楚世家：「平王以詐弑兩王而自立，恐國人及諸侯叛之，乃施惠百姓，復陳、蔡之地而立其後如故。」彼雖無諸侯討棄疾事，棄疾實恐懼諸侯，乃封二國也。諸侯從陳、蔡君言，還反，不復討楚，或何氏以意言之。封陳、蔡君事見下。廣雅釋詁：「遂，竟也。」楚亂遂成，謂竟成也。遂亦有成義，國語晉語：「吾必遂矣。」注：「遂，成也。」遂亂猶言成亂也，義較直捷。通義云：「時實棄疾復封陳、蔡，諸侯因楚亂而飾爲己功，君子恥之，故以不與者爲無恥也。」○注「公不」至「盟也」。○校勘記出「時不受賂也」，云：「諸本同。疏引桓二年傳受賂以證之，此本作受盟，盟字剜改，今訂正。」按：紹熙本亦作「受賂」。此決桓二年書「公會齊侯以下于稷」書「以成宋亂」。彼經又云：「夏，四月，取郜大鼎于宋。戊申，納于太廟。」傳：「何以書？譏。何譏爾？遂亂受賂，納于太廟，非禮也。」注：「道此者，以春秋之義，諱内惡。」公不與盟，而楚亂遂，非内惡，例所不諱，故直書公不與盟，明非受賂，故無惡不恥也。然則，桓公受賂亦内惡，春秋不諱者，彼注云：「桓公本弑隱而立，君子疾同類相養，小人同惡相長，故賤不爲諱也。」是也。○注「諸侯」至「張義」。○舊疏云：「上注云『故諱使若公自不肯與之盟』，今又言此者，正以諸侯遂亂，是以魯侯不肯與之盟。然則上下二注，彌縫爲義，非別解。云因爲公張義者，謂書公不與盟，非直爲國諱，因見諸侯遂亂大惡，公亦不宜與，故言因爲公〔一〕張義也。」

○蔡侯廬歸于蔡。陳侯吴歸于陳。

此皆滅國也，其言歸何？【注】据歸者有國辭。【疏】注「据歸」至「國辭」。○舊疏云：「即僖三十

〔一〕「爲公」，原訛倒爲「公爲」，據公羊注疏乙正。

年『秋，衛侯鄭歸于衛』之屬是也。」

不與諸侯專封也。【注】故使若有國自歸者也。名者，專受其封，當誅。書者，因以起楚封之。所以能起之者，上有存陳文，陳見滅，無君所責。又蔡本以篡見殺，但不成其子，不絕其國，即諸侯存陳〔一〕，當有文實也。【疏】注「故使」至「者也」。○校勘記云：「毛本有『也』字，此本實缺，蓋衍字。」通義云：「吳，世子偃師之子；廬，世子有之子也。有子不絕者，罰弗及嗣。猶燬，朔之子，無絕義也。名者，皆始立國，文無所承也。傳言不與諸侯專封者，謂楚專封之，與彭城、慶封傳文同自明。或因上言諸侯遂亂反陳、蔡，而疑爲平丘會上諸侯者，非傳及何氏之意。然反復經文，陳、蔡之爲受封于楚，實無迹可尋。蓋邢、衛、緣陵，雖犯專封之咎，猶爲興滅國繼絕世。此則楚滅之，而楚自復之，安足爲德？且棄疾本以利動，故直略之，不復爲文實。壹若陳、蔡之自紹其國者。而不與楚之義嚴矣，此即春秋貴明義不貴明事之效也。」舊疏云：「宜言不與楚專封，而云『不與諸侯專封』者，宣十一傳：『此楚子也，其稱人何？諸侯之義不得專封也。』是楚得言諸侯之義矣。而舊云楚子初無封陳、蔡之意，但畏諸侯之誅，遂許封陳、蔡之子孫。陳、蔡爲之請于諸侯，諸侯止不伐楚，楚乃封陳、蔡。然則陳、蔡得封，本由諸侯，故傳言諸侯以明之。」按：舊疏所引舊説，即孔氏所駁之或説也。不與諸侯專封，即是不與楚子專封，見凡諸侯皆不與，故傳不明斥楚子也。言楚子，嫌別諸侯得專封矣。故僖元年、二年、十四年，齊桓封邢、衛、杞，皆不言齊桓，

〔一〕「陳」，當作「之」，説見下【疏】引阮元校勘記。

亦統斥不與諸侯專封也，是其義也。○注「名者」至「當誅」。○舊疏云：「諸侯之式，不合生名，今陳、蔡之君，既已稱爵，而書名者，正以諸侯之封，宜受于天子，而受國于楚，故名之，見當誅討，不合爲諸侯矣。」包氏慎言云：「邢以自遷爲文，猶蔡、陳之以自歸爲文也，奪其專封，所以彊王義也。誅而稱名，黜之使在微者例。」按：邢、衛、杞亦受封諸侯，而經不書名示誅者，蓋爲桓公諱。桓公存亡繼絶，春秋文不與而實與，故受封者亦從恕。棄疾封陳、蔡，非齊桓比，故於陳、蔡之受封，即書名張義。蓋陳、蔡之君貶，其邢、衛、杞亦宜從黜削例也，非邢、衛、杞可不名也。○注「書者」至「封〔一〕之」。○校勘記云：「此本疏引『因』作『固』。」舊疏云：「言主書此事者，非直惡陳、蔡之君不受天子之命，亦因以起楚封之。」按：如此注義，則舊説謂平丘之諸侯封之者，頗矣。○注「所以」至「實也」。○校勘記出「無君所責」，云：「鄂本同。疏及閩、監、毛本皆作『無君無所責』。」按：紹熙本亦作「無君無所責」。又出「即諸侯存陳」，云：「閩、監、毛本作『諸侯存之』，此作『陳』，誤。」按，解云：非謂上會諸侯墠地封之，若是上會諸侯墠地封之，當如救邢城楚丘之屬，傳亦有文實之文。然則存之，當作封之矣。」按：紹熙本亦作「存之」。按：上九年「陳火」，傳：「陳已滅矣，其言陳火何？存陳也。」注：「陳已滅，復火者，死灰復燃之象也。此天意欲存之，故從有國記災。」是上有存陳文也。春秋凡書災異者，皆示變人君，責其修政。今陳已滅，無君更無所責，故知爲天欲示存陳，爲死灰復然象也。又襄三十年「蔡世子般弑其君固」，至上十一年「楚子虔誘蔡侯般殺之于

〔一〕「封」，原訛作「貶」，據【注】文校改。

申」，是蔡侯以篡見殺也。彼又云：「楚師滅蔡，執蔡世子有以歸，用之。」傳：「其稱世子何？不君靈公，不成其子。」是也。蔡般弒父篡立，楚子誅之，春秋不成其子，示誅君之子不立之義。然國無絶理，故書滅蔡。所以書滅者，僖五年傳：「滅者，亡國之善辭。」注：「言王者，起當存之，故爲善辭也。」傳又云：「滅者，上下同力者也。」注：「言滅者，臣子與君勠力一心共死之辭。」是書滅，正爲不絶其國也。陳、蔡國皆應存，楚因其二君之後在楚，就而封之，知非諸侯存之明矣。舊疏云：「若是上會諸侯墠地封之，當如救邢城楚丘之屬，傳亦有文實之文。宜云〔一〕城陳、蔡。傳云：『孰城之？諸侯城之。曷爲不言諸侯城之？不與諸侯專封。曷爲不與？實與而文不與。文曷爲不與？諸侯之義，不得專封。諸侯之義不得專封，則其曰實與之何？上無天子，下無方伯，天下諸侯有相滅亡者，力能存之則存之可也。』」注所謂當有文實也。然則，春秋於棄疾無實與義，故使若自歸辭。穀梁傳曰：「此未嘗有國也，使如失國辭然者，不與楚滅也。」不與楚之滅，其書滅陳、書滅蔡是也。惟彼無不與專封義爾，餘與此同。

○冬，十月，葬蔡靈公。【注】書葬者，經不與楚討，嫌本可責復讎，故書葬，明當從誅君論之，不得責臣子。【疏】注「書葬」至「臣子」。○上十一年傳：「楚子虔何以名？絶。曷爲絶之？爲其誘討也。此討賊，雖誘之，曷爲絶之？懷惡而討不義，君子不與也。」是不與誘討也。既不與楚誘討，嫌不書葬，爲責

〔一〕「宜云」上，徐彦疏原文尚有「若作文實之文」六字，此脱。

蔡臣子當復讎。以隱十一年傳云「然則何以不書葬？春秋君弑，賊不討不書葬，以爲無臣子故也」，今靈公爲楚誘殺，春秋書葬，不責蔡臣子者，以蔡般弑父自立，人人得誅，蔡之臣民宜皆同仇，故不責復讎，而書葬如恒，見當從誅君論也。與桓十八年「公薨于齊」下云「葬我君桓公」者異。彼傳云：「賊未討，何以書葬？仇在外也。仇在外，則何以書葬？君子辭也。」注：「時齊强魯弱，不可立得報，故君子量力不責焉。」此楚强蔡弱，春秋亦宜量力不責。知非爲恕臣子辭者，以傳無君子辭也之文。又彼方責莊公與仇狩，故於其葬焉恕之也。又魯桓亦弑兄而立，而春秋不從誅君論，不責復仇者，以魯桓會不致，已爲奪臣子辭，成誅文。故於其葬也，不復示絶，爲春秋惟壹譏而已故也。通義云：「書葬者，爲廬仲討賊之志也。志苟不忘復仇，雖假手於楚，猶蔡討也，亦葬陳靈公之意也。」義似迂回。

○公如晉，至河乃復。

○吴滅州來。

【注】不日者，略兩夷。【疏】杜云：「州來，楚邑。」按：吴自成七年入州來，是年始滅，當是國名。杜以爲楚邑，非。若是邑，不得言滅。若果楚邑，當書吴伐楚取州來矣。哀二年「蔡遷于州來」時，州來爲吴邑，畏楚遷近吴也。故彼年左傳云：「蔡請遷于吴也。」○注「不日者，略兩夷」。○校勘記云：「解云：考諸舊本，日亦有作月字者。春秋上下滅例書月，然則爲日字者，誤。按，三十年冬『十有二

月，吴滅徐』，疏引此注云：『不月者，略兩夷。』此處疏本仍作『日』。」按：舊疏又云：「上四年『秋，七月，遂滅厲』，注云：『莊王滅蕭日，此不日者，靈王非賢，責之略。』然則，吴子夷昧兄弟立謀讓位季子，即爲賢者，而反滅人，宜亦書日以責之，而不日者，正以兩夷相滅，故略之。」此舊疏据誤本而傅會爲此説也。夷昧雖讓國，有賢行，非楚莊之比，不必据以相例。且彼楚莊因有王言，與滅國事反，故得日責之也。下三十年注：「至此乃月者，所見世始録夷狄滅小國也。」不從上州來見義者，因有出奔可責故也。以彼言之，知此文無月，故注就不月解之也。文承十月之下言無月者，不蒙上月，蓋不在十月内也。

○十有四年，春，隱如至自晉。【疏】通義云：「一事而再見者卒名，常辭也。左傳不達，乃以僑如爲尊夫人，隱如爲尊晉，尊夫人或可通，尊晉則尤與内其國之義乖戾。」

○三月，曹伯滕卒。

○夏，四月。

○秋，葬曹武公。

○八月，莒子去疾卒。【注】入昭公卒不日。不書葬者，本篡，故因不序。【疏】注「入昭」至「不序」。

○舊疏云：「春秋之義，所傳聞之世，略於小國不書其卒，至所聞之世，乃始書之，即文十三年『邾婁子籧篨卒』之徒是也。至所見之世，文致太平，書小國而録之，卒日葬時，即下二十八年『秋，七月，癸巳，滕子甯卒。冬，葬滕悼公』之屬是也。今此莒君，入昭公所見之世，宜令卒日葬時，而不卒日，復不書其葬者，正由本是篡人，故因略之，不序其卒日，亦不序其葬矣。其本篡者，即上元年『秋，莒去疾自齊入于莒』是也。然則春秋之義，篡明者例書葬，即衛晉、鄭突、齊小白、陽生之徒是。今此去疾於上元年亦有『自齊入于莒』之文，即是篡明，例合書葬，但以本篡，故因不序。然則，入昭公所見世，小國之卒，例合書日，而上『三月，曹伯滕卒』亦不日者，莊二十三年冬十一月『曹伯射姑卒』之下，何氏云：『曹伯達於春秋，當〔一〕卒月葬時也。』如卒日葬月，嫌與大國同，故復卒不日。入所聞世，可日不復日。然則，曹伯終生於桓十年時，以春秋敬老重恩之故，而得卒日葬月，以爲太平，是以入所見之世，雖例可日亦不復日，是故上文卒曹伯不書日矣。」按：去疾篡明，宜書葬，不書者，爲下未踰年而殺其君之子，不孝尤甚，奪其嗣君辭，故不與其葬矣。舊疏未明莒始卒於成十四年「正月，莒子朱卒」，所聞世始卒，故不得日。此宜日而不日，故解之。

〔一〕「當」，原訛作「常」，叢書本同，據公羊注疏校改。

○**冬，莒殺其公子意恢。**【注】莒無大夫，書殺公子者，未踰年而殺其君之子，不孝尤甚，故重而録之。稱氏者，明君之子。【疏】注「莒無大夫」。○莊二十七年傳文。○注「書殺」至「録之」。○通義云：「莒無大夫，而曰公子意恢者，未踰年而殺其君之子，禍重，又以在近世，合録名氏也。若然，秦鍼、莒牟夷之屬皆得言以近書。傳輒發異義者，所見之世，雖録小國，事事載之，亦不勝文繁。其特書者，要各有主書之義，若秦亡母弟，莒殺公子。假令在所聞限，雖可責猶〔一〕不責，今而責之，即是以近書矣。」包氏慎言云：「襄三十年，『天王殺其弟年夫』，注：『王者得專殺。書者，惡失親親也。未三年不去王者，方惡不思〔二〕慕而殺弟，不與子行也。莒殺意恢，以失子行録。』然則，先〔三〕君之服未除，而行忍骨肉，尤君子所惡，失子行。言父喪未除方稱子，宜三年無改於父之道，乃殺先君之子，以失子行録，絶之於先君也。」○注「稱氏」至「之子」。○舊疏云：「小國大夫假令得見，皆不書氏，即莒慶之徒是也。今兼書公子者，欲明是君之子故也。若言莒殺意恢，無以明嗣子不孝。」按：喪服傳：「諸侯之子稱公子。」公子貫於先君，故稱氏，明爲先君子。蓋庶兄弟，若同母兄弟，宜如「天王殺其弟年夫」例矣。

〔一〕「猶」，原訛作「健」，叢書本同，據公羊通義校改。
〔二〕「思」，原訛作「意」，叢書本同，據公羊注疏校改。
〔三〕「先」，原訛作「尤」，叢書本不誤，據改。

○十有五年，春，王正月，吴子夷昧卒。【疏】釋文：「夷昧，音末，本亦作末。」唐石經、諸本作「眛」。按：舊疏本亦作「眛」。穀梁、左氏作「末」，則作「眛」是也，故釋文云。然説文日部有昧無眛。玉篇、廣韻昧眛兼收。漢書高帝紀：「漢軍方圍鍾離眛於滎陽。」師古曰：「眛，莫葛反，其字从本末之末。」即此入聲字也。

○二月，癸酉，有事于武宫。籥入，叔弓卒，去樂卒事。【疏】包氏慎言云：「二月書癸酉，据曆二月無癸酉，正月之十七日也。」鄭氏以此有事爲禘祭。曾子問疏：「熊氏云：『若喪祭及禘祫，祭雖過時，猶追而祭之。』故禘祫志云：『昭十一年，齊歸薨。十三年會于平丘。冬，公如晉，不得祫。至十四年乃追而祫之，十五年乃禘也。』」

其言去樂卒事何？【注】据入者言萬，去籥言名，不言卒事。【疏】注「据入」至「卒事」。○即宣八年「夏，六月，辛巳，有事于太廟。仲遂卒于垂。壬午，猶繹，萬入去籥」是也。彼言萬入，此言籥入；彼言去籥言名，此直言去樂，又彼不言卒事，故据以難。

禮也。【注】以加録卒事，即非禮，但當言去樂而已，若去籥矣，總言樂者，明悉去也。【疏】左傳亦云：「禮也。」杜云：「大臣卒，故爲之去樂。」○注「以加」至「去也」。○加録卒事，決宣八年不言卒事也。「即」猶「若」也，猶莊三十二年傳「寡人即不起」之「即」。言若非禮，但當如宣八年之書「去籥」，言去樂無爲録卒事矣。此言去樂，明樂悉去，與宣八年之去其有聲者、廢其無聲者殊也。明彼爲知其不可而爲之也。

君有事于廟，聞大夫之喪，去樂，【注】恩痛不忍舉。【疏】穀梁傳：「君在祭樂之中，聞大夫之喪，則去樂卒事，禮也。君在祭樂之中，大夫有變，以聞，可乎？大夫，國體也。古之人重死，君命無所不通。」注：「死者不可復生，重莫大焉。」是也。春秋説云：「或曰祭主於誠。君當祭，雖大夫之喪，不得以聞，非禮也。衛有太史曰柳莊，寢疾，公曰：『若疾革，雖當祭必告。』則知春秋之時，大夫之喪，必有當祭不告者矣。唐時，大臣喪，輒對仗奏。對仗奏者謂正當朝，不以狀言，但以口奏，唐太宗猶怒爲責之。誠以君臣一體，其疾也，親視之；其殮也，親臨之；其疾革也，必以狀言。然此當朝非當祭也，當祭以聞，去樂卒事。春秋備書之，以爲後世法。」

卒事。【注】畢其祭事。【疏】通義云：「去樂者，哀也。卒事者，君事重也。穀梁傳曰：『君在祭樂之中，大夫有變，以聞。』然非卿喪，不得以聞。檀弓曰：『衛有太史曰柳莊，寢疾，公曰：若疾革，雖當祭，必告。』明非有命，則不敢告，正以太史非卿故也。經言有事，不舉祭名者，略爲變禮張本。不主譏祭，與宣八年同例。」按：禮記檀弓：「君臨臣喪，以巫祝桃茢執戈。」注：「君聞大夫之喪，去樂卒事而往，未襲也。其已襲，則止巫，去桃茢。」則不止去樂卒事矣。孔疏：「鄭必知往者，以下云：柳莊之卒，衛侯不脱祭服而往，明其君有大臣之喪，亦當然也。聞喪而往，故知未襲也。」又：「按，喪大記云：大夫之喪，將大斂，君往。巫止于門外。祝先入。」蓋無祭事時然也。○注「畢其祭事」。○校勘記云：「閩、監、毛本『其』作『竟』。」按：紹熙本亦作「竟」，是也。

大夫聞君之喪，攝主而往。【注】主，謂己主祭者。臣聞君之喪，義不可以不即行，故使兄弟若宗人，攝行主事而往。不廢祭者，古禮也。古有分土無分民，大夫不世，己父未必爲今君臣也。孝經曰：「資于事父以事君，而敬同。」【疏】注「主謂」至「而往」。○禮記：「曾子問曰：『大夫之祭，鼎俎既陳，籩豆既設，不得成禮，廢者幾？』孔子曰：『九。』『請問之。』曰〔一〕：『天子崩，后之喪，君薨，夫人之喪，君之太廟火，日食，三年之喪，齊衰，大功，皆廢。』」故何氏謂主爲己主祭者也。君夫人喪，皆宜即往，祭不可廢，故使家人攝主卒事，恩義兩盡矣。通義云：「後魏清河王懌曰：『攝主者，攝斂神主而已，不暇待徹祭也。』何休云：『宗人攝行主事而往。』意謂不然，君聞臣喪，尚爲之不繹，況臣聞君喪，豈得安然代主終祭也？廣森謂大夫聞君之喪，不得終祭。曾子問固言之矣，蓋陰厭而事主之禮畢，酳獻而事尸之禮畢，故攝主與尸事對文，以爲節也。禮曰：『士不攝大夫。』若兄弟宗人爲士者，即不可使攝。若同爲大夫，同當奔喪，又孰相爲攝？益知解詁錯誤。」按：孔說非是。大夫聞君之喪，無論何時，即行前往，祭事使人攝行。聞大夫之喪，哀殺，故俟事畢而往。至士不攝大夫，自謂不爲喪主耳。非祭事也，獨不聞大夫士無主乎？如孔說，則必以此攝主爲攝神主矣。凡尸未入之前，設饌于奧，謂之陰厭。少牢「司宮筵于奧」，祝設几于筵上，右之。此爲爲神布席也，不言及設主之事，知無主矣。無主何攝之有？淩先生禮說云：「大夫不終事而往，所以盡君臣之義，使人攝主而祭，所以全子姓之恩，恩義兩盡，未得厚非也。若祭無使人代之者，

〔一〕「曰」字原脱，據禮記正義校補。

饋食疏：『大夫以上尊，時至，唯有喪故不祭，餘吉事皆不廢祭，若有公事及病，使人攝祭。故論語：「孔子曰：吾不與祭，如不祭。」注：「孔子或出或病，不自親祭，使攝者爲之。」』據此知有攝主事矣。若以傳有攝主二字，遂指爲木主，然則曾子問：『卿、大夫、士從攝主，北面于西階南。』亦爲攝木主而行可乎？又按，曾子問：『天子崩，既殯而祭。其祭也，尸入，三飯不侑，酳不酢而已。』疏：『於時冢宰攝主。』然則亦以爲攝木主而行事可乎？難者曰：曾子問大夫之祭不得成禮，廢者，君薨、夫人喪在內，公羊傳何以不廢也？曰：曾子問：諸侯之祭社稷，聞天子崩、后之喪，廢。鄭注：『謂夙興陳饌牲器時。』則此云廢者，當亦指夙興時言。若接祭之後，當亦有不能廢者矣。不能廢而又不能不往，此攝主之説所由來與？且何氏云『不廢祭者，古禮也』，言古，以見今時有不然者矣。大夫之父，未必爲今君之臣，恩所不及，故不得廢其宗廟之祭。春秋以來譏世卿矣，世爲大夫，或不得終祭而往，而要皆非大夫有木主證也。」○注「不廢」至「臣也」。○此春秋之制也。春秋譏世卿，故大夫不世，則已父未必今君臣，故不廢祭，使人攝主也。其諸侯聞天子與后喪，則廢祭。諸侯世，其父祖莫非臣子也，與大夫禮殊。曾子問文雖大同，義實有殊，或彼據今禮言之。春秋援古以正今也。白虎通五行篇：「有分土無分民，何法？法四時各有分而所生者通也。」又諫諍篇：「其不待放者，亦與之物，明有分土無分民也。詩曰：『逝將去汝，適彼樂土。』」是也。○注「孝經」至「敬同」。○孝經士章文也。唐玄宗注：「資，取也。」疏：「以爲依孔傳。表記鄭注：『資，取也。』」是也。舊疏云：「何氏之義，以資爲取，言取事父之道以事君，所以得然者，而敬同故也。」「則何氏解孝經與鄭稱同，與康成異矣。」按：鄭稱説與康成注皆不可考。校勘記云：「閩、監、毛本同。浦鏜云：

『鄭偁』當『孔傳』之誤。梁玉繩云：鄭稱爲魏侍中，有『答魏武帝金輅之問』，見續漢書輿服志注。又魏志延康元年注引魏略言：『稱篤學大儒。』爲武德侯叡傅，叡即魏明帝也。丁杰云：『孝經鄭注據此處疏文，非康成，亦非小同，當是鄭稱。』孫志祖云：『徐彦疏云：與鄭稱同，與康成異。』則稱與康成爲二家明矣。」

大夫聞大夫之喪，尸事畢而往。【注】賓尸事畢而往也。日者，爲卒日。【疏】注「賓尸」至「往也」。○禮有司徹疏〔一〕：「鄭目録云：大夫既祭，儐尸於堂之禮。祭畢，禮尸於室中。」又注云：「徹室中之饋及祝佐食之俎。卿大夫既祭而儐尸，禮崇也。儐尸則不設饌西北隅，以此薦俎之陳有祭象，而亦足以厭飫神。」按：目録言大夫，兼上下言之。上大夫室中事尸，行三獻，禮畢，别行儐尸於堂之禮。其下大夫室内事尸，行三獻，無别行儐尸於堂之事。彼二語尸，一上大夫，一下大夫也。儐尸〔二〕於堂，室中無事，故徹室中之饋，及祝佐食之俎。如葅醢四豆也，五俎也，四敦也，兩鉶也，四瓦豆也，酌奠之觶也，皆正祭陳於室中者。祝佐食之俎，不皆在室中，祝二豆一俎在室，二佐食薦俎東階，悉徹之也。儀禮校勘記：「『儐』，徐本作『賓』。禮經或作『儐』，或作『賓』，通用，儐正字也。此作賓，與詩序同。」吴氏廷華儀禮章句云：「徹而儐尸，蓋以紓其象神之勞。」是也。通義云：「獻尸事畢，不賓尸也。假令當賓尸而聞喪，則亦獻尸而已，不獻賓兄弟以下也。」按：大夫聞君之喪，尚遣人攝主卒事。大夫聞大夫之喪，不過僚友之誼，何

〔一〕「疏」字原脱，叢書本同，以下引文出自有司徹之疏，據補。
〔二〕「尸」，原訛作「中」，叢書本不誤，據改。

遂不及賓尸也？獻尸自是正祭禮節，不得謂之尸事。傳明云尸事畢，自謂事尸事畢，明謂賓尸矣。或羞于尸侑主人主婦後也。天子諸侯之祭，明日而繹。君聞臣喪廢一時之祭，故不忍次日再繹。宣八年之譏「猶繹」是也。大夫既祭，即儐尸于堂，可以事畢而往。下大夫並無別行賓尸之事，即禮尸於室中爲加爵，禮尸則更可卒事矣。蓋主人實爵酬尸，尸奠爵于薦左後。可以從殺，或無獻賓、酢賓、酬賓、獻兄弟、獻内賓、獻私人各禮節與？○注「日者，爲卒日」。○舊疏云：「正以春秋之義，失禮鬼神例日。今非失禮，知日爲卒。」

○夏，蔡昭吴奔鄭。【注】不言出者，始封名言歸，嫌與天子歸有罪同，故奪其有國之辭，明專封。

【疏】左氏、穀梁作「蔡朝吴出奔鄭」，朝、昭字通。廣韻四宵〔一〕：「朝，早也，亦姓。左傳有蔡大夫朝吴。」按：漢鼂錯蓋其後，鼂即朝云。春秋王子朝，漢書古今人表作子鼂。左傳衛史朝，古今人表亦作史鼂。文選羽獵賦注：「朝、鼂古字通。」故鼂亦作晁。舊疏云：「此作昭吴字，又不言出者，所見之文異。」按，左氏、穀梁皆以朝吴爲蔡大夫，則知此昭吴亦爲蔡大夫矣。而舊解以爲昭吴爲蔡侯廬之字者，似非何氏之意。」○注「不言」至「罪同」。○舊疏云：「正以其君始封之時名書歸。」則舊疏本言「歸」當作「書歸」矣。名書歸，即上十三年「蔡侯廬歸于蔡」是也。嫌與天子歸有罪同者。舊疏云：「書名言歸，與天子歸有罪

〔一〕「四宵」，原訛作「三蕭」，叢書本同，據廣韻校改。

之文相似。何者？僖二十八年『夏，六月，衛侯鄭自楚復歸于衛。』注：『言復歸者，刺天子歸有罪。』『冬，曹伯襄復歸于曹。』注：『曹伯言復歸者，天子歸之。名者，與衛侯鄭同義。』則天子歸有罪者，書名言歸。上蔡侯廬亦有罪歸，故言嫌與天子歸有罪同。」○注「故奪」至「專封」。○正以蔡侯廬實非天子所歸，故其臣出奔不言出，爲奪其君有國之辭。以其受封于楚，不合有國，明楚之專封，蔡專受其封，皆當誅。上十三年之書名言歸，非天子所歸，義與此相起也。

○六月，丁巳，朔，日有食之。【注】并十七年食，蓋與孛于大辰同占。【疏】包氏慎言云：「六月書丁巳朔，据曆爲月之三日。」劉歆以爲三月。臧氏壽恭謂：「當作五月二日。是年正月戊午朔，大；二月戊子朔，小；三月丁巳朔，大；四月丁亥朔，小；五月丙辰朔，二日丁巳。元志：『大衍推五月丁巳朔，食，失一閏。』沈氏欽韓以今曆推之，是歲五月丁巳朔，加時在晝，交分十三日九千二百六十七分，入食限。」○注「并十」至「同占」。○舊疏云：「謂此文『日有食之』，并十七年『夏，六月，甲戌，朔，日有食之』，皆與十七年『有星孛于大辰』同占也。其占者，則彼注云『是後周分爲二，天下兩主，宋南里以亡』是也。」通義云：「此與十七年甲戌占，董生以爲宿並在畢，晉國象也。晉厲公誅四大夫，失衆心，以弑死。後莫敢〔一〕復責大夫，六卿遂相與比周，專晉國，君還事之。日比再食，其應在春秋後也。」按：五行志：「劉歆以爲，魯、

〔一〕「莫敢」，原訛作「莽取」，叢書本同，據公羊通義校改。

衞分。」臧氏謂「當作魯、趙」。五月丙辰朔，合辰在四月十三度；二日丁巳，在四日十四度十二次之分。降婁，魯也。大梁，趙也。降婁終於胃六度，大梁起于胃七度，趙、晉地也。

○秋，晉荀吴帥師伐鮮虞。

○冬，公如晉。

○十有六年，春，齊侯伐徐。

○楚子誘戎曼子殺之。【疏】左氏、穀梁作「戎蠻」，哀四年同。杜云：「蠻氏，戎別種。河南新城縣東南有蠻城。」漢書地理志河南新城縣曰：「蠻中，故戎蠻子國。」大事表云：「今河南汝州西南有蠻城。」又文十七年左傳『周甘歜敗戎于邥垂』，劉昭後漢志注〔一〕以此爲蠻氏之戎也。杜云：『垂亭在新城縣北。』

〔一〕「注」字原脱，叢書本同，劉昭爲司馬彪續漢書志作注，當有「注」字。

今爲汝州伊陽縣地。」左、穀皆作「蠻」字。續漢郡國志：「河南新城有鄤聚，古鄤氏，今名蠻中。」注：「左傳昭十六年『楚殺鄤子』。」則曼即鄤之省也。水經注伊水篇：「伊水又北逕新城東，與吴澗水會。水出縣之西山，東流，南屈逕其縣故城西，又東轉，逕其縣南，故蠻子國也。縣有蠻聚，今名蠻中是也。漢惠帝四年置縣。」汝水篇：「汝水東歷麻解城北，故鄤鄉城也，謂之蠻中，左傳所謂『單浮餘圍蠻氏，蠻氏潰』是也。杜云：『城在河南新城縣之東南。』」又按：東觀漢記光武紀：「后父郭昌爲陽安侯。子流，緜曼侯。」後漢郭后紀作「綿蠻侯」，是蠻、曼通也。通鑑注引風俗通云：「蠻者，慢也。」故蠻亦作曼。

楚子何以不名？【注】据誘蔡侯名。【疏】注「据誘蔡侯名」。○即上十一年：「楚子虔誘蔡侯般，殺之于申。」虔，書名也。

夷狄相誘，君子不疾也。【疏】范云：「楚子不名，戎蠻子非中國，故亦以其夷狄相誘也。」

曷爲不疾？【注】据俱誘也。

若不疾，乃疾之也。【注】以爲固當常然者，乃所以爲惡也，顧以無知薄責之。戎曼稱子者，入昭公，見王道大平，百蠻貢職，夷狄皆進至其爵。不日者，本不卒。不地者，略也。【疏】注「以爲」至「責之」。○白虎通王者不臣云：「夷狄者，與中國絶域異俗，非中和氣所生，非禮義所能化，故不臣也。春秋傳曰：『夷狄相誘，君子不疾。』尚書大傳曰：『正朔所不加，即君子所不臣也。』」又禮記學記疏引鉤命決云：「不臣夷狄之君者，此〔一〕政教所不加，謙不臣也。」隱二年注：「王者不治夷狄，録戎者，來者勿拒，去者勿追。」漢書匈奴傳論云：「春秋内諸夏而外〔二〕夷狄。夷狄之人貪而好利，被髮左衽，人面獸心。其與中國殊章服，異習俗，飲食不同，言語不通。是以聖人外而不内，疎而不戚，政教不及其人，正朔不加其國也。」按：此猶孟子告子篇所謂「不屑教誨」焉者，不屑疾之，正乃疾之深也。但薄責其無知，不以中國禮義繩之也，故楚子不名也。○注「戎曼」至「其爵」。○校勘記云：「閩、監、毛本『大』作『太』，非。」紹熙本亦作「大」。舊疏云：「上四年申之會，伐吴再見淮夷。五年『冬，越人伐吴』，一見越人。所見之世而不進之者，君子因事見義故也，何者？淮夷與越，蓋遣大夫會，此是君，因可進而進之。且昭公之世，文致太平，實不治定，但可張法而已，甯可文皆進乎？」按：繁露奉本云：「遠夷之君，内而不外，謂此。」○注「不日」至「略也」。○此決上十一年「夏，四月，丁巳，楚子虔誘蔡侯般，殺之于申」日且地故也。戎曼，夷狄微國，雖太平世，亦不合卒，故於是殺也，略之不書日，並亦不地，皆從略。故雖不在外四夷限，不得醇同諸夏也。

○夏，公至自晉。

〔一〕「此」字原脱，據禮記正義校補。

〔二〕「外」下原衍「四」字，叢書本同，據漢書校删。

○**秋，八月，己亥，晉侯夷卒。**【疏】包氏慎言云：「八月有己亥，月之十日。」差繆略云：「亥，公羊作丑。」趙氏坦春秋異文箋云：「唐石經公羊作己亥，二字似磨改。」

○**九月，大雩。**【注】先是公數如晉。【疏】注「先是公數如晉」。○五行志中之上：「十六年九月，大雩。先是昭公母夫人歸氏薨，昭不慼，又大蒐于比蒲。晉叔嚮曰：『魯有大喪而不廢蒐。國不恤喪，不忌君也；君亡慼容，不顧親也。殆其失國。』」蓋劉歆語也。按：上十二年、十三年、十五年皆有「公如晉」文。何義蓋與上三年同占。八年，「大雩」，注：「先是公如楚，半年乃歸，費多賦重所致。」公數如晉，亦宜然。

○**季孫隱如如晉。**

○**冬，十月，葬晉昭公。**【疏】差繆略云：「十月，公羊作十一月。」按：今本作「十月」，唐石經同。

○**十有七年，春，小邾婁子來朝。**

○**夏，六月，甲戌，朔，日有食之。**【疏】漢書五行志下：「十七年六月，甲戌，朔，日有食之。董仲舒以爲，時宿在畢，晉國象也。晉厲公誅四大夫，失衆心〔一〕，以弑死。莫敢復責大夫，六卿專晉，君還事之。日比再食，事在春秋後，故不載於經。劉歆以爲魯、趙分。左氏傳平子曰：『唯正月朔，慝未作，日有食之，於是乎天子不舉，伐鼓於社，諸侯用幣於社，伐鼓於朝，禮也。其餘則否。』太史曰：『在此月也。日過分而未至，三辰有災，百官降物，君不舉，避移時，樂奏鼓，祝用幣，史用辭，嗇夫馳，庶人走，此月朔之謂也。當夏四月，是爲孟夏。』說曰：正月謂周六月，夏四月，正陽純乾之月也。慝謂陰爻也，冬至陽爻起初，故曰復。至建巳之月爲純乾，亡陰爻，而陰侵陽，爲災重，故伐鼓用幣，責陰之禮。降物，素服也。不舉，去樂也。避移時，避正堂，須時移災復也。嗇夫，掌幣吏。庶人，其徒役也。」按：所引「說曰」，蓋西漢說左氏者舊說。元志：「姜氏云：『六月當乙巳朔，交分不協，不應食。』大衍云：『當在九月朔，六月不應食，姜氏是也。』」沈氏欽韓以今曆推之，「是歲九月〔二〕甲戌朔，加時在晝，交分二十六日七千六百五十分，入食限」。臧氏壽恭以三統法推，「是年閏在五月前，正月丁未朔，二月丙子朔，三月丙午朔，四月乙亥朔，閏月乙巳朔，五月甲戌朔。又是年冬至癸酉，正月二十七日也。戊子小寒，二月〔三〕十三日。甲辰大寒，二月二十九日。己未立春，三月十四日。甲戌驚蟄，三月二十九日。己丑雨水，四月十五日。甲辰春分，四月三十日。庚申穀雨，閏月十六日。乙亥清明，五月二日。是月十七日庚寅立夏，以後純乾用事。

〔一〕「失衆心」三字原脱，叢書本同，據漢書校補。
〔二〕「九月」下原衍一「朔」字，據元史授時曆議校删。
〔三〕「二月」，原訛作「三月」，叢書本同，以曆推算校改。

故太史曰：在此月也。五月甲戌朔，距春分已三十一日，不及立夏十七日，故曰日過分而未至。蓋是年魯曆失閏，故魯史以爲六月也」。

○秋，郯子來朝。

○八月，晉荀吴帥師滅賁渾戎。【疏】「賁渾戎」，左傳作「陸渾之戎」，穀梁作「陸渾戎」。

○冬，有星孛于大辰。

孛者何？ 彗星也。【注】三孛皆發問者，或言入，或言于，或言方，嫌爲孛異，猶問録之。【疏】爾雅釋天：「彗星爲欃槍。」郭注：「亦謂之孛，言其形孛孛似埽彗。」開元占經引孫炎云：「欃槍，妖星别名也。」釋名釋天云：「彗星光梢〔一〕似彗也。」「孛星星旁氣孛孛然也。」御覽引合誠圖云：「赤彗，火精，如火，曜長七尺。」○注「三孛」至「録之」。○或言入者，文十四年「秋，七月，有星孛入于北斗」是也。彼傳云：「其言入于北斗何？ 北斗有中也。」或言于者，此經是也。或言方者，哀十三年「冬，十有一月，有星孛于東方」

〔一〕「梢」，原訛作「稍」，叢書本同，據釋名校改。

是也。彼傳云：「其言于東方何？見于旦也。」傳皆云孛者何？彗星也。是三處皆發問，正以言入、言于、言方有異，嫌孛亦異，是以俱問録之。三傳皆云「何以書？記異也」。

其言于大辰何？【注】据北斗言入于，大辰非常名。【疏】注「据北」至「入于」。○即文十四年「有星孛入于北斗」是也。○注「大辰非常名」。○舊疏云：「正以東方七宿，皆謂之辰，故曰大辰非七宿之常名，而經舉之，因以爲難。」按：此謂恒星中無大辰名也。

在大辰也。大辰者何？大火也。【注】大火謂心。【疏】注「大火謂心」。○襄九年左傳：「心爲大火。」爾雅釋天云：「大辰，房、心、尾也。」郭注云：「大火，心也。」左傳疏引：「李巡云：『大辰，蒼龍宿之體，最爲明，故曰房、心、尾也。大火，蒼龍宿心，以候四時，故曰辰。』孫炎曰：『龍星明者，以爲時候，故曰大辰。大火心也，在中，最明，故時候主焉。』」夏小正云：「五月大火中。」「八月，辰則伏。辰也者，謂星〔一〕也。」説文晨字解云：「辰，時也。」又曟字云：「房星〔二〕，爲民田時。」郭注爾雅云：「龍星明者，以爲時候，故曰大辰。」用孫説也。然則，東方七宿，皆可以爲大辰。楚辭遠遊云：「奇傅説之託星辰〔三〕。」王注：「辰星，房星，東方之宿，蒼龍之體。」文選注引法言宋注：「辰，龍星也。」故房、心、尾通有辰名。故説

〔一〕「星」，原訛作「心」，叢書本同，據大戴禮記校改。
〔二〕「星」，原訛作「心」，叢書本同，據説文解字校改。
〔三〕「星辰」，原誤倒爲「辰星」，叢書本同，據楚辭校乙。

文舉房，小正言廢〔一〕，自無二義。穀梁傳云：「于大辰者，濫于大辰也。」范注引劉向曰：「謂濫于蒼龍之體，不獨加大火也。」舊疏云：「釋天云『柳，鶉火』者，正以柳在南方，亦可爲出火之候故也，不謂心星非大火。然則，爾雅不言心爲大火者，文不備也。」郝氏懿行爾雅義疏：「唐虞夏皆五月昏火中，故堯典『以星火，正仲夏』，夏小正『五月，初昏大火中』是也。周秦則六月昏火中。故左氏昭三年傳：『火中，寒暑乃退。』杜注：『心以季夏昏中而暑退，季冬旦中而寒退。』月令云：『季夏之月，昏火中。』是也。然則，周秦上較虞夏，星候差及一次，此昏旦中星所以不同也。火至初秋，則昏見於西，詩云『七月流火』是也。火以三月始出，九月之昏始入，十月之昏則伏。左氏哀十二年傳：『火伏而後蟄者畢。』是也。」左傳云：「西及漢。」杜云：「夏之八月，辰星在天漢西。今孛星出辰西，光芒東及天漢。」彼疏云：「月令：『仲秋之月，日在角，昏牽牛中。』大辰是房、心、尾也。其星處東方時，在角星北，故以八月之昏，角星與日俱没，大辰見於西方也。天漢在箕、斗間，故是時天漢西南東北邪列於天，大辰之星見在天漢之西也。今孛星又出於大辰之西，而尾東指，光芒歷辰星而東及天漢也。」

大火爲大辰，【疏】爾雅釋天云：「大火，謂之大辰。」左傳襄九年「大火爲大辰」，「或食於心」，是故心爲大火，亦止謂之辰。左傳昭元年：「遷閼伯於商丘，主辰。」注：「辰，大火也。」國語晉語：「且以辰出而參入。」韋注同。

〔一〕「廢」字疑誤。

伐爲大辰，【注】伐，謂參伐也。大火與伐，天所以示民時早晚，天下所取正，故謂之大辰。辰，時也。

【疏】注「伐，謂參伐也」。○舊疏云：「正以伐在參旁，與參連體而六星，故言伐謂參伐，伐與參爲一候故也。」按：後漢書郎顗傳伐作罰：「罰者白虎〔一〕，其宿主兵，其國趙、魏，變見西方。」考工記輈人：「以象伐也。」注：「伐屬白虎宿，與參連體而六星。」通義云：「參伐連體六星，故舉伐以統參，正猶考工記云：『熊旗六斿，以象伐也。』」夏小正五月：「參則見。」傳：「參也者，伐星也。」詩召南：「維參與昴。」傳：「參，伐也。」國語晉語：「而以參入。」注：「參，伐也。」文選注引法言宋注：「參，虎星也。」亦爲辰參互對，辰爲龍星故也。淮南時則訓：「昏參中。」高注：「參，西方白虎之宿。」詩疏引演孔圖云：「參以斬伐。」禮記疏引運斗樞云：「參伐主斬艾，示威行法。」〔二〕史記天官書：「參爲白虎。三星直者，是爲衡石。下有三星，兑，曰罰，爲斬艾事。其外四星，左右肩股也。小三星隅置，曰觜觿，爲虎首，主葆旅事。」索隱引宋均曰：「葆〔三〕，守也；旅，猶軍旅也。言佐參伐以斬艾除凶也。」齊氏召南考證云：「按，參宿中横三星，其外左右肩，左右足四星。又中横三星之旁有三星下垂曰伐。是伐與參連體而九星也。天官書曰：『參爲白虎。三星直者，是爲衡石。下有三星，兑，曰罰，爲斬艾事。其外四星，左右肩股。』是其證也。此疏謂與參連體而六

〔一〕「白虎」二字原脱，據後漢書校補。
〔二〕「參伐主斬艾，示威行法」句，禮記月令疏作「參伐主斬刈，示威行伐也」，且引自「春秋説文」，非春秋運斗樞。
〔三〕「葆」，原訛作「左」，叢書本不誤，據改。

星，疑是字畫之誤。但詩綢繆傳曰：『三星，參也。』又周禮：『熊旗六旒，以象伐。』則此疏不爲無據矣。」按：疏言六星，謂伐三星，與參正體三星爲六，不數其外四星故也。參之正體三星，故與心同稱三也。詩小星疏云：「伐與參連體，參爲列宿，統名之，若同一宿然。但伐亦〔一〕爲大星，與參互見，皆得相統〔二〕，故周禮『以象伐也』，明伐得統參也。公羊曰『伐爲大辰』，演孔圖云『參以斬伐』，皆互舉相見之文。故毛言『參，伐也』，見同體之義。」○注「大火」至「大辰」。○說文：「辰，房星，天時也。」又云：「曑，商星也。」辰爲東方宿，參爲西方宿，用以紀時，故皆謂之大辰，以別於餘星也。北辰居中，視以定參辰之度，故亦謂之大辰。大辰有三，同名異實，故下注云：「迷惑不知東西者，須視北辰以別心伐所在。」是也。說者以北辰爲大端指心，小端指伐，非也。禮記鄉飲酒義云：「參之以三光，政教之本也。」注：「三光，三大辰也。天之政教，出於大辰焉。」○注「辰，時也」。○詩齊風東方未明云：「不能辰夜。」傳：「辰，時也。」說文：「辰，震也。三月，陽氣動，靁電振，民農時也。物皆生，从乙、匕，象芒〔三〕達；厂，聲也。」又晨字下云：「辰，時也。」

北辰亦爲大辰。【注】北辰，北極，天之中也，常居其所。迷惑不知東西者，須視北辰以別心伐所在，故

〔一〕「亦」字原脱，據毛詩正義校補。
〔二〕「統」，原訛作「同」，叢書本同，據毛詩正義校改。
〔三〕「芒」，原訛作「此」，叢書本同，據説文校改。

加亦。亦者，兩相須之意。【疏】注「北辰」至「之意」。○爾雅釋天云：「北極，謂之北辰。」周禮大宗伯疏引元命包云：「天生大列爲中宮太極三星，其一明者，太一常居，旁兩星巨辰子位，故爲北辰，以起節度，亦爲紫微宮，紫之言中此宮之中天神圖法〔一〕，陰陽開閉，皆在此中。」繁露奉本云：「星莫大於大辰，北斗常星。北斗常星，部星三百，衛星三千。大火二十六星，伐十三星。北斗七星，常星九辭，二十八宿，多者宿二十八九。其猶蓍百莖而共一本，龜千載而人寶。是以三代〔二〕傳決疑焉。」按：此多誤字，大率亦以大辰爲恒星之主，皆取則焉。釋天郭注：「北極，天之中，以正四時。」史記天官書：「中宮天極星。」索隱引：「合誠圖云：『北辰，其星五，在紫微中。』楊泉物理論云：『北極，天之中，陽氣之北極也。極南爲太陽，極北爲太陰。日、月、五星行太陰則無光，行太陽則能照，故爲昏明寒暑之限極也。』」按：廣雅釋言：「極，中也。」故諸家並以北極爲天中。舊疏引：「爾雅李注云：『北極，天心，居北方，正四時，謂之北辰。』孫炎云：『北極，天之中，以正四時，謂之北辰。』是也。」論語爲政云：「譬如北辰，居其所而衆星共之。」郝氏爾雅義疏云：「説者謂北極五星，第五爲天樞，最小，是不動處，然實不動處，猶在樞星之下。今按，樞星非不動，但其動也微，人所不見，故以爲居其所耳。」按：天官書：「其一明者，太一常居也。旁三星三公，或曰子屬。後句四星，末大星正妃，餘三星後宮之屬也。環之匡衛十二星，藩臣，皆曰紫宮。前列直斗口三

〔一〕「紫之」至「圖法」，周禮疏引作此，然不可解。春秋元命包作：「紫之言此也，宮之言中也，言天神運動。」

〔二〕「三代」，原訛作「三伐」，叢書本同，據春秋繁露校改。

星，隨北端兑，若見若不，曰陰德，或曰天一。紫宫左三星曰天槍，右〔一〕五星曰天棓，後六星絶漢抵營室曰閣道。北斗七星，所謂璇璣玉衡以齊七政。」「斗爲帝車，運于中央，臨制四鄉。分陰陽，建四時，均五行，移節度，定諸紀，皆繫於斗。」文選注引天官星占：「北辰一名天關。」關者樞機之地，總要之名也。即天官書之太一。易釋文引馬融説，以太極爲北辰。索隱引文耀鉤，謂之中宫大帝。周禮疏引鄭氏説，謂之天皇大帝，耀魄寶。索隱引合誠圖又爲紫微大帝。此云大辰，皆北辰之異文也。初學記引合誠圖又云：「天皇大帝，北辰星也。含元秉陽，舒精吐光，居紫宫中，制御四方，冠有五采。」舊疏引：「春秋説云『北者，高也；極者，藏也。言太一之星，高居深藏，故名北極也』者，與先儒説違，其何氏兩解乎？」許氏宗彦北極説云：「爾雅：『北極謂之北辰。』考工記匠人：『夜考諸極星，以正朝夕。』何注公羊：『迷惑不知東西者，須視北極以别心伐。』今北極甚小不易辨。周髀曰：『冬至日加酉之時，立八尺表，繫〔二〕表端，希望北極中大星，引繩至地而識之。又到旦明日加卯之時，復引繩望之，首及繩致地，而識其兩端，相去二尺之寸，故東西極二萬三千里，其兩端相去，正東正西，中折之以指表，正南北，其云東西極二萬三千里，即璿璣之徑，折半爲一萬一千五百里，乃北極中大星距北極樞之數。』樞即不動處，以衡間相去里數準赤道度約之，計四度餘。若北極小星，則周初去極心不應若是之遠。蓋周髀本言北極中大星北極樞之數。」

〔一〕「右」，原訛作「又」，叢書本同，據史記天官書校改。
〔二〕「繫」字原誤疊，據周髀算經校删。

樞即不動處，史記天官書：「中宮天極星，其一明者，太一常居。」鄭康成謂之太一北辰神名，北極大星，或即此與？今法測句陳大星東西所極，折中以定南北，與周髀北極樞璿之用正同。若論語所言北辰，即周髀所謂正北極璿璣之中正北天之中者，蓋赤道極也。

何以書？記異也。【注】心者，天子明堂布政之宮，亦爲孛。彗者，邪亂之氣，掃故置新之象。是後周分爲二，天下兩主，宋南里以亡。【疏】杜云：「妖變非常，故書。」繁露奉本云：「海内之心，懸於天子；疆内之民，統於諸侯。日月食并告凶〔一〕，不以其行。有星茀于東方，于大辰，入北斗，常星不見，地震，梁山、沙鹿崩，宋、衛、陳、鄭災，王公大夫篡弑者，春秋皆書以爲大異。」○注「心者」至「之宮」。○舊疏云：「春秋説文。星經亦云。」天官書：「心爲明堂。房爲府，曰天駟。」索隱引春秋説題詞云：「房、心爲明堂，天王布政之宮。」「詩汎歷樞云：『房爲天馬，主車駕。』宋均注：『房既近心，爲明堂，又別爲天府及天駟也。』」御覽引元命包云：「房四星、心三星五度，有天子明堂布政之宮。」「兩口銜士爲喜，喜得明心，喜者爲憙，憙天心。」宋均注：「心爲天王布政之宮，萬物須之乃盛〔二〕，所以喜也。今於口間士移一畫之者，於字體安也，是爲兩口士也，喜得明明得所喜也。」詩疏引元命包云：「心爲天王。」周禮疏引文耀鉤云：「房心爲天帝之明堂，布政之所出。」莊七年疏引文耀鉤云：「房心爲中央大星，天王位。」房心連體，故皆有天

〔一〕「告凶」，原訛作「吉凶」，叢書本同，春秋繁露或有作「吉凶」者，誤，據春秋繁露義證校改。
〔二〕「盛」，原訛作「成」，叢書本同，據太平御覽校改。

王明堂布政之象。○注「亦爲孛」。○舊疏云：「亦爲孛者，亦如北斗爲彗所孛矣。」○注「彗者」至「之象」。○一切經音義引孫炎爾雅注：「妖星也。」四曰彗〔一〕。天官書：「歲星之精生天棓、彗星、天欃、天槍。」天文志：「欃、槍、棓、彗雖異，其殃一也。」天官書正義云：「天彗者，一名埽星，本類星，末類彗。小者數寸長，長或竟天，而體無光，假日之光，故夕見則東指，晨見則西指，若日南北，皆隨日光而指。」是爲邪亂之氣也。左傳：「申須曰：彗所以除舊布新也，天事恒象。」占經引演孔圖云：「海精死，彗星出。彗星出，則國樞橛。」橛猶蹶也。御覽引五行傳云：「彗者，去穢布新也。此天所以去無道而建有德也。」○注「是後」至「以亡」。○五行志下之下：「昭十七年『冬，有星孛于大辰』。董仲舒以爲，大辰，心也。心爲〔二〕明堂，天子之象。後王室大亂，三王分争，此其效也。劉向以爲，星傳曰：『心，大星，天王也。其前星，太子；後星，庶子也。尾爲君臣乖離。』孛星加心，象天子嫡庶將分争也。其在諸侯，角、亢、氐，陳、鄭也；房、心，宋也。後五年，周景王崩，王室亂，大夫劉子、單子立王猛，尹氏、召伯、毛伯立王子鼂。子鼂，楚出也。時楚彊，宋、衛、陳、鄭皆南附楚。王猛既卒，敬王即位，子鼂入王城，天王居狄泉，莫之敢納。五年，楚平王居卒，子鼂奔楚，王室乃定。後楚帥六國伐吴，吴敗之于雞父，殺獲其君臣。蔡怨楚而滅沈，楚怒圍蔡。吴人救之，遂爲柏舉之戰，敗楚師，屠郢都，妻昭王母，鞭平王墓。此皆孛彗流炎所及之效也。左氏傳

〔一〕「四曰彗」殆有誤。
〔二〕「爲」，原訛作「在」，據漢書校改。

曰：『有星孛于大辰，西及漢。申須曰：「慧所以除舊布新也，天事恒象。今除于火，火出必布焉。諸侯其有火災乎？」梓慎曰：「往年吾見之[一]，是其徵也。火出而見。今兹火出而章，必火入而伏。其居火也久矣，其與不然乎？火出，於夏爲三月，於商爲四月，於周爲五月。夏數得天，若火作，其四國當之，在宋、衛、陳、鄭乎？宋，大辰之墟；陳，太昊之墟；鄭，祝融之虚，皆火房也。星孛及漢；漢，水祥也。衛，顓頊之虚，其星爲大水。水，火之牡也。其以丙子若壬午作乎？水火所以合也。若火入而伏，必以壬午，不過見之月。」』明年『夏，五月，火始昏見。丙子，風。梓慎曰：「是爲融風，火之始也。七日，其火作乎？」戊寅，風甚。壬午，太甚。宋、衛、陳、鄭皆火』。劉歆以爲，大辰，房、心、尾也。八月心星在西方，孛從其西過心東及漢也。宋，大辰虚，謂宋先祖掌祀大辰星也。陳，大昊虚，虙戲木德，火所生也。鄭，祝融虚，高辛氏火正也。故皆爲火所舍。衛，顓頊虚，星[二]爲大水，營室也。天星既然，又四國失政相似，及爲王室亂皆同。」按：劉子駿古文家説，與公羊異。占經引感精符云：「孛星賊起，光入大辰者，將有陰謀，以邪犯正，與天子争勢。居位者大臣謀主，兩王[三]並立，周分之異也。」與今文説近。其周分爲二，天下兩主者，謂敬王在成周，王猛居王城。二十二年傳：「王城者何？西周也。」又言：「王子猛卒。」二十三年，「天王居于狄泉，謂敬王也」。又云：「尹氏立王子朝。」二十六年，「天王入于成周」，傳：「成周者何？

〔一〕「之」字原脱，叢書本不誤，據補。
〔二〕「星」，原訛作「心」，叢書本同，據漢書校改。
〔三〕「王」，原訛作「主」，據開元占經校改。

東周也。」是周分爲二，天下兩主事也。舊疏引運斗樞云：「星孛賊起，守大辰於五堂，亂兵填門，三王争〔一〕，周以分。」是也。三王者，謂王猛、子朝與敬王也。王猛篡立，卒後，子朝繼之，恒與敬王相距，故直云天下兩主也。宋南里以亡者，即下二十一年「夏，宋華亥、向甯、華定自陳入于宋南里以叛」是也。

○**楚人及吴戰于長岸。**【疏】杜云：「長岸，楚地。」大事表云：「今江南太平府當塗縣西南三十里有西梁山，與和州南七十里之東梁山夾江相對，如門之闕，亦曰天門山。郡國志云：『春秋楚獲吴乘舟餘皇處也。』歷代爲建康西偏之要地。」方輿紀要：「東梁山一名博望山，在太平府西南三十里，西梁山在和州南六十里，夾江對峙，如門之闕，亦曰天門山。」郡國志：「天門山一名峨眉山。」今元和志不載此說。

詐戰不言戰，此其言戰何？【注】据於越敗吴于醉李。【疏】舊疏云：「經文言戰，而傳以詐戰問之者，正以夷狄質薄，不能結日偏戰。今此兩夷而言戰，故以詐戰難之。」○注「据於」至「醉李」。○見定十四年。彼此皆是兩夷，不言戰，故据爲難。釋文作「檇李」，云：「本或作醉。」

敵也。【注】俱無勝負，不可言敗，故言戰也。不月者，略兩夷。【疏】注「俱無」至「戰也」。○通義云：

〔一〕「争」，原訛作「事」，叢書本同，據公羊注疏校改。

「按，左傳楚人以詐敗吴師，獲其乘舟餘皇；吴旋以詐敗楚師，而取餘皇歸，此所謂敵也。河曲之敵，兩無勝也。長岸之敵，兩有負也。」○注「不月者，略兩夷」。○正以春秋之例，偏戰者日，詐戰者月，此詐戰不月，故言略兩夷。

公羊義疏六十四

南菁書院　句容陳立卓人著

昭十八年盡二十二年

○十有八年，春，王三月，曹伯須卒。

○夏，五月，壬午，宋、衛、陳、鄭災。【疏】包氏慎言云：「五月有壬午，月之十五日。」鄂本「災」作「灾」，誤。

何以書？【疏】通義云：「据衛、陳、鄭非二王後。」

記異也。何異爾？【疏】通義云：「『宋火』，以災書，此亦火也，曷爲以異書？」

異其同日而俱災也。【疏】穀梁傳：「其志，以同日也。其日，亦以同日也。」

外異不書，此何以書？爲天下記異也。【注】詩云：「其儀不忒，正是四國。」四國，天下象也。

是後王室亂，諸侯莫肯救，故天應以同日俱災，若曰無天下云爾。【疏】與僖十四年書「沙鹿崩」、成五年書「梁山崩」同。○注「詩云」至「象也」。○詩曹風鳲鳩篇文。荀子君子篇楊注：「言善人君子，其威儀不忒，故能正四方之國。」呂覽先己篇：〔一〕「昔者，先聖王〔二〕成其身而天下成，治其身而天下治。」下引詩云「其儀不忒，正是四國」。通義云：「三國爲衆，況至於四？天下同亂，遠近若一之象。」○注「是後」至「云爾」。○毛本「天」誤「大」。五行志上：「昭十八年五月壬午，宋、衛、陳、鄭災。董仲舒以爲，象王室將亂，天下莫救，故災四國，言亡四方也。又宋、衛、陳、鄭之君，皆荒淫于樂，不恤國政，與周室同行。陽失節則火災出，是以同日災也。劉向以爲，宋、陳，王者之後；衛、鄭，周同姓也。時周景王老，劉子、單子事王子猛，尹氏、召伯、毛伯事王子鼂。子鼂，楚之出也，及宋、衛、陳、鄭亦皆外附于楚，亡尊周室之心。後三年，景王崩，王室亂，故天災四國。天戒若曰：『不救周，反從楚，廢世子，立不正，以害王室，明同辠也。』」與何義皆大同。按：下二十二年：「夏，六月，王室亂。」傳：「何言乎王室亂？言不及外也。」注：「刺周室之微弱，邪庶並篡，無一諸侯之助。匹夫之救，如一家之亂也。故變京師言王室。不爲天子諱者，方責天下不救之，是王室亂，諸侯莫肯救之事也。」

〔一〕「先己篇」，原誤記爲「盡數篇」，據呂氏春秋校改。
〔二〕「王」，原訛作「人」，叢書本同，據呂氏春秋校改。

○六月，邾婁人入鄅。【疏】杜云：「鄅國，今琅邪開陽縣。」又云：「鄅，妘姓國也。」一統志：「開陽故城在沂州府蘭山縣北，故鄅國。」齊乘：「在沂州北十五里。」

○秋，葬曹平公。

○冬，許遷于白羽。【疏】左傳「楚子使王子勝遷許于析，實白羽。」大事表云：「今河南南陽府内鄉縣。」按：僖二十五年左傳「秦、晉伐鄀」，「過析隈」，即其地，近武關。戰國時，秦昭王發兵下武關，攻楚取析是也。續漢郡國志：「析故屬弘農〔一〕，故楚之白羽邑。」水經注丹水篇：「析水出析縣西北，弘農盧氏縣大蒿山。南流逕修陽縣故城北，即析之北鄉。又東入析縣，又東逕其縣故城北，蓋春秋之白羽也，左傳『楚使王子勝遷許于析』是也。郭仲産云：相承言此城漢高所築，非也。」一統志：「析縣故城在南陽府内鄉縣西北，春秋時楚白羽也。」

○十有九年，春，宋公伐邾婁。

〔一〕「弘農」，原作「宏農」，清人避乾隆皇帝弘曆名諱，以宏代弘，茲恢復本字。下徑改，不出校。

○夏，五月，戊辰，許世子止弑其君買。【注】蔡世子般弑父，不忍日，此日者，加弑爾，非實弑也。【疏】注「蔡世」至「弑也」。○即襄三十年「夏，四月，蔡世子般弑其君固」是也。彼注云：「不日者，深爲中國隱痛，有子弑父之禍，故不忍言其日也。」許亦中國而日，故解之。明彼爲實弑，此爲加弑，故與彼異。加弑事，見下「葬許悼公」傳。文元年，商臣弑父，亦實弑而日者，夷狄賤故。彼注云：「日者，夷狄子弑父，忍言其日。」是也。穀梁傳曰：「日弑，正卒也。正卒，則止不弑也。不弑而曰弑，責止也。」范云：「蔡世子般實弑父，故以比夷狄，而不書日。止弑而日，知其不弑，則買正卒也。」杜云：「加弑者，責止不舍藥物。」孔疏云：「實非止弑，言書曰『弑其君』，則仲尼新意書弑也。」又引釋例云：「醫非三世，不服其藥，古之慎戒也。人子之孝，當盡心嘗禱而已，藥物之齊，非所習也。許止身爲國嗣，國非無醫，而輕果進藥，故罪同於弑。雖原其本心，而春秋不赦其罪，蓋爲教之遠防也。」加弑之説，三傳皆同，惟書日之義各殊爾。包氏慎言云：「五月有戊辰，月之七日。」下又書：「己卯，月之十八日。」

○己卯，地震。【注】季氏稍盛，宋南里以叛，王室大亂，諸侯莫肯救，晉人圍郊，吴勝雞父，尹氏立王子朝之應。【疏】注「季氏」至「之應」。○舊疏云：「謂稍稍盛也。往前時〔一〕豹、羯爲政。自上十二年『公

〔一〕「時」字原脱，據公羊注疏校補。

如晉，至河乃復』、十三年『平丘之會，公不與盟』以來，季孫隱如數見經，至二十五年遂出昭公矣。宋南里以叛者，在二十一年。王室亂，見下二十二年。晉人圍郊，見下二十三年。彼傳云：『郊者何？天子之邑也。曷爲不繫乎周？不與伐天子。』是也。吴勝雞父、尹氏立王子朝，亦皆見二十三年。」十行本「圍」誤「國」。五行志下之上：「昭十九年，五月，己卯，地震。劉向以爲，是時季氏將有逐君之變。其後宋三臣、曹會皆以地叛。蔡、莒逐其君，吴敗中國殺二君。」義恉大同。

○秋，齊高發帥師伐莒。

○冬，葬許悼公。

賊未討，何以書葬？【疏】正以隱十一年傳云：「春秋君弑賊不討，不書葬，以爲無臣子故也。」不成于弑也。【疏】經傳釋詞云：「于，猶爲也。」詩鄘風定之方中云「作于楚宫」，又云「作于楚室」，張載注文選魏都賦引詩作「作爲楚宫」、「作爲楚室」。儀禮士冠禮「宜之于假」，注：「于，猶爲也。」此不成于弑也，言不成爲弑也。穀梁傳：「日〔一〕卒時葬，不使止爲弑父也。」繁露玉杯云：「古今之學者異而問之曰：

〔一〕「日」，原訛作「曰」，叢書本不誤，據改。

是弑君，何以復見？猶曰：賊未討，何以書葬？何以書葬者，不宜書葬也而書葬；何以復見者，亦不宜復見也而復見。二者同貫，不得不相若也。盾之復見，直以赴問而辨不親弑，非不當誅也；則亦不得不謂悼公之書葬，直以赴問而辨不成〔一〕弑，非不當罪也。若是則春秋之説亂矣，豈可法哉！故貫比而論是非，雖難悉得，其義一也。今誅盾無〔二〕傳，弗誅無傳，不交無傳，以比言之，法論也。無比而處之，誣辭也。今視其比，皆不當死，何以誅之？春秋赴問數百，應問數千，同留經中，幡援比類，以發其端，卒無妄言而得應於傳者。今使外賊不可誅，故皆復見，而問曰：『此復見，何也？』言莫妄於是，何以得應乎！故吾以其得應，知其問之不妄。以其問之不妄，知盾之獄不可不察也。夫名爲弑父，而實免罪者，已有之矣。亦有名爲弑君，而罪不誅者。逆而罪之，不若徐而味之。且吾語盾有本，詩云：『他人有心，予忖度之。』此言物莫無鄰，察視其外，可以見其内也。」「臣之宜爲君討賊也，猶子之宜爲父嘗藥也；子不嘗藥，故加之弑父；臣不討賊，故加之弑君，其義一也。所以示天下廢臣子之節，其惡之大若此也。故盾之不討賊爲弑君也，與止之不嘗藥爲弑父無以異。」董生以許止不嘗藥，與趙盾不討賊，皆爲加弑也。然盾非止可比，「出不越竟，反不討賊」，詞嚴義正，盾獄定矣。釋文作「于殺」，云：「音試。」下「于殺」、「加殺」皆同。唐石經、諸本作「弑」。

〔一〕「成」，原訛作「故」，叢書本同，據春秋繁露校改。
〔二〕「無」，似當爲「有」。

曷爲不成于弑？【注】据將而誅之。【疏】注「据將而誅之」。○莊三十二年傳云：「君親無將，將而誅焉。」將猶加誅，此明書弑君爲不成于弑，故難之。

止進藥而藥殺也。【注】時悼公病，止進藥，悼公飲藥而死。【疏】注「時悼」至「而死」。○左傳：「許悼公瘧，飲太子止之藥而卒。」疏引服虔云：悼公，靈公之子，許男買。瘧，寒疾也。

止進藥而藥殺，則曷爲加弑焉爾？【注】据意善也。

譏子道之不盡也。【疏】墨子非攻篇：「今有醫於此，和合其祝藥之于天下之有病者而藥之。萬人食此，若醫四五人得利焉，猶謂之非行藥也。故孝子不以食其親，忠臣不以食其君。」夫就師學問無方，心志不通，雖有愛父之心，而適以賊之，此正春秋責許止之義。故禮記曲禮云：「君有疾飲藥，臣先嘗之；父有疾飲藥，子先嘗之。」注：「嘗，度其所堪。」皆所以盡子道也。

其譏子道之不盡奈何？曰：樂正子春之視疾也，【注】樂正子春，曾子弟子，以孝名聞。【疏】注「樂正」至「名聞」。○大戴禮曾子大孝篇、禮記祭義篇皆有「樂正子春下堂而傷其足」，答門弟子問，述「曾子聞諸夫子語曰：天之所生，地之所養，人爲大矣。父母全而生之，子全而歸之，可謂孝矣。不虧其體，可謂全矣」等語。又檀弓有「樂正子春之母死，五日而不食」事。鄭注：「子春，曾子弟子。」是曾子弟子以孝名聞者也。

復加一飯則脱然愈，復損一飯則脱然愈；復加一衣則脱然愈，復損一衣則脱然愈。【注】脱然，疾除貌也。言消息得其節。【疏】舊疏云：「言子春視疾之時，消息得其節，觀其顏色，力少如可時，加一飯以與之，其病者脱然加愈；觀其顏色，力少如弱時，則損一飯以與之，則其病者脱然加愈。又觀其色，力似寒時，則加一衣以與之，則病者脱然又加愈。又觀其顏色，力似如煖，則復損一衣以與之，則病者脱然而愈。」按：所謂先意承志是也。俞氏樾羣經平議云：「何氏不解『復者，告也，請也』。管子小問篇：『以復管仲。』尹注曰：『復，猶告也。』周禮宰夫職：『諸臣之復。』鄭注：『復，請也。』復加、復損，並謂請於父母而加之、損之是也。」○注「脱然」至「其節」。○國語魯語：「求説其侮。」注：「説，古脱字，猶除也。」是脱有除義。故脱然爲疾除貌也。易遯：「莫之勝説。」虞注：「説，解也。」後漢書隗囂傳注：「脱，失也。」解、失皆有除義。愈者，左氏昭二十年〔一〕傳：「相從爲愈。」注：「愈，差也。」文選風賦：「愈病析酲。」注：「愈，猶差也。」禮記三年問：「痛甚者其愈遲。」釋文：「愈，差也。」差，猶瘥，言病脱除而瘥也。由寒煖飢飽消息有節，樂正子加損皆得其宜故也。

止進藥而藥殺，是以君子加弑焉爾。【注】失其消息多少之宜。【疏】洪氏亮吉左傳詁引服虔云：「禮，醫不三世，不使〔二〕。君有疾飲藥，臣先嘗之；親有疾飲藥，子先嘗之。」公疾未瘳，而止進藥，雖嘗而不由醫而卒。故國史書弑，告於諸侯也。○注「失其」至「之宜」。○通義云：「失其寒温補瀉之宜。」

〔一〕「年」字原脱，叢書本同，據義徑補。
〔二〕「不使」，原文如此。曲禮作「醫不三世，不服其藥」。

曰「許世子止弒其君買」，是君子之聽止也；【注】聽，治止罪。【疏】注「聽，治止罪」。○書大傳：「諸侯不同聽。」注：「聽，議獄也。」周禮小宰：「以聽官府之六計。」注：「聽，平治也。」荀子王霸篇：「要百事之聽。」注：「聽，治也。」穀梁傳：「不弒而曰弒，責止也。止曰：『我與夫弒者，不立乎其位。』以與其弟虺。哭泣，歠飦粥，嗌不容粒。未踰年而死。故君子即止自責而責之也。」注：「就其有自責心，故以備禮責之。」新序七云：「許悼公疾瘧，飲藥毒而死。太子止自責不嘗藥，未逾年而死。故春秋義之。」子政習穀梁故也。義之，即下書葬故也。通義云：「張洽曰：進藥而藥殺，可不謂之弒哉？其所以異於商臣、般者，過與故不同爾。心雖不同，而春秋之文壹施之者，以臣子之於君父，不可過也。」按：今例過失殺祖父母、父母猶議斬，猶春秋責止意也。

「葬許悼公」，是君子之赦止也；【注】原止進藥，本欲愈父之病，無害父之意，故赦之。【疏】注「原止」至「赦之」。○隱元年傳注所謂「原心定罪」也。

「赦止者」，免止之罪辭也。【注】明止但得免罪，不得繼父後，許男斯代立無惡文是也。【疏】錢氏大昕潛研堂答問云：「楚商臣、蔡般之弒，子不子，父亦不父也。許止不嘗藥，非大惡，而特書弒，以明孝子之義，非由君有失德故。楚、蔡之君不書葬，而許獨書葬，所以責楚、蔡二君之不能正家也。」按：錢氏所論亦是，然非公羊家義也。通義云：「書葬者，起非實弒也。蔡景公亦書葬，所以得相起者，固弒而代之者般，買弒而代之者非止，是可以辨矣。穀梁傳『止曰：我與夫弒者，不立乎其位』云云，君子即止自責而責之，善乎斯言，孝子之至也。推止之心，過失〔一〕而死其父，則自不欲復生，即死而天下明之，謂由愛父以死，雖死猶未安也。死而天下責之，謂由弒父以死，是以一朝之過，終古蒙惡，夫如是，而後罪少可償耳。若止者，雖不慎其始，可謂善其終矣。叔武不欲其兄有殺弟名，春秋爲之諱殺；喜時不欲負芻有篡名，春秋爲言復歸。推此以説春秋，即止自責而責之者，猶附於藥，成賢者之意也。且唯止能自責，然後君子赦之。不然，進藥而藥殺，曰非故也，藥誤也。甚或曰：非藥之誤，疾不可爲也。設有不肖，欲速代其父，宜補故寫之，宜寫故補之，宜寒故温之，宜温故寒之，亦曰藥誤也〔二〕，疾不可爲也，是尚可道乎？故止與趙盾加弒似同，然止自責則書葬，盾不自責則不書葬。此其意甚微而其辭甚顯也。左傳言『止奔晉』，殆避之晉，以致國於弟，而實哀慕咎悔以殞其身者也。或因彼文，遂疑止實酖弒，若然止之奔，乃與宋萬同科，經必特書，而悼公又與宋閔公同科，不得書葬矣。爲此説者，是其心必以加弒爲過。苟以加弒爲過，是必以誤殺父爲無罪；苟以誤殺父爲無罪，即與于亂臣賊子之甚者也。邪説横議，經義日晦。」按：御覽引春秋決事云：「甲父〔三〕乙與丙争言相鬭，丙以佩刀刺乙，甲即以杖擊丙，誤傷乙，甲當何論？或曰：『毆父也，當梟首。』論曰：『臣愚以爲，父子至親也，聞其鬭，莫不有怵悵〔四〕之心，扶杖而救之，非所以

〔一〕「失」，原訛作「矣」，叢書本同，據公羊通義校改。
〔二〕「也」，原訛作「乎」，叢書本同，據公羊通義校改。
〔三〕「父」字原脱，叢書本同，據太平御覽校補。
〔四〕「怵悵」，原訛作「怵惕」，叢書本同，據太平御覽校改。

欲詬父也。春秋之義，許止父病，進藥於其父而卒，君子原〔一〕心赦而不誅。甲非律所謂毆父，不當坐。』」蓋彼以甲子乙父，甲毆丙，誤傷父，過失傷，與許止同也。後漢書霍諝傳：「春秋之義，原情定過〔二〕，赦事誅意，故許止雖弒君而不罪，趙盾以縱賊而見書。此仲尼所以垂〔三〕王法。」是也。○注「明止」至「是也」。○舊疏云：「正以此傳但有赦止之文，無善止之處，故知〔四〕但得免罪而已。」按：春秋定六年有「鄭游遬帥師滅許，以許男斯歸」之文，此後不見卒、葬，知繼立者，斯也。穀梁作「虒」，新序作「緯」，虒、緯古音在脂部，斯音古韻在之部，之脂音近，故多通也。經云「許世子止」，明斯非世子。斯立，春秋不見立入之文，明無惡辭。正由止雖免罪，不得繼體，故斯得以次當立也。舊疏云：「若止宜立，而斯簒之，春秋應作簒文，如隱四年，衛桓見弒，嗣子宜立，而宣簒之，經書『立晉』，以爲惡晉之文也。」左氏以爲奔晉，穀梁以爲自責而死，善善從長，穀梁近是。

○二十年，春，王正月。

〔一〕「原」，原訛作「固」，叢書本同，據太平御覽校改。
〔二〕「原情定過」，原作「原心定過」，叢書本同，據後漢書校改。
〔三〕「垂」，原訛作「重」，叢書本同，據後漢書校改。
〔四〕「知」，原訛作「云」，叢書本同，據公羊注疏校改。

○夏，曹公孫會自鄸出奔宋。【疏】穀梁「鄸」作「夢」，彼釋文云：「『夢』或作『蔑』。」春秋異文箋云：「『鄸』字古祇作『夢』，説文邑部無『鄸』字。玉篇始加邑作鄸，廣韻因之。以此知公羊、左氏作『鄸』，皆後人增邑。穀梁作『⿰扌夢』，當是古文。」杜云：「鄸，曹邑。」玉篇邑部同。廣韻一東：「鄸，邑名，在曹〔一〕。」大事表云：「寰宇記：『濟陰乘氏縣西北有大饗城，曹之鄸邑也。一作大鄉。』在今曹州府曹縣北。」

奔未有言自者，此其言自何？【注】据始出奔未有言此者，與宋華亥入宋南里復出奔異。【疏】唐石經、諸本同。釋文出「者此」，云：「舊於『此』下有『比』者，非。」○注「据始」至「奔異」。○校勘記云：「鄂本同。閩、監、毛本『此』作『自』。按，此本疏標起訖云『注据始至言此者』，閩、監、毛本亦改『此』爲『自』。」按：紹熙本亦作「自」，當据正。謂春秋凡始發國出奔，未有言自者也。云與宋華亥入宋南里復出奔異者，下「冬，十月，宋華亥、向甯、華定出奔陳」，二十一年「宋華亥、向甯、華定自陳入于宋南里以叛」，二十二年「宋華亥、向甯、華定自宋南里出奔楚」，是彼自因奔而入叛邑，復由叛邑出奔，故書自，與此始出奔即言自者殊也。

畔也。【注】時會盜鄸以奔宋。【疏】注「會盜」至「奔宋」。○蓋與「邾婁庶其以漆、閭丘奔魯」、「莒庶其以牟婁及防、兹奔魯」者同，皆竊地以叛奔他國也。

〔一〕「曹」，原訛作「魯郡」，叢書本同，據廣韻校改。

畔則曷爲不言其畔？【注】言叛者，當言以畔，如邾婁庶期。【疏】注「言叛」至「庶期」。○校勘記云：「閩、監、毛本『期』改『其』，非。鄂本及此本疏標起訖皆作『庶期』。又鄂本『以畔』作『以鄸』，此誤。」按：紹熙本作「以鄸」，「期」作「其」，當据正。言若作叛文，當如襄二十一年「邾婁庶其以漆、閭丘來奔」例，書「曹公孫會以鄸出奔宋」矣，此不然，是無畔文，故据以難。

爲公子喜時之後諱也。【疏】左傳作「欣時」。經義知新記：「説文：『犾，从犬示聲。讀又若銀。』『犾，从犬來聲。讀又若銀。』寅有夷、銀二音。沂、旂、斯、猘皆斤聲，煇軍聲。」

春秋爲賢者諱，【注】諱使若從鄸出奔者，故與自南里同文。【疏】注「諱使」至「同文」。○正以無入鄸以畔文，與華亥等異，爲賢者諱故也。通義云：「不言以鄸者，雖諱也，而與自南里同文者，乃正起其畔也。諱文不諱實，諱自爲喜時設，會之罪仍不容揜爾。」

何賢乎公子喜時？【注】据喜時不書。【疏】毛本「子」誤「羊」。○注「据喜時不書」。○舊疏云：「正以曹羈、叔肸，春秋賢之者，皆書見經，即莊二十四年『曹羈出奔陳』、宣十七年『公弟叔肸卒』是也。今此喜時既不書見，非所賢矣，故難之。」

讓國也。其讓國奈何？曹伯廬卒于師，【注】在成十三年。

則未知公子喜時從與？【注】喜時，曹伯廬弟。【疏】注「喜時，曹伯廬弟」。○舊疏云：「賈、服以爲廬之庶子者，蓋所見本異也。」按：吴世家集解引服虔曰：「子臧，負芻庶兄。」是子臧即喜時也。則負芻爲兄，子臧爲弟。以左傳季札語推之，似喜時爲負芻弟。

公子負芻從與？【注】負芻，喜時庶兄。【疏】注「負芻，喜時庶兄」。○鄂本「庶」作「從」。按：何義與服虔説同。

或爲主于國，或爲主于師。【注】古者，諸侯師出，世子率與守國。次宜爲君者，持棺絮從，所以備不虞，或時疾病相代行，本史文不具，故傳疑之。【疏】注「古者」至「不虞」。○舊疏云：「春秋説文。」校勘記：「閩、監、毛本『與』作『輿』，此誤。解云：言率輿守國，輿，衆也。」又云：「釋文：『絮，女居反。説文云：絮，緼也。』段玉裁云：『釋文當作絮。』」左傳閔二年云：「從曰撫軍，守曰監國，古之制也。」又曰：「君行則守，有守則從。」蓋守者太子，從者次適也。禮記文王世子曰：「其在軍，則守于公禰。」疏：「在軍，謂庶子之官從公出行。」彼注云：「公禰，行主。」此謂庶子從行者，或時太子有故與？蓋亦其次宜爲君者，謂若太子母弟也。又曾子問云：「君出疆，以[一]三年之戒，以椑從。」注：「親身棺曰椑。」絮者，説文「絮緼也。一曰敝絮也」，説文作「絮」[二]。舊疏云：「絮謂新綿，即禮記云『屬纊以俟絶氣』之文是也。」○注「或時」至「疑之」。○舊疏云：「正以曹伯無子，喜時其母弟也，當守國。公子負芻者，庶兄也，禮當從君。但

[一]「以」，原訛作「有」，據禮記正義校改。

[二]「絮者」至「作絮」交代有誤。説文：「絮：敝緜也。息據切。」「絮，絜緼也。一曰敝絮也。女余切。」此作「絮緼也」，訛。

或時負芻疾，而喜時代之行。今傳不言，正以史文不具故也。」通義云：「按，左傳爲主于師者，蓋喜時也，在師中爲喪主也。負芻，宣公之長庶子。宣公卒，世子幼，使負芻攝主監國。負芻弑其世子而自立，故謂之當主也。曹人將討負芻，以喜時宣公母弟，次宜爲君。喜時不受。」新序七云：「曹公子喜時，字子臧，曹宣公子也。宣公與諸侯伐秦，卒于師。曹人使子臧迎喪，使公子負芻與太子留守。負芻殺太子而自立。」與左氏所載大同，皆以喜時爲宣公子。皆由本史文不具，故傳説各歧焉。

公子喜時見公子負芻之當主也，逡巡而退。【疏】新序又云：「子臧見負芻之當主也。宣公既葬，子臧將亡，國人皆從之。負芻立，是爲曹成公〔一〕。成公懼，告罪，且請子臧，乃反。後晉侯會諸侯，執曹成公，將見子臧於周天子立之。子臧曰：『記有之，聖達節，次守節，下失節。爲君非吾節也，雖不能聖，敢失守乎？』亡奔宋。曹人數請，晉侯謂：『子臧反國，吾歸爾君。』於是子臧反國，晉乃歸成公於曹。」吳越春秋一：「札曰：昔曹伯卒，庶存適亡，諸侯與曹人不義而立於國。子臧聞之，行吟而歸。曹君懼，將立子臧，子臧去之，以成曹之道。」注：「適亡者，公子負芻殺太子而自立，是爲成公。子臧，公子欣時也，與負芻皆宣公庶子。」皆本左氏爲説。然果皆庶子，則負芻長，喜時幼，其不立宜，何賢其讓？時喜時以次當立，負芻篡有，喜時退而不爭，所爲賢也。當主，猶言當國也。逡巡者，爾雅釋言：「逡，退也。」後漢書隗囂傳注：「逡巡，不進也。」亦作逡遁，鄭固碑「逡遁退讓」是也。亦作逡循，文選注引廣雅：「逡

〔一〕「曹成公」原脱，叢書本同，據新序校補。

循，卻退也。」

賢公子喜時，則曷爲爲會諱？ 君子之善善也長，惡惡也短。 惡惡止其身，【注】不遷怒也。【疏】注「不遷怒也」。○論語雍也篇「不遷怒」是也。 白虎通五行云：「惡惡止其身，何法？ 法秋殺不待冬也。」鹽鐵論周秦篇：「聞〔一〕惡惡止其人，疾始而誅首惡，未聞什伍之相坐。」

善善及子孫。【疏】漢書丙吉傳：「蓋聞褒功德，繼絕統，所以重宗廟，廣聖賢之路也。 故博陽侯吉以舊恩有功而封，今其祀絕，朕甚憐之。 夫善善及子孫，古今之通義也。」後漢書馮異傳：「詔曰：夫仁不遺親，義不忘勞，興滅繼絕，善善及子孫，古之典也。」白虎通五行云：「善善及子孫，何法？ 法春生待夏復長也。」後漢書楊終傳〔二〕：「臣聞善善及子孫，惡惡止其身，百王常典，不易之道也。」又劉愷傳：「愷獨以爲春秋之義，善善及子孫，惡惡止其身，所以進人于善也。」

賢者子孫，故君子爲之諱也。【注】君子不使行善者有後患，故以喜時之讓，除會之叛。 不通鄭爲國，如通濫者，喜時本正當立，有明王興，當還國，明叔術功惡相除，裁足通濫爾。【疏】後漢書盧植傳：「春秋之義，賢者子孫，宜有殊禮。」即此爲諱之屬也。○注「君子」至「之叛」。○正以畔臣宜在誅絕之科，

〔一〕「聞」，原訛作「問」，叢書本同，據鹽鐵論校改。

〔二〕「楊終傳」，原誤記爲「楊修傳」，叢書本同，據後漢書校改。

是爲後患。春秋爲賢者諱,故不使有也。通義云:「非謂賢者子孫叛遂無罪,此春秋託王義,以爲文王之用刑,宜在議賢之辟也。昔祁奚之論叔向曰:『將十世宥之,以勸能者。』喜時功在社稷,一傳而身蹈大辟,可無宥乎?春秋治趙鞅之嚴也,臣道也;治公孫會之寬也,君道也。不發『曹無大夫』傳者,從所見世録小國例。可知春秋撥亂之教,以讓爲首。君興讓,則息兵;臣興讓,則息貪;庶人興讓,則息訟。故天下莫不亂於争而治於讓。凡經稱讓國者五人〔一〕,叔術前矣,目夷、喜時兼有定國之功,叔武又不幸罹於患難,春秋没其事並没其名,而第託他事以見賢。子曰:『泰伯,其可謂至德也已矣,三以天下讓,民無得而稱焉。』彼三公子即皆有讓之實,而不求尸其名者。札義雖高,顧未能免僚于篡弒之禍,猶在三公子之後也,乃獨使以名見,可以窺君子之論次矣。」新序七云:「子臧讓千乘之國,可謂賢矣。故春秋賢而褒其後。」按:褒其後,即謂賢喜時以及其後,則用公羊義也。○注「不通」至「濫爾」。○下三十一年:「黑弓以濫來奔。」傳:「文何以無邾婁?通濫也。曷爲通濫?賢者子孫宜有地也。賢者孰謂?謂叔術也。何賢乎叔術?讓國也。」此若如通濫文,宜云「公孫會以鄸出奔宋」,今不然者,正以喜時本正當立,是有國也。有明王起,興滅國,繼絶世,當還其國,不僅通鄸邑爲小國而已。叔術以讓國之功,僅除其妻嫂之罪,故次於喜時,裁足通濫以爲小國爾。

〔一〕「人」字原脱,據公羊通義校補。

○秋，盜殺衛侯之兄輒。【疏】釋文：「輒，左氏作縶。」穀梁釋文云：「輒如字，或云音近縶。左氏作『縶』。」又云：「輒本亦作縶。劉兆云：如見絆縶〔一〕也。」經義雜記云：「説文馬部：『馽，絆馬〔二〕也。从馬，口其足。讀若輒。』又出『縶』云：『馽或从系，執聲。』則輒當作馽，蓋兩足不能相過，如馬之縶絆其足，不能馳走。左氏作『縶』者，『馽』之或體。公羊、穀梁作『輒』者，『馽』之同聲叚借字也。尚書大傳：『禹其跳，湯其扁。跳者，踦也。』鄭注：『其，發聲也。踦，步足不能相過也。』」

母兄稱兄，【疏】穀梁傳：「盜，賤也。其曰兄，母兄也。」

兄何以不立？【注】据立嫡以長。【疏】注「据立嫡以長」。○即隱元年傳：「立嫡以長不以賢，立子以貴不以長。」是也。

有疾也。何疾爾？惡疾也。【注】惡疾，謂瘖、聾、盲、癘、禿、跛、傴，不逮人倫之屬也。書者，惡衛侯兄有疾，不憐傷厚遇，營衛不固，至令見殺，失親親也。公子不言之，兄弟言之者，敵體辭，嫌於尊卑不明，故加之以絶之，所以正名也。【疏】穀梁傳：「然則何爲不爲君也？曰，有天疾者，不得入乎宗廟。輒者何也？曰，兩足不能相過，齊謂之綦，楚謂之踙，衛謂之輒。」彼釋文：「綦音其。劉兆云：綦，連併

〔一〕「絆縶」，穀梁傳注疏文，經典釋文作「縶糾」。
〔二〕「馽」，説文解字作「馽」，異体字，同。「絆馬」，原訛作「絆足」，據説文解字校改。

也。䠐，女輒反。劉兆云：聚合不解也。輒本亦作縶，劉兆云：如見絆縶也。」經義雜記云：「縶下从糸，故云連併，楚謂之䠐，當从宋刻注疏本作䠐，从足从取。故劉兆云聚合，不解以字本从取也。丁度集韻：『䠐，遵須切。』司馬光類篇：『䠐，足不相過。』皆與劉氏合。陸德明：『从耴，女輒反。』玉篇足部：『女輒切，兩足不相過。』廣韻二十九葉：『尼輒切，足不相過。』五經文字：『女輒反，足不相過。楚言字俱作䠐，疑非是。』按，玉篇、廣韻、五經文字、類篇皆云『足不相過』，無『能』字。疑今穀梁傳『能』爲衍文。」惡疾不立者，喪服小記云：「王者禘其祖之所自出，以其祖配之，而立四廟。庶子王亦如之。」注：「世子有廢疾不可立，而庶子立，其祭天立廟，亦如世子之立也。春秋時〔一〕，衞侯元有兄縶。」白虎通封公侯云：「世子有惡疾廢者，以其不可承先祖也。故春秋傳曰：『兄何以不立？有疾也。何疾爾？惡疾也。』」是也。○注「惡疾」至「屬也」。○通義云：「注廣言諸疾爾，輒之疾，則跛屬也。有惡疾不立者，爲其不可奉宗廟也。春秋記事，皆爲後王示法。常辭『立嫡以長』，而有衞侯之兄者，所以起其問，發其義，即知適長子有惡疾，亦有廢道。苟非惡疾，亦必無廢道。經變之制，靡不包舉矣。」按：瘖者，説文疒部：「瘖，不能言也。」釋名釋疾病：「瘖，唵然無聲也。」史記扁鵲倉公傳：「使人瘖。」索隱：「瘖，失音也。」素問奇病論：「人有重身，九月而瘖。」注：「瘖，謂不得言語也。」晉語：「嚚瘖，不可使言。」注：「瘖，不能言者。」漢書外戚傳：「飲瘖藥。」注：「瘖，不能言也。」亦作闇，文六年穀梁傳：「上泄則下闇，下闇則上聾。」是也。亦作喑，墨子親士

〔一〕「時」，原訛作「傳」，叢書本同，據禮記校改。

云：「近臣則喑，遠臣則唫。」是也。聾者，吕覽尊師云：「其聞不若聾。」注：「聾，無所聞也。」文選注引蒼頡篇：「聾，耳不聞也。」釋名又云：「聾，籠也，如在蒙籠之内，聽不察也。」説文耳部：「聾，無聞也。」左傳僖二十四年云：「耳不聽五聲之和爲聾。」論衡别通云：「耳不聞宫商曰聾。」因謂愚闇爲聾，宣十四年左傳：「鄭昭宋聾。」注：「聾，闇也。」是也。盲者，釋名又云：「盲，茫也，茫茫無所見也。」吕覽尊師云：「其見不若盲。」注：「盲，無所見也。」又盡數云：「處目則爲䁾、爲盲。」注：「盲，無見，目疾也。」論衡又云：「目不見青黄曰盲。」韓非子解老云：「目不能決黑白之色，則謂之盲。」説文目部：「盲，目無牟子。」漢書杜欽傳：「家富而目偏盲。」注：「盲，目無見也。」是也。癘者，一切經音義引字林云：「癘，惡疾也。」莊子逍遥遊云：「使物不疵癘。」釋文引李注：「癘，惡病也。」山海經西山經云：「英山有鳥，名曰肥遺，食之已癘。」注：「癘，疫病也。或曰惡創。」素問經風論云：「癘者，有榮氣熱胕，其氣不清，故使其鼻柱壞而色敗，皮膚瘍潰。」蓋即莊二十年「齊大災」傳云〔一〕「痢也」注：「痢者，邪亂之氣所生。」秃者，釋名又云：「秃，無髮沐秃也。」又釋姿容云：「秃者，無髮。」吕覽盡數云：「輕水所，多秃與癭人。」注：「秃，無髮也。」説文禾部：「秃，無髮也。从人，上象禾粟之形，取其聲。王育説：蒼頡出見秃人伏禾中，因以制字。未知其審。」禮記明堂位云：「夏后氏以楬豆。」注：「齊人謂無髮爲秃楬。」又喪服四制云：「秃者不髽。」注：「秃者無髮。」問喪〔二〕：

〔一〕「云」，原訛作「之」，據公羊注疏校改。
〔二〕「問喪」，原訛作「問疾」，叢書本不誤，據改。

「禿者不免。」同此義也。跛者，廣雅釋詁：「佊，蹇也。」一切經音義引字林云：「跛，蹇行不正也。」禮記曲禮云：「立毋跛。」注：「跛，偏任也。」説文足部：「跛，行不正也。一曰足排之。讀若彼。」禮記王制云：「瘖、聾、跛躃。」疏：「跛躃，謂足不能行。」問喪云：「跛者不踊。」釋文：「跛，足廢也。」釋名釋姿容云：「蹇，跛蹇也，病不能作事。」傴者，廣雅釋言云：「傴，僂也。」荀子儒效云：「是猶傴伸而好升高也。」注：「傴，僂也。」又釋詁云：「傴，曲也。僂，曲也。」一切經音義引通俗文云：「曲脊謂之傴僂。」素問刺禁論云：「刺脊間中髓爲傴。」注：「傴，謂傴僂，身踡曲也。」呂覽明理云：「盲、禿、傴、尩。」注：「傴，僂，俯者也。」又盡數云：「苦水所，多尩與傴人。」注：「傴，脊疾也。」荀子王制云：「是傴巫、跛擊之事也。」注：「傴巫、跛覡，古者以廢疾之人主卜筮巫祝之事，故曰傴巫、跛覡。」説文人部：「傴，僂也。」「僂，尩也。周公韤僂，或言背僂。」漢書蔡義傳：「行步俯僂。」注：「僂，曲背也。」因謂恭敬爲傴僂，謂其府身鞠躬有似曲脊之人，故昭七年左傳：「一命而傴，再命而僂。」史記注引服虔云：「傴、僂、俯，皆恭敬之貌也。」是也。○注「書者」至「親也」。○穀梁傳：「目衛侯，衛侯累也。」注：「凱曰：諸侯尊，弟兄不得以屬通。經不書衛公子，而斥言衛侯之兄者，惡其不能保護其兄，乃爲盜所殺，故稱至賤殺至貴。」亦本何氏爲義。○注「公子」至「名也」。○禮記坊記云：「子云：君不與同姓同車，與異姓同車不同服，示民不嫌也。」注：「同姓者，謂先王、先公子孫有繼及之道者，其非此則無嫌也。」疏：「明彰疑別嫌，恐尊卑相僭，使人疑惑之事。」此「言之」，「以絶之」，亦別嫌明疑之義。正名，見論語子路篇。繁露玉英云：「是故治國之端在正名，名之正，興五世，五傳之外，美惡乃形。」是也。若然，宣十七年，「公弟叔肸卒」，彼不言絶之者，彼方稱字，兄賢，況叔肸不仕其朝，不食其禄，方在逸民之科，無爲嫌也。輒本有爲君之道，徒以廢疾不立，尊卑難明，故特書之以張義。

○冬，十月，宋華亥、向甯、華定出奔陳。【注】月者，危三大夫同時出奔，將爲國家患，明當防之。【疏】注「月者」至「防之」。○正以春秋之義，外大夫奔例時，此月，故解之。奔例時者，成七年「冬，衛孫林父出奔晉」，襄二十八年「夏，衛石惡出奔晉。冬，齊慶封來奔」是也。通義云：「趙汸曰：華、向作亂，殺公子六人，劫宋公，取太子爲質，見討而出，故書月以異之。比於宋萬、王子朝佚賊〔一〕之例。」按：莊十二年：「冬，十月，宋萬出奔陳。」注：「月者，使與大國君奔〔二〕同例，明彊禦也。」是也。其定十年，「宋公之弟辰暨宋仲佗、石彄出奔陳」，亦三大夫，不月者，彼注云：「復出宋者，惡仲佗悉欲帥國人去。」「三大夫出不月者，舉國，危亦見矣。」是也。

○十有一月，辛卯，蔡侯廬卒。【疏】包氏慎言云：「十一月有辛卯，月之七日。」

〔一〕「佚賊」二字原脱，據公羊通義校補。
〔二〕「奔」字原脱，叢書本同，據公羊注疏校補。昭公二十年宋三大夫「出奔陳」疏引作「使與大國君出奔同」，有「出」字。

○二十有一年，春，王三月，葬蔡平公。【疏】校勘記云：「唐石經、鄂本同。閩、監、毛本誤二月。」

○夏，晉侯使士鞅來聘。

○宋華亥、向甯、華定自陳入于宋南里以畔。【疏】左氏、穀梁「畔」作「叛」。叛畔同音，叛正字，畔叚借也。舊疏云：「左氏、穀梁皆作南里字，而賈氏云『穀梁曰南鄙』，蓋所見異也。」

宋南里者何？若曰因諸者然。【注】因諸者，齊故刑人之地。公羊子，齊人，故以齊喻也。「宋樂世心自曹入于蕭」，不言宋南里者，略，叛臣從刑人，于國家尤危，故重舉國。【疏】注「因諸」至「喻也」。

○校勘記出「齊故刑人之地」，云：「閩、監、毛本同，誤也。鄂本『故』作『放』，當據正。」按：紹熙本亦作「放」。舊疏云：「舊說云：即博物志云：『周曰囹圄，齊曰因諸。』是也。」通義云：「畔臣從刑人，情事爲近，若漢時作亂者發中都官囚徒之意也。杜預以南里爲宋城内里名，妄說耳。左傳曰：『華氏居盧門，以南里畔。』嘗考吕氏春秋云：『楚莊王興師圍宋。九月，宋公肉袒執犧，委服告病。乃爲卻四十里，而舍于廬門之閭。』則廬門去宋城猶四十里，其不在城内，明矣。『宋公之弟辰自陳〔一〕入于蕭』，蕭不繫宋，而此繫宋，正以南里非地名也。宋南里者，猶曰宋獄也。」此説大謬。華氏自此年夏入于宋南里以畔，至次年春始自宋南里出奔楚。豈有伏處陛牢，自同出繫，從夏至春，歷時數月者乎？誠如是也，又何謂之畔矣？考之左傳，鄭亦有南里，襄二十六年，楚子伐鄭，「入南里」是也，豈亦入于鄭獄乎？解詁謂齊放刑人之地，既謂之放，明非拘繫，即此一字可知非獄，不得以囹圄爲比。按：周禮司寇「寘之圜土，而施職事焉」，以圜土中不必皆死囚，故司圜職掌收教罷民，有上罪三軍而舍、中罪二軍而舍、下罪一軍而舍之别。齊因諸、宋南里蓋即此，皆罪不至死而放繫之此，而任之事，而收教之者。亂民爲逆，多劫獄囚。華向等入南里事，亦類此。拘繫刑人，必厚垣高墉，故可据之以畔。豈肯伏處陛牢，自同出繫？所見未免拘矣。若僅如穀梁説，以南里爲南鄙，其義曷可？此傳何必以齊因諸爲喻？豈因諸亦齊之南鄙與？鄭有東里，故有南里，不必國國皆然。何氏所謂放者，如近世徒流之比，故不必定繫城内。特後代徒流，係罪定之名。周時或但收教，弗使冠飾，令其能改爾。彼又云：「其不能改而出圜土者，殺。」注：「出謂逃亡。」明亦拘繫，非獄而何？博物志但有「齊曰因諸」，無宋曰南里，特文不備耳。果有此語，未爲不可。○注「宋樂」至「舉國」。○校勘記云：「毛本『世』改〔二〕『大』。」鄂本不誤。公羊作「世心」，左氏作「大心」。二十五

〔一〕「陳」，原作「曹」。此爲公羊通義之誤記。定公十年經「宋公之弟辰暨宋仲佗、石彄出奔陳」，十有一年經「自陳入于蕭，以叛」，據改。

〔二〕「改」，原訛作「作」，據阮元校勘記校改。

年釋文可證，嚴杰説。又出「不言宋」，云：「鄂本『此』下疊『言宋』二字，此脱。」按：紹熙本亦作「世」。即定十一年「宋樂世心自曹入于蕭」，注：「不言叛者，從叛臣，叛可知。」是也。舊疏云：「何氏特引此事者，正以自外而入，與此相似，而不繫宋，故須解之。」正以於國家尤危，故繫國。春秋凡重舉國者，皆有所繫。通義謂以南里非地名故繫宋，亦非。若不書宋，但云入于南里以畔，亦不嫌南里非宋地也。

○**秋，七月，壬午，朔，日有食之。**【注】是後，周有簒禍。【疏】注「是後，周有簒禍」。○舊疏云：「在明年。」五行志下之下：「二十一年七月壬午，朔，日有食之。董仲舒以爲，周景王老，劉子、單子專權。蔡侯朱驕，君臣不説之象也。後蔡侯朱果出奔。劉子、單子立王猛。劉歆以爲，五月二日，魯、趙分。」臧氏壽恭：「推是歲正月癸未朔，大；二月癸丑朔，小；三月壬午朔，大；四月壬子朔，小；五月辛巳朔，二日壬午。」

○**八月，乙亥，叔痤卒。**【疏】包氏慎言云：「八月有乙亥，月之十五日。」舊疏云：「左氏、穀梁作『叔輒』。」按：差繆略云：「輒，公羊作座。」與今本殊。春秋異文箋云：「公羊作『痤』，方音，支歌二部通轉之譌。」又引「老子道德經考異唐傅奕定本『或培或墮』，培，河上公作載，王弼作挫」。按：輒从耴聲，不得入支部也。

○**冬，蔡侯朱出奔楚。**【注】出奔者，爲東國所篡也。大國奔例月，此時者，惡背中國而與楚，故略之。【疏】校勘記云：「唐石經、諸本同。解云：左氏與此同。穀梁作『蔡侯東』。」按：彼傳：「東者，東國也。」春秋異文箋云：「朱與東，形勢相似，或篆文殘脱致譌爲東，穀梁遂以東國解之。」史記蔡世家云『東國攻平侯子而自立』，固不從穀梁説也。當以左氏爲正。」○注「出奔」至「篡也」。○舊疏云：「正以二十三年『夏，六月，蔡侯東國卒于楚』故也。」左傳：「費無極取貨于東國，而謂蔡人曰：『朱不用命于楚，君王將立東國。若不先從王欲，楚必圍蔡。』蔡人懼，出朱而立東國。朱愬于楚。」注：「東國，隱太子之子，平侯廬之弟，朱叔父也。」史記管蔡世家：「平侯九年〔一〕卒。靈侯般之孫東國攻平侯子而自立，是爲悼侯。」○注「大國」至「略之」。○大國奔例月，桓十六年「十一月，衛侯朔出奔齊」是也，此時，故解之。穀梁傳：「何爲謂之東也？王父誘而殺焉，父執而用焉。奔，而又奔之。曰東，惡之而貶之也。」注：「奔既罪矣，又奔仇國，惡莫大焉。」與此「惡背中國而與楚，略之」義同。

○**公如晉，至河乃復。**

〔一〕「年」，原訛作「月」，叢書本同，據史記校改。

○二十有二年，春，齊侯伐莒。

○宋華亥、向甯、華定自宋南里出奔楚。【注】前出奔已絶賤，復録者，以故大夫專勢入南里，犯君而出，當誅也。言自者，别從國去。【疏】注「前出」至「誅也」。○出奔，在上二十年。已絶者，春秋之例，大夫出奔，其位即絶。故襄二十三年：「晉人殺欒盈。」傳：「曷爲不言殺其大夫？非其大夫也。」是欒盈雖入于晉，入于曲沃，猶不得爲大夫，已絶故也。賤者，即上二十一年：「宋華亥以下自陳入于宋南里，以畔。」注：「略叛臣從刑人。」是也。復録宋者，以其專勢犯君，當誅故也。包氏慎言云：「二十一年傳：『南里者何？若曰因諸者然。是入南里，爲劫獄散囚以抗君也。非稱兵，非據地，而亦曰畔，歷夏秋冬三時，而始出奔，與畔無異，出著自南里，敵國也。』按：包以自南里爲敵國，亦通。○注「言自」至「國去」。○舊疏云：「謂言自宋南里者，欲别於宋萬出奔陳之文，從國都而去者故也。」

○大蒐于昌姦。【疏】釋文：「昌姦，二傳作『昌間』。」間、姦音同。「『大蒐』作『大瘦』」，云：「本亦作『蒐』。」唐石經、諸本作「蒐」。

○夏，四月，乙丑，天王崩。【疏】〔一〕包氏慎言云：「四月有乙丑，月之十九日。」

○六月，叔鞅如京師。

○葬景王。

○王室亂。【注】謂王猛之事。【疏】注「謂王猛之事」。○即下「秋，劉子、單子以王猛入于王城」是也。

何言乎王室亂？【注】据天子之居稱京師，「天王入于成周」，「天王出居于鄭」，不言亂。【疏】注「据天」至「言亂」。○桓九年：「紀季姜歸于京師。」傳：「京師者何？天子之居也。京者何？大也。師者何？衆也。天子之居必以衆大之辭言之。」是天子之居稱京師也。「天王入于成周」，見下二十六年，皆不言王室。又僖二十四年「天王出居于鄭」，亦不言亂。故据以難。

言不及外也。【注】宫謂之室。刺周室之微，邪庶並篡，無一諸侯之助、匹夫之救，如一家之亂也，故變

〔一〕「【疏】」，原脱，叢書本同，據本書體例補。

京師言王室。不言成周，言王室者，正王以責諸侯也。傳不事事悉解者，言不及外，外當責之，故正王可知也。不爲天子諱者，方責天下不救之。【疏】注「宫謂之室」。○爾雅釋宫文。説文宀部：「宫，室也。」「室，實也。」詩鄘風定之方中傳：「室猶宫也。」楚辭招魂注：「宫，猶室也。」郭云：「皆所以通古今之異語，明同實而兩名。」謂兄弟争國，室内自亂，不及外邦，故斥言王室也。○注「刺周」至「王室」。○上十八年疏引此作「刺周室之微弱」，當据補。通義云：「室猶家也。景王不能齊其家，嫡庶分争，亂自内作，故直刺之也。」繁露王道云：「王室亂，不能及外，分爲東西周，無以先天下。」亦謂其微弱甚也。邪庶並篡者，謂子猛、子朝皆非正適，共篡敬王，故謂之並篡。時子朝未立，注探下言之。漢書劉向傳：「五大夫争權，三君更立，莫能正理，遂至陵〔一〕夷不能復興。」又云：「周大夫尹氏筦朝事，濁亂王室，子朝、子猛更立，連年乃定。故經曰『王室亂』，又曰『尹氏殺王子克』，甚之也。」師古曰：「言其惡大甚也。」是也。舊疏云：「無一諸侯之助、匹夫之救者，正以變京師言王室，故知如此。」正以經不見諸侯勤王之事故也。○注「不言」至「侯也」。○校勘記云：「蜀大字本、閩、監、毛本同。鄂本『言』作『曰』。」下二十六年：「天王入于成周。」傳：「成周者何？東周也。」注：「起王居在成周，實外之。」故此言王爲正王以責諸侯也。○注「傳不」至「知也」。○校勘記出「故正王可知也」，云：「疏引作『皆可知』。」明傳以言不及外一語括上諸事也。既云言不及外，即是外諸侯當責可知，故須正王號以起之。蓋謂敬王爲王矣。此公羊之義，與史記、左傳

〔一〕「陵」，原訛作「淩」，叢書本同，據漢書校改。

敍事皆殊。史記周本紀〔一〕謂:「景王愛子朝,欲立之。崩,子丐之黨與争立。國人立長子猛爲王,子朝攻殺猛,晉人攻子朝立丐,是爲敬王。」左傳大同,惟無子朝攻殺王猛事,以王猛、敬王皆劉、單所立,不以王猛爲邪庶也。○注「不爲」至「救之」。○正以春秋之義,爲尊者諱。今天子微弱,不能討亂,而不爲諱者,爲欲責諸侯不救,故不得諱也。通義云:「前此頽、帶之亂,經未忍言,至此而世變將極,雖欲諱,不可得諱矣。於詩三朞,周以午孟八年始革殷命。入春秋,至午季一年,有繻葛之敗。未及酉仲九年,而襄王居鄭。景王元年,實亥孟之際,四年後,二十五年而亂作。」孔氏蓋以齊詩「五際」之義爲説。

○劉子、單子以王猛居于皇。【疏】杜云:「河南鞏縣西南有黄亭。」水經注洛水篇:「又東濁水注之,即古黄水。京相璠曰:『訾城北三里有黄亭,即此亭也。』」續漢志:「河南鞏縣:有黄亭,有湟水。」劉昭曰:「『昭二十二年:『王子猛居于湟。』杜預云:『在縣西北。』」通義云:「居于皇者,辟王子朝也。」崔彦直曰:『王猛非正,例不月,此承葬景王月。』」

其稱王猛何?【注】据未踰年,已葬當稱子。【疏】注「据未」至「稱子」。○莊三十二年傳:「既葬稱子,踰年稱公。」此未踰年稱王,故据以難。

〔一〕「周本紀」,原誤記爲「世家」,叢書本同,據史記校改。

當國也。【注】時欲當王者位，故稱王猛見當國也。録居者，事所見也。不舉猛爲重者，時猛尚幼，以二子爲計勢，故加以。以者，行二子意辭也。二子不舉重者，尊同權等。【疏】注「時欲」至「國也」。○隱元年傳：「當國也。」注：「欲當國爲之君，故如其意，使如國君，氏上鄭，所以見段之逆。」時猛亦欲當王位，故如其意，稱王猛，見當國也。通義云：「稱王猛，所以爲當國者。春秋以王猛比諸齊小白、莒去疾之等，猶之詩以王比十五國也。」公羊禮説云：「鄭伯不子，故當喪奪其子行而稱伯。王猛當國，故當喪奪其子行而稱王。觀於其卒也，正之曰是子也，是未踰年之君也，是不當稱王也。不當稱王而稱王，其當國之情可見。於猛書王，所以如其意，以著其惡。本一人也，或書王猛，或書王子猛，微言大義，繫於此矣。問者曰：何以下王子朝不書王朝乎？曰：上有『天王居于狄泉』，則子朝之篡不嫌不明，所謂不待貶絶而自見者也。王猛之篡不明，故一年之内書王，明其已立也；書入，明其爲篡也；書子，見其未踰年也。難者曰：『天王入于成周』，何以亦書入也？曰：美惡不嫌同號也。必兩書王猛何也？曰：書王猶書國也，書『王猛入于王城』，猶書『齊小白入于齊』也。不書王，安知以國氏，而起入爲篡乎？貶王猛同於列國之例，是亦王降而爲風矣。」按：穀梁傳：「以者，不以者也。王猛，嫌也。」注：「直言王猛，不言王子，是有當國之嫌。」與公羊義同。○注「録居」至「見也」。○舊疏云：「當國之人，未成爲王，理宜略之。而録其居者，春秋刺其篡逆，若不書云『王猛居于皇』，則其當國之事無由見也。」○注「不舉」至「意也」。○校勘記云：「鄂本、閩本同。毛本『舉』誤『居』。」舊疏云：「春秋皆舉重，是以下二十三年『天王居于狄泉』，不言其大夫以之。今不舉重，故如此解。云以者〔一〕，行二子意辭也者，桓十四年，『宋人以齊人、衛人、蔡人、陳人伐鄭』，傳：『以者何？行其意也。』何氏云『以己從人曰行，言四國行宋意也』。」是也。通義云：「景王世子壽蚤卒，未有命嗣。王崩，尹氏黨于朝，劉氏、單氏黨于猛。猛之貴賤不可知，然子朝明告諸侯曰：『王后無適，單、劉贊私立少。』則猛少而又非后之子，可知矣。春秋於其生，以當國之辭言之；於其卒，曰王子猛。與王子朝同號，是猛亦未爲正也。故再言劉子、單子以者，著劉、單之行其私意也。君前臣名，而言劉子、單子以王猛者，猛本不當爲君，故不正其君臣之辭也。然則，劉子、單子何以無貶？猛雖不正，視朝固有間矣，顧與尹氏別見曲直也。」惠氏士奇春秋説云：「昭十五年，王太子壽卒，王立子猛，傳無明文。蓋自太子壽卒〔二〕，至是八年，猶未建儲。故經書『天王崩，王室亂』，蓋國本未立，人心動摇，王室之亂，實萌于此。春秋兩書『劉、單以王猛』，以者，能左右之，則王猛實劉、單立之矣。王子朝告諸侯曰：『王后無嫡。』則王猛亦非嫡子弟也，不然則子朝以庶簒嫡，晉士伯又何必立哉！」○注「二子」至「權等」。

○（原文闕）

○秋，劉子、單子以王猛入于王城。

〔一〕「以者」二字原脱，叢書本同，據公羊注疏校補。

〔二〕「蓋自太子壽卒」六字原脱，叢書本同，據惠士奇春秋説校補。

王城者何？西周也。【注】時居王城邑，自號西周主。【疏】杜云：「王城，郟鄏，今河南縣。」公羊問答云：「問：此傳：『王城者何？西周也。』二十六年傳：『成周者何？東周也。』而皇甫謐帝王世紀曰：『周公相成王，以豐鄗爲偏處西方，職貢不均，乃使召公卜居洛水之陽以即中土。故援神契：「八方之廣，周洛爲中，於是遂築新邑，營定九鼎，以爲〔一〕王東都之洛邑。」故周書稱「我乃卜澗水東，瀍水西，惟洛食」，是爲〔二〕王城，名曰東周。故公羊傳曰：「王城者何？東周也。」』据此以王城爲東周，不以成周爲東周，何也？曰：王城本東周也。漢志：『雒陽，周公遷殷民，是爲成周。春秋昭二十二年，晉合諸侯于翟泉，以其地大成周之城。』按，以王猛入于王城，自號爲西周，王天下，因謂成周爲東周。謐据本初而言，故言東周，然謂公羊傳『王城者何？東周也』，則誤矣。」齊氏召南考證云：「二十六年冬十月，天王入于成周，傳曰：『成周者何？東周也。』正與此文相對。蓋周八百年，東西周之名凡三變。初言東西周者，以鎬、洛對言，鎬爲西也。此後言東西周，以王城、成周對言，王城爲西也。戰國後，以河南鞏對言河南爲西也。後漢郡國志：『河南，春秋時謂之王城。』注引博物記曰：『王城方七百二十丈，郛方十里。南望雒水，北至郟山。』又引地道記曰：『去雒城四十里。』是也。漢之雒陽縣，周所謂成周也。」按：詩王風黍離序：「閔宗周也。周大夫行役至于宗周。」箋云：「宗周，鎬京也，謂之西周。周王城也，謂之東周。」彼疏引論

〔一〕「爲」字原脱，叢書本同，據公羊問答校補。

〔二〕「爲」，原訛作「謂」，叢書本同，據公羊問答校改。

語：「吾其爲東周乎？」注：「據時成周〔一〕，則謂成周爲東周者，以敬王去王城而遷於成周，自是以後，謂王城爲西周，成周爲東周。孔子設言之時，在敬王居成周後，且意取周公之教頑民，故知其爲東周，據時成周也。此在敬王前，王城與鎬京相對，故言王城謂之東周也。」按：孔疏與齊氏分晰極明。其戰國後之東西周，則考王之弟桓公後也。桓公封于河南，爲西周，其孫惠公又封其少子於鞏，號東周。惠公、赧王時，東西周分治，王赧徙都西周是也。○注「時居」至「周主」。○校勘記云：「鄂本同。閩、監、毛本『自』誤『故』，『主』作『王』。」按：二十六年冬十月下疏引作「自號西周王」。

其言入何？【注】據非成周。【疏】注「據非成周」。○舊疏云：「公羊之義，以成周爲正居，故言此矣。是以下二十六年『冬，十月，天王入于成周』是也。」

篡辭也。【注】時雖不入成周，已得京師地半，稱王置官，自號西周，故從篡辭言入，起其事也。不言西周者，正之無二京師也。不月者，本無此國，無可與別輕重也。【疏】注「故從」至「事也」。○春秋立、納、入皆爲篡辭。此書入，知篡矣。穀梁傳：「以者，不以者也。入者，内弗受也。」注：「猛，非正也。」通義云：「天王入于成周不爲篡。此知爲篡者，天子無名道，今而名，其篡可知矣。本句當立，故猛爲篡。崔彦直曰：『入王城不月，知居于皇亦不月者也。居入不月，然後知王猛之非正，而春秋譏矣。』」○注「不言」至「師也」。○此決二十六年「天王入于成周」稱周故也，是以成周爲正居也。○注「不月」至「重也」。○校

〔一〕「成周」，叢書本同，論語注疏作「東周」。

勘記云：「蜀大字本、閩、監、毛本同。鄂本無『者』字。」舊疏云：「春秋大國篡例月，隱四年『冬，十二月，衛人立晉』，是以其禍大故也。小國例時，以其禍小，昭元年『秋，莒去疾自齊入于莒』是也。今此入王城，篡天子，其禍實如大國之例，而不月，正以本無可與別輕重之義，是以時之也。」

○冬，十月，王子猛卒。

此未踰年之君也，其稱王子猛卒何？【注】据子卒不言名，外未踰年君不當卒。【疏】注「据子卒不言名」。○即文十八年「冬，十月，子卒」是也。通義云：「据天王崩不名，即此爲未踰年之子，亦當稱王子，不當名。」其外未踰年君不當卒者，以春秋上下無其事故也。舊疏云：「僖九年『冬，晉里克弑其君之子奚齊』，書者，彼乃見殺，非此之類。而言外者，正以内之子般、子野之徒皆書故也。」

不與當也。不與當者，不與當父死子繼、兄死弟及之辭也。【注】春秋篡成者，皆與使當君之父死子繼、兄死弟及者，篡所緣得位成爲君辭也。猛未悉得京師，未得成王，又外未踰年君，三者皆不當卒。卒又名者，非與使當成爲君也。嫌上入無成周文，非篡辭，故從得位卒，明其爲篡也。月者，方以得位明事，故從外未踰年君例。【疏】注「春秋」至「辭也」。○後漢書楊震傳：「故經制，父死子繼，兄終弟及，以防篡也。」然篡已成者，雖非子繼、弟及，亦止得與。故齊小白入于齊，後會齊侯于柯，及齊侯小白卒，衛人立晉，後宋公、衛侯遇于垂，及衛侯晉卒，皆如成君辭也。○注「猛未」至「當卒」。○校勘記出「三者皆不當卒」，云：「蜀大字本、閩、監、毛本同，誤也。鄂本『三』作『二』，當据以訂正。」按：紹熙本亦作「二」，是也。猛既未悉得京師，簒仍未成，自不得如成君書卒，又外未踰年君，亦不合卒。曲禮疏云：「若既葬之後，未踰年，則稱名稱子，故昭二十二年六月『葬景王』，冬十月『王子猛卒』。」孔疏特引以證稱子、稱名，非謂許其卒也，是二者皆不合卒也。○注「卒又」至「簒也」。○校勘記：「鄂本無『卒』字，當据正。」舊疏云：「既不合卒，今書其名，非欲成其爲君，但嫌上經『入于王城』之時，無成周之文，恐其非簒辭，故從其得位而書卒，正欲明爲簒故也。」通義云：「壽死而匄及，正也。猛非次當及者，則非可繼景者也。前不稱王猛，無以見其已立；今卒乃還稱之曰王子猛，猛立而猶謂王子，猶之比立而猶謂公子云爾。」○注「日者」至「君例」。○舊疏云：「簒既不成，理宜略之，而書其月者，春秋方書其卒，若得位然，以明其簒事，故曰方以得位明事也。從外未踰年君例者，僖九年注：『弑未踰年君，例當月。不月者，不正遇禍，終始惡明，故略之。』今此書月，從未踰年君例矣。」彼奚齊書時，故注如彼解。

○**十有二月，癸酉，朔，日有食之。**【注】是後晉人圍郊，犯天子邑。【疏】包氏慎言云：「十二月書癸酉朔，据曆爲月之二日，大。十一月、十二月朔，即爲癸酉，小；餘不足二十分。」劉孝孫推春秋日食，亦以癸酉爲朔日，或藉後歲之分以成日也。一行大衍曆以爲十二月癸酉朔入食限。元史云：「杜預以爲癸卯，非是。」五行志：「劉歆以爲，十月楚、鄭分。」臧氏壽恭推「是年正月戊寅朔，小；二月丁未朔，大；三月丁丑朔，小；四月丙午朔，大；五月丙子朔，小；六月乙巳朔，大；七月乙亥朔，小；八月甲辰朔，大；九月甲戌朔，小；閏月癸卯朔，大；十月癸酉朔」。蓋杜預不置閏也。故與三統殊。○注「是後」至「子邑」。○見下二十三年。五行志下之下：「二十二年十二月，癸酉，朔，日有食之。董仲舒以爲，宿在心，天子之象也。後尹氏立王子朝，天王居于狄泉。」與何氏異。然皆以占周事也。

公羊義疏六十五

南菁書院　句容陳立卓人著

昭二十三年盡二十四年

〇二十三年，春，王正月，叔孫舍如晉。【疏】左氏、穀梁作「婼」。

〇癸丑，叔鞅卒。【疏】包氏慎言云：「正月有癸丑，月之十三日。」

〇晉人執我行人叔孫舍。

〇晉人圍郊。

郊者何？天子之邑也。【注】天子開田，有大夫主之。

曷爲不繫于周？不與伐天子也。【注】與侵柳同義。【疏】注「與侵柳同義」。○即宣元年：「冬，晉趙穿帥師侵柳。」傳：「柳者何？天子之邑也。」注云：「天子閒田也，有大夫守之，晉與大夫忿争侵之也。」又曰：「曷爲不繫乎周？不與伐天子也。」注：「絶正其義，使若兩國自相伐。」今此圍郊亦然，故曰與侵柳同義。通義云：「此晉人乘王室有亂，而犯周之邊鄙云爾。」左傳以爲討子朝，蓋晉史飾成其事，丘明〔一〕不能辨正。其明年傳云晉侯使士彌牟問于周衆，乃辭子朝之使〔二〕，則是時晉猶助朝，安得有勤王之師？是自相枘鑿也。且經文在叔鞅卒下，而彼傳言壬寅圍郊，又在『癸丑』前，與經不合，明失實。」

○夏，六月，蔡侯東國卒于楚。【注】不日者，惡背中國而與楚，故略之。月者，比肹附父仇，責之淺也。不書葬者，篡也。篡不書者，以惡朱在三年之内，不共悲哀，舉錯無度，失衆見篡。【疏】注「不日」至「略之」。○春秋之義，大國卒例日，此不日，故解之。此書卒于楚，故知背中國而與楚也。○注「月者」至「淺也」。○僖十四年：「冬，蔡侯肹卒。」注：「不月者，賤其背中國而附父仇，故略之甚。」彼過深，故不月。此僅與楚爾，過淺，故止不日也。○注「不書」至「篡也」。○凡春秋篡不明者，不書葬。此東國篡不

〔一〕「丘明」原作「邱明」，清季避孔子丘聖諱，改丘爲邱，兹恢復本字。下同徑改，不出校。
〔二〕昭公二十四年左傳：「二月，庚戌，晉侯使士景伯涖問周故，士伯立于乾祭而問於介衆。晉人乃辭王子朝，不納其使。」士景伯即士彌牟。

見立、納、入之文，故去葬以起之。○注「篡不」至「見篡」。○左傳謂「費無極取貨東國」，謂蔡人「出朱而立東國」。史記管蔡世家云：「悼侯父曰隱太子友。隱太子〔一〕者，靈侯之太子。平侯立而殺隱太子，故平侯卒而隱太子之子東國攻平侯子而代立，是爲悼侯。」按：太子友即世子有，爲楚所殺。上十一年「執世子有以歸，殺之」，傳所謂「用以築防也」，則朱自以失衆見篡，非緣平侯殺友可知。舊疏云：「二十一年『冬，蔡侯朱出奔楚』，何氏云『出奔者，爲東國所篡』。然則，東國既篡於朱，而無立、入之文，朱無文貶，則知〔二〕春秋之義，惡朱明矣。所見之世，始録諸侯内行小失，不可勝書，春秋但犆見譏而已，故何氏云『不共悲哀，舉錯無度』而已矣。」

○秋，七月，莒子庚輿來奔。

○戊辰，吴敗頓、胡、沈、蔡、陳、許之師于雞父。【疏】包氏慎言云：「七月有戊辰，月之三十日。」大事表云：「胡，今江南潁州府治新設阜陽縣爲胡國地。」又云：「春秋有二沈。宣十二年傳『沈尹將

〔一〕「隱太子」三字原脱，叢書本同，據史記校補。
〔二〕「知」字原脱，據公羊傳注疏校補。

中軍』，此蓋沈之別邑，楚取之，以爲重鎮。時爲沈尹者，莊王之子公子貞也，亦名寢。莊王後更以封孫叔敖爲食邑，所謂寢丘是也，今爲河南光州固始縣。沈本國，世屬于楚，則定四年爲蔡所滅，後入楚爲平輿邑。」杜注：「汝南平輿縣有沈亭，今河南汝甯府治汝陽縣東南六十里有平輿故城。」漢書地理志汝南郡「平輿」，應劭曰：「故沈子國，今沈亭是也。」水經注汝水篇：「汝水又東逕平輿縣故城南，爲澺水。縣，舊沈國也，有沈亭。春秋定四年蔡滅沈，後楚以爲縣。」又潁水篇：「潁水又東南流，逕胡城東，故胡子國也。春秋楚滅胡，以胡子豹歸，是也。杜預釋地曰：『汝陰縣西北有胡城也。』」又決水篇：「決水自雩婁縣北，逕雞備亭。春秋昭二十三年，吴敗諸侯之師于雞父是也。」一統志：「雞備亭在光州固始縣東南。杜云：雞父，楚地。安豐縣南有雞備亭。」大事表云：「今江南鳳陽府壽州西南六十里有安豐故城，雞備亭又在其城西南。」説苑尊賢云：「吴用延州來季子〔一〕，并冀州，揚威於雞父。」案：「冀州」字誤。據左傳，則此戰爲公子光也。

胡子髡、沈子楹滅。【疏】釋文：「楹，左氏作『逞』，穀梁作『盈』。」穀梁釋文云：「『盈』本亦作『逞』。」古呈聲、盈聲同部，得互叚也。左氏襄二十一年經：「晉欒盈出奔楚。」史記十二諸侯年表：「晉平公彪七年，欒逞奔齊。」齊世家：「莊公三年，晉大夫欒盈奔齊。」徐廣曰：「史記多作『逞』。」晉世家平公六年，『晉欒逞有罪奔齊』。」左傳昭四年「逞其心以厚其毒」，新序善謀篇引作「盈其心」，此逞、盈互通之證也。校勘記

〔一〕「延州來季子」，原脱「來」字，叢書本同，據季札名字及説苑校補。

云：「唐石經、諸本同。此本疏中下文作『沈子盈』，則疏本與穀梁同。故於此下無文。」

獲陳夏齧。【疏】説文頁部〔一〕：「頛〔二〕，頭不正也。讀又若春秋陳夏齧之齧。」左疏引世本：「齧是徵舒曾孫。」

此偏戰也，曷爲以詐戰之辭言之？【注】据甲戌齊國書及吴戰于艾陵，俱與夷狄言戰，今此從詐戰辭言敗。【疏】舊疏云：「正以春秋之例，偏戰者日，詐戰者月，今此書日，故言偏戰。」○注「据甲」至「言敗」。○即哀十年，「夏，五月，公會吴伐齊。甲戌，齊國書帥師及吴戰于艾陵。齊師敗績。獲齊國書」是也。

不與夷狄之主中國也。【注】序上言戰，别客主人直不直也。今吴序上而言戰，則主中國辭也。【疏】注「序上」至「直也」。○莊二十八年：「齊人伐衛。衛人及齊人戰。衛人敗績。」傳：「春秋伐者爲客，伐者爲主，故使衛主之也。曷爲使衛主之？衛未有罪爾。」注：「伐人者爲客，見伐者爲主。」戰序上言及者爲主，蓋爲幽之會，服父喪未終而不至，故是與衛以直，故使衛爲主言及也。又僖十八年，宋公以下伐齊，「夏，宋師及齊師戰于甗。齊師敗績」，傳：「春秋伐人者爲客，伐者爲主。曷爲不使齊主之？與

〔一〕「頁部」，原誤記爲「百部」，據説文解字校改。
〔二〕「頛」，原訛作「頼」，據説文解字校改。

襄公之征齊也。」是則客直，主不直，則客序上，故與宋爲主言及。是序上言戰，别客主人直不直之義也。繁露竹林云：「戰伐之事，後者主先，苟不惡，何爲使起之者居下？是其惡戰伐之辭已！」是春秋常辭，皆起之者居下，宋爲例變，故傳特解之也。○注「今吴」至「辭也」。○舊疏云：「今吴人序其上而言戰，則是吴人爲主中國之辭，故不得言戰，直言敗而已。」通義云：「時六國之師爲楚伐吴，若偏戰之詞，當以吴及六國，是與吴爲主，故不可。」繁露竹林云：「春秋之常辭也，不予夷狄而與中國爲禮。」又觀德云：「雞父之戰，吴不得與中國爲禮。」

然則曷爲不使中國主之？【注】据齊國書主吴。【疏】注「据齊國書主吴」。○正以艾陵之戰書齊國書「及吴」故也。通義云：「据酅之戰，可變使伐人者爲主。」按：難義在不使中國主，非難不使伐人者主。與宋、齊中國相戰者異，不得例以相難。

中國亦新夷狄也。【注】中國所以異乎夷狄者，以其能尊尊也。王室亂莫肯救，君臣上下壞敗，亦新有夷狄之行，故不使主之。不稱國國出師者，賤略之。言之師者，辟許獨稱師，上五國稱國之嫌。【疏】注「王室」至「主之」。○上二十二年：「王室亂。」傳：「言不及外也。」注：「無一諸侯之助、匹夫之救，如一家之亂。」是無君臣上下之道，故此云壞敗也。通義云：「陳、蔡新受楚封，而率小國以附楚，故曰新夷狄也。六國爲夷楚役，亦不可與使爲主。」義亦通。○注「不稱」至「略之」。○舊疏云：「決桓十三年『春，齊師、宋師、衛師、燕師敗績』之文。」左疏引賈逵云：「不國國書師者，惡其同役而不同心。」據彼傳文爲説爾。然既合稱師，轉似同心辭矣。左疏引賈曰：「泓之戰譏宋襄，故書朔；鄢陵之戰譏楚子，故書晦；雞父之戰夷之，故不書晦。」亦以吳、楚、沈、頓諸君置之夷狄之列，無足輕重，亦賤略之意。特公羊無不書晦義耳。○注「言之」至「之嫌」。○舊疏云：「若不言之，直言吳敗頓、胡、沈、蔡、陳、許師于雞父，則嫌師文獨使許稱，自陳以上單稱國，是故言之，以散之矣。」

其言滅獲何？【注】据蔡公孫歸生滅沈，以沈子嘉歸，殺之，國言滅，君言殺。又獲晉侯言獲。此陳夏齧亦言獲，君、大夫無別。【疏】注「据蔡」至「言殺」。○即定四年〔一〕「蔡公孫歸生帥師滅沈，以沈子嘉歸，殺之」是也。彼國言滅，君言殺，與此異，故據以難。○注「又獲」至「無別」。○僖十五年，「晉侯及秦伯戰于韓，獲晉侯」是也。彼晉侯君，此陳夏齧臣，君臣同言獲，無別，故據以難。國言滅，君言殺，解傳其言滅何也。君、大夫無別，解傳其言獲何也。

別君臣也。【疏】穀梁傳曰：「上下之稱也。」注：「君死曰滅，臣得曰獲，君臣之稱。」左傳亦曰：「君臣之辭也。」注：「國君，社稷之主，與宗廟共其存亡者，故稱滅。大夫輕，故曰獲。獲，得也。」

君死于位曰滅，【疏】此胡子髡、沈子楹滅是也。詩鄘風載馳序：「衛懿公爲狄人所滅。」箋云：「滅者，懿公死也。君死於位曰滅。」正義：「春秋之例，滅有二義：若國被兵寇，敵人入而有之，其君雖存而出奔，國家多喪滅，則謂之滅，故左傳曰：『凡勝國曰滅。』齊滅譚，譚子奔莒；狄滅溫，溫子奔衛之類是也。若本

〔一〕「四年」，原誤記爲「十四年」，據公羊注疏校改。

國雖存，君與敵戰而死，亦謂之滅，故云『君死于位曰滅』，即昭二十三年傳『胡子髠、沈子逞滅』之類是也。」淮南精神訓：「虞君利垂棘之璧，而擒其身。」注：「君死位曰滅。」穀梁傳注：「國雖存，君死曰滅。」賢胡、沈之君死社稷。

生得曰獲。【疏】即僖十五年「獲晉侯」是也。周禮朝士職：「凡得獲貨賄、人民、六畜者。」注：「俘而取之曰獲。」楚辭哀時命云：「釋管晏而任臧獲兮。」注：「獲，爲人所係得也。」是獲多屬生得言。故禮記檀弓云：「不獲二毛。」注：「獲，謂係虜之。」又襄十年左傳：「尉止獲。」注：「獲囚俘。」皆是也。僖十五年注：「書者，以惡見獲，與獲人君者，皆當絶也。」

大夫生死皆曰獲。【注】大夫不世，故不别死位。【疏】舊疏云：「大夫死曰獲者，即此『獲陳夏齧』及哀十一年『獲齊國書』之徒是也。其大夫生得曰獲者，宣二年『獲宋華元』是也。」僖元年左傳：「獲莒挐。」注：「大夫生死皆曰獲。」又宣二年「獲樂吕」，注：「獲，生死通名。」皆取此爲説。○注「大夫」至「死位」。○檀弓：「謀人之軍，師敗則死之。」又曲禮「大夫死衆」，無死位文也。正以大夫不世，身死則已，無位之存没可别，非如國君被滅，國有存亡矣。國雖不滅，君死社稷亦曰滅，以滅者亡國之善辭故也。

不與夷狄之主中國，則其言獲陳夏齧何？【注】据荆敗蔡師于莘，以蔡侯獻舞歸，不言獲。【疏】注「据荆」至「言獲」。○見莊十年。彼傳云：「曷爲不言其獲？不與夷狄之獲中國也。」

吴少進也。【注】能結日偏戰，行少進，故從中國辭治之。髠、楹下云滅者，死戰當加禮，使若自卒相順也。經先舉敗文，嫌敗走及殺也，故以自滅爲文，明本死位，乃敗之爾。名者，從赴辭也。【疏】注「能結」至「治之」。○正以偏戰日，此書日，故知偏戰。哀十一年：「獲齊國書。」注云：「言獲者，能結日偏戰，少進也。」義與此同。王者不治夷狄，故不與荆獲獻舞，此書獲陳夏齧，故爲治吴，從中國辭也。獲大夫雖次于獲君，皆正不得也。○注「髡楹」至「順也」。○舊疏云：「獲晉侯，戕鄫子之徒，皆獲戕之文在上，今髡、楹之滅，滅文在下者，以其死戰，當合加禮，故退滅文於下，使若公子友卒之類，不爲人所殺然，故曰使若自卒。一則不言戰，不與夷狄之主中國；一則其言滅，不與夷狄之殺諸夏，二理合符，故言相順。」按：髡、楹書滅者，君死於位，爲善二君辭，不必如舊疏所云。○注「經先」至「之爾」。○校勘記云：「鄂本『也』作『之』，此誤。」按：紹熙本亦作「之」。胡、沈之君，實因敗被獲而死，見左傳。春秋不使小人加乎君子，故以自滅爲文。先舉敗文，則不嫌敗走及殺之矣。及，猶追及之也。○注「名者，從赴辭也」。○舊疏云：「公羊之義，合書則書，不待赴告。而言從赴辭者，正以髡、楹既死，故胡、沈之臣赴告鄰國，云道寡君某甲爲吴所滅，諸侯之史悉書其名。孔子案諸國之文而爲春秋，由是之故，録其名矣，故曰名者，從赴辭。」隱公八年：『夏，六月，己亥，蔡侯考父卒。』『秋，八月，葬蔡宣公。』傳：『卒何以名而葬不名？卒從正。』注：『卒當赴告天子，君前臣名，故從君臣之正義言也。』而『葬從主人』，彼注云：『至葬者，有常月可知，不赴告天子，故從蔡臣子辭稱公也。』以此言之，則此注云『名者，從赴辭』者，謂其赴告天子之辭，是以稱名矣。」按：髡、楹稱名，猶諸侯卒稱名耳，非褒貶所繫，故曰從赴辭也。吕覽察微篇：「楚之邊邑曰卑梁，其處女與吴之邊邑處女桑於境上，戲而傷卑梁之處女。卑梁人操其傷子以讓吴人，吴人應之不恭，怒，殺而去之。吴人往報之，盡屠其家。卑梁公怒，曰：『吴人焉敢攻吾邑？』舉兵反攻之，老弱盡殺之矣。吴王夷昧聞之，怒，使人舉兵侵楚之邊邑，克夷而後去之。吴、楚以此大隆。吴公子光又率師與楚人〔一〕戰于雞父，大敗楚人，獲其帥潘子臣、小帷子、陳夏齧。又反伐郢，得荆平王之夫人以歸，實爲雞父之戰。」蓋合吴太子諸樊入郥取楚夫人與其寶器事爲一，同在一年故也。卑梁事不見三傳，或二傳之外傳語。

○天王居于狄泉。【疏】杜云：「狄泉，今洛陽城内太倉西南池水也，時在城外。」彼疏引土地名云：「或曰，定元年城成周，乃遶之入城内也。」惠氏棟左傳補注云：「京相璠曰：今太倉西南池水名狄泉。舊説狄泉本在洛陽北，萇弘城成周乃繞之。」按：狄泉，即僖二十九年「盟于翟泉」之翟泉也。

此未三年，其稱天子何？【注】据毛伯來求金，不稱天王。【疏】注「据毛」至「天王」。○即文九年「毛伯來求金」是也。彼傳云：「何以不稱使？當喪未君也。踰年矣，何以謂之未君？即位矣，而未稱王也。未稱王，何以知其即位？以諸侯之踰年即位，亦知天子之踰年即位也。以天子三年然後稱王，亦知諸侯於其封内三年稱子也。」是天子未三年不得稱王。此書天王，故據以難之。

著有天子也。【注】時庶孽並篡，天王失位徙居，微弱甚，故急著正其號，明天下當救其難而事之。

〔一〕「人」，原訛作「之」，叢書本不誤，據改。

【疏】注「時庶」至「事之」。○通義云：「先著敬王之正，下言立王子朝，乃顯其篡也。居狄泉者，時朝入王城矣。」御覽引考異郵云：「劉子、單子折猛入城，天王奔走。尹氏立朝，國有三王。天下兩主，周分爲二，莫能救討，强弩張於前，棉戟拔於後。」是庶孽並篡，天子微弱事也。繁露玉英云：「天子三年然後稱王，經禮也；有故則未三年而稱王，變禮也。」白虎通三軍篇：「王者有三年之喪，夷狄有内侵伐之者，重天誅，爲宗廟社稷也。春秋傳曰：『天王居于狄泉。』傳曰：『此未三年，其稱天王何？著有天子也。』」彼以天子喪居，有内叛事，當行誅伐，不得執尋常諒闇禮。下引此傳例之。言天王失位，微弱特甚，亦急著正其號，不得執尋常未三年不稱王之義。非謂此居狄泉，有夷狄内侵事也。穀梁傳曰：「始王也。其曰天王，因其居而王之也。」明天王失位，不得在國行即位禮，故即所在稱其名也。天下當救其難而事之者，與書王室亂同義。

○尹氏立王子朝。【注】貶言尹氏者，著世卿之權。尹氏貶，王子朝不貶者，年未滿十歲，未知欲富貴，不當坐，明罪在尹氏。【疏】穀梁傳：「立者，不宜立者也。」通義云：「王子朝無貶者，與使爲君，乃得去王子之號。今書王子朝，正是不成君之辭也。」○注「貶言」至「之權」。○隱三年：「尹氏卒。」傳：「尹氏者何？天子之大夫也。其稱尹氏何？貶。曷爲貶？譏世卿。世卿，非禮也。」是也。按：成十六年「公會尹子以下伐鄭」書尹子，此稱尹氏，故爲譏世卿，與隱三年書「尹氏卒」相起。○注「尹氏」至「尹氏」。

○正以子朝若貶，宜如上王猛，書王朝爲當國辭，今不然，故解之。舊疏云：「年未滿十歲者，何氏更有所見，或者正以衛人立晉，莒展輿、去疾之徒悉去公子，見其當國。今此王子朝經〔一〕無貶文，乃與楚公子比之經相似。按〔二〕，上十三年『公子比』之下傳云：『比已立矣，其稱公子何？其意不當也。』比爲不當，朝爲未知，故稱氏也。」白虎通考黜云：「君幼稚，唯考不黜者何？君子不備責童子也。」周禮司刺云：「壹赦曰幼弱。」皆不坐年幼之義。公羊古義云：「漢律，年未滿八歲，非手殺人，他皆不坐罪。尹氏者，漢律所謂率也，張斐律表云：『制衆建計謂之率。』漢書萬石君傳：『上報石慶曰：孤兒幼年未滿十歲，無罪而坐率。』服虔曰：『率，坐刑法也。』如淳曰：『率，家長也。』原注引鹽鐵論云：『春秋刺譏不及庶人，責其率也。』舊疏云：『年既幼少，未貪〔三〕富貴，故以未盈十歲言。下二十六年出奔時，年已稍長，而不去王子者，順上文也。』」

○**八月，乙未，地震。**【注】是時猛、朝更起，與王爭入，遂至數年。晉陵周竟，吴敗六國，季氏逐昭公，吴光弑僚滅徐，故日至三食，地爲再動。【疏】包氏慎言云：「八月書乙未，月之二十七日。」○注「是

〔一〕「經」字原脱，據公羊注疏校補。
〔二〕「按」字原脱，據公羊注疏校補。
〔三〕「貪」，原訛作「食」，叢書本不誤，據改。

時」至「再動」。○上二十二年，「劉子、單子以王猛居于皇」，「劉子、單子以王猛入于王城」；上「天王居于狄泉」，「尹氏立王子朝」；二十六年，「天王入于成周」，「尹氏、召伯、毛伯以王子朝奔楚」，是猛、朝更起，與王爭入事也。遂至數年者，至二十二年、至二十六年乃定也。晉陵周竟，即上「晉人圍郊」是也。吴敗六國，即上「吴敗頓、胡、沈、蔡、陳、許之師于雞父」是也。季氏逐昭公，則下二十五年「公孫于齊，次于楊州」是也。吴光弑僚，下二十七年「吴弑其君僚」是也。滅徐，下三十年「吴滅徐。徐子章禹奔楚」是也。日至三食，則上二十一年「秋，七月，壬午朔」、「二十二年，十有二月，癸酉朔」、「二十四年，夏，五月，乙未朔」並書「日有食之」是也。地爲再動，則此及上十九年「夏，五月，己卯，地震」是也。五行志下之上：「二十三年八月乙未，地震。劉向以爲，是時周景王崩。劉、單立王子猛，尹氏立子朝。其後季氏逐昭公，黑肱叛邾，吴殺其君僚，宋五大夫、晉二大夫皆以地叛。」

○冬，公如晉。至河，公有疾乃復。

何言乎公有疾乃復？【注】据上比乃復，不言公，不言有疾。【疏】注「据上」至「有疾」。○上十三年「冬，公如晉，至河乃復」，又二十一年「冬，公如晉，至河乃復」之屬，皆「至河」，下不重言「公」，不言「有疾」也。

殺恥也。【注】因有疾，以殺畏晉之恥。舉公者，重疾也。「子之所慎：齋、戰、疾。」【疏】注「因有」至「疾也」。○左傳：「公爲叔孫故如晉，及河，有疾，而復。」蓋公因叔孫舍被執如晉，及河，乃畏晉，託疾而復也。穀梁傳：「疾不志，此其志，何也？釋不得入乎晉也。」繁露楚莊王云：「問者曰：晉惡而不可親，公往而不敢至，乃人情耳，君子何恥，而稱公有疾也？曰：惡無故自來，君子不恥，内省不疚，何憂何懼是已矣。今春秋恥之者，昭公有以取之也。臣陵其君，始于文公而甚於昭，公受〔一〕亂淩夷，而無懼惕之心。囂囂然輕詐妄討，犯大禮而取同姓，接不義而重自輕也。人之言曰：『國家治則四鄰賀，國家亂則四鄰散。』是故季孫專其位，而大國莫之正。出走八年，死乃得歸，身亡子危，困之至也。君子不恥其困，而恥其所以窮。昭公雖逢此時，苟不取同姓，詎至於是？雖取同姓，能用孔子自輔，亦不至如是。時難而治簡，行枉而無救，是其所以窮也。」又隨本消息云：「魯昭公以事楚之故，晉人不入〔二〕。楚强而得意，伐强吴，爲齊誅亂臣。魯得其威以〔三〕滅鄫。先晉昭卒一年，楚國内亂，吴大敗楚之黨六國于雞父。公如晉而大辱，春秋爲之諱，而言有疾。由此觀之，所行從不足恃所事，不可不慎〔四〕，此亦存亡榮辱之要也。」按：昭公自即位，常如晉不得入。二年、十二年、十三年、二十一年，皆言「至河乃復」，至此而五，恥莫甚矣，故書「有疾」以殺，深爲之諱也。諱之深，則恥之甚。如不必恥，何諱之有？故上十三年「公不與盟，

〔一〕「受」，原訛作「變」，叢書本同，據春秋繁露校改。
〔二〕「晉人不入」原脱，叢書本同，據春秋繁露校補。又，此段引文另有脱漏，因不影響大意，不作校補。
〔三〕「威以」，原誤倒爲「以威」，叢書本不誤，據乙。
〔四〕「慎」，原訛作「恃」，叢書本同，據春秋繁露校改。

不恥也」。通義云：「前無疾而復，今有疾而復，恥殺矣。」無疾而復，恥猶可也；有疾而復，不可言也，故君子殺之也。○注「舉公」至「戰疾」。○決前凡「公至河，乃復」不書公義也。石經、岳本左氏經無「公」字，而公、穀傳釋文不言左氏無「公」字，疑脱。若直言「有疾乃復」，嫌視疾在無足重輕之科，故特舉公以重之。所引論語述而篇文，鄂本、閩、監、毛本「齋」作「齊」，紹熙本亦作「齊」。孔曰：「此三者，人所不能慎，而夫子獨能慎之，故書公以明義也。」

○二十有四年，春，王二月，丙戌，仲孫貜卒。【疏】左疏引服曰：「賈逵云：是歲，孟僖子卒，屬其子師事仲尼，仲尼時年三十五。」與襄二十一年書「孔子生」合。

○叔孫舍至自晉。【疏】二傳無「叔孫」字，「舍」作「婼」。經義述聞云：「疏曰：上十四年春，隱如至自晉，以其被執而還，故省去其氏。今此叔孫舍不去氏者，蓋以無罪故也。是以文十四年傳云：『稱行人而執者，以其事執也。』注：『以其所銜奉國事執之，晉人執我行人叔孫舍是也。不稱行人而執者，以已執也。』注：『已者，已大夫，自以大夫之罪執之，分別之者，罪當各歸其本。』以此言之，則知隱如有罪，故去其氏；叔孫無罪，故無貶文。引之謹案，叔孫二字後人所增，非其原本也。文十四年傳但言『無罪而執者稱行人，有罪而執者不稱行人』，未嘗言無罪而執者至則稱氏，有罪而執者至不稱氏也，不足爲『叔孫舍至自晉」之證。若隱如至自晉，省去其氏，叔孫舍至自晉，獨不省，則傳必詳言其義。文十五年傳：『單伯至自齊。』注：『不省去氏者，淫，當絶。使若他單伯至也。』以此例之，若叔孫舍至自晉，不省去氏，注亦必加訓釋，今傳無文，注亦不言其有異，則舍至自晉，與隱如至自晉，同一書法可知。至而不省去氏者，惟單伯一人，則隱如及舍之至，皆省去氏可知。且宣元年『春，公子遂如齊逆女。三月，遂以夫人婦姜至自齊』，傳說：『遂以夫人婦姜至自齊。』曰：『遂何以不稱公子？一事而再見者，卒名也。』何注曰：『卒，竟也。竟但舉名者，省文。』據此，則一事再見者，其始稱氏族，其卒則但稱名。故昭十三年『晉人執季孫隱如以歸』，十四年則省去『季孫』而曰『隱如至自晉』；二十三年『晉人執我行人叔孫舍』，二十四年則省去『叔孫』而云『舍至自晉』，正所謂一事而再見者，卒名也。其不得有『叔孫』二字，顯然明白。左氏、穀梁並作『婼至自晉』，無『叔孫』二字。左氏曰：『婼至自晉，尊晉也。』杜注：『貶婼族所以尊晉。』穀梁曰：『大夫執則致，致則挈，由上致之也。』范注：『上，謂宗廟也。致臣于廟，則直名而已，所謂君前臣名。』此皆『舍至自晉』不稱『叔孫』之明證。不應公羊獨有此二字也。徐氏所見本已誤增此二字，故臆爲之説耳。孔氏通義亦沿其誤。」按：通義云：「再氏者，爲舍賢而録之也。『公孫于齊』，舍要季氏納公，季氏有異志。舍度力不能爲，怨咎自殺，蓋魯之賢大夫也。預見賢於此者，凡小善就其事善之，小惡亦就其事惡之。若乃先事而見褒貶，則必有大美、大惡，足以榮辱其終身者也。此春秋論人之法也。」今按：王氏謂無「叔孫」，是也。傳注皆無説，孔氏因有「叔孫」，臆爲之説爲賢舍而録，别無所證。

○夏，五月，乙未，朔，日有食之。【注】是後，季氏逐昭公，吴滅巢，弑其君僚，又滅徐。【疏】包氏慎言云：「五月書乙未朔，据曆爲二日。先藉後月之小餘，大三四兩月，五月朔亦爲乙未。」劉孝孫甲子元曆云：「以月行遲疾定合朔，欲會辰，必在朔，不在晦與二日。縱頻月一小三大，得天之統，蓋謂此也。」五行志：「劉歆以爲二日。」臧氏壽恭推是年正月丙申朔，小；二月乙丑朔，大；三月乙未朔，大；四月乙丑朔，小；五月甲午朔，二日乙未。○注「是後」至「滅徐」。○季氏逐昭公，見下二十五年。吴滅巢，見下冬。弑其君僚，見下二十七年。滅徐，見下三十年。舊疏先言季氏逐昭公者，正欲決吴事故也。五行志下之下：「二十四年，五月乙未，朔，日有食之。董仲舒以爲，宿在胃，魯象也。後昭公爲季氏所逐。劉向以爲，自十五年至此歲，十年閒天戒七見，人君猶不寤。後楚殺戎蠻子，晉滅陸渾戎，盜殺衛侯兄，蔡、莒之君出奔，吴滅巢，公子光殺王僚，宋三臣以邑叛其君。它如仲舒。劉歆以爲，二日[一]魯、趙分。是月斗建辰。左氏傳：『梓慎曰：將大[二]水。昭子曰：旱也。日[三]過分而陽猶不克，克必甚，能無旱乎？陽不克，莫將積聚也。』是歲秋，大雩，旱也。二至二分，日有食之，不爲災。日月之行也，春秋分，日夜等，故同道；冬夏至，長短極，故相過。相過同道而食輕，不爲大災，水旱而已。」二至二分下，皆漢儒左氏家

〔一〕「二日」二字原脱，叢書本同，據漢書校補。

〔二〕「大」字原脱，叢書本同，據漢書校補。

〔三〕「日」，原訛作「月」，叢書本同，據漢書及左傳校改。

舊説，與董、劉、何占皆異。臧氏壽恭推五日甲午朔，合辰在胃五度，二日乙未，日在胃六度，於魯尤驗。

○秋，八月，大雩。【注】先是公如晉，仲孫貜卒，民被其役，時年叔倪出會，故秋七月復大雩。【疏】注「先是」至「大雩」。○校勘記：「鄂本『時年』作『明年』，諸本皆誤作『時』。」按：紹熙本作「明」。公如晉，仲孫貜卒，並見上。明年叔倪出會，即下二十五年「叔倪會晉趙鞅以下于黄父」是也。秋七月大雩，亦見下二十五年。五行志中之上：「二十四年八月，大雩。劉歆以爲，左氏傳二十三年，邾師城翼，還經魯地，魯襲取邾師，獲其三大夫。邾人愬于晉，晉人執我行人叔孫婼。是春，還歸之。」按：如何義，自謂國有大喪，君大夫出朝會，民人供億煩擾之應，於義爲切。

○丁酉，杞伯鬱釐卒。【疏】校勘記云：「唐石經、諸本同。釋文作『鬱釐』，云：『本亦作釐。疏云：左氏、穀梁作郁釐字，今正本亦有郁字者。』『亦有』下當脱『作』字。」按：古鬱、郁音近。史記陳杞世家：「文公十四年卒，弟平公鬱立。」索隱曰：「一作『郁釐』。譙周云名鬱來。蓋鬱、郁，釐、來聲相近，故不同也。」左傳釋文「釐」作「贅」，云：「本又作嫠。」

○冬，吴滅巢。【疏】大事表云：「巢爲今廬州府之巢縣，與州來皆楚沿淮重鎮。昭四年楚始患吴，築此三城以斷其北來之路。吴争七十年而後滅之，三城滅，而楚淮右之藩籬盡撤。吴遂由陸路，從光黄，經義陽三關之險，以瞰郢都，置大江於不問矣。」按：左氏以巢爲楚邑，公羊何氏於十三年「吴滅州來」云：「不月者，略兩夷。」此無注，應如彼解。春秋之義，書滅者皆國，邑多言取也。書序有「巢伯來朝」，蓋亦附楚小國也。

○葬杞平公。

公羊義疏六十六

南菁書院　句容陳立卓人著

昭二十五年盡是年

○二十有五年，春，叔孫舍如宋。

○夏，叔倪會晉趙鞅、宋樂世心、衛北宮喜、鄭游吉、曹人、邾婁人、滕人、薛人、小邾婁人于黄父。【疏】左氏「叔倪」作「叔詣」，旨聲兒聲古同部。舊疏云：「左氏經賈注者作叔詣字。」則賈、服本不同矣。今杜本亦作「詣」。釋文云：「樂世心，左氏作『大心』。」古世、大多通。見文十三年疏。

○有鸛鵒來巢。【疏】釋文：「鸛音權。左氏作『鸜』，音劬。」按：穀梁亦作「鸜」。校勘記云：「唐石經、諸本同。按，周禮考工記『鸛鵒不踰濟』，釋文本作『鸛鵒』。此疏亦引冬官『鸛鵒不踰濟』。」則與賈公彦本異。故彼疏云：「左氏傳作『鸜鵒』，公羊傳作『鸛鵒』，此經、注皆作『鸜』字，與左氏同也。」淮南原道訓注又作「鴝」，故左傳釋文云：「本又作『鴝』也。」陳氏壽祺五經異義疏證左傳音義：「鸜，其俱反。嵇康音權。本又作鴝。公羊傳作鸛，音權。鵒音欲。」穀梁音義：「鸜本又作鸛，音灌。左氏作鸜，公羊作鸛。」公羊音義：「鸛音權，左氏作鸜。」周禮音義作「鸛」，云：「徐、劉音權，公羊傳同。本又作鸜，左傳同。」「今考公羊春秋有『鸛鵒來巢』，傳曰：『何以書？記異也。何異爾？非中國之禽也，宜穴又巢也。』何休解詁曰：『鸛鵒猶權欲，宜穴又巢。此權臣欲國，自下居上之徵也。』何氏明言鸛鵒猶權欲，則鸛讀如權，故諸家公羊本並從之。左氏、考工記古本亦皆作鸛，音權。觀，鄭注考工記引左氏春秋徐邈〔一〕、劉昌宗周禮音、嵇康左傳音、陸德明周禮音義並同，可證其作鸜者，非古本也。而賈疏考工記云：『此經、注皆作鸜字，與左氏同。』賈所見周禮鄭注本，不如諸家之善。又不知左氏有作鸛之本，疏矣。」按：作「鸛」者，今文也；作「鸜」者，古文也。說文多用古文說，故鳥部：「鴝，鴝鵒也。从鳥句聲。」又：「鵒，鴝鵒也。从鳥谷聲。古者鴝鵒不踰泲。」玉篇：「鴝，具〔二〕愚切，鴝鵒也。鸜同上。」一切經音義十九云：「鴝鵒，又作鸜，同，具俱反，下以屬反。似反舌頭有兩毛角者。山海經、公羊傳作鸛，音權。」按：山海經中山經：「又原之山，其鳥多鸛鵒。」注：「鴝鵒也。傳曰：鸛鵒來巢。」並用左氏說。周禮亦古文家說，亦當作鸜。穀梁當以「一本作

〔一〕「徐邈」下當有一「音」字，此脫。
〔二〕「具」，原訛作「其」，據玉篇校改。

鸛」爲正，穀梁多同公羊故也。公羊自作鸛音權，不必比而同也。

何以書？記異也。【疏】舊疏引：「運斗樞云：『有鸛鵒來巢于榆。』此經不言于榆者，欲道來巢即爲異，不假指其處所也。」左傳云：「書所無也。」周禮疏引服虔云：「周禮曰『鸛鵒不踰濟』，今踰；宜穴而又巢，故曰書所無也。」新序十一云：「鸜鵒來，冬多麋，言鳥獸之類也。」按：「類」下缺三字，蓋謂「失其所」也。

何異爾？非中國之禽也，宜穴又巢也。【注】非中國之禽而來居此國，國將危亡之象。鸛鵒，猶權欲。宜穴又巢，此權臣欲國，自下居上之徵也，其後卒爲季氏所逐。【疏】周禮疏引：「異義：公羊以爲鸛鵒，夷狄之鳥，穴居。今來至魯之中國，巢居，此權臣自下居上之象。穀梁亦以爲夷狄之鳥來中國，義與公羊同。左氏以爲鸜鵒來巢，書所無也。許君謹案，從二傳。鄭駁之云：按春秋言來者甚多，非皆從夷狄來也。從魯疆外而至，則言來。鸜鵒本濟西穴居，今乃踰濟而東，又巢，爲昭公將去魯國。」按：考工記注：「鸜鵒，鳥也。春秋昭二十五年『有鸜鵒來巢』，書所無也。鄭司農云：不踰濟，無妨於中國有之。」則鄭駁與先鄭同。故其注周禮引左傳文也。御覽引稽命徵云：「鸜鵒非中國之禽也。」御覽引考異郵云：「鸜鵒者，飛行屬於陽，之鳥〔一〕，穴居於陰。」「之鳥」上缺二字，或以爲「夷狄」字。又引稽命徵云：

〔一〕太平御覽嘉慶仿宋刻本、四部叢刊本于「之鳥」上均有「夷狄」二字。

「孔子謂子夏曰：鸜鵒至，非中國之禽。」穀梁傳：「一有一亡曰有。來者，來中國〔一〕也。鸜鵒穴者而曰巢。」按：公、穀二傳皆無「夷狄之鳥」語，惟五經異義引以爲公羊、穀梁說。蓋中國猶言國中也，言非魯所有之鳥也。詩周南葛覃：「施于中谷。」傳：「中谷，谷中也。」中谷有蓷同。又王風兔罝：「施于中林。」傳：「中林，林中。」此倒句法訓詁中多有此例，如中阿爲阿中、中陵爲陵中、中原爲原中皆是，則三傳義皆可通。何注云：「非中國之禽而來居此國。」正謂非魯國中之禽而來居此國也。通義云：「中國，國〔二〕之中也。鸜鵒不踰濟，非魯國中所有。說文解字曰『有者不宜有也』。」是也。舊疏引異義：「公羊說：『鸜鵒夷狄之鳥』云云，非也。」又引冬官：「鄭注云：『無妨於中國有之』者，何氏所不取。」然何氏並無以鸜鵒爲夷狄之鳥說。又引：「舊解以爲中國，國中者，非得〔三〕注之意。」按：舊解甚是，不得反以爲非也。舊疏引：「鄭駁異義云：『春秋之鳥不言來者，多爲夷狄來也』。若鸜鵒乃飛從夷狄而來，則昭將去遠域之外。」語多誤脫，與周禮疏所引不合，當以周禮疏引爲是。○注「非中」至「所逐」。○五行志中之下云：「昭二十五年，有鸜鵒來巢。劉歆以爲，羽蟲之孽，其色黑，又黑祥也，視不明、聽不聰之罰也。劉向以爲，『有蜚』、『有蜮』，不言來者，氣所生，所謂眚也。鸜鵒言來者，氣所致，所謂祥也。鸜鵒，夷狄穴藏之禽，來至中國，不穴而巢，陰居陽位，象季氏將逐昭公，去宮室而居外野也。鸜鵒白羽，旱之祥也；穴居而好水，黑色，爲

〔一〕「來中國」，原訛作「非中國之禽」，叢書本同，據穀梁傳校改。
〔二〕「國」字原脱，叢書本同，據公羊通義校補。
〔三〕「得」，原訛作「傳」，叢書本同，據公羊注疏校改。

主急之應也。天戒若曰：既失衆，不可急暴，急暴，陰將持節陽以逐爾，去宮室而居外野矣。昭不寤，而舉兵圍季氏，爲季氏所敗，出犇于齊，遂死於外野。董仲舒指略同。」穀梁注引劉向曰：「去穴而巢，此陰居陽位，臣逐君之象也。」皆與何氏義同。何氏以「權欲」解「鸜鵒」，因以取占應也。後漢書何敞傳：「故鸜鵒來巢，昭公有乾侯之戹。」左傳載師己語曰：「文武之世，童謡有之：『鸜之鵒之，公出辱之。鸜鵒之羽，公在外野，往饋之馬。鸜鵒跦跦，公在乾侯，徵褰與襦。鸜鵒之巢，遠哉遥遥，稠父喪勞，宋父以驕。鸜鵒鸜鵒，往歌來哭。』」是以爲昭公被逐之應。首句亦以出辱韻鸜鵒，因以出辱解鸜鵒也。惟彼專占魯君，不若公、穀占季氏以下逐上義切。

○秋，七月，上辛，大雩。季辛，又雩。

又雩者何？又雩者，非雩也，聚衆以逐季氏也。【注】一月不當再舉雩。言又雩者，起非雩也。昭公依托上雩，生事聚衆，欲以逐季氏。不書逐季氏者，諱不能逐，反起下孫，及爲所敗，故因雩起其事也。但舉日，不舉辰者，辰不同，不可相爲上下。又日爲君，辰爲臣，去臣，則逐季氏意明矣。上不當日，言上辛者，爲下辛張本。不言下辛，言季辛者，起季氏不執下而逐君。【疏】繁露楚莊王篇：「是故逐季氏，而曰又雩，微其辭也。」五行志中之上云：「二十五年，七月上辛，大雩。季辛，又雩，旱甚也。劉歆以爲，時后氏與季氏有隙。又季氏之族有淫妻爲讒，使季平子與族人相惡，皆共譖平子。子家駒諫曰：

『譏人以君徼幸，不可。』昭公遂伐季氏，爲所敗，出奔齊〔一〕。」按：劉歆係左氏家説，董君言「徼其詞」，何注所本。○注「一月」至「事也」。○鄂本、紹熙本「托」作「託」，當据正。舊疏云：「僖三年注云：『大平一月不雨即書，春秋亂世，一月不雨未害物，未足爲異，當滿一時乃書。』然則春秋之義，一時能害，方始書雩，豈有再舉其雩乎？故曰一月不當再舉雩矣。既無一月再舉雩之例，而言又雩者何〔二〕？以起其非實雩矣。」按：下經云：「公孫于齊。」明公逐季氏不克，反爲所敗，故諱言又雩也。史記魯世家：「三家共伐公，公遂奔。」是其事也。○注「但舉」至「上下」。○舊疏云：「以去年『夏，五月，乙未，朔，日有食之』，則此月上辛爲辛丑，下辛爲辛酉。可知所以直言辛，不兼言丑、酉者，若言辛丑、辛酉，即是參差不同，不可爲上下故也。」○注「又日」至「明矣」。○校勘記出「去臣」，云：「閩、監、毛本同，誤也。鄂本『臣』作『辰』，當據正。釋文亦作『去辰』。」按：紹熙本亦作「去辰」。舊疏云：「十日爲陽爲幹，故爲君之義。十二辰爲陰爲枝，故爲臣之象。」史記龜筴傳：「日辰不全。」注：「甲乙謂之日，子丑謂之辰。」周禮哲簇氏：「以方書十日之號，十有二辰之號。」注：「日，謂從甲至癸。辰，謂從子至亥。」南齊書引蔡邕月令章句：「日，幹也；辰〔三〕，支也。」日，君；辰，臣。故去辰，爲去季氏象。○注「上不」至「張本」。○舊疏云：「雩，例書時，即桓五年『秋，大雩』之文是，故云上不當日。若然，亦不合月。而云七月者，欲見上辛、下辛皆七月之故。」

〔一〕「齊」字原脱，叢書本同，據漢書校補。
〔二〕「何」，原訛作「可」，叢書本同，據公羊注疏校改。
〔三〕「辰」，原訛作「月」，叢書本同，據南齊書校改。

通義云：「祭禮諏日不諏辰，詩曰『吉日維戊』、少牢饋食曰『日用丁巳』是也。春秋兼舉日、辰者，別事之先後也。雩本不在録日、辰之例，故但舉兩辛以見疏數耳。」蓋惟雩不書月日，再雩又不可書日，故但舉幹日以別，既書幹日，不得不月矣。○注「不言」至「逐君」。○穀梁傳曰：「季者，有中之辭也。」按：凡言上者，對下之稱。既言上辛，而不言下辛，亦董生所謂「微其辭」是也。

○九月，己亥，公孫于齊，次于楊州。【注】地者，臣子痛君失位，詳録所舍止。【疏】釋文：「楊州，左氏作『陽州』。」校勘記：「葉鈔釋文、鄂本、閩本同。唐石經、監、毛本作『揚州』，疏同。」紹熙本亦作「楊州」。包氏慎言云：「九月書乙亥，月之二十日。左氏作己亥，則爲八月四日。」按：各本公羊皆作「己亥」，與左氏同。惟穀梁經作「乙亥」。杜云：「陽州，齊、魯竟上邑。」彙纂：「今兗州府東平州東北有陽州城。」陽、楊古音同。論語「陽貨」，史記十二諸侯年表作「楊貨」是也。○注「地者」至「舍止」。○舊疏云：「春秋之義，悉皆舉重，不舉公孫爲重，而復書次于楊州者，臣子哀痛公之失位，是以詳録公之所舍止之處矣。」劉氏逢禄釋例：「因事以定地，因地以定事，亦重其事而加詳焉爾。故莊三十二年：『公薨于路寢。』注：『在寢地，加録内也。』」同此義也。

○齊侯唁公于野井。【疏】穀梁傳：「弔失國曰唁。」詩鄘風載馳：「歸唁衛侯。」傳：「弔失國曰唁。」此據失國言之。若對弔死曰弔，則弔生亦曰唁。詩小雅何人斯云：「不入唁我。」襄二十三年左傳：「齊侯使夙沙衛唁之。」詩疏引服云：「弔生曰唁。」是也。杜云：「濟南祝丘縣東有野井亭。」水經注濟水篇：「濟水北逕平陰縣西，又逕盧縣故城，又東北右會玉水，其水西北流，逕玉符山，又逕獵山東，又西北，枕祝阿縣故城東野井亭西，春秋昭二十五年書『齊侯唁公于野井』是也。」大事表云：「在今濟南府齊河縣東，濟河北岸。」山東通志：「野井亭在濟南長清縣東北四十里。」

唁公者何？昭公將弒季氏，【注】傳言弒者，從昭公之辭。【疏】注「傳言」至「之辭」。○舊疏云：「君討臣下正應言殺，今傳云弒，故須解之。言從昭公之辭者，即下文云：『吾欲弒之，何如？』是也。」校勘記云：「唐石經、諸本同。釋文作『將殺』，音試，下及注同。」按：依疏，則傳文本作「弒」也。漢石經公羊「弒」皆作「試」，猶今人語云「姑且試之」，故其語可通乎上下也。

告子家駒曰：「季氏爲無道，僭於公室久矣。【注】諸侯稱公室。【疏】漢書五行志亦作「子家駒」，蓋即左傳之「子家羈」。上五年左傳「有子家羈」，公孫歸父之孫，即子家懿伯也。杜云：「子家羈，莊公之玄孫〔一〕。」舊疏云：「季氏爲無道者，謂無臣〔二〕之道。」廣雅釋詁：「僭，擬也。」○注「諸侯稱公室」。○論語季氏篇：「禄之去公室五世矣。」閔二年左傳：「間于兩社，爲公室輔。」公室猶公家也，故爲諸

〔一〕「玄孫」，原作「元孫」，清人避康熙皇帝玄燁名諱，改玄爲元，兹恢復本字。
〔二〕「臣」，原訛作「曰」，據公羊注疏校改。

侯之稱。昭二十五年〔一〕左傳：「宋樂祁曰：魯政在季氏三世矣，魯君喪政四公矣。」杜注：「三世，文子、武子、平子。四公，宣、成、襄、昭。」論語「禄去公室五世，政逮大夫四世」之語，蓋發於定公之世，故各多一世也。孔安國數文子、武子、悼子、平子，是文子即專國政也。禄去公室始于宣公時，專政者東門氏，輔之者季氏。逐子家〔二〕、「虧姑成婦」，皆文子事，悼子未爲卿而卒，不專國政，則當謂文子、武子、平子、桓子爲四世也。

吾欲弑之何如？」【注】昭公素畏季氏，意者以爲如人君，故言弑。【疏】注「昭公」至「言弑」。○隱四年傳：「與弑公也。」注：「弑者，殺君之辭。」則臣下犯於君父，皆謂之弑。今昭公欲討臣下而言弑，故須解之。

子家駒曰：「諸侯僭於天子，大夫僭於諸侯久矣。」【疏】校勘記云：「唐石經、諸本同。考工記『畫繢之事』，『其象方，天時變』，注引子家駒曰『天子僭天』，今何本無此句。周禮大宰疏引作『諸侯僭天子，大夫僭諸侯』，此二『於』字，當爲衍文。考工記注無『於』字，可證。」續漢志注引春秋考異郵云：「天子僭天，大夫僭人主，諸侯僭上。」漢書貢禹傳：「大夫僭諸侯，諸侯僭天子，天子過天道。」周禮考工記云：

〔一〕「二十五年」，原誤記爲「五年」，據公羊注疏校改。

〔二〕「子家」下原衍「父」字，叢書本同。子家，公孫歸父字，子家父是公子遂。宣公死，被驅逐的是公孫歸父，其父公子遂已去世。據此删「父」字。

「土以黄，其象方，天時變。」注：「古人之象，無天地也。爲此記者，見〔一〕時有之耳。子家駒曰『天子僭天』，意亦是也。」彼疏云：「子家駒曰：『天子僭天，諸侯僭天子，大夫僭諸侯。』彼云天子僭天，未知所僭何事，要在古人衣服之外，别加此天地之意，故亦是僭天，故云意亦是也。」則傳文當有「天子僭天」語。公羊禮説云：「『天子僭天』，今本無此句，兩漢諸儒多引之，蓋嚴氏春秋也。漢武帝册仲舒曰：『蓋儉者不造玄黄旌旗之飾〔二〕。』貢禹傳『天子過天道〔三〕』，然未知過天道爲何事，而造玄黄旌旗之色爲何證也。及觀考工記注，古人之象，無天地也，引子家駒此『天子僭天』語。又鄭司農云：『天時變，謂畫天隨四時色。』知古人無一字無來歷也。惠氏棟駁之曰：『黄帝、堯、舜，垂衣裳而天下治，蓋取諸乾坤，乾坤即天地也。乾爲衣，坤爲裳。即皋陶謨：予欲觀古人之象，無天地可乎？』按，惠説非也。虞書十二章〔四〕，自日月已下，不見有天地，繪以爲衣，繡以爲裳，非徒如易之空取象已耳。後王於日月而外，並天地而繪繡之矣。故鄭云：『古人之象，無天地也。』天玄地黄，故云畫天隨四時色，土以黄也，惠云乾坤即天地，古有繪乾坤於衣裳者乎？將以日月爲天，山爲地乎？又非通論矣。」説苑：「孔子與景公坐，左右曰：『周史〔五〕

〔一〕「見」字原脱，據周禮注疏校補。
〔二〕「飾」，原訛作「色」，叢書本同，據漢書校改。
〔三〕「天子過天道」，原倒作「天過天子道」，叢書本不誤，據乙。
〔四〕「虞書十二章」，殆「有虞氏十二章紋」之訛。
〔五〕「周史」，原訛作「國史」，叢書本同，據説苑校改。

來，言周廟燔。』孔子曰：『是鼇王廟也。』景公曰：『何以〔一〕知之？』孔子曰：『詩曰〔二〕：「皇皇上帝，其命不忒。天〔三〕之與人，必報有德。」禍亦如之。夫鼇王變文武之制，而作玄黄，宫室輿馬奢侈，不可振也，故知天殃其廟。』」合觀諸説，不獨見春秋嚴、顏異同，而考工鄭注亦可互相發明矣。董仲舒、貢禹、劉向、鄭康成皆公羊先師，後先一轍。至於春秋説文，又不得以緯書廢之矣。按：御覽引合誠圖云：「大帝冠五彩，衣青衣，黑下裳，抱〔四〕日月。日在上，月在下。」論衡語增云：「服五采，畫日月星辰。」量知〔五〕篇云：「文章炫耀，黼黻華蟲，山龍〔六〕日月。」明日月星辰得用之矣。其諸侯僭天子，則下傳所言「設兩觀，乘大路，朱干玉戚」之屬是也。禮記郊特牲云：「諸侯之宫縣，而祭以白牡，擊玉磬，朱干設錫，冕而舞大武，乘大路，諸侯之僭禮也。」是也。又云：「臺門而旅樹，反坫，繡黼丹朱中衣，大夫之僭禮也。」又云：「大夫之奏肆夏也，由趙文子始也。」皆大夫僭諸侯事也。彼又云：「故天子微，諸侯僭，大夫强，諸侯脅。」注：「言僭所由。」蓋上行下效，故諸侯僭天子，大夫僭諸侯，相因以起也。

〔一〕「何以」二字原脱，叢書本不誤，據補。
〔二〕「詩曰」二字原脱，據説苑校補。
〔三〕「天」，原訛作「君」，叢書本不誤，據改。
〔四〕「抱」，原訛作「增」，叢書本同，據太平御覽校改。
〔五〕「量知」，原訛作「莫知」，叢書本同，據論衡校改。
〔六〕「山龍」二字原脱，叢書本同，據論衡校補。

昭公曰：「吾何僭矣哉？」【注】失禮成俗，不自知也。【疏】注「失禮」至「知也」。○舊疏云：「正以魯人始僭在春秋前，至昭已久，故不自知。」漢書貢禹傳云：「然非自知奢僭也，猶魯昭公曰：『吾何僭矣？』今大夫僭諸侯，諸侯僭天子，天子過天道，其自久矣。」

子家駒曰：「設兩觀，【注】禮，天子、諸侯臺門，天子外闕兩觀，諸侯內闕一觀。【疏】注「禮，天子、諸侯臺門」。○周禮太宰疏引何氏云：「天子兩觀，諸侯臺門。」與今本同。按：此禮器文。洪氏頤煊禮經宮室答問：「問庫門之制，曰：禮器『天子、諸侯臺門』，家不臺門。是天子、諸侯庫、雉、路三門皆有臺也。爾雅：『闍者謂之臺。』禮器疏：『兩邊築闍〔一〕爲基，基上起屋，曰臺門。』郊特牲：『繹之于庫門內。』庫門既可繹祭，則其門堂之制當與廟門同。考工記唯言路門、應門客數，而不及庫、雉，明雉門、庫門之大與路門同也。」按：禮器疏又云：「諸侯有保捍之重，故爲臺門。大夫輕，故不得也。」是也。○注「天子」至「一觀」。○舊疏云：「禮説文。」禮記禮運云：「出游于觀之上。」注：「觀，闕也。」正義：「爾雅釋宮云：『觀謂之闕。』孫炎云：『宮門雙闕者，舊懸法象，謂使民觀之處，因謂之闕。』熊氏云：『當門闕處，以通行路。既言雙闕，明是門之兩旁相對爲雙。』熊氏得焉。」白虎通云：「闕是闕疑。」義亦相兼。按何休注公羊：『天子兩觀外闕，諸侯臺門。』則諸侯不得有闕。魯有闕者，魯以天子之禮，故得有之也。公羊傳曰：『設兩觀，乘大路。』此皆天子之禮。是也。按，定二年『雉門災，及兩觀』。魯之宗廟在雉門外左。孔子出廟門而來至

〔一〕「闍」，原訛作「土」，叢書本同，據禮記正義校改。

雉門，遊于觀。此觀又名象魏，以其懸法象魏。魏，巍也，其處巍巍高大，故哀三年桓宮災，『季桓子至，御公立於象魏之外，命藏象魏，曰：舊章不可亡也』。熊氏曰：『天子藏舊章於明堂，諸侯藏於祖廟。』知者，以天子視朔於明堂，諸侯於祖廟故也。」按：何氏此注明云「諸侯内闕，一觀」，則諸侯非無闕，魯僭天子在兩觀，不在有闕。象魏爲藏舊章之所，則當有屋其上，可登而望，故皇氏云「登遊于觀之上」，熊氏云「謂遊目看於觀之上」也。桓宮災，季桓子恐延及觀闕，故曰「舊章不可亡」。去祖廟尚遠，熊氏謂「藏於祖廟」，亦未可据。視朔於廟，自以諸侯受朔，藏之太廟，故視朔於廟，與此無涉也。禮經宮室答問又云：「問雉門謂之觀，又謂之象魏，又謂之闕，其制可考否？曰：禮運：『仲尼與于蜡賓，事畢，出遊于觀之上。』鄭注：『觀，闕也。』孔疏：『出遊于觀之上，謂出廟門，往雉門。雉門有兩觀。』左氏定二年：『夏，五月，壬辰，雉門及兩觀災。』『冬，十月，新作雉門及兩觀。』明雉門與兩觀連也。太宰：『正月之吉，乃懸治象之法於象魏。』鄭司農云：『象魏，闕也。』故魯災，『季桓子御公立于象魏之外，命藏象魏，曰：舊章不可亡也』。左氏孔疏云：『闕在門旁，中央闕然爲道也。其上懸法〔一〕象，其狀巍巍然高大，謂之象魏。使人觀之，謂之觀。』是觀與象魏、闕，爲一物而三名焉。」按：禮疏引白虎通云：「闕疑。」熊氏謂：「當門闕處，以通行路。」水經注引穎容云：「闕者，上有所失，下得書之於闕，所以求論譽於人。」詩疏引孫炎爾雅注：「舊章縣焉，

〔一〕「法」，原訛作「治」，叢書本同，據左傳正義校改。

使民觀之。」淮南本經訓：「魏闕〔一〕。」注：「門闕崇高，巍巍然。」然則，觀示天下故謂之觀，巍然高大謂之爲魏，有疑則闕故謂之闕。然觀與闕同在一處，而非一物。闕者，其制則在門兩旁。故孫、郭説爾雅皆云「宮門雙闕」。据緯文則天子外，諸侯内耳。故水經注引白虎通云：「闕者，所以飾門，别尊卑也。」是也。中華古今注謂：「兩觀其上可居，登之則可遠觀，故謂之觀。」則觀可升上。故禮運云「出遊于觀之上」也。天子二觀，諸侯一觀，其制差耳。若闕則宜皆有二，故西京賦云：「圓闕竦以造天，若雙碣之相望。」唐書載朱敬則、楊炎，俱以世孝義被旌，門樹六〔二〕闕。册府元龜言：「閥閲二柱，相去一丈，柱安瓦筒，號烏頭梁，即謂之闕。」是無不成對者，猶可見古闕遺制。

乘大路，【注】禮，天子大路，諸侯路車，大夫大車，士飾車。【疏】注「禮天」至「飾車」。○藝文類聚〔三〕引白虎通：「路者何謂也？路，大也，道也，正也。君至尊，制度大，所以行道德之正也。路者君車也，天子大路，諸侯路車，大夫軒車，士飾車。」玉路，大路也。謂車爲路者何？言所以步之於路也。大戴禮朝事篇：「乘大路，建大常，十有二旒。」又云：「天子乘大路，貳車十有二乘。」通義云：「大路，殷路也。殷祀天以木路，尚質；周祀天以玉路，尚文。魯郊不敢純與王同，故乘殷之路。明堂位所謂『魯君孟春乘大路，

〔一〕「魏闕」，原訛作「巍闕」，叢書本同，據淮南鴻烈集解校改。
〔二〕「六」，原訛作「亦」，叢書本不誤，據改。
〔三〕「藝文類聚」，原誤記爲「北堂書鈔」，以下引文實出於藝文類聚，北堂書鈔無之，據改。

載弧韣，旂十有二旒，日月之章，祀帝于郊，配以后稷，天子之禮也』。」按：明堂位又云：「大路，殷路也。」注：「大路，木路也。漢祭天，乘殷之路也。今謂之桑根車也。春秋傳曰：『大路素。』」桓二年左傳：「大路越席，昭其儉也。」宜斥木路。郊特牲亦云：「乘大路，諸侯之僭禮也。」蓋即本魯言之，故注云：「白牡大路，殷天子禮也。」諸侯路車者，詩小雅采芑詠方叔云：「路車有奭。」又采菽云：「路車乘馬。」以周禮巾車次之，同姓諸侯宜金路，異姓以象路，四衛以革路，蕃國木路也。彼「木路無龍勒」，不鞔以革，漆之而已。蓋與殷之大路、木路者自不同也。皆在王五路內，故統謂之路車也。大夫大車，舊疏引詩云：「大車檻檻。」按：詩王風傳云：「大車，大夫之車。」以巾車考之，「孤乘夏篆，卿乘夏縵，大夫乘墨車也」。白虎通謂「大夫軒車」。閔二年左傳：「鶴有乘軒者。」注：「軒，大夫車。」疏引服云：「車有藩曰軒。」蓋三面有蔽，空其前如軒懸然，大車當亦然也。士飾車者，舊疏引書傳云：「乘飾車兩馬，庶人單馬木車。」是也。巾車：「士乘棧車，庶人乘役車。」注：「棧車不革鞔而漆之。」彼疏引唐傳云：「古之帝王必有命，民於其君得命，然後得乘飾車駢馬，衣文駢錦。」注云：「飾，漆之；駢[一]，併也。」是其事，蓋較庶人役車爲飾耳。

朱干【注】干，楯也。以朱飾楯。【疏】注「干楯」至「飾楯」。○明堂位云：「朱干。」注：「朱干，赤大盾也。」

[一]「駢」上原衍「車」字，叢書本同，據周禮注疏校删。

方言：「盾，自關而東或謂之干，或謂之瞂。」小爾雅廣器：「干、𢧵〔一〕，盾也。」説文戈部：「戟，盾也」又云：「𢧵〔二〕，盾也。」則干者，戟之叚借。周書王會篇：「蛟𢧵利劍爲獻。」詩秦風「蒙伐有苑」，傳：「伐，中干也。」釋文：「伐本又作𢧵。」是也。又作「撥」，史記孔子世家：「矛戟劍撥。」索隱：「撥謂大盾。」又作𠯈。蘇秦列傳：「革咉𠯈芮。」索隱：「𠯈與瞂同。」皆干別名也。郊特牲説諸侯僭禮，亦有朱干。

玉戚【注】戚，斧也，以玉飾斧。【疏】注「戚斧」至「飾斧」。○御覽引五經通義云：「戚，斧；干，盾也。玉取其德，干取其仁，明當尚德行仁以斷斬也。」明堂位「玉戚」注：「戚，斧也。」詩大雅篤公劉云：「干戈戚揚。」傳：「戚，斧也。」説文戉部：「戚，戉也。」釋名釋兵云：「戚，慼也。斧以斬斷，見者皆慼懼也。」小爾雅廣器：「戚〔三〕、鉞，斧也。」鉞即戉字。故説文又云：「戉，斧也。」引司馬法曰：「夏執玄戉，殷執白戚，周左杖黃戉，右秉白旄。」説文斤部：「斧，斫也。」鄭注檀弓云：「斧形旁殺，刃上而長。」六韜軍用篇：「大柯斧，長八寸，重八斤，柄長五尺以上，一名天鉞。」「伐木大斧〔四〕，重八斤，柄長三尺以上。」則玉戚者，蓋以玉飾柄與？

〔一〕「𢧵」，小爾雅作「瞂」。廣韻月韻：「瞂，盾也。或作𢧵。」
〔二〕「𢧵」，説文各本均作「瞂」，同。
〔三〕「戚」，小爾雅作「鏚」，同。説文：「鏚，本作戚。」
〔四〕「大斧」，原訛作「天斧」，叢書本同，據六韜校改。

以舞大夏，【注】大夏，夏樂也。周所以舞夏樂者，王者始起，未制作之時，取先王之樂與己同者，假以風化天下。天下大同，乃自作樂。取夏樂者，與周俱文也。王者，舞六樂于宗廟之中。舞先王之樂，明有法也；舞己之樂，明有則也；舞四夷之樂，大德廣及之也。東夷之樂曰株離，南夷之樂曰任，西夷之樂曰禁，北夷之樂曰昧。【疏】注「大夏，夏樂也」。○明堂位云：「以舞大夏。」注：「大夏，夏舞也。」祭統云：「朱干玉戚以舞大武，八佾以舞大夏，天子之樂也。康周公，故以賜魯也。」與此反。彼注云：「武象之樂也。朱干，赤盾；戚，斧也。此武象舞之所執也。佾，猶列也。大夏，禹樂，文舞也，執羽籥。文、武之舞皆八列，互言之耳。康，猶襃大也。」樂記云：「夏，大也。」白虎通禮樂篇：「禹曰大夏者，言禹能承二聖之道而行之，故曰大夏也。」御覽引元命包云：「禹之時，民大樂其駢三聖相繼，故夏者大也。」○注「王者」至「作樂」。○白虎通又云：「王者始起，何用正民？以爲且用先王〔一〕之禮樂，天下太平，乃更制作焉。」又云：「太平乃制禮作樂何？夫禮樂，所以防奢淫。天下人民饑寒，何樂之有？」書大傳曰：「周公將作禮樂，優游之三年，乃不能作。君子恥其言而不見從，恥其行而不見隨。將大作，恐天下莫我知；將小作，恐不得揚父祖功業德澤。然後營洛，以觀天下之心。於是四方諸侯，帥其羣黨，各攻位于其庭。周公曰：示之以力役，且猶至，況導之以禮樂乎？然後敢作禮樂。書曰：『作新大邑于東國〔二〕洛，四方民大和會。』」

〔一〕「先王」，原訛作「先代」，叢書本同，下漢書董仲舒傳引文同將「先王」作「先代」，據白虎通及漢書均予改正。
〔二〕「東國」，原訛作「大國」，叢書本同，據尚書大傳及尚書校改。

此之謂也。」禮記樂記云：「功成作樂，治定制禮。」明堂位云：「制禮作樂，頒度量，而天下服。」是天下大同，乃自作樂之事也。○注「取夏」至「文也」。○白虎通禮樂篇：「春秋傳曰：曷爲不修乎近而修乎遠？同己也，可因先以太平也。」按：此疑亦春秋説語。明周不取殷而取夏義也。周書世俘解：「武王克殷，馘于周廟，「籥人奏崇禹、生開三終。王定」。」孔氏廣森經學卮言以崇禹、生開爲夏歌也。漢書董仲舒傳：「王者未作樂〔一〕之時，乃用先王之樂宜於世者，而以深入教化於〔二〕民。」即取與周俱文之義。○注「王者」至「之中」。○初學記〔三〕引五經通義云：「樂者，所以象德表功，因事之宜。」御覽引五經通義〔四〕：「受命而王者，六樂焉。以太乙樂天，以咸池樂地，以肆夏樂人，以大夏樂四時，以大濩樂五行神明，以大武樂六律，各象其性而爲之制，以樂其先祖。」又三禮義宗云：「周制禮用六代之樂，四時祭祀分而用之。祭之尊卑，凡有此等，故用六代之樂配十二調而作之。一代之〔五〕樂，則用二調，遠取黄帝者，以舞樂之始興於黄帝。奏者，謂堂下四垂鐘聲之調；歌者，謂堂上琴瑟之音。但一祭之中，皆自爲二調。庭奏者常以

〔一〕「作樂」，原訛作「奏樂」，叢書本同，據漢書校改。
〔二〕「於」，原訛作「爲」，叢書本不誤，據改。
〔三〕「初學記」，原誤記爲「御覽」，以下引文實出自初學記樂部上昭德表功，御覽無之，據改。
〔四〕「御覽引五經通義」原脱，以下引文出自太平御覽，據補。
〔五〕「之」，叢書本作「一」。

陽氣爲調，升歌者常以陰禮爲聲。周人用六代之樂，祭天雲門，地以咸池，宗廟以大磬〔一〕，不用時王之樂，以三樂其道最美，故三祭用之。宗廟用九德之歌，彰明先祖之德也。大蜡盡天地四方之神而祭之，其樂亦盡用四時之調，凡四方十二辰，則有十二律，陰陽相配，二代道共，作一代之樂，故爲六樂，大蜡之祭，則盡用之，合天地四方之神，合六代之樂，故終不過六。」按：周禮大司樂云：「以樂舞教國子：舞雲門、大卷、大咸、大磬〔二〕、大夏、大濩、大武。」雲門、大卷，皆黄帝樂，共爲六樂也。惟周禮分別以祭、以享、以祀。大濩以享先妣，大武以享先祖，此謂舞六樂于宗廟之中不同耳。然天神地示、四望山川亦必有舞，何氏特科舉宗廟統言六樂，未分別之耳。○注「舞先」至「之也」。○校勘記出「明有則也」，云：「閩、監、毛本同，誤也。鄂本『則』作『制』，當據正。制謂己所制也，則即法複上。」按：紹熙本作「制」。盧校本白虎通禮樂云：「王者有六樂者，貴公美德也，所以作供養。謂因先王之樂，明有法，示正其本，興己所自作樂，明己作也。所以作四夷之樂何？德廣及之也。易曰：『先王以作樂崇德，殷薦之上帝，以配祖考。』詩云：『奏鼓簡簡，衎我烈祖。』樂元語曰：『受命而六樂。樂先王之樂，明有法也；興其所自作，明有制；興四夷之樂，明德廣及之也。』」文選注引韓詩傳：「王者舞六代之樂，舞四夷之樂，大德廣及之也。」按：「舞六代之樂」下有脱文。通典引五經通義又云：「舞四夷之樂，明德澤廣被四表。」文選東京賦：「四夷間

〔一〕「大磬」，原訛作「大磬」，叢書本同。周禮大司樂作大磬，阮元校勘左傳云：「閩本、監本、毛本『磬』作『磬』，非。」據改。

〔二〕「大磬」，原訛作「大磬」，叢書本不誤，據改。

奏，德廣所及。」詩小雅鼓鐘傳：「舞四夷之樂，大德廣所及也。」禮記明堂位：「納夷蠻之樂于太廟，言廣魯於天下也。」○注「東夷」至「曰昧」。○舊疏以爲樂説文，引彼注云：「陽氣始起於懷任之物，各離其株也。南者，任也，盛夏之時，物皆懷任矣。草木畢成，禁如收斂。盛陽〔一〕消盡，蔽其光景昧然。」是也。白虎通又云：「故南夷之樂曰兜〔二〕，西夷之樂曰禁，北夷之樂曰昧，東夷之樂曰離。」與東都賦「㑺佅兜離」合。通典引五經要義亦作「西夷之樂曰禁，北夷之樂曰昧」。周禮鞮鞻氏注云：「東方曰韎，南方曰任，西方曰離〔三〕，北方曰禁。」東韎西離，與樂緯文反。賈疏以爲鉤命決説也。白虎通又云：「南之爲言任也，任養萬物。昧之爲言昧也，昧者萬物衰老，取晦昧之義也。禁者萬物禁藏。朝離者，萬物微離地而生。」按：何氏以東夷樂曰株離者，御覽引〔四〕書大傳：「陽伯之樂，舞株離。」鄭注：「象萬物生育離根株也。」通典引五經通義云：「東方所謂侏離者何？陽氣始通，萬物之屬離地而生，故謂之株離。」明堂位疏引白虎通作「朝離」，株侏通，與朝爲一聲之轉。校勘記云：「釋文及諸本皆作『株離』，蜀大字本作『㑗』，誤。」南夷樂曰任者，明堂位云：「任，南蠻之樂也。」五經通義云：「南方所以謂任者何？陽氣盛用事，萬物懷任，故謂之任。」古南與任音義通。明堂位疏引白虎通亦作「南夷之樂曰南，西夷之樂曰禁」者。五經通義云：「西

〔一〕「盛陽」，原訛作「盛湯」，叢書本不誤，據改。
〔二〕「兜」，原訛作「兜離」，叢書本同。東夷之樂曰離，此「兜」下衍「離」字，據白虎通校删。
〔三〕「離」，叢書本同。十三經注疏本作「株離」。
〔四〕「御覽引」，叢書本同，此三字蓋誤衍。以下引文出自尚書大傳，非轉引自御覽，太平御覽無這段文字。

方所以謂之禁者何？西方陰氣用事，禁止萬物不得長大，故謂之禁。」北夷之樂曰昧者，五經通義云：「北方所以謂之昧何？北方陰氣盛用，萬物暗昧不見，故謂之昧。」諸書或作「韎」，或作「佅」，皆通。

八佾以舞大武，【疏】解詁箋云：「夏、武互錯。」通義云：「謹按，記云『朱干玉戚以舞大武，八佾以舞大夏』，與此文相互。然八佾，行綴之名，文武得通言之。周官大司樂曰：『舞大夏，以祭山川。』舞師則曰：『掌教兵舞，帥而舞山川之祭祀。』是夏舞亦有用干戚者矣。」按：禮記明堂位注云：「大武，周舞也。」蓋互文見義。樂記述武舞云：「始而北出，再成而滅商，三成而南，四成而南國是疆，五成而分周公左、召公右，六成復綴以崇。」蓋即八佾行綴與？

此皆天子之禮也。【疏】郊特牲連述：「諸侯之宮縣，而祭以白牡，擊玉磬，朱干設錫，冕而舞大武，乘大路，爲諸侯僭禮。」注云：「言此〔一〕皆天子之禮也。宮懸，四面縣也；干〔二〕，盾；錫，傅其背如龜也。武，萬舞也；白牡、大路，殷天子禮也。」舊疏云：「周公之功，得用四代之樂，而以大夏之徒謂之爲僭者，刺其羣公之廟，若祭周公則備。」按：如「周公白牡，魯公騂犅，羣公不毛」，是魯用天子禮樂，止得於文王、周公之廟，後世蓋用之羣廟，故季氏有八佾舞庭，三家有雍徹，皆習見成俗，不知其非，故子家駒言之也。漢書董仲舒傳：「及至周室，設兩觀，乘大路，朱干玉戚，八佾陳於庭，而頌聲興。」是皆天子之禮也。

〔一〕「此」字原脱，據禮記正義校補。
〔二〕「干」上原衍「錫」字，叢書本同，據禮記正義校删。

且夫牛馬，維婁【注】繫馬曰維，繫牛曰婁。【疏】注「繫馬」至「曰婁」。○文選注引字林云：「維，持也。」詩小雅白駒：「縶之維之。」傳：「維，繫也。」廣雅釋詁：「維，係也。」詩小雅角弓：「式居婁驕。」箋：「婁，斂也。」斂束亦有維繫之義。何氏以傳云「牛馬維婁」，因以維屬馬，婁屬牛，皆謂繫之牢廄而言，散則通也。舊疏引舊說云：「婁者，侶也，謂聚之於廄也。」史記律書：「婁者，呼萬物且内之也。」義亦相近。

委己者也【注】委食己者。【疏】校勘記云：「唐石經同。釋文：『委己，音紀。』閩、監、毛本『己』誤『已』。」按：注「委食己者」當作「己」。○注「委食己者」。○廣雅釋詁：「餧，食也。」漢書陳餘傳：「如以肉餧虎。」注：「餧，飤也。」委蓋餧字之省。詩小雅鴛鴦箋：「無事則委之以莝。」釋文：「委，猶食也。」是也。「食」皆即説文之「飤」字，食部：「飤，糧也。从人食。」素問至真要大論：「以甘緩之。」注：「食亦音飤〔一〕，己曰食，他曰飤也。」一切經音義引倉頡訓詁：「飤，飽也。」謂以食與人曰飤。」又引聲類云：「飤，哺也。」方言十二：「牧，飤也。」注：「牧飤，謂放飤牛馬也。」爾雅釋木注：「葉薪生〔二〕可飤牛。」釋文引字林：「飤，糧也。又作飼。」是飼人飼畜皆可云飤也。

而柔焉。【注】柔，順。【疏】注「柔，順」。○爾雅釋詁：「柔，安也。」家語：「入官，優而柔之。」注：「柔，和也。」安、和，皆有順義。經義述聞云：「何讀至婁字絶句。謹案，維婁分屬牛馬，古無明文，且牛馬之順於

〔一〕「飤」上原脱「食亦音」三字，叢書本同，據黄帝内經補注釋文校補。「飤」，同「飼」。
〔二〕「生」字原脱，叢書本同，據爾雅注疏校補。

餧己者，不待維繫而始然。然則，維婁二字爲贅文也。今按，此當讀『且夫牛馬』爲句，『維婁委己者也而柔焉』爲句。維與惟同；婁，古屢〔一〕字也。小雅角弓篇：『式居婁驕。』王肅注：『婁，數也。』正月篇：『屢顧爾僕。』釋文作『婁』。巧言篇『君子屢盟』，賓之初筵篇『屢舞僊僊』，釋文並曰：『本又作婁。』」是也。云：「『屢餧己者』，喻季氏之得民已久也。故下句曰『季氏得民衆久矣』。言牛馬非他人是順，惟屢餧己者而順焉。亦猶季氏之得民久，而民皆從之也。」按：王氏説亦通。通義云：「此言牛馬不知擇主，惟其能委飼己者而柔馴焉，以喻季氏能飲食國人，則國人樂爲之用，君必無功。即左氏述子家之言，所謂『隱民多取食焉』意〔二〕也。」

季氏得民衆久矣，【注】季氏專賞罰，得民衆之心久矣，民順從之，猶牛馬之於委食己者。【疏】注「季氏」至「己者」。○舊疏云：「言牛馬之數，猶順於委己之人，而季氏作賞有年歲矣，民從之，固是其宜矣。」左傳：「樂祁曰：魯君必出。政在季氏三世矣，魯君喪政四公矣。無民而能逞其志者，未之有也，國君是以鎮撫其民。詩云：『人之云亡，心之憂矣。』魯君失民矣，焉得逞其志？靜以待命猶可，動必憂。」又曰：「懿伯曰：讒人以君徼幸，事若不克，君受其名，不可爲也。舍民數世，以求克事，不可必也。且政在焉，其難圖也。」又曰：「子家子曰：君其許之！政自之出久矣，隱民多取食焉，爲之徒者衆矣。」又曰：「子家

〔一〕「屢」，原訛作「屬」，叢書本不誤，據改。
〔二〕「意」，原訛作「是」，據公羊通義校改。

羈曰：不可！公室失政數世矣，失民則何以集乎？」皆謂季氏專賞罰之政，久得衆心，民順從之事也。

君無多辱焉！」【注】恐民必不從君命，固爲季氏用，反逐君，故云爾。子家駒上説正法，下引時事以諫者，欲使昭公先自正，乃正季氏。【疏】經義述聞云：「『多』字釋文無音。家大人曰：多，讀爲祗；祗，適也。言民皆爲季氏用，君若伐之，則民必助之，無適自取辱也。昭二十九年左傳曰『君祗辱焉』是也。祗多古字通。」按：襄二十九年左傳：「祗見疏焉。」正義：「祗作多。」服虔本作「祗」，解云：「祗，適也。」晉、宋杜本皆作「多」可證。故襄十四年左傳「多遺秦禽」，言祗遺秦禽也。定十五年左傳「多取費焉」，言祗取費焉。哀八年左傳「不足以害吳，而多殺國士」，言不足害吳，而祗足傷魯之國士也。皆與此多字義同。按：多，古韻在歌部；祗，古韻在支部，支歌字古多通轉。○注「恐民」至「云爾」。○校勘記出「固爲季氏用」，云：「監、毛本同，閩本『固』作『因』，皆誤。鄂本作『而爲季氏用』，與儀禮通解續正合，當據以訂正。」按：紹熙本亦作「而」。淮南人間訓云：「公以告子家駒。子家駒曰：『季氏之得衆，三家爲一。其德厚，其威强，君胡得之！』昭公弗聽。」固知其必反見逐也。○注「子家」至「季氏」。○舊疏云：「『上説正法』者，即謂上文『朱干玉戚』之屬是也。『下引時事』者，謂『牛馬維婁』是也。」按：論語子路篇：「其身正，不令而行。其身不正，雖令不從。」又顔淵篇：「子帥以正，孰敢不正！」故欲使昭公先自正，乃正季氏也。

昭公不從其言，終弑，而敗焉。【注】果反爲季氏所逐。【疏】校勘記云：「唐石經作『終弑之而敗焉』，諸本脱『之』字。按，疏中標經云『終弑之者』，有『之』，與石經合。」左傳：「公居于長府，伐季氏。殺公之于門。平子登臺而請曰：『君不察臣之罪，使有司討臣以干戈，臣請待于沂上以察罪。』弗許。請囚于費，弗許。請以五乘亡，弗許。子家羈曰：『君其許之！政自之出久矣，爲之徒者衆矣。日入慝作，弗可知也。衆怒不可蓄也。』郈孫曰：『必殺之。』公使郈孫逆孟懿子。叔孫氏之司馬鬷戾言於其衆曰：『我，家臣也，不敢知國。』帥徒以往，陷西北隅以入。公徒釋甲執冰而踞，遂逐之。」〔一〕魯世家：「三家共伐公，公遂奔。」舊疏云：「終弒之者，謂陳兵欲往〔二〕攻殺之也。」○注「果反」至「所逐」。○謂如子家所料。後漢書曹節傳：「審忠上書曰：虞公抱璧牽馬，魯昭見逐乾侯，以不用宫之奇、子家駒，以至滅辱。」三國志注引漢晉春秋云：「帝見威權日去，不勝其忿，乃召王沈、王經、王業，謂曰：『司馬昭之心，路人所知也。吾不能坐受廢辱，當自出討之。』經曰：『昔魯昭敗走失國，爲天下笑。』」皆以不聽羈言致敗故也。

走之齊。齊侯唁公于野井。【注】弔亡國曰唁，弔死國曰吊，弔喪主曰傷，弔所執紼曰綄。【疏】左傳：「齊侯將唁公于平陰，公先至于野井。齊侯曰：『寡人之罪也，使有司先待于平陰，爲近故也。』」○注「弔亡國曰唁」。○穀梁傳：「弔失國曰唁，唁公不得入于魯也。」詩鄘風載馳云：「歸唁衛侯。」傳：「弔失國曰唁。」此言亡國即失國也。國策秦策〔三〕：「亡趙自危。」高注：「亡，失也。」是也。北堂書鈔引邱季微〔四〕禮統云：「弔生曰唁。生謂之唁何？非爲喪之位哭泣之事，但嗟歎以言，故謂之唁。」禮記曲禮曰：

〔一〕左傳這段引文，只是大概，多有上句無下句。

〔二〕「往」，原訛作「亡」，叢書本不誤，據改。

〔三〕「秦策」，原訛作「秦果」，叢書本同，據戰國策校改。

〔四〕「邱季微」，殆邱季彬之訛。

「國君去其國，止之曰：『奈何去社稷也？』」蓋古唁意也。説文口部：「唁，弔生也。」失國亦可直曰亡，呂覽審己云：「齊湣王亡。」注：「亡，出奔也。」是也。○注「弔死國曰弔」。○校勘記云：「諸本同。段玉裁云：『此國字衍。』」禮統又云：「弔死曰弔。弔死謂之弔何？素有厚恩，禮無服屬，但致傷哀痛毒，故謂之弔。」説文人部：「弔，問終也。古之葬者，厚衣之以薪。从人持弓會〔一〕歐禽。」引伸之，凡問凶事皆曰弔。史記宋世家：「魯使臧文仲往弔水。」集解引賈逵左傳注：「問凶曰弔。」傷悼亦曰弔，左傳僖二十四年「周公弔二叔之不咸」，襄十四年「有君不弔」是也。慰問亦曰弔，孟子滕文公：「三月無君則弔。」是也。對文異，散則通。○注「弔喪主曰傷」。○廣雅釋詁：「傷，痛也。」又：「傷，憂也。」管子君臣篇：「是故明君飾食飲〔二〕弔傷之禮。」注：「傷，謂喪祭。」按：此傷與弔連稱，蓋弔爲弔死，傷爲傷生。故此注云「弔喪主曰傷也」。○注「弔所執紼曰綄」。○小爾雅廣詁：「挽，引也。」後漢書樂恢傳注：「輓，引柩也。」廣雅廣詁：「輓，引也。」説文車部：「輓，引之也。」綄與挽、輓通，爲其用手故作挽，爲其引車故作輓，爲其執紼則作綄。弔所執紼，謂執紼而弔，如後世之輓歌也。古今注：「薤露、蒿里本出田横門人。横自殺，門人傷之，爲作悲歌二章。李延年分爲二曲，薤露送王公貴人，蒿里送士大夫庶人。使挽柩者歌之，亦謂之挽歌。」是其遺也。

〔一〕「會」，原訛作「命」，叢書本同，據説文解字校改。

〔二〕「食飲」，原訛作「衣飲」，叢書本同，據管子校改。

曰：「奈何君〔一〕去魯國之社稷？」昭公曰：「喪人【注】自謂亡人。【疏】注「自謂亡人」。○詩大雅皇矣云：「受祿無喪。」注：「喪，亡也。」論語先進：「天喪予！」皇疏：「喪猶亡也。」又八佾篇：「何患於喪乎？」皇疏：「喪猶亡失也。」故喪人猶亡人也。禮記檀弓「喪亦不可久也」，又曰「喪人無寶」，注：「喪謂亡失位。」大學作「亡人無以爲寶」是也。又左傳哀二年：「亡人之子輒在。」亡人謂蒯聵，失太子位也。

不佞，【注】不善。【疏】注「不善」。○成十三年傳：「寡人不佞。」論語疏引服虔注：「佞，才也。」成十六年左傳：「諸臣不佞。」杜注：「佞，才也。」國語晉語：「寡君不佞。」韋注：「佞，才也。」不才，猶不善也。

失守魯國之社稷，執事以羞。」【注】謙自比齊下執事，言以羞及君。【疏】注「謙自」至「及君」。○釋文作「嗛」，云：「音謙，本又作謙。」按：漢書藝文志：「易之嗛嗛，一嗛而四益。」謙嗛同也。舊疏云：「言己之尊卑，比齊之執事也。而舉措不善，失守社稷，由是之故，以羞及君。」通義云：「不敢斥齊侯，謙言爲齊執事之羞。」説亦通。今亦通用執事斥所尊言。

再拜顙。【注】顙者，猶今叩頭矣。謝見唁也。【疏】注「顙者」至「頭矣」。○釋文：「見而稽顙也。」禮記檀弓云：「拜、稽顙，哀戚之至隱〔二〕也。」説文頁部：「頓，下首也。」段注云：「何注公羊曰：『顙猶今叩頭。』

〔一〕「君」字原脱，叢書本同，據公羊傳校補。
〔二〕「隱」字原脱，叢書本同，據禮記檀弓下校補。

檀弓『稽顙』注曰：『觸地無容。』皆與周禮『頓首』注合。」「頓首，主於以顙叩觸〔一〕，故謂之稽顙，或謂之顙。周禮之九拜不盡知。而稽首者，吉禮也。頓首者，凶禮也。」「言拜而後稽顙者，空首而頓首也。言稽顙而後拜者，頓首而空首也。言稽顙而不拜者，頓首而不空首也。經於吉、賓、嘉曰稽首，未有言頓首者也。於喪曰稽顙，亦未有言頓首者也。然則，稽顙之即頓首無疑矣。有非喪而言頓首者，非常事也，類乎凶事也。如申包胥之九頓首而坐，穆嬴頓首于宣子，季平子稽顙于叔孫昭子，子家駒再拜顙於齊侯，以失國，正同也。沿至秦漢，以頓首爲請罪之辭矣。」按：檀弓云：「拜而後稽顙。」注：「此殷之喪拜也。」又云「稽顙而後拜」，注：「此周之喪拜也。」正義：「殷之喪拜，自斬衰以下，緦麻以上，皆拜而後稽顙，以其質故也。周則杖期以上，皆先稽顙而後拜；不杖期以下，乃作殷之喪拜。」又云：「此稽顙而後拜，即大祝『凶拜』之下鄭注：『稽顙而後拜，謂三年服者。』此拜而後稽顙，即大祝『吉拜』，鄭注云：『謂齊衰不杖以下者。』鄭知凶拜是三年服者，以雜記云：『三年之喪，以大喪拜。』喪拜即凶拜。鄭又〔二〕云：『吉拜，齊衰不杖以下。』則齊衰杖者亦用凶拜。知者，以雜記云：『父母在，爲妻不杖不稽顙。』明父母歿，爲妻杖得稽顙。是知杖齊衰得爲凶拜。」此云再拜顙，明先拜而後稽顙，用周之吉拜。然周禮大祝注：「稽首，拜頭至地。頓首，拜頭叩地。」是此之顙即周禮之頓首，故何云叩頭謂引頭至地即舉；稽首者，稽留之義，頭至地

〔一〕「觸」，原訛作「謁」，叢書本同，據段玉裁説文解字注校改。
〔二〕「又」，原訛作「文」，叢書本同，據禮記正義校改。

多時，此其異於頓首也。昭公蓋亦止頓首。周禮之頓首，即檀弓之稽顙與？

慶子家駒【注】慶，賀。【疏】注「慶，賀」。○廣雅釋言云：「慶，賀也。」國語魯語：「固慶其喜而弔其憂。」注：「慶，猶賀也。」

曰：「慶子免君於大難矣。」【疏】校勘記云：「唐石經原刻無『矣』字，後磨改增刻，諸本誤承之。」按：紹熙本亦有「矣」字。

子家駒曰：「臣不佞，陷君於大難。君不忍加之以鈇鑕，賜之以死。」【注】鈇鑕，要斬之罪，即所錫之以死。【疏】注「鈇鑕」至「以死」。○校勘記出「即所錫之以死」，云：「蜀大字本、閩、監、毛本同。鄂本錫作賜。按，傳言賜不當殊文，鄂本是也。」按：紹熙本亦作「賜」。公羊問答云：「鈇鑕爲要斬之罪，何也？曰：春秋元命包曰：斧鑕主亂行，斬狂詐。斧之爲言捕也。史記項羽本紀：『孰與身伏鈇質〔一〕。』注：『崔浩曰：質，斬人椹也。』郭注三蒼云：『質，莝椹也。』又范雎傳：『匈當櫍質，要傅斧鉞。』〔二〕秋官掌戮注：『斬以斧鉞，若今要斬。』」按：國語魯語云：「夫刑有五：大刑用甲兵，其次用斧鉞。」注：「謂犯斬罪者。」又云：「其次用刀鋸。」注：「用刀以劓之，鋸以笮之。」「掌戮掌斬殺」，鄭注以斬爲要斬，殺爲棄

〔一〕「鈇質」，原引作「斧鑕」，據史記校改。下引注家均就「質」做注。

〔二〕范雎傳爲：「今臣之胸不足以當椹質，而要不足以待斧鉞。」此引文失誤太多。

市，同也。鈇鑕者，劉氏玉麐甓齋遺稿云：「爾雅：『椹謂之榩〔一〕。』按，周禮司弓矢『以授射甲革椹質者』，考工記謂『王弓之屬，利射革與質』是已。鄭注：『樹椹以爲射正。』此射正之椹也。圉師〔二〕云『射則充椹質』，賈疏：『圉人所習者，莝，取椹斬莝。』漢時掌畜官職斬莝是已。史記范雎傳注：『椹，莝質，此資斬莝之椹也。』昭九年穀梁傳：『以葛覆質以爲〔三〕槷。』毛傳：『裘纏質以爲槷。』范注：『質，椹也。槷，門中臬〔四〕。』釋文：『槷，門橛也。』此充門橛之椹也。公羊傳『執鈇鑕〔五〕』，秦策：『范雎曰：臣之胸不足當椹鑕。』鮑注：『鑕，鈇鑕。』玉篇：『鑕，鐵鑕砧。』砧與椹同，此椹以鐵爲之者也。毛詩『取礪取鍛』，傳：『鍛，石也。』箋：『鍛石，所以爲鍛質也。』此椹以石爲之者也。爾雅釋文：『椹，本或作砧。』文字集略：『砧，杵之質也。』謝惠連詩：『欄高砧響發。』擣衣砧也。古詩：『藁砧今何在。』擣草砧也。砧又作椹，集韻：『擣繒石。』椹又爲櫍，櫍或作礩，說文：『柱下石。』此椹以石爲之，而各異其用者也。椹之質或爲石、或爲金、或爲木，質各不同而用亦異。書傳統名曰椹而已。惟爾雅孫炎注：『椹，斲材質。』郭注：『斫木質。』義並本詩『方斲是虔』，毛傳：『虔，敬也。』鄭箋：『椹，謂之虔。』又云：『正斲于虔上。』是以椹當虔之名也。孔疏云：

〔一〕「榩」，原訛作「𢷹」，叢書本不誤，據改。
〔二〕「圉師」，原訛作「圉人」，據周禮注疏校改。
〔三〕「以爲」，原訛作「一爲」，叢書本不誤，據改。
〔四〕「臬」，原訛作「槷」，叢書本同，據穀梁注疏校改。
〔五〕「鈇鑕」，原訛作「鐵鑕」，叢書本同，據公羊傳校改。

『方論斲斫楹桷，不宜言敬，故易傳。』然亦未嘗申言名虔之義。」按：書：「敓攘矯虔。」疏引釋詁：「虔，固也。」詩：「有虔秉鉞。」左傳：「虔劉我邊陲。」注訓固，亦訓殺，虔之本義如此。史記張蒼傳：「解衣伏質。」注：「質，椹也。」漢書項籍傳：「身伏斧質。」注：「質，謂鍖也。」集韻：「椹，或作鍖。」是鍖即椹也。夫斫木之具乃與刑人之具同名何與？禮部韻略：「椹，木趺也。」趺爲下基，必堅固其體，乃克受斧斤之施。椹，質也。如椹質之親刑殺然，故義亦得爲固爲殺，而名曰虔。又釋文：「椹，張林反，音讀如砧。」詩疏：「質，椹也。」先儒以質訓椹者，質椹乃一聲之轉，故書傳椹質多連。又周禮：「椹，質。」杜子春讀椹爲齊人鈇椹之椹，鈇鍖猶鈇鑕，又即斧質，是椹有質音矣。蓋鈇所以斬，鑕所以藉也。餘詳襄二十七年疏。

再拜顙。【注】謝爲齊侯所慶。

高子執簞食，【注】簞，葦器也。圓曰簞，方曰笥。食，即下所致糗也。【疏】注「簞葦」至「曰笥」。○禮記曲禮云：「凡以弓劍、苞苴、簞笥問人者。」注：「簞笥，盛飯食者，圓曰簞，方曰笥。」正義：「簞笥，竹器也。」孟子滕文公云：「則一簞食。」注：「簞，笥也。」禮士冠禮：「櫛實于簞。」注：「簞，笥也。」蓋對文異，散則通。說文竹部：「簞，笥也。漢律令〔一〕：『簞，小筐也。』傳曰：『簞食壺漿。』」多以竹爲之，或亦有編葦爲之者。後漢東平王蒼傳注：「簞，竹器也。圓曰簞，方曰笥。」論語雍也：「一簞食。」皇疏：「簞如箱

〔一〕「令」，原訛作「會」，據說文解字校改。

篋〔一〕之屬，竹筥之屬也。」皆謂以竹者也。禮士喪禮：「櫛于簞。」注：「簞，葦笥。」則以葦者也。文選思玄賦：「寶蕭艾於重笥兮。」注：「簞笥，並盛食器者。員曰簞，方曰笥。」方言四：「䉛，陳楚宋魏之間或曰簞，或謂之㰏，或謂之瓢。」義微殊。葦者，詩豳風七月云：「八月萑葦。」傳：「薍爲萑，葭爲葦，豫畜萑葦，可以爲曲。」按：月令説蠶事云：「具曲、植、筥、筐。」注：「曲，薄也。」明可編物適用者也。

與四脡脯。【注】屈曰朐，申曰脡。【疏】注「屈曰朐，申曰脡」。〇校勘記云：「鄂本同。此本疏中亦作申。閩〔二〕、監、毛本改『伸』。」按：紹熙本亦作「申」。説文肉部：「朐，脯挺也。」段氏注：「許書無『脡』字。『挺』即『脡』也。何注公羊曰：『屈曰朐，申曰脡。』朐脡就一脡析言之，非謂脡有曲直二種也。曲禮曰：『左朐右末。』鄭云：『屈中〔三〕曰朐。』屈中〔四〕猶言屈處，末即申者也。士虞禮曰：『設俎于薦東，朐在南。』鄭云：『朐，脯及乾肉之屈也。』曰左朐，曰朐在南，則朐在脯端明矣。鄉飲酒記曰：『薦脯五挺，横祭於其上。』注引曲禮：『左朐右末。』鄉射記：『薦脯五樴。』『樴長尺二寸。』〔五〕注：『樴猶挺也。』然則，每一脯爲

〔一〕「篋」，原作「筐」，叢書本同，據經籍籑詁校改。
〔二〕「閩」，原訛作「閔」，據阮元校勘記校改。
〔三〕「中」，原訛作「申」，據禮記正義校改。
〔四〕同上校。
〔五〕上二句引文，「薦脯五樴」出自聘禮的記中。「樴長尺二寸」出自鄉射禮的記中。段玉裁説文注即混如此。又，這段文字中的「樴」同「膱」、「挺」同「脡」，古今字。今儀禮均作「膱」、「脡」。説文無此二字。

一檝，謂之一挺。每檝必有屈處，故亦謂之一朐。」通義云：「用四脡者，凶禮也。鄉飲酒記曰：『薦脯五挺。』鄉射記曰：『薦脯用籩五膱。』聘記曰：『薦脯五膱。』則吉事用脯之數也。唯士喪禮及虞禮脯皆四脡。」按：曲禮疏：「朐謂中屈也。屈脯朐朐然也。左朐，朐置左也。右末，末，邊際。置左，右手取祭擘之便也。」曲禮：「鮮魚曰『脡祭』。」注：「脡，直也。」鄉飲酒記言「五挺」，鄉射記言「五膱」，故注云：「挺，猶膱也。」鄉射記注：「古文膱爲胾，今文或作植。」胡氏承珙古今文疏義：「膱當爲檝；脡、挺皆當作梃。宋本鄉飲酒記釋文云：『猶檝本亦作檝。』可見注文原作檝字。鄉飲、鄉射記注挺檝互訓。說文：『檝，杙也。』『挺，一枚也。』二字皆从木，凡从扌从肉者皆誤。聘禮記注：『膱，脯如板然者，或謂之脡，皆取直貌焉。』蓋膱、脡無正字，以其直貌，故取訓杙之檝，一枚之梃名之。後人因其爲脯脩，改木从肉耳。蓋膱長尺二寸而中曲之故，有朐脡之别。鄉飲篇『脯五挺，横祭于其上』者，脯横於人前，其末居右，祭横其上，於人則爲從也。脯五挺，通祭而六挺也。」蔡氏德晉儀禮本經云：「數脯以挺，脯乾則挺直也。籩實五挺，皆横設，所謂左朐右末也，而以祭之半挺直加其上，故曰横祭也。脯乾則直，雖有屈處，其質則直，故曰脡也。士虞用四脡。」儀禮正義云：「李氏以爲大夫士之異，敖氏以爲變於吉。似敖説是也。」按：此亦用四挺，知敖説是。

國子執壺漿，【注】壺，禮器。腹方口圓曰壺，反之曰方壺，有爵飾。【疏】校勘記出「壺」，云：「唐石經、鄂本、閩本同。監、毛本『壺』改『壺』，非。」○注「壺禮」至「爵飾」。○說文：「壺，昆吾圜器也。象形，从大，象其蓋也。」是壺本圜器，其方者則别曰方壺。周禮掌客：「壺四十。」注：「壺，酒器也。」禮聘禮：「八壺設于西席。」注：「壺，酒尊也。」禮記禮器：「門内壺。」注：「壺大一石。」大戴記投壺篇：「壺脰脩七寸，口徑二寸半，壺高尺二寸，受斗五升，壺腹脩五寸。」周禮夏官序官：「挈壺氏。」注：「壺，盛水器。」皆與禮器别。舊疏云：「即燕禮『司宫尊于東楹之西，兩方壺，左玄酒，南上』是也。『腹方』至『爵飾』，釋器無文，蓋用舊説，或以時事知之。言有爵飾者，謂刻畫盞爵之形，飾其形體。」按：燕禮有方壺有圜壺，彼注方壺爲卿、大夫、士尊，「士旅食者用圜壺，變於卿大夫也」是也。方壺有冪，用綌若錫，圜壺無也。「兩方壺，左玄酒」，圜壺無，皆瓦爲之也。漿者，周禮天官有「漿人共王之六飲：水、漿、醴、涼、醫、酏，入于酒府」，曲禮云「酒漿處右」是也。

曰：「吾寡君聞君在外，餕饔未就，【注】餕，熟食。饔，熟肉。未就，未成也。解所以致糗意。

【疏】注「餕熟」至「熟肉」。○紹熙本、鄂本「熟」作「孰」，下同。加四點者，俗字。舊疏云：「聘禮：『宰夫朝服設飧，飪一牢，在西鼎九。』是飧爲孰食也。又云『致饔餼五牢，飪一牢』云云，上文對餼，下文有『飪一牢』之言，故知孰肉明矣。」王氏念孫廣雅疏證云：「釋器孰食謂之餕饔，餕讀若飧。小雅祈父篇『有母之尸饔』，毛傳曰：『孰食曰饔。』大東篇『有饛簋飧』，傳曰：『飧，孰食也。』合言之則曰飧饔。周禮外饔云：『賓客之飧饔，饗食之事。』是也。昭二十五年公羊傳：『餕饔未就。』注：『餕，熟食。饔，熟肉。』餕饔，即飧饔。淮南子道應訓：『鼇負羈遺之壺餕而加璧焉。』壺餕，即壺飧。是飧餕古字通，倒言之則曰饔飧。孟子滕文公：『饔飧而治。』是也。」説文食部：「饔，孰食也。」「飧，餔也。从夕食，餔申時食也。」段注：「小雅傳云：『孰食曰饔。』魏風傳云：『孰食曰飧。』然則，饔、飧皆謂孰食，分别之則謂朝食、夕食。許於饔不言朝，於飧不言孰，互文錯見也。趙注孟子曰：『朝曰饔，夕曰飧。』此析言之。公羊傳『趙盾食〔一〕魚飧』，左傳『僖負羈饋盤飧』，『趙衰以壺飧從』，皆不必夕時，渾言之也。司儀注云：『小禮曰飧，大禮曰饔餼。』掌客：『上公飧五牢，饔餼九牢；侯伯飧四牢，饔餼七牢；子男飧三牢，饔餼五牢。』此饔飧與常食不同，且多腥，不皆熟食。」按：王氏讀餕爲飧，確不可易。對言之，則餕爲熟食，饔爲熟肉；散言之，則皆通。其以爲朝食曰饔，夕食曰飧，亦對舉詞，實亦不必泥也。通義云：「朝食曰饔，夕食曰餕。」是亦讀餕爲飧也。○注「未就」至「糗意」。○禮記孔子閒居云：「日就月將。」注：「就，成也。」論語顏淵「以就有道」，孔曰：「就，成也。」爾雅釋詁：「就，成也。」故未就爲未成。

敢致糗于從者。」【注】糗，糒也。謙不敢斥魯侯，故言從者。【疏】注「糗，糒也」。○舊疏云：「若今之糒米矣。」孟子盡心章：「舜之飯糗。」趙注：「糗，乾糒也。」段氏說文注云：「米部糗，熬米麥也。周禮：『羞，籩之實，糗餌粉餈。』鄭司農云：『糗，熬大豆與米也。粉，豆屑也。』玄謂『糗者，擣粉熬大豆爲餌餈之黏著以坋之耳』。按，先鄭云『熬大豆及米』，後鄭但云『熬大豆』。注內則又云『擣熬穀』。不同者，黍粱菽麥皆可爲糗，故或言大豆以包米，或言穀以包米豆。而許云熬米麥，又非不可熬大豆也。熬者，乾煎也。乾煎者，鬻也〔二〕，鬻米豆舂爲粉，以坋餌餈之上，故曰糗餌粉餈。鄭注『擣粉之』，許但云『熬』，不云『擣

〔一〕「食」，原訛作「見」，叢書本同，據段玉裁說文注及公羊傳校改。
〔二〕「鬻也」二字原脱，叢書本同，據段玉裁說文注校補。

粉』者，因〔一〕鄭釋經，故釋粉字之義；許解字，則糗但爲熬米麥，必待臯之而後成粉也。粊誓云：『峙乃糗糧。』某氏云：『糗糒之糧。』孟子注：『糗飯，乾糒也。』左傳爲：『稻醴、粱糗。』廣韻曰：『糗，乾飯屑也。』此皆爲熬穀米粉者也。」糒，乾飯也。釋名曰：「干飯，飯而暴乾之也。」周禮廩人注曰：「行道曰糧，謂糒也。止居曰食，謂米也。」干飯今多爲之者。焦氏循孟子正義云：「説文鬲部：『鬻，熬也。鬻，尺沼反。』一切經音義：『炒，古文鬻，煼聚䰒四形。崔寔四民月令作炒。』然則，熬米麥即是炒米麥。今農家米麥豆皆炒食，米即謂之炒米，豆即謂之炒豆。炒米可以沸水漬之當飯。大麥小麥炒之又必磨之爲屑，用沸水和食謂之焦麵，所謂糗也。糒乃今之飯乾，與此不同，而皆可爲行糧。惟農食樸儉，省蒸煑之費，往往炒米麥爲飯，是則舜之飯糗耳。」按：廣雅釋器云：「糗，糒也。」説文：「糗，熬米麥也。」又云：「糒，乾也。」文選聖主得賢臣頌「羹黎唅糗者」，注引服虔云：「糗，乾食也。」左氏哀十一年注：「糗，乾飯也。」後漢張禹傳注：「糒，糗也。」是糗糒皆乾飯之名，取行道便也。古五穀皆可謂之飯，不必如焦氏分糒爲如今之飯乾也。史記大宛傳：「載糒給貳師。」後漢書明帝紀：「㰖〔二〕水脯糒。」四民月令：「四月作棗糒，以待賓客。」蓋棗屑雜和米麥爲餅餌也。事物紀原引干注周禮云：「糗，餌者，或屑而蒸之，與棗豆之味同食。」是其類與？糗亦謂之餱，書費誓：「峙乃糗糧。」説文引作「餱糧」。説文云：「餱，乾食也。」一切經音義引字林云：「乾飯

〔一〕「因」，原訛作「四」，不辭；叢書本作「因」，可通，據改。然段玉裁説文注無此字。
〔二〕「㰖」，原訛作「杅」，叢書本同，據後漢書校改。

也。」是也。廣雅釋器：「糇，糒也。」釋名釋飲食：「餱，候也，候人飢者以食之。」詩小雅伐木云：「乾餱以愆。」蓋皆糗糒之屬。○注「謙不」至「從者」。○與上稱執事同義。蓋初見急遽，故再拜顙。此漸舒，故從吉禮，再拜稽首也。

昭公曰：「君不忘吾先君，延及喪人，錫之以大禮。」再拜稽首，【疏】變於前之再拜顙。以衽受。【注】衽，衣下裳當前者。乏器，謙不敢求索。【疏】注「衽衣」至「前者」。○考工記輈人云：「衣衽不敝。」注：「衽，謂裳也。」一切經音義引蒼頡解詁：「衽謂裳際所及交列者也，或曰衣襟也。」説文衣部：「衽，衣襟也。」段氏注云：「凡朝祭喪服，衣與裳殊，深衣不殊。喪服記曰：『衽二尺有五寸。』鄭曰：『衽，所以掩裳際也。上正一尺，燕尾一尺五寸，凡用布三尺五寸。』玉裁按，朝祭服，同玉藻注所謂『或殺而下』，『屬衣則垂而放之』者也。玉藻『衽當旁』，鄭曰：『謂裳幅所交裂也。』江氏永曰：『以布四幅，正裁爲八幅，上下皆廣一尺一寸，各邊削幅一寸，得七尺二寸，既足要中之數矣。下齊倍于要，又以布二幅斜裁爲四幅，狹頭二寸在上，寬頭二尺在下，各邊[一]削幅一寸，亦得七尺二寸，共得一丈四尺四寸。此四幅連屬於裳之兩旁，所謂衽當旁也。』玉裁按，此注所謂或殺而上屬裳，則縫之以合前後者也，此二者皆謂之衽。凡言衽者，皆謂裳之兩旁。」按：昭公蓋著深衣，取裳之下而稍偏之衽以受與？禮記問喪[二]「扱

〔一〕「各邊」，原訛作「故也」，叢書本同，據段玉裁説文注校改。
〔二〕「問喪」，原訛作「聞喪」，叢書本同，據禮記校改。

上衽」，注：「上衽，謂深衣之裳前。」蓋扱衽於上，亦謂裳前稍側者也。○注「乏器」至「求索」。○舊疏云：「所以衽受之者，蓋以行客之人於器物乏故也。」

高子曰：「有夫不祥，【注】猶曰人皆有夫不善。【疏】注「猶曰」至「不善」。○通義云：「夫讀如『夫如是』之夫，言有如是不祥之事。」按：禮記檀弓云：「夫夫也。」注：「夫夫，猶言此丈夫也。」則夫猶此也。有夫不祥，言有此不祥也。爾雅釋詁：「祥，善也。」彼疏引李注：「祥，福之善也。」禮記禮運：「是謂大祥。」注：「祥，善也。」故不祥爲不善。按：不祥猶言不弔也。書大誥云：「弗弔。」襄二十四年左傳：「若之何不弔？」漢五行志引左傳：「旻天不弔。」注：「應劭曰：旻天不善于魯〔一〕。」禮記雜記云：「如何不淑。」皆謂不善也。若之何者反詞，有夫者正詞，意則同也。

君無所辱大禮。」【注】禮，臣受君錫，答拜，謂之拜命謂之辱。高子見昭公拜辱大卑，故曰君無所辱大禮。【疏】注「禮臣」至「之辱」。○校勘記出「謂之拜命謂之辱」，云：「閩、監、毛本同。鄂本作『謂之拜命之辱』，此下『謂』字衍，當據以刪正。」按：紹熙本亦與鄂本同。○注「高子」至「大禮」。○通義云：「諸侯非見于天子，無稽首。今昭公稽首者，自謂失國，遂同齊臣也。故高子辭之云『辱大禮』。」按：禮覲禮賜侯氏舍，「侯氏再拜稽首」。又郊勞行享侯氏，皆「再拜稽首」。士相見禮，始見于君，士大夫則奠摯，再拜

〔一〕「魯」下原衍「家」字，叢書本同，據漢書校刪。

稽首。燕禮「射人〔一〕命賓」，「賓再拜稽首」。又「媵爵于公」，皆「於阼階下，北面再拜稽首」。司正「升酌散」，亦降階，「再拜稽首」。聘禮「命使者，使者再拜稽首，辭」，使者反命，「賓介皆再拜稽首」。是臣與君行禮，始再拜稽首也。其見異國之君亦然。聘禮，賓覿，先請以臣禮見，入門右，北面，奠幣，再拜稽首，勞主國之君，賓介歸饔餼，皆然也。然亦有相敵，亦再拜稽首者。聘禮，主國之卿餼賓，賓再拜稽首。公食大夫禮，大夫相食，受侑幣，再拜稽首。聘禮，主君使卿郊勞致館，賓亦再拜稽首。故昭公雖行此大禮，尚不爲過自貶抑，故孔子曰：「其禮與辭足觀也！」

昭公蓋祭而不嘗。【注】食必祭者，謙不敢便嘗，示有所先。不嘗者，待禮讓也。【疏】注「食必」至「讓也」。○禮記曲禮云：「主人延客祭。祭食，祭所先進，殽之序，徧祭之。」注：「延，道也。祭，祭先也，君子有事，不忘本也。客不降等則先祭。」「主人所先進先祭之，所後進後祭之，如其次。徧祭，謂胾、炙、膾也，以其本出於牲體也。」疏：「君子不忘本，有德必酬之，故得食，而種種出少許，置在豆間之地，以報先代造食之人也。若敵客，則得自祭，不須主人之延道。今此卑客聽主人先祭道之，己乃從之。」又玉藻云：「侍食於先生、異爵者，後祭先飯。」注：「謙也。」此饌不爲己，故後祭而先飯者，示爲尊者嘗食也。又云：「客祭，主人辭曰：『不足祭也。』客飧，主人辭以『疏』。」注：「祭者，盛主人之饌也。飧者，美主人之食也。」論語鄉黨云：「侍食于君，君祭，先飯。」注：「鄭曰：於君祭，則先飯矣，若爲君嘗食然。」疏：「若敵，客

〔一〕「射人」，原訛作「大射」，叢書本同，據儀禮燕禮校改。

則得先自祭，降等之客則後祭。若臣待君而賜之食，則不祭。若賜食，而君以客禮待之，則得祭。雖得祭，又先須君命之祭，然後乃敢祭也。」此玉藻言「若賜之食，而君客之，則命之祭然後〔一〕祭，先飯，辯嘗羞〔二〕，飲而俟」，注：「雖見賓客，猶不敢備禮也。侍食則正不祭。」又禮士相見禮：「若君賜之食，則君祭先飯，徧嘗膳，飲而俟。」注：「君祭先飯，於〔三〕其祭食，臣先飯，示爲君嘗食也。」經義述聞云：「士相見所記者，侍食之常禮。玉藻所記，則見客於君者也。常禮則臣不祭，故士相見但言君祭也。客禮則臣亦得祭，故玉藻言『命之祭〔四〕然後祭』。」祭者不同。然則，鄉黨所記「侍食」之常禮，邢疏極爲分晰。此昭公雖自謙，比諸齊臣，齊仍以客禮待之，故食必祭也。通義云：「祭者，重齊賜也。不嘗者，示失守社稷，志不在食也。」義亦通。然敵客相食之禮無考。然既不須主人延道，則客祭之後，主人亦當有禮讓之節，故何氏以不嘗爲待禮讓也。

景公曰：「寡人有不腆先君之服，未之敢服；【注】腆，厚也。服，謂齊侯所著衣服也。言未敢服者，見魯侯乃敢服之，謙辭也。禮，天子朝皮弁，夕玄端。朝服以聽朝。玄端以燕。皮弁以征不義，取禽獸，行射。諸侯朝朝服，夕深衣。玄端以燕。裨冕以朝。天子以祭其祖禰。卿大夫冕服而助君祭，朝

〔一〕「然後」，原訛作「猶後」，叢書本同，據禮記校改。
〔二〕「羞」，原訛作「脩」，據禮記正義校改。
〔三〕儀禮注疏原文作「食」，阮元曰：「宋本作於。」
〔四〕「命之祭」，原訛作「君之命」，叢書本同，據經義述聞及禮記校改。

服祭其祖禰。士爵弁黻衣裳以助公祭，玄端以祭其祖禰。【疏】注「腆，厚也」。○小爾雅廣言云：「腆，厚也。」國語魯語：「不腆先君之敝器。」僖三十三年左傳：「不腆敝邑，爲從者之淹。」文二年左傳：「不腆敝器。」襄十四年左傳：「有不腆之田。」杜注皆云「厚也」。○注「服謂」至「辭也」。○何義以服謂齊侯所著，則未之敢服，爲齊侯自謂。通義云：「謹案，服、器，齊所貽昭公，以爲旅次用者，未之敢服用，言皆新潔也。敢以請，請魯侯受之也。此所謂號辭必稱先君以相接。」義亦通。○注「禮，天子朝皮弁」。○舊疏云：「皆出禮記，漢禮亦然。」禮士冠禮：「皮弁服〔一〕、素積、緇帶、素韠。」注：「此與君視朔之服也。皮弁者，以白鹿皮爲冠，象上古也。積猶辟也，以素爲裳〔二〕，辟蹙其要中。皮弁之衣用布亦十五升，其色象焉。」彼謂仕於諸侯之士，諸侯視朔皮弁服。張氏爾岐儀禮鄭注句讀云：「此視朔時，君臣同服之服故也。其天子，則周禮司服云：『視朝，則皮弁服。』注：『視朝，視内外朝之事。』禮記玉藻云：『皮弁以日視朝。』詩衛風淇奥篇：『會弁如星。』箋云：『天子之朝服皮弁，以日視朝。』又鄭風緇衣云：『緇衣之宜兮。』箋：『天子之朝服皮弁服也。』又小雅頍弁云：『有頍者弁。』傳：『弁，皮弁也。』箋：『天子之朝服皮弁，以日視朝。』若然，覲禮云『天子袞冕，負黼扆』者，秋冬朝覲在廟，故服袞冕；春夏受贄在朝，則皮弁也。或者每日視朝皮弁，其受外諸侯朝覲宗遇禮重，則袞冕也。鄭氏以皮弁之衣用布，敖繼公謂皮弁服用絲。禮經

〔一〕「服」字原脱，叢書本同，據儀禮注疏校補。
〔二〕「裳」，原訛作「衣」，叢書本同，據儀禮注疏校改。

釋例云：聘禮注引論語曰『素衣麑裘皮弁，時或素衣』，其裘同可知也。郊特牲『皮弁素服』，注亦云『衣裳皆素』。則鄭氏已不能自守其前説。雜記『子羔之襲也』，『素端一，皮弁一』，是素端與皮弁爲二服。孔疏引盧云：『布上素下，皮弁服。』賀瑒云：『以素爲衣裳。』然則，衣裳皆素者，或素端與？周禮司服『其齊服有玄端素端』，亦别乎皮弁言之也。按，盧云『布上素下』，則皮弁白布衣。鄭氏固有所受矣。皮弁亦用之於蜡，禮記郊特牲曰：『蜡者，索〔一〕也。歲十二月，合聚萬物而索饗之也。』又曰：『皮弁素服而祭。』是也。蓋天子以下同。亦用之於聘禮，聘禮云：『賓皮弁聘。』又云：『公皮弁迎賓于大門内〔二〕。』此諸侯之禮，未知天子然否？」○注「夕玄端」。○玉藻云：「卒食玄端而居。」注：「天子服玄端燕居也。」左昭元年疏引服氏左傳解誼云：「禮衣端正無殺，曰端。」士冠禮云：「玄端、玄裳、黄裳、雜裳可也。」注：「此莫夕於朝之服。玄端即朝服之衣，易其裳耳。」「不以玄冠名服者，是爲緇布冠陳之。」按：冠禮所稱士服，故有玄裳、黄裳、雜裳之異，别上士、中士、下士，以此三等裳配玄端也，皆緇帶爵韠。其不言冠者，平時玄冠，始冠則服緇布冠。不言屨者，彼經又云「玄端黑屨」，屨與裳同色。以玄裳爲正也，其朝服亦玄端，唯素裳爲異。素裳故素韠白屨，鄉飲酒記注「朝服素韠白屨」是也。燕禮記「燕朝服于寢」注同。蓋玄冠、玄端、玄黄，雜三等裳。緇帶、爵韠，黑屨，玄端服也。玄冠、玄衣、緇帶、素裳、素韠，白屨者，朝服也。此玄端朝服之分，其

〔一〕「索」，原訛作「素」，叢書本不誤，據改。
〔二〕「内」，原訛作「外」，據儀禮注疏校改。

實其衣皆端，故總謂玄端。金氏榜禮箋云：「衣以端名者二：其一，後鄭云：衣袂尺二寸，而屬幅，是廣袤等也，其袪尺二寸，是謂玄端，對朝服以上侈袂者得名，乃次于朝服之服。其一，鄭仲師云：衣有酌裳者爲端，對深衣以下連裳削幅者得名，乃冕弁服。朝服玄端通稱。」胡氏培翬儀禮正義云：「樂記言端冕，則冕亦稱端。左傳言端委，論語言端章甫。則朝服玄端皆可稱端。」是也。夕者，左傳昭十二年「子革〔一〕夕」，哀十四年「子我夕」，然非常禮，蓋天子服玄端燕居，諸臣有事夕者，亦即服以見，猶朝服皮弁，即服以視朝也。玉藻云：「朝玄端，夕深衣。」彼爲大夫士之禮，諸侯次于天子，疑亦宜然也。○注「朝服以聽朝」。○士冠禮云：「主人玄冠朝服。」注：「天子與其臣，玄冕以視朔，皮弁以視朝。」又云：「朝服以聽朝者。」司士職：「王入内朝，皆退。」注：「玉藻云：朝服以日視朝于内朝。」則朝服即皮弁服也。任氏大椿弁服釋例云：「又按，天子之朝名朝服者，或非皮弁。周書王會云：『天子南面立，絻無繁露，朝服，八十物，縉珽〔二〕。唐叔、荀叔、周公在左，太公在右，皆絻，亦無繁露，朝服，七十物，縉笏〔三〕。堂下之右，唐公、虞公南面立焉。堂下之左，尹〔四〕公、夏公立焉，皆南面，絻〔五〕有繁露。』考爲王朝之服云冕，無繁露。有

〔一〕「子革」，原譌作「子華」，叢書本同，據左傳校改。
〔二〕「縉珽」二字原脱，叢書本同，據逸周書校補。
〔三〕「縉笏」二字原脱，叢書本同，據逸周書校補。
〔四〕「尹」，原譌作「殷」，叢書本同，據逸周書校改。
〔五〕「絻」字原脱，叢書本同，據逸周書校補。

繁露則大朝覲、會同之冕服也，非常朝之服也。」又云：「諸侯之朝服緇衣素裳，亦或名皮弁爲朝服。論語：『吉月，必朝服而朝。』孔曰：『朝服，皮弁服。』皇疏：『凡言朝服，惟是玄冠、緇布衣、素積〔一〕裳。今此之朝服謂皮弁，十五升白布衣、素積裳也。所以亦謂朝服者，天子用之，以日視朝。今云朝服是從天子受名也。』考曾子問：『諸侯相見，必告於禰。朝服而出視朝。』熊氏謂：『此朝服爲皮弁服。』据聘禮：『諸侯相聘皮弁服。』則相朝亦皮弁服。此以皮弁服爲朝服，亦在侯國，可與孔傳相證。」按：士冠禮注：「朝服者，十五升布衣而素裳也。」金氏榜禮箋云：「石渠論『玄冠朝服』，戴聖云『玄冠，委貌也。朝服，布上素下，緇帛，帶素，韋韠』。鄭君謂『朝服素裳』，實本小戴説是也。皮弁服亦布上素下，與朝服同，故皮弁服亦通謂朝服也。」禮記雜記云：「朝服十五升。」江氏永鄉黨圖考云：「古未有緜花，布以麻爲之，布幅闊二尺二寸。」「朝服〔二〕十五升：一千二百縷，麻布之極細者也。」然何氏於皮弁曰朝，於聽朝曰朝服，似是二事。蓋朝者視朝，論語皇疏云：『禮，每日旦，諸臣列在路門外以朝君，君至日出而出視之，視之則一一揖卿大夫，而都一揖士。』是也。其聽朝，蓋君與臣圖事時，玉藻所謂『君適路寢聽政』者也。時衆臣亦各適諸曹治事所，匠人所謂外九室者也，在路門之外治朝左右矣。視朝禮簡，聽朝事長，故服有殊與？」〇注「玄端以燕」。〇周禮司服職：「凡甸，冠弁服。」注：「王卒食而居則玄端。」又小臣職：「正王之燕服位。」注：

〔一〕「積」字原脱，據論語集解義疏校補。
〔二〕「朝服」二字原脱，據鄉黨圖考校補。

「謂燕居時。玉藻曰：『王卒食，玄端而居。』」彼注云：「天子服玄端燕居也。」此玄端或朱裳，玉藻注云：「天子、諸侯玄端朱裳也。」司服注云：「緇衣素裳，諸侯以爲視朝之服。」明天子諸侯以朱爲裳者，可名玄端，不得名爲朝服也。其諸侯與羣臣行燕禮，亦朝服。燕禮記云：「燕，朝服於寢。」或天子亦然。王制云：「周人玄衣而養老。」注：「玄衣素裳，天子之燕服，爲諸侯朝服。」是也。蓋天子燕居，或素裳，或朱裳與？○注「皮弁」至「行射」。○孝經卿大夫章注：「田獵、戰伐、卜筮，冠皮弁。」白虎通紼冕云：「皮弁者，何謂也？所以法古，至質冠之名也。弁之爲言攀也，所以攀持其髮也。上古之時質，先加服皮以鹿皮者，取其文章也。禮曰：『三王共皮弁素積。』素積者，積素以爲裳也。言要中辟積，至質不易之服，反古不忘本也。戰伐、田獵，此皆服之。」又云：「王者征伐，所以必皮弁素積何？伐者凶事，素服，示有悽愴也。伐者質，故衣古服。引禮曰：『三王共皮弁素積。』」宣元年傳注云：「弁，禮〔一〕所謂皮弁、爵弁也。皮弁，武冠；爵弁，文冠。」續漢輿服志：「乘輿初緇布進賢〔二〕，次爵弁，次武弁。」即以武弁代皮弁也。士喪禮：「商祝襲祭服。」注：「祭服，爵弁、皮弁服，皆從君助祭之服。大蜡有皮弁素服而祭，送終之禮。」賈疏云：「引郊特牲者，證皮弁之服有二：一者，皮弁時白布衣積素〔三〕爲裳，是天子朝服，亦是諸侯及臣聽朝之服。二者，皮弁時衣裳皆素葛帶榛杖，大蜡時送終之禮凶服也。」故皮弁亦用以征伐也。征伐田獵事

〔一〕「弁」，原訛作「皮」；「禮」字原脱，叢書本同，據公羊注疏改補。
〔二〕「乘輿」下原衍「加元服」三字；「賢」下衍「冠」字，叢書本同，據後漢書校删。
〔三〕「積素」，原誤倒作「素積」，叢書本同，據儀禮校乙。

近，故亦服以取禽獸。左傳襄十四年：「不釋皮冠而與之言。」注：「皮冠，田獵之冠也。」又昭二十年「皮冠以招虞人」，又十二年〔一〕，雨雪，楚子皮冠以出。並田獵所服，蓋皆鹿皮冠也。惟司服云：「凡甸，冠弁服。」注：「冠弁，委貌，其服緇布衣，亦積素以爲裳。」又云：「凡兵事，韋弁服。」注：「韋弁，以韎韋爲弁，又以爲衣裳。春秋傳曰『晉郤至衣韎韋之跗注』是也。今時伍伯緹衣，古兵服之遺色。」是征伐、田獵所服不同。且彼冠弁以甸，亦據習兵之時，若正四時則當戎服。月令：「季秋，天子乃教於田獵，以習五戎。」「天子乃厲飾，執弓挾矢以獵。」注云：「厲飾，謂戎服，尚威武也。」則亦當韋弁服矣。然鄭注司服以韎韋爲弁，又以爲衣裳。彼疏引鄭氏雜問志説成十六年左傳「韎韋之跗注」，又「以韎韋幅如布帛之幅，而連屬以爲衣，而素裳」。則與周禮注異。而其注聘禮「卿韋弁〔二〕，歸饔餼」，又云：「韋弁，韎韋之弁，蓋韎布爲衣而素裳。與此又不同者，則以彼非兵事，入廟不可純如用兵服〔三〕。」故易韋爲布，而皆云素裳，蓋沿皮弁之遺。皮弁用以征伐、田獵，或異代之制，時尚質，禮服等差無多故也。且何邵公與白虎通所引多逸禮，或禮緯文，故與古文禮不合也。行射者，王制「一命卷」，疏：「其賓射、燕射時，亦皮弁也。」按：射人職賓射在朝，宜用朝服。天子朝服皮弁服也。諸侯燕大夫，禮燕禮記云：「燕，朝服于寢。」即因以行射，明天

〔一〕「十二年」，原誤記爲「二十二年」，叢書本同。「雨雪，王皮冠，秦複陶，翠被，豹舄，執鞭以出」，事在昭公十二年，據改。

〔二〕「弁」，原訛作「皮」，叢書本同，據儀禮校改。

〔三〕「與此」句中「同」下脱「者」字；「彼」上無「則以」二字；「兵」下脱「服」字，據周禮注疏校補。

子燕羣臣于寢，蓋亦不與諸侯同，不必用皮弁矣。司服云：「享先公，饗、射則鷩冕者。」彼注云：「饗、射，饗食賓客，與諸侯射也。」疏：「此大射在西郊虞庠中，亦服鷩冕也。」射義疏云：「天子大射，必先習于澤宮，而後射于射宮。其射宮，天子則在廟也。」故用冕，與賓射、燕射殊。是則大射服冕，賓射皮弁服，燕射玄端服也。又鄉射禮注云「今郡國行此鄉射禮，皮弁服，與禮爲〔一〕異」者，以鄉射當用玄衣素裳之朝服，若皮弁則天子賓射之朝服故也。鄉射禮云：「主人朝服，乃〔二〕速賓。」注：「戒時玄端。」敖氏繼公以爲「戒速同服，此速賓朝服，則戒時亦朝服可知」。盛氏世佐謂「於此乃言朝服，則戒時不朝服」。方氏苞謂「鄉飲酒，興賢能，國之重典，故戒賓、速賓皆不言所服，舍朝服無所服。會民習射，疑可以常服。故於速賓特舉朝服，明前皆常服」。皆宗鄭氏之說。淩氏廷堪云：「鄉飲酒經文不言何服，唯記云『鄉朝服而謀賓介』，故知鄉飲酒之爲朝服。鄉射禮唯宿賓拜賜、拜辱言朝服，他皆不言。例見於此，則戒賓時當亦朝服。」韋氏協夢云：「射義曰：『鄉大夫之射也，必先行鄉飲酒之禮。』此篇自立司正以前，皆鄉飲禮也。既以鄉飲之禮，則戒賓之服自同。」皆同敖說。然鄉射雖行鄉飲酒禮，而其禮輕於鄉飲酒，其賓亦輕，則不得全同。故鄉飲經文不言何服，則戒宿同爲一服可知。鄉射於速賓特言朝服，則戒賓非朝服明甚，因此以見彼也。若鄉射亦戒速同朝服，則當於戒賓時特言朝服矣。當以鄭注爲是。然漢時郡國行鄉射用皮弁，

〔一〕「爲」字原脱，據儀禮注疏校補。
〔二〕「乃」字原脱，據儀禮注疏校補。

漢去周未遠，又可見古時行射有用皮弁者矣。○注「諸侯朝朝服」。○禮記玉藻云：「朝服以日視朝於内朝。」注：「朝服，冠玄端素裳也。」正義：「此朝服素裳，皆得謂之玄端。故論語云：『端章甫。』注：『端，玄端，諸侯朝服。』若上士以玄爲裳，中士以黄爲裳，下士以雜色爲裳，天子、諸侯以朱爲裳，則皆謂之玄端，不得名爲朝服也。」然玄端與朝服大同小異，特朝服專用素裳爾。詩曹風蜉蝣云：「麻衣如雪。」箋云：「諸侯之朝朝服。」司服注：「冠弁，委貌，其服緇布衣，亦積素以爲裳。諸侯以爲視朝之服。詩國風曰：『緇衣之宜兮。』」彼引詩以證衣用緇布也。士冠禮：「主人玄冠朝服。」注：「諸侯與其臣皮弁以視朔，朝服以日視朝。」本玉藻爲説。玉藻「不言臣」，鄭注：「兼言臣者，欲見君臣同服也。」穀梁僖三年傳：「陽穀之會，桓公委端搢笏而朝諸侯。」委即委貌，端即玄端，明桓公服朝服以朝諸侯也。玉藻又云：「朝服以食。」注：「食必復朝服，所以敬養身也。」古朝服重於玄端，故諸侯用朝服不止於視朝也。○注「夕深衣」。○詩蜉蝣箋又云：「夕則深衣也。」玉藻云：「朝玄端，夕深衣。深衣三袪，縫齊，倍要，衽當旁，袂可以回肘。長、中，繼揜尺，袷二寸，袪尺二寸，緣廣寸半。」注：「謂大夫、士也。」謂大夫、士朝玄端爾，其深衣則同，故彼上述諸侯之禮，亦云「夕深衣祭牢肉」也。大夫士視私朝，服玄端，朝君時服朝服，大夫莫夕蓋亦朝服。其士則用玄端，故士冠禮：「玄端，莫夕於朝之服。」其私朝及在家，大夫士夕皆深衣也。然則諸侯夕見諸臣，或亦深衣，以非視朝之正，故不必君臣同服也。鄭氏目録云：「名曰深衣者，以其記深衣之制也。深衣，連衣裳而純之以采者。素純曰長衣，曰長衣有表，則謂之中衣。大夫以上，祭服之中衣用素，士祭以朝服，中衣以布。疏云：『凡深衣，皆用諸侯大夫士夕時所著之服。』庶人吉服亦深衣，皆著之在表是也。

其長衣、中衣及深衣，其制度同。玉藻云：『長中繼揜尺。』若深衣則緣以采而已。其中衣在朝服、祭服、喪服之下。大夫以上，祭服中衣用素者，謂天子大夫四命，與公之孤同，爵弁自祭，故中衣用素也。若諸侯大夫、天子之士，朝服自祭，朝服用布，則中衣亦布矣。檀弓云：『練衣黄裏。』注：『練，中衣以黄爲内。』是喪服亦有中衣，但不得繼揜尺也。」按：深衣云：「具父母、大父母，衣純以繢。具父母，衣純以青。如孤子，衣純以素。」此不與長衣同者。吉服中衣亦用采緣，其諸侯得綃黼爲領，丹朱爲緣。郊特牲云：「繡[一]黼丹朱中衣，大夫之僭禮。」知大夫士但用采緣而已。長衣以素緣者，若以采緣則與吉服中衣同矣。若以布緣則曰麻衣。喪服之中衣，其純用布，視冠布之粗細，至葬可以素縓，練則用縓緣也。所以稱深衣者，以餘服則上衣下裳不相連，此深衣衣裳相連，被體深邃，故謂之深衣也。按：深衣者，連衣裳而純之以采者也。中衣者，有表者也。長衣者，以素緣者也。長中繼揜尺，深衣但緣而已。喪服之中衣同深衣，亦但緣耳。○注「玄端以燕」。○燕禮記：「燕，朝服于寢。」注：「謂冠玄端、緇帶、素韠、白屨也。」王制：「玄衣而養老。」注：「凡養老之服，皆其時與羣臣燕之服。」又云：「諸侯以天子之燕服爲朝服者。以燕禮諸侯燕臣子用朝服，明天子之燕亦朝服也。」崔靈恩云：「天子燕圻内諸侯以緇衣，燕圻外諸侯以玄冠。諸侯各以爲朝服事。」無明文，不可依也。吴氏廷華儀禮章句云：「据士冠禮素裳白屨，乃皮弁服之制，朝服並未言白屨也。特牲記朝服玄冠、緇帶、緇韠。可見朝服韠色原無一定。玉藻諸侯朝服

[一]「繡」，原訛作「綃」，據禮記正義校改。

視朝，爲玄冠緇衣素裳。鄭主裳屨同色之説，故注此云：『白屨，非也。』」按：裳韠屨同色，經例率同。皮弁服用韠，自天子至士皆然，其朝服自上至下亦皆素韠。其玄端服唯大夫用素韠爾。其特牲之用緇韠者，鄭注以爲下大夫之臣；敖氏以爲其别於大夫，助祭之賓。二説皆可通。蓋朝服俱正幅，故稱端，素爲裳，其冠則玄冠。司服注：「玄冠自祭其廟者，其服朝服玄冠。」士冠禮：「主人玄冠朝服。」是也。玄冠亦曰委端，即殷之章甫，夏之毋追也。天子以下同。天子諸侯燕居以玄端，與此少異。檜君「羔裘逍遥」，逍遥乃燕居。故詩人作刺也。玉藻：「然後適〔一〕小寢釋服。」注：「釋服，服玄端。」知玄端，燕居與燕羣臣通服之也。蓋朝服用玄端之衣冠皮弁之裳，故次於皮弁而尊於玄端。唯其用皮弁之裳，故鄭燕禮記注云：「今辟雍十月行此燕禮。玄冠〔二〕而衣皮弁服，與禮異。」蓋相沿有自矣。○注「裨冕以朝」。○禮記玉藻云：「裨冕以朝。」注：「朝天子也。裨冕，公衮，侯伯鷩，子男毳也。」禮覲禮云：「侯氏裨冕，釋幣于禰。」鄭注：「裨之爲言埤也。天子六服，大裘爲上，其餘爲裨，以事尊卑服之。而諸侯亦服也，上公衮無升龍，侯伯鷩，子男毳，孤絺，卿大夫玄。此差，司服所掌也。」賈疏云：「今之諸侯告禰用裨冕者，將入天子之廟，故服以告禰。謂若〔三〕曾子問曰：『諸侯裨冕出視朝。』鄭注謂：『謂將廟受。』」謂朝天子時也，及助祭在廟，理當裨冕也。周禮司服云：「公之服自衮冕而下，如王之服；侯伯之服自鷩冕而下，如公之服；子男

〔一〕「適」，原訛作「釋」，叢書本同，據禮記校改。
〔二〕「冠」，原訛作「端」，叢書本同，據儀禮校改。
〔三〕「謂若」二字原脱，據儀禮注疏校補。

之服自毳冕而下，如侯伯之服；孤之服自希冕而下，如子男之服；卿大夫之服自玄冕而下，如孤之服。」注：「自公之衮冕至卿大夫之玄冕，皆其朝聘天子及助祭之服。諸侯非二王後，其餘皆玄冕而祭於己。」然則卿大夫聘天子，受之於廟，及助祭亦宜用冕服也。玉藻云：「諸侯玄端以祭。」注：「端當爲冕。」是諸侯玄冕以自祭。彼注又云：「諸侯祭宗廟之服，唯魯與天子同。」蓋魯禮同於二王後，故得用衮冕，其實亦唯在文王、周公廟服之，其餘則仍玄冕。二王後亦唯祭始受命王用衮也。魯則周公、魯公別牲，或魯公廟用鷩冕與？按覲禮注又云：「裨冕者，衣裨衣而冠冕。」五等諸侯衮鷩毳服不同，而統名爲裨衣。先鄭注司服「專以鷩爲裨衣」，故後鄭不從也。説文衣部：「裨，益也。」天子大裘爲上，其餘皆增益之衣，故皆名裨衣，其冕則同。司服注云：「六服同冕者，首飾尊是也。」凡冕服皆玄衣纁裳，故衣無文，裳刺黻者，直謂之玄冕，其繢繡以九章七章五章三章者，則别以衮鷩毳絺之名焉。冕名雖同，旒數則異。則弁師職云：「王之五冕，皆五采繅十有二就，皆五采玉十有二。」「諸侯之繅斿〔一〕九就，瑉玉三采。」注：「『侯』當爲『公』。」又云：「諸侯及孤卿大夫之冕，各以其等爲之。」注：「冕則侯伯繅七就，用玉九十八。子男繅五就，用玉五十，繅玉皆三采。孤繅四就，用玉三十二。三命之卿繅三就，用玉十八。再命之大夫繅再就，用玉八，藻玉皆朱緑。」其王公之玉，則鄭注又云：「衮衣之冕十二斿，則用玉二百八十八。鷩衣之冕繅九斿，用玉二百一十六。毳衣之冕七斿，用玉百六十八。希衣之冕五斿，用玉百二十。玄衣之冕三斿，用玉七

〔一〕「斿」字原脱，叢書本同，據周禮校補。

十二。」其「公之冕用玉百六十二」是其差也。按：禮記曾子問：「大祝裨冕，執束帛。」注：「諸侯之卿大夫所服裨冕，絺冕也、玄冕也。」正以周禮「孤服絺冕，卿大夫服玄冕」也。三孤六卿爲九卿，故鄭統孤於卿内也。又樂記：「裨冕搢笏。」注：「裨冕，衣裨衣而冠冕。裨衣，袞之屬也。」與覲禮注同。彼疏云：「謂從袞冕之衣，皆是。」鄭注曾子問云：「裨冕者公袞，侯伯鷩，子男毳。」是鄭解裨冕，皆以自袞以下。盛氏世佐儀禮集編云：「上公袞冕九章，侯伯鷩冕七章，子男毳冕五章，皆其上服也。而謂之裨者，據王而言，猶下記以金路爲偏駕也。」儀禮正義引李氏如圭儀禮集釋云：「袞者，卷龍衣也。上公亦服之，以無升龍爲異。」鄭志〔一〕云：「大裘之上，又有玄衣，與裘同色，亦是無文采。」是鄭意以大裘玄衣爲上，其袞鷩毳以下，俱是附益之衣，故名裨衣。但天子享祀饗射，亦隨事服之，不名爲裨。唯諸侯及大夫服之，乃名裨者，蓋以爲此所服者，俱是天子附益之衣，非上衣。亦猶金路、象路、革路、木路之稱偏駕，有不敢自同於尊之意。或因下注有「袞衣者，裨之上也」一語，遂疑裨冕當指鷩冕以下言之。不知注意謂裨冕有五，袞冕爲上，猶之袞冕爲首云爾，非以袞與裨較，謂袞冕在裨冕之上也。敖氏直以裨冕爲公鷩，侯伯毳，子男希，又云「此朝以裨冕」，與周官大行人異。褚氏云：「玉藻『裨冕以朝』，鄭注：『裨冕：公袞，侯伯鷩，子男毳。』與大行人職所云『上公冕服九章，侯伯七章，子男五章』同也。」按：褚氏寅亮又云：「諸侯自祭玄冕，而朝王何以服上服？尊天子也。然不各指其冕名，而均曰裨者，言其最上服，猶是天子之裨云，尊君抑臣之義

〔一〕「鄭志」，原訛作「鄂志」，叢書本訛作「鄂本」。以下引文出自鄭志，據改。

也。」又云：「禫字之義，當從注訓爲埤，不當如楊倞訓爲卑。」義俱精當。見儀禮管見。○注「天子」至「祖禰」。○周禮司服云：「王祀昊天上帝，則服大裘而冕，祀五帝亦如之。享先王則衮冕，享先公饗射則鷩冕。」是天子以諸侯之禫冕祭其祖禰也。魯備用天子之禮樂，其祭文王、周公廟則衮冕，故明堂位云：「君卷冕立于阼，夫人副褘立于房中。」是也。疏引：「熊氏云：此謂祭文王、周公廟，得用天子之禮，其祭魯公以下，則亦玄冕。」故玉藻云：「諸侯玄端以祭。」鄭注：「祭先君也。端，當爲冕。諸侯祭宗廟之服，唯魯與天子同。」是二王之後祭其先王亦用其先代之服，不立始封之君廟，則祭東樓、微子以下當玄冕。然魯公牲盛與羣公別，則祭服雖不敢用衮冕，亦當與祭羣公概用玄冕者殊。説見上。曾子問：「太宰、太宗、太祝皆禫冕。」荀子禮論：「大夫禫冕，士韋弁。」大夫之服自玄冕而下，以玄冕亦天子禫冕之一也。○注「卿大」至「祖禰」。○禮記雜記云：「大夫冕而祭于公，弁而祭于己。」注：「祭于公，助君祭也。大夫爵弁而祭於己，唯孤爾。」典命疏：「少牢是上大夫〔一〕祭，用玄冠朝服。」玉藻疏云：「三〔二〕命以下大夫，則朝服以祭。」鄭雜記注及司服注俱云：「大夫爵弁而祭于己，唯孤爾。」則諸侯之卿祭于己不得爵弁矣。任氏大椿弁服釋例云：「司服：『孤之服，自希冕而下如子男之服；卿大夫之服，自玄冕而下如孤之服。』希冕、玄冕皆謂助祭之服。天子之孤，以希冕助祭，則當以玄冕家祭。天子之卿大夫，以玄冕助祭，即當以爵弁家祭

〔一〕「上大夫」，原作「大夫」，脱「上」字，叢書本同，據周禮校補。

〔二〕「三」字原脱，叢書本同，據禮記正義校補。「三命大夫」爲天子之上士。

也。又按王制疏謂天子大夫自祭當用皮弁，與郊特牲及玉藻疏謂天子大夫自祭亦爵弁之説自相矛盾。竊謂爵弁自祭之義，勝於皮弁。王制疏謂天子大夫自祭皮弁，徒以諸侯大夫自祭朝服。因是推之，天子大夫亦當朝服。朝服則皮弁，不知行禮於朝，則以朝服爲正，故王制疏引燕禮記：『燕，朝服于寢。』證天子燕于寢亦當朝服，則皮弁也。行禮於廟，則以祭服爲正。諸侯大夫家祭雖朝服，義不係於朝，何得以諸侯大夫家祭用朝服，即以例天子大夫家祭亦朝服哉？諸侯之大夫上服玄冕，既以助祭，次則爵弁。考王朝三命之士，助祭君廟，無過爵弁。諸侯大夫再命，僅當王朝中士，故不敢以助祭之服自祭。爵弁之下，則有皮弁，皮弁又爲君蜡祭之服，亦不敢自祭己廟，故降而服朝服耳。按，司服注又云：『其餘皆玄冠，與士同。玄冠自祭其廟者，其服朝服玄端。』又少牢禮：『朝服玄冠緇布衣素裳。』又云：『主人朝服即位于阼階東，西面。』注：『爲將祭也。』少牢禮大夫家祭，其筮日、請期、視殺、視濯、尸服皆朝服也。然則何氏此注謂諸侯卿大夫也。」○注「士爵」至「祖禰」。○禮記雜記云：「士弁而祭于公，冠而祭于己。」注：「弁，爵弁也。冠，玄冠也。」疏云：「士以爵弁爲上，故用助祭也。」詩周頌絲衣云：「載弁俅俅。」箋云：「弁，爵弁也。爵弁而祭于王，士服也。」是士助祭則爵弁。士冠禮：「爵弁服、纁裳、純衣、緇帶、韎韐。」注：「此與君祭之服。雜記曰：『士弁而祭於公。』爵弁者，冕之次，其色赤而微黑，如爵頭然。純衣，絲衣也。餘衣皆用布，唯冕與爵弁用絲耳。」按：雜記注：「弁，爵弁也。」是爵弁爲助祭之服，其尊卑次于冕。賈疏云：「凡冕以木爲體，長尺六寸，廣八寸，上玄下纁，前後有旒。其爵弁制大同，唯無旒，又爲爵色爲異。又名〔一〕冕者，俛也，低前一寸二分。其爵弁則前後平也。」其説本之漢禮器制度。又按弁師注：「士變冕而爵弁。」士之爵弁爲士上服，猶大夫以上之冕也。冠禮注：「其布三十升。」「凡冕以木爲體，長尺六寸，廣八寸，績麻三十升布。」其爵弁制亦大同也。吴氏疑義云：「据説文『弁』本〔二〕作『覍』，象形，或作弁。又釋名：『弁如兩手相合也。』爵制與冕制異，與皮弁之制同。」据説文、釋文〔三〕爲説，義亦通。大宗伯疏：「凡言士者，無問天子士〔四〕、諸侯士，例皆爵弁助祭也。」韍衣裳者，韍當作韍，冕服謂之韍，其他服謂之韠，皆以韋爲之。字林：「韋，柔皮也。」鄭注乾鑿度云：「古者田漁而食，因衣其皮，先知蔽前，後知蔽後。後王易之以布帛，而獨存其蔽前者，重古道不忘本也。」太平御覽〔五〕引五經要義云：「韠者，舜所制也。」太古之時，未有布帛，人食禽獸肉而衣其皮，知蔽前，未知蔽後。至冕服既備，故復制之，以示不忘古。按：韍亦作芾，詩采菽：「赤芾在股。」箋云：「冕服謂之芾，其他服謂之韠。」正義：「以士之有爵弁，猶大夫以上有冕也。士有韎韐，猶大夫以上有芾也。」士以韎韐配祭服，故他服統謂之韠。士無冕，不得有韍名，此直

〔一〕「名」字原脱，叢書本同，據儀禮注疏校補。
〔二〕「本」，原訛作「木」，叢書本不誤，據改。
〔三〕「釋文」或爲「釋名」之訛。此爲對上段引文的點評，當爲釋名。
〔四〕「士」字原脱，叢書本同，據周禮注疏校補。
〔五〕「太平御覽」，原誤記爲「初學記」，所引之文字見於太平御覽，亦見於北堂書鈔，初學記無之，據改。

以韍言韐耳。故士冠禮「陳服〔一〕于房中」，以韎韐配爵弁，素韠爵韠配皮弁玄端也。故士冠禮注云：「韎韐，緼韍也。士緼韍而幽衡，合韋爲之。士染以茅蒐，因以名焉。今齊人名蒨爲韎韐。韍之制似韠。」鄭以玉藻解冠禮，是韐即韍也。而名韎韐者，韎言其色，韐言其質。玉藻注云：「緼，赤黄之閒色。」即冠禮之韎也。説文：「韎，茅蒐染韋也。一入曰韎。」即爾雅釋器之「一染謂之縓」。染于韋則曰韎，染之帛則曰縓。説文：「縓，帛赤黄色。」是與玉藻注之説緼同也。説文市部云：「士無市有㡊。制如榼，缺四角。」玉藻云：「韠長三尺，上廣一尺，下廣二尺，其頸五寸，肩革〔二〕帶博二寸。」此韠之形制也。爵弁服其色韎，賤不得與裳同。以爵弁服纁裳，纁爲三染，韎只一染，故少異也。説文之「市」即「韍」字，「㡊」即「韐」字，知韐爲韍類也。冠禮注「合韋爲之」解「韐」字，義取合韋。大夫以上亦用韋爲之，而不名韐。以大夫以上有山火龍章之飾，故名韍，士無飾但名爲韐，本其質而言之也。韎韐可名緼韍，而不得單名韍，可以單名韐。士喪禮「設韐帶」，注：「韐帶者，韎韐緇帶。」是也。詩小雅瞻彼洛矣云：「韎韐有奭。」謂諸侯世子，除三年喪，服士服見天子也。毛傳亦云：「韎韐者，茅蒐染韋也。一入曰韎韐，所以代韠也。」今本「韋」誤「草」，「一」下脱「入」字矣。衣裳者，士冠禮「纁裳純衣」，鄭箋詩云：「其服爵弁，服紂衣纁裳也。」其注冠禮又云：「純衣，絲衣也。餘〔三〕衣皆用布，唯冕與爵弁服用絲耳。」按：詩周頌：「絲衣其紑，載弁

〔一〕「服」上原衍一「弁」字，叢書本同，據儀禮士冠禮校删。
〔二〕「革」，原訛作「華」，叢書本同，據禮記校改。
〔三〕「餘」，原訛作「唯」，叢書本同，據儀禮士冠禮注校改。

俅俅。」弁，爵弁也，則爵弁用絲衣可知，此鄭禮注所本。然與詩箋少異。周禮媒氏之「純帛」，論語子罕之「今也純」，鄭皆讀爲「緇」。又云：「古緇以才爲聲。」字亦作紂，與詩箋合。蓋一言其質，一言其色也。經義述聞云：「純當讀黗。廣雅：『黗，黑也。』黗與純音義相近。」是亦主色言之，然作絲衣解亦未爲不可也。纁裳者，鄭注云：「纁裳，淺絳裳。凡染絳，一入謂之縓，再入謂之赬，三入謂之纁，朱則四入與？」沈氏彤儀禮小疏：「縓淺赬，赬淺纁，皆由淺入深者。更以纁入赤則爲朱。詩七月：『我朱孔陽。』毛傳：『朱深纁。』」是也。然絳爲大赤，纁則赤而有黄也。凡冕服皆玄上纁下，爵弁爲冕之次，故亦纁裳也。詩傳又云「祭服玄衣纁裳」，謂此也。玄端者，士冠禮注：「玄端即朝服之衣，易其裳耳。上士玄裳，中士黄裳，下士雜裳。雜裳者，前玄後黄。」又「主人玄端爵韠」，注云：「玄端，士入廟之服。」以特牲士祭用玄端，故知爲士入廟之服。不言者，方氏苞儀禮析疑云：「篇首朝服用玄冠，則玄端之冠不待言矣。」聶氏禮圖引張鎰圖云：「諸侯朝服之玄冠，士之玄端之玄冠，諸侯之冠弁，此三冠與周天子委貌形制相同也。」冠禮記：「委貌，周道也；章甫，殷道也；毋追，夏后氏之道也。」注：「委猶安也，言所以安正容貌。」委貌亦單言委，雜記言「委武玄縞」，左傳言「晏平仲端委立于虎門」，皆玄冠服也。公西華言「端章甫」，猶言端委也。以委貌、章甫同也。特牲饋食禮：「夙興，主人服如初。」注：「主人服如初，則其餘有不玄端者。記云：『特牲饋食，其服皆朝服〔一〕，玄冠，緇帶，緇韠。』」是玄端以祭其祖禰也。王制疏云：「若其自祭則皆降焉。士

〔一〕「朝服」上原衍「四」字，叢書本不誤，據刪。

則玄端，大夫則朝服。」故儀禮特牲「士祭玄端」，少牢「上大夫祭朝服」。按：士祭，筮日、筮尸、視濯，主人及子孫兄弟、有司、羣執事及宿尸、宿賓、尸及賓，主人及祝佐食，皆玄端也。士齊祭亦服玄端。周禮士之「齊服有玄端」是也。金氏榜禮箋云：「周官司服『其齊服有玄端素端』文，承公侯伯子男，及孤卿大夫士，不專主於士。蓋齊祭事近故也。故玉藻：『玄冠丹組纓，諸侯之齊冠也。玄冠綦組纓，士之齊冠也。』諸侯與士，皆服玄冠齊，是自諸侯達于士一也。」

有不腆先君之器，【注】器，謂上所執簞壺。【疏】注「謂上」至「簞壺」。○上文「高子執簞食」、「國子執壺漿」是也。

未之敢用，敢以請。」【注】請行禮。【疏】注「請行禮」。○下傳云：「敢辱大禮，敢辭。」故知此請爲請行禮。

昭公曰：「喪人不佞，失守魯國之社稷，執事以羞，敢辱大禮，敢辭。」【注】不敢當大禮，故敢辭。【疏】校勘記出「敢辱大禮，敢辭」，云：「唐石經、諸本同。解云：亦上有不字者，若有不字，則辭下讀。按，當作『敢』上亦一本有『不』字者。」

景公曰：「寡人有不腆先君之服，未之敢服；有不腆先君之器，未之敢用；敢固以請。」昭公曰：「以吾宗廟之在魯也。【注】以我守宗廟在魯時。有先君之服，未之能以服；有先君之器，未之能以出；敢固辭。」【注】己有時未能以事人，今已無有，義不可以受人之禮。【疏】舊疏云：「未之能以服者，謂未能服之以事人矣。下文『未之能以出』亦然。」○注「今已無有」。○舊疏云：「今已無有者，謂己身之己，或解已爲、已然之已也。」按：音紀是。通義云：「言宗廟在魯，弗能顧先祖之器服，弗能守，尚何顔以受賜！」按：孔氏義較直捷。敢固辭者，禮記投壺〔一〕注云：「固之言如故也。言如故辭〔二〕者，重辭也。」

景公曰：「寡人有不腆先君之服，未之敢服；有不腆先君之器，未之敢用；請以饗乎從者。」【注】欲令受之，故益謙言從者。【疏】禮記鄉飲酒義：「讓之三也，象月之三日而成魄。」故古人揖讓辭受，皆以三爲數。汪氏中釋三九云：「一奇二偶，不可以爲數，二乘一則爲三，故三者數之成也。」是也。

昭公曰：「喪人其何稱？」【注】行禮賓主當各有所稱，時齊侯以諸侯遇禮接昭公。昭公自謙失國，不敢以故稱自稱，故執謙問之。【疏】禮記檀弓云：「問〔三〕喪於夫子乎？」注：「喪，謂仕〔四〕失位也。」魯昭公稱於齊侯曰『喪人其何稱』。」正義云：「引公羊證失位者稱喪。」按：檀弓：「秦穆使人弔公子重耳，

〔一〕「投壺」，原訛作「投舊」，叢書本不誤，據改。
〔二〕「辭」字原脱，叢書本同，據禮記正義校補。
〔三〕「問」，禮記原文作「聞」。此據阮元校勘記引釋文「問或作聞」改。
〔四〕「仕」字原脱，叢書本同，據禮記正義校補。

曰：『喪亦不可久也。』」注：「喪謂亡失位。」同。故重耳亦稱喪人。○注「行禮」至「所稱」。○禮記表記云：「無辭不相接也，無禮不相見也。」〔一〕故賓主當各有所稱。○注「時齊」至「問之」。○校勘記出「昭公自謙失國」，云：「鄂本『謙』作『嫌』，此誤。」按：紹熙本亦作「嫌」。齊侯以遇禮見昭公，事見下。

景公曰：「孰君而無稱？」【注】猶曰：誰爲君者，而言無所稱乎？昭公非君乎？【疏】經傳釋詞：「孰，猶何也。」言何君而無稱也。論語八佾云：「孰不可忍也！」楚辭〔二〕九章：「孰兩東門之可蕪。」孰字並與何同義。○注「猶曰」至「君乎」。○爾雅釋詁云：「孰，誰也。」猶曰誰有爲君者而無稱也。國語越語上云：「孰是吾君也，而可無死乎？」韋注：「孰，誰也。誰有恩惠如是君者。」詞氣與此同。

昭公於是噭然而哭。【注】噭然，哭聲貌。感景公言而自傷。【疏】校勘記云：「唐石經、諸本同。」按，說文：『嘂，高聲也。一曰大呼也，从㗊丩聲。春秋公羊傳曰：魯昭公叫然而哭。』噭與叫聲相近，許以叫爲高聲大呼，較之何注云『噭然哭聲貌』，義益切也。」○注「噭然」至「自傷」。○說文口部：「噭，吼也。一曰噭，呼也。」段注云：「呼，當作嘑。嘑，號也。曲禮『毋噭應』，鄭曰：『噭，號呼之聲也。』呼亦當作嘑，俗寫通用耳。公羊傳：『昭公於是噭然〔三〕而哭。』注：『哭聲皃。』釋文皆古弔反。」按：方言：「平原謂啼，

〔一〕「無辭不相接也，無禮不相見也」，原上句「接」訛作「見」，下句「見」訛作「親」，叢書本同，據禮記校改。
〔二〕「楚辭」，原作「楚詞」，叢書本同，徑改。
〔三〕「噭然」，原訛倒爲「然噭」，叢書本不誤，據乙。

極無聲謂之咣哴，楚謂之噭咷。」廣雅釋言：「噭，嗥也。」太玄竈：「雖噭不毀。」〔一〕注：「噭，不正之聲也。」漢書韓延壽傳：「噭咷楚歌。」注：「服虔曰：噭音叫呼之叫。」是噭、叫通。噭爲嘑號，故何以爲哭聲，經傳凡言然者，皆狀詞，故何氏以爲哭聲貌也。

諸大夫皆哭。【注】魯諸大夫從昭公者。

既哭，以人爲菑，【注】菑，周埒垣也。所以分別内外，衛威儀，今大學辟雍作「側」字。【疏】唐石經、諸本同。○注「菑周」至「威儀」。○舊疏云：「猶言周匝爲埒牆。」按：禮記檀弓：「四者皆周。」注：「周，帀也。」小爾雅廣言：「周，帀也。」説文土部：「埒，卑〔二〕垣也。」爾雅釋丘：「水潦所還，埒邱。」郭注：「謂丘邊有界埒，水環繞之。」釋名釋宮室云：「垣，援也，人所依阻以爲援衛〔三〕也。」襄三十一年左傳：「子産盡壞其館之垣。」皆謂匝繞之牆也。周禮考工記注：「泰山平原所樹立物曰菑。」詩疏引李巡爾雅注：「以當死害生曰菑。」漢書溝洫志瓠子歌：「隤林竹兮楗石菑。」注：「石菑，謂臿〔四〕石立之也。」蓋凡立物皆謂之菑。立人以當埒垣，故亦謂之菑。周禮掌舍云：「無宮則共人門。」注：「謂王行有所逢遇，若住遊觀，陳列周

〔一〕「雖噭不毀」，原訛倒作「雖毀不噭」，叢書本同，據太玄經校改。
〔二〕「卑」，原訛作「庳」，叢書本同，據説文解字校改。
〔三〕「援衛」，原訛作「垣牆」，叢書本同，據釋名校改。
〔四〕「臿」，原訛作「重」，叢書本同，據顔注漢書校改。

衛，則立長大之人以表門。」此類是也。説文艸部「菑」下段注云：「考諸經傳，凡入之深而植立者皆曰菑，如考工記輪人菑訓建輻，弓人菑訓以鋸副析，公羊傳『以人爲菑』，漢書『楗石菑』。鄭仲師云：『泰山平原所樹立物爲菑，聲如胾。博立梟棊亦〔一〕爲菑。』其他若毛傳『木立死曰菑』，漢書『傳刃公之腹中』，急就章『分别部居不雜厠』，漢太學〔二〕石經『以人爲側』，皆此字之引申叚借。」按：此傳「菑〔三〕」當作「菑」。紹熙本作「菑」，是也。史記河渠書注引韋昭云：「木立死曰菑。」考工記輪人注：「菑謂輻入轂中。」後漢書楊賜傳：「菑，插也。」漢書張安世傳注同。又溝洫志注：「菑亦臿耳，義與傳〔四〕同。」皆樹立爲義。○注「今大」至「側字」。○校勘記云：「此即東漢熹平立石大學之公羊傳也。」汪氏中經義知新記云：「此即石經與？然則，漢經其文字固不必盡依石經矣。」洪氏頤煊讀書叢録云：「考工記輪人注：『鄭司農云：菑，讀如雜厠之厠。』漢書張耳傳：『貫高等迺壁人柏人，要之置厠。』側即厠字，厠側皆則聲，與菑古音皆在之部，故通。」

以髀爲席，【注】髀，車覆笭。【疏】注「髀，車覆笭」。○舊疏云：「笭即式也，但車式以笭爲之，有豎者，有横者，故考工記注云：『輢，式之植者横者也。』禮，君羔髀虎犆，大夫、士鹿髀豹犆是也。」孔氏音義云：

〔一〕「亦」，原訛作「六」，叢書本同，據段玉裁説文解字注校改。

〔二〕「太學」，原作「大學」，段氏原文作「太」。大通太，本書「太」常寫作「大」。

〔三〕「菑」，原作「菑」，叢書本作「菑」，是。菑，實同菑，陳立區别之。

〔四〕「傳」，中華書局二十四史本顏注漢書作「臿」。「傳」同「剚」，插入、刺入，意與「臿」同。

「幦，與詩『淺幭』、禮『然𧝓』、『豻𧝓』字，聲訓並同。」説文巾部：「幦，鬃布也。」段注云：「既夕禮、玉藻、少儀鄭注、公羊何注皆曰：『幦，覆笭也。』按，車覆笭與車笭是兩事，車笭者，周禮之蔽，毛詩、爾雅之茀，説文之篚。鄭曰：『車旁禦風塵者也。』覆笭者，禮經、周禮、公羊傳之幦，大雅、曲禮之幭，今周禮之𧝓，蓋於軾上者也。車笭多以竹，故字从竹。覆笭不用竹，用皮。巾車曰：『王之喪車，犬𧝓、鹿淺𧝓、然𧝓、豻𧝓，各用其皮也。』大雅之『淺幭』，虎皮也，與玉藻之羔幦、鹿幦，皆諸侯大夫士之吉禮也。曲禮以素幭，即士喪禮之白狗幦，大夫士之凶禮也。然則，車覆笭，古無用鬃布者，許以鬃布釋幦，幦之本義也。經典用爲車覆笭之字也。」按：此可用以代席，明亦皮也。

以㡛爲几，【疏】説文革部：「㡛，馬鞁〔一〕具也。」段注：「此爲跨馬設也。左傳：『趙旃以良馬二，濟其兄與叔父。』『左師展將以公乘馬而歸。』三代時非無跨馬者矣。」然管子山國軌曰：「被鞍之馬千乘。」用鞍駕車，其始於三代時與？　校勘記云：「唐石經、鄂本同。釋文亦作以㡛。閩、監、毛本作鞍，非。」

以遇禮相見。【注】以諸侯出相遇之禮相見。【疏】注「以諸」至「相見」。○惠氏士奇春秋説云：「諸侯未及期相見曰遇，相見於郤地曰會，涖牲曰盟。其禮皆亡。公羊略言遇禮，曰：『以人爲菑，以幦爲席，以鞍爲几，以遇禮相見。』菑一作側，謂周埒垣，所以分内外衛威儀。古無單騎，未聞有鞍，謂之馬褐，即古〔二〕之

〔一〕「鞁」，原訛作「鞍」，據説文校改。
〔二〕「古」，原訛作「謂」，據惠士奇春秋説校改。

鞍，故管子山國軌曰『被鞍之馬千乘』。辟者，車覆笭〔一〕。會盟有壇，周爲埒垣、布席、設几。遇禮易略，故以人及鞍辟代之。曲禮注云：『夏宗依春，冬遇依秋。春秋時齊侯唁魯昭公以遇禮相見，取易略也。覲禮存朝、宗，遇禮亡。』」按：此遇與周禮之遇不同。周禮大宗伯云：「春見曰朝，夏見曰宗，秋見曰覲，冬見曰遇，時見曰會，殷見曰同。」鄭注：「此六禮者，以諸侯見王爲文。六服之内，四方以時分來，或朝春，或宗夏〔二〕，或覲秋，或遇冬，名殊禮異。」其禮之異者，則曲禮云：「天子當依而立，諸侯北面而見天子，曰覲。天子當宁而立，諸公東面，諸侯西面，曰朝。」彼注：「諸侯春見曰朝，受摯於朝〔三〕，受享於廟〔四〕，生氣文也。秋見曰覲，一受之於廟，殺氣質也。朝者，位於内朝而序進。覲者，位於廟門外而序入。王南面，立於依宁而受焉。夏宗依春，冬遇依秋。」是皆諸侯朝天子之禮。此則曲禮所云「諸侯未及期相見曰遇」者也。隱四年注：「古者有遇禮，爲朝天子若朝罷朝，卒相遇于塗，近者爲主，遠者爲賓，稱先君以相接，所以崇禮讓，絶慢易也。」與周禮冬遇之爲諸侯常禮不同。昭公失國，齊侯卒唁於外，不得行朝會常禮，故假遇禮以相見也。鄭氏引以説冬遇，誤。

孔子曰：「其禮與其辭足觀矣。」【注】言昭公素能若此，禍不至是。主書者，喜爲大國所唁。地

〔一〕「笭」，原訛作「答」，據惠士奇春秋説校改。
〔二〕「夏」，原訛作「廟」，叢書本不誤，據改。
〔三〕「朝」，原訛作「廟」，叢書本不誤，據改。
〔四〕「廟」，原訛作「朝」，叢書本同，據禮記正義校改。

者，痛録公，明臣子當憂納公也。【疏】通義云：「言是禮也與乃若其辭，則有足觀矣。譏昭公不知禮之本，而威儀文辭是亟，故不能以禮爲國，致有此辱也。」按：此本左傳「是儀也，非禮也」義爲説。○注「言昭」至「至是」。○何意，言此時昭公與齊侯問答揖讓之與辭均足觀矣。惜其未失國時，不能如是也。○論語里仁篇：「能以禮讓爲國乎？何有？不能以禮讓爲國，如禮何？」亦此意也。○注「主書」至「所唁」。○下三十一年云：「晉侯使荀躒唁公于乾侯。」主書者，蓋與此同。○注「地者」至「公也」。○與上書「次于楊州」同義。舊疏云：「下二十九年『齊侯使高張來唁公』，不復書其地者，正以公居于運，與在國同，故與〔一〕此異。下〔二〕三十一年，『晉侯使荀躒唁公于乾侯』，地者，與此同。」

○冬，十月，戊辰，叔孫舍卒。【疏】包氏慎言云：「十月無戊辰，十一月之四日爲戊辰。」

○十有一月，己亥，宋公佐卒于曲棘。【疏】包氏慎言云：「十一月無己亥，十二月之十六日。如左氏則十月、十二月皆不誤，惟八月誤作九月。依公、穀，十月之戊辰當爲戊戌，十一月己亥當爲

〔一〕「與」，原訛作「云」，據公羊注疏校改。
〔二〕「下」字下原衍一「云」字，據公羊注疏校删。

己巳。」

曲棘者何？宋之邑也。【疏】大事表云：「當在今開封杞縣境。」水經注泗水篇：「黄水東流，逕外黄縣故城南。陳留風俗傳曰：縣南有渠水，於春秋爲宋之曲棘里，故宋之别都矣。春秋時宋元公卒于曲棘是也。」杜云：「陳留外黄縣城中有曲棘里，宋地。」

諸侯卒其封内不地，此何以地？憂内也。【注】時宋公聞昭公見逐，欲憂納之，至曲棘而卒，故恩録之。【疏】注「時宋」至「録之」。○穀梁傳曰：「邡公也。」注：「邡當爲訪。訪，謀也。言宋公所以卒於曲棘者，欲謀納公。」左傳：「宋元公將爲公故如晉。」注：「請納公。」二十六年左傳云：「子猶言於齊侯曰：羣臣不盡力于魯君者，非不能事君也。然據有異焉。宋元公爲魯君如晉，卒於曲棘。」是宋公欲憂納昭公事也。恩録之，與成二年書「曹公子手」同，彼注云：「春秋託王于魯，因假以見王法，明諸侯有能從王者征伐不義，克勝有功，當襃之。」此以諸侯能爲王者憂，勤王而卒，亦宜恩録之也。

○十有二月，齊侯取運。

外取邑不書，此何以書？爲公取之也。【注】爲公取運以居公，善其憂内，故書。不舉伐者，以言語從季氏取之。月者，善録齊侯。【疏】穀梁傳：「内不言取，以其爲公取之，故易言之也。」舊疏云：「襄元年傳云『魚石走之楚，楚爲之伐宋，取彭城以封魚石』，而經不書楚取彭城是也。」○注「爲公」至「故書」。○杜云：「取鄆以居公，善其憂内。」與宋元公卒書地爲恩録義同。○注「不舉」至「取之」。○左傳：「齊侯圍鄆。」杜云：「欲取以居公。不書圍，鄆人自服，不成圍。」据彼疏云：「以傳云書取，言易也。故賈爲此解，杜從之也。」是本賈氏，與此云以言語取之季氏義近。舊疏云：「正以隱四年『莒人伐杞，取牟婁』舉伐言取，故決之。」○注「月者，善録齊侯」。○舊疏云：「正以哀八年『夏，齊人取讙及僤』，外取邑而書時，今此書月，正以美憂内，詳録齊侯矣。」通義云：「孫覺曰：春秋取田邑皆貶之曰人，罪其擅取也。惟齊景爲昭公取運，以其取不爲己得，特書其爵。」

公羊義疏六十七

南菁書院　句容陳立卓人著

昭二十六年盡三十二年

○二十有六年，春，王正月，葬宋元公。

○三月，公至自齊，居于運。【注】月者，閔公失國居運。致者，明臣子當憂納公，不當使居運。後不復月者，始録可知。【疏】穀梁傳曰：「公次于陽州，其曰至自齊，何也？以齊侯之見公，可以言至自齊也。」注：「據公但至陽州，未至齊。」又云：「齊侯唁公于野井，以親見齊侯爲重，故可言至自齊。」按：杜云：「陽州，齊、魯境上邑。」又云：「濟南祝丘縣東有野井亭。」明野井已入齊境。史記注引賈逵曰：「鄆，魯邑。」既反魯地，自不得不書至自齊矣。○注「月者」至「居運」。○舊疏云：「正以凡致例時故也。」○注「致者」至「居運」。○舊疏云：「桓元年，『三月，公會鄭伯于垂』之下，注云：『不致者，爲下去王。適足起無王，未足見無王罪之深淺，故復奪臣子辭，成誅文也。』然則昭公失所，爲臣所逐，而致之者，正以罪輕於桓公，明其臣子當憂納公故也。」穀梁傳：「居于鄆者，公在外也。至自齊，道義不外公也。」范云：「至自齊者，臣子喜其君父得反，致宗廟之辭爾。今君雖在外，猶以在國之禮録之，是崇君之道。」亦責臣子當憂納公之義，故特書居于運，明未得國辭。范云：「若但言公至自齊，而不言居于鄆，則嫌公得歸國，欲明公實在外。」是也。○注「後不」至「可知」。○即下秋「公至自會」、二十七年冬「公至自齊，居于運」等不月〔一〕，從可知也。

○夏，公圍成。【注】書者，惡公失國，幸而得運，不修文德以來之，復擾其民圍成。不從叛書者，本與國俱叛，故不得復以叛爲重。不從定公，又以親圍下邑爲譏者，昭無臣子，又即如定公當致也。【疏】差繆略云：「成，公羊作『郕』。」今本及石經皆作「成」。○注「書者」至「圍成」。○論語季氏篇：「故遠人不服，則修文德以來之。」故責公不當擾民圍成也。○注「可從」至「爲重」。○舊疏云：「成三年：『叔孫僑如率師圍棘。』傳：『棘者何？汶陽之不服邑也。其言圍之何？不聽也。』注：『不聽者，叛也。不言叛者，爲内諱，故書圍以起之。』然則，今此圍成，是圍叛之文，而知惡公書之者，正以本與國俱叛，理宜不復以叛爲重故也。」通義云：「從内邑不聽例書者，凡黨於季氏，皆叛邑也。則即舊疏所不取一説也。」穀梁云：

〔一〕「不月」，原訛作「不自」，叢書本同，據注及疏文義校改。

「非國不言圍，所以言圍者，以〔一〕大公也。」亦何氏所不取。○注「不從」至「致也」。○校勘記云：「蜀大字本、閩、監、毛本、鄂本『又』作『入』，則上屬，言昭無臣子納公也。」按：作「又」是也。言昭已失國，無臣子，又若如定公，則當致故也。定十二年：「十有二月〔二〕，公圍成。公至自圍成。」注：「月〔三〕又致者，天子不親征下土，諸侯不親征叛邑。公親圍成不能服，不能以一國爲家，甚危，若從他國來，故危録之。」是也。然則注言「昭無臣子」者，正解不以親圍下邑爲譏之故，以本非其邑也。若是譏其親圍下邑，則當書公至自圍成，今不然，故知非也。

○秋，公會齊侯、莒子、邾婁子、杞伯盟于剸陵。【注】不月者，時諸侯相與約，欲納公，故内喜爲大信辭。【疏】校勘記云：「鄂本、閩、監、毛本同。唐石經、蜀大字本『剸』作『鄟』。釋文：『鄟陵，音專。本又作專。』」杜云：「鄟陵，地闕。」齊氏召南考證云：「呂祖謙春秋集解不云『公羊作剸陵』，疑此經亦應作『鄟陵』也。」按：紹熙本亦作「鄟」。○注「不月」至「信辭」。○公羊之例，大信時，小信月，不信日。此時，故解之。舊疏云：「剸陵之會，無相犯，復無大信，止合書月，而書時者，正以約欲納公，故爲大信辭

〔一〕「以」字原脱，據穀梁注疏校補。
〔二〕「十有二月」原脱，下引注爲「月又致者」闡釋微言，故不應略去其月，據補。
〔三〕「月」，原訛作「自」，叢書本同，據公羊注疏校改。

矣。」左傳云：「會于鄟陵，謀納公也。」

○公至自會，居于運。【注】致會者，責臣子，明公已得意于諸侯，不憂助納之，而使居于運。【疏】注「致會」至「于運」。○莊六年注云：「公與二國以上出會盟，得意致會，不得意不致。」公爲諸侯所謀納，故書至，作得意文也。書居于運，蓋亦閔公失國居運，因以責臣子不憂納公也。

○九月，庚申，楚子居卒。【疏】包氏愼言云：「九月有庚申，月之十一日。」

○冬，十月，天王入于成周。

成周者何？東周也。【注】是時王猛自號爲西周，天下因謂成周爲東周。【疏】注「是時」至「東周」。○上二十二年：「劉子、單子以王猛入于王城。」傳：「王城者何？西周也。」注：「時居王城邑，自號西周王〔一〕。」是也。蓋自王猛以王城爲西周，子朝因之，天下因謂成周爲東周也。

其言入何？【注】据入者篡辭。【疏】注「据入者篡辭」。○即莊六年「衛侯朔入于衛」、九年「齊小白入

〔一〕「西周王」，公羊昭公二十二年注作「西周主」，二十六年冬十月下疏引作「西周王」。

于齊」之屬是也。彼傳云：「其言入何？篡辭也。」是也。

不嫌也。【注】上言天王者，有天子已明，不嫌爲篡，主言入者，起其難也。不言京師者，起正居在成周，實外之。月者，爲天下喜録王者反正位。【疏】注「上言」至「爲篡」。○校勘記云：「鄂本『者』作『著』，此誤。」按：紹熙本亦作「著」。上二十三年云：「天王居于狄泉。」傳：「此未三年，其稱天王者何？著有天子。」是也。此注本上傳爲説，故云不嫌爲篡。○注「主言」至「難也」。○隱八年：「我入邴。」傳：「其言入何？難也。」莊二十四年：「夫人姜氏入。」傳：「其言入何？難也。」是則篡國言入重，難亦言入，不嫌同辭也。○注「不言」至「外之」。○校勘記出「起正居在成周」，云：「蜀大字本、閩、監、毛本同，誤也。鄂本『正』作『王』，當據正。此本疏云：『起成周爲王居。』閩、監、毛本亦誤爲『正居』。」按：紹熙本亦作「王居」。桓九年：「紀季姜歸于京師。」傳：「京師者何？天子之居也。」是京師乃王居所在，宜書入于京師矣。舊疏云：「今言天王入于成周，不言入京師者，正欲起其正居在成周故也。所以能起之者，既爲天王所入，正居明矣。」又云：「言實外之者，正以天子之重，海内瞻望，宜親九族，以自衛守，而辟庶孽，蒙塵于外，經歷數年，方歸舊守，是以不言京師，終實外天子也〔一〕。蓋〔二〕不言京師，兼二義矣。」通義云：「稱成周不稱京師者，起敬王新居東周，非故京師矣。」按：詩王風譜云：「王城者，周東都，王城畿内，方六百里之

〔一〕「終實外天子也」，公羊注疏作「欲以外之」。
〔二〕「蓋」，公羊注疏作「然則」，是肯定語氣，不是推測語氣。

地。」又小雅車攻序云「復會諸侯於東都」，皆王城也。是景王以前之京師也。漢書地理志：「初洛邑與宗周通封畿，東西長，南北短，短長相覆千里。」宗周在鎬京，王城即洛邑也，書洛誥所謂「我乃卜澗水東、瀍水西，惟洛食」是也。故詩譜又云：「周公攝政五年，成王在豐，欲宅洛邑。使召公先相宅，既成，謂之王城，是爲東都，今河南是也。召公既相宅，周公往〔一〕營成周，今洛陽是也。」按：此洛誥所云「我又卜瀍水東，亦惟洛食」。地理志河南郡有洛陽縣，「周公遷殷頑民，是爲成周」是也。此敬王以後之京師也。漢之雒城、河南，皆在今河南府洛陽縣境。何氏云「實外之」，蓋責敬王雖子朝〔二〕奔楚後，不反王城正居，故下三十二年城成周，亦不言京師也。且書成周，又見新周，使若國文，亦外之之義。○注「月者」至「正位」。○舊疏云：「正以此上二十二年『秋，劉子、單子以王猛入于王城』不書月，今此月者，爲天下喜録王者反正位故也。」通義云：「敬王亦劉、單所奉，而居于皇言以，居于狄泉不言以。王猛入于王城言以，天王入于成周不言以。一正一不正，較然可知矣。又與下經以王子朝比觀之，言以者不正，益可知矣。」

○尹氏、召伯、毛伯以王子朝奔楚。【注】立王子朝獨舉尹氏，出奔并舉召伯、毛伯者，明本在尹氏，當先誅渠帥，後治其黨，猶楚嬰齊。【疏】舊疏云：「穀梁與此同。左氏『召伯』作『召氏』。」按：杜氏左

〔一〕「往」，原訛作「經」，據毛詩正義校改。
〔二〕「子朝」，原訛作「不朝」，叢書本不誤，據改。

傳本亦作「召伯」，注云：「召伯〔一〕，當言召氏，經誤也。尹、召族〔二〕奔，非一人，故言氏。」彼蓋據傳文「王子朝及召氏之族、毛伯得、尹氏固、南宮嚚奉周之典籍以奔楚」故也。按：二十三年「尹氏立王子朝」，隱三年「譏世卿」，書「尹氏卒」，此當〔三〕彼相起，當止尹氏書氏也。校勘記云：「唐石經、諸本同。」漢書五行志：「子鼂，楚之出也。」故奔楚。〇注「立王」至「其黨」。〇即上二十三年書「尹氏立王子朝」是也。校勘記出「當先誅渠帥」，云：「鄂本同。閩、監、毛本『帥』作『率』。按，釋文作『渠率』，云：『或作帥。』」舊疏云：「漢之賊首，皆名渠帥。」包氏慎言云：「此明首從之别也。」大夫之義不得專廢置君，晉郤克納捷菑于邾，貶稱人，彼弗克納猶貶，況以内臣而擅廢置乎？唐律疏義：「諸共犯罪者，以造意爲首，隨從者減一等。」明尹氏造意，召伯、毛伯爲從也。〇注「猶楚嬰齊」。〇成二年：「公會楚公子嬰齊于蜀。丙申，公及楚人以下盟于蜀。」注：「上會不序諸侯大夫者，嬰齊，楚專政驕蹇臣也，數道其君率諸侯侵中國，故獨先舉于上，乃貶之，明本在嬰齊，當先誅其本，乃及其末。」是也。此於上經治尹氏，此始及召伯、毛伯，故云「猶楚嬰齊」。

〔一〕「召伯」下原衍「奔非一人」四字，叢書本同，據左傳正義校删。
〔二〕「族」字原脱，據左傳正義校補。
〔三〕「當」或爲「與」之訛。

○二十有七年，春，公如齊。公至自齊，居于運。【疏】穀梁傳：「公在外也。」

○夏，四月，吴弑其君僚。【注】不書闔廬弑其君者，爲季子諱，明季子不忍父子兄弟自相殺，讓國闔廬，欲其享之，故爲没其罪也。不舉專諸弑者，起闔廬當國，賤者不得貶，無所明文，方見爲季子諱，本不出賊，以明闔廬罪，雖可貶，猶不舉。月者，非失衆見弑，故不略之。【疏】注「不書」至「罪也」。○襄二十九年：「吴子使札來聘。」傳云：「闔廬曰：將從先君之命與？則國宜之季子者也。如不從先君之命與？則我宜立者也。僚烏得爲君乎！於是使專諸刺僚。」左傳：「公子光曰：『此時也，不可失也。』告鱄設諸曰：『上國有言曰：不索，何獲？我王嗣也，吾欲求之。事若克，季子雖至，不吾廢也。』」「光伏甲於窟室，而享王。鱄設諸〔一〕置劍於魚中以進，抽劍刺王，鈹交于胷，遂弑王。」吴世家：「光伏甲士於窟室，而謁王僚飲。公子光詳爲足疾，入于窟室，使專諸置匕首於炙魚之中以進食。手匕首刺王僚，鈹交于匈，遂殺王僚。公子光竟代立爲王，是爲吴王闔廬。」是闔廬弑君事也。此不書吴闔廬弑其君，故解之，謂爲季子諱也，云「季子不忍父子兄弟自相殺，讓國闔廬」者，襄二十九年傳又云：「而致國乎季子，季子不受，曰：『爾弑吾君，吾受爾國，是吾與爾爲篡也。爾殺吾兄，吾又殺爾，是父子兄弟相殺，終身無已時也。』去

〔一〕「鱄設諸」，原作「鱄諸」，脱「設」字，叢書本同，據左傳校補。公羊傳、史記、吴越春秋等均作「專諸」。

之延陵。」是其事也。春秋爲季子諱，故没闔廬弑君罪，以遂賢者之志也。○注「不舉」至「明文」。○校勘記云：「『文』，閩、監、毛本同，誤也。鄂本『文』作『又』，當據正。」按：紹熙本亦作「又」，當屬下讀。然舊疏云：「假令〔一〕書見，正得稱人，文無所明故也。」則疏本作「文」，屬上讀也。桓二年：「宋督弑其君與夷。」注：「督不氏者，起馮當國。」則彼督爲大夫，得貶去氏，起馮當國。此專諸賤，若舉專諸弑，只合稱人，不見貶文，無以起闔廬當國也，故曰文無所明也，故並没之。○注「方見」至「不舉」。○校勘記出「以明闔廬罪」，云：「閩、監、毛本同，誤也。鄂本『明』作『除』，當據正。」解云：今此月者，直是本不出賊，以除闔廬罪，可證本是『除』字。」按：紹熙本亦作「除」。舊疏本雖作「文」，屬上讀，然作「又」爲是，明不舉專諸弑有二義也：一則不足起闔廬當國，一則見欲盈爲季子諱也。○注「月者」至「略之」。○文十八年：「冬，莒弑其君庶其。」傳：「稱國以弑何？稱國以弑者，衆弑君之辭。」注：「一人弑君，國中人人盡喜，故舉國以明失衆，當坐絶。」又定十三年冬，「薛弑其君比」，蒙上冬文，亦不月，故知例皆時，略之以明其失衆。此書月，故與彼殊，舊疏云：「直是本不出賊，以除闔廬罪，是以稱國，非失衆見弑之例，故不略之。」解詁箋云：「不日者，卒本不日。」繁露玉英云：「非其位，不受之先君而自即之，春秋危之，吴王僚是也。」

○楚殺其大夫郤宛。

〔一〕「令」，原訛作「會」，叢書本不誤，據改。

○秋，晉士鞅、宋樂祁犂、衛北宫喜、曹人、邾婁人、滕人會于扈。

○冬，十月，曹伯午卒。

○邾婁快來奔。【疏】釋文：「邾婁快，本亦作『噲』。」唐石經、諸本亦作「快」。

邾婁快者何？邾婁之大夫也。邾婁無大夫，此何以書？以近書也。【注】説與鼻我同義。【疏】注「説與鼻我同義」。○襄二十三年「邾婁鼻我來奔」是也。彼傳云：「邾婁鼻我者何？邾婁大夫也。邾婁無大夫，此何以書？以近書也。」注：「以奔無他義，知以治近升平書也。所傳聞世者，見治始起，外諸夏，録大略小，大國有大夫，小國略稱人。所聞之世，内諸夏，治小〔一〕如大，廩廩近升平，故小國有大夫，治之漸也。見於邾婁者，自近始也。獨舉一國者，時亂實未有大夫，治亂不失其實，故取足張法而已。」則邾婁快書，亦以奔無他義，知以治近太平書也。舊疏云：「見於邾婁者，以其近魯故也。」

〔一〕「小」字原脱，叢書本不誤，據補。

○公如齊。公至自齊，居于運。

○二十有八年，春，王三月，葬曹悼公。【注】月者，爲下出也。【疏】注「月者，爲下出也」。○舊疏云：「正以上十八年三月，『曹伯須卒』，『秋，葬曹平公』；二十七年『冬，十月，曹伯午卒』。則曹於所見之世，止自卒月葬時，故知此月宜其爲下事出矣。」

○公如晉，次于乾侯。【注】乾侯，晉地名。月者，閔公内爲强臣所逐，外如晉不見答，次于乾侯。不諱者，憂危不暇殺恥。後不月者，録始可知。【疏】注「乾侯，晉地」。○杜云：「乾侯在魏郡斥丘縣，晉竟内邑。」大事表云：「闞駰曰：地有斥鹵，故曰斥丘。今直隸廣平府成安縣東南有斥丘古城。」水經注洹水篇：「又北，徑斥丘縣西。縣南有斥丘，蓋因丘以氏縣，故乾侯矣，春秋『公如晉，次于乾侯』是也。」一統志：「斥丘故城在廣平府成安縣南，春秋時乾侯邑。」○注「月者」至「見答」。○穀梁傳：「公在外也。」左傳：「使請逆于晉。晉人曰：『天禍魯國，君淹恤在外，君亦不使一介辱在寡人，而即安於甥舅，其亦使逆君？』使公復于竟，而後逆之。」杜云：「言公不能用子家，所以見辱。」是如晉不見答也。○注「次于」至「殺恥」。○正以上二年：「公如晉，至河乃復。」傳：「不敢進也。」注：「時聞晉欲執之，不敢往。」故諱，使若河水有難而反。又二十三年：「公如晉，至河，公有疾，乃復。」傳：「殺恥也。」注：「因有疾，以殺畏晉之恥。」此不見答，直書次于乾侯者，閔公憂危甚，臣子急宜憂納之，不暇殺恥也。○注「後不」至「可知」。○即下二十九年「春，公如晉，次于乾侯」，不復書月，從可知也。

○**夏，四月，丙戌，鄭伯甯卒。**【疏】包氏慎言云：「正月三十日辛未，冬至宜壬申。然正月無中氣，退閏于前年十二月，則冬至在正月朔日，而四月不得有丙戌，故縮冬至于正月晦日。四月經有丙戌，月之十六日。」「甯」，左氏、穀梁作「寧」，古音義通。

○**六月，葬鄭定公。**

○**秋，七月，癸巳，滕子甯卒。**【疏】包氏慎言云：「七月有癸巳，月之十五日。」左氏、穀梁「甯」作「寧」。

○**冬，葬滕悼公。**

○二十有九年，春，公至自乾侯，居于運。【注】不致以晉者，不見容于晉，未至晉。【疏】注「不致」至「至晉」。○正以二十五年，「齊侯唁公于野井」；二十六年，書「公至自齊」，公雖不至齊都，已入齊竟，得與齊侯相見，故書「公至自齊」。往年「公如晉，次于乾侯」，雖入晉竟，未得與晉君相見，又不見容，故直書「公至自乾侯」。故春秋與齊侯婁〔一〕善録之也。

○齊侯使高張來唁公。【注】言來者，居運，從國内辭。書者，如晉不見荅，喜見唁也。不月者，例時也。【疏】注「言來」至「内辭」。○舊疏云：「正以下三十一年『晉侯使荀櫟唁公于乾侯』不言來故也。」凡春秋言來者，皆從内爲主義。穀梁傳：「唁公不得入于魯也。」○注「書者」至「唁也」。○上二十五年：「齊侯唁公于野井。」注：「主書者，喜爲大國所唁。」此與彼同義。○注「不月者，例時也」。○舊疏：「正以經不月，故知例然。則知下文荀櫟唁公之徒，雖在日月之下，不蒙日月可知。」然則，上二十五年，「齊侯唁公于野井」，亦不蒙上日月可知。

○公如晉，次于乾侯。【疏】杜云：「復不見受，往乾侯。」

〔一〕「婁」，通「屢」。

○夏，四月，庚子，叔倪卒。【疏】包氏慎言云：「四月有庚子，月之六日。」左傳「倪」作「詣」。周氏廣業孟子時地考云：「以子叔疑爲名，莫〔一〕知其何人，惟左傳昭二十九年注『叔詣卒』，公羊、穀梁作『叔倪』。釋文『倪』有五計、五兮二音。五兮頗與疑音相近〔二〕，意即其人。此子叔，敬子之孫，嘗欲納昭公，故季孫意如曰叔倪『無疾而死』，此皆無公也，是天命也。以此推之，龍斷之説，或出於愛憎之口與？」

○秋，七月。

○冬，十月，運潰。

邑不言潰，此其言潰何？【注】据國曰潰，邑曰叛。【疏】注「据國」至「曰叛」。○僖四年「蔡潰」，文三年「沈潰」，是國曰潰也。襄二十六年「衛孫林父入于戚以叛」，定十一年「宋公之弟辰及仲佗、石彄、公子池自陳入于蕭以叛」之屬，是邑曰叛也。

〔一〕「莫」，原訛作「奠」，「奠知其何人」不辭，叢書本作「莫知其何人」，是，據改。

〔二〕經典釋文原文作：「二十九年叔倪，五計反，又五兮反，左氏作『詣』。」交代「叔倪」即左傳的「叔詣」。故此下文曰「意即此人」。

郛之也。【注】郛，郭。【疏】注「郛，郭」。○舊疏云：「郭之猶云國之，古今異語也。」俞氏樾公羊平議云：「郭不訓國。疏謂『郭之猶曰國之』，失何氏之旨矣。何氏訓郛爲郭，郭，大也。玉篇邑部曰：『郭，大也。』郭爲大，故郛亦爲大。初學記引風俗通義云：『郭亦謂之郛。郛者，亦大也。』是其義也。郛之猶曰大之。邑不言潰，而此言潰，乃張而大之之意。所以張而大之者，正以君存焉爾。古人之文，亦或避習用之字，而代以它字。文八年左傳曰：『珍之也。』杜云：『珍，貴也。』此傳不曰大之，而曰郛之，猶彼傳不言貴之，而曰珍之矣。莊子秋水篇曰：『垺，大之殷也。』垺即郛之異文也。」

曷爲郛之？【注】据成三年，棘叛不言潰也。【疏】注「据成」至「潰也」。○即彼經云：「叔孫僑如帥師圍棘。」傳：「棘者何？汶陽之不服邑也。其言圍之何？不聽也。」注：「不聽者，叛也。」是也。

君存焉爾。【注】昭公居之，故從國言潰，明罪在公也。不言國之，言郛之者，公失國也。不諱者，責臣子當憂而納之，殺恥不如救危也。孔子曰：「不患寡而患不均，不患貧而患不安。」其本乃由于圍成，失大得小而不能節用。【疏】注「昭公」至「公也」。○僖四年：「蔡潰。」注云：「重出蔡者，侵爲加蔡舉，潰爲惡蔡録，義各異也。」又十四年：「蔡侯肸卒。」注：「不書葬，潰當絶也。」則潰有罪辭，此公所居，故從國書之，明昭公當絶也。○注「不言」至「國也」。○舊疏云：「正以桓七年：『春，焚咸丘。』傳云：『咸丘者何？邾婁之邑也。曷爲不繫乎邾婁？國之也。』莊二年：『公子慶父帥師伐於餘丘。』傳云：『於餘丘者何？邾婁之邑也。曷爲不繫乎邾婁？國之也。』然則彼二文皆言國之。今言郛之者，正以昭公居國，裁得國外土地而已，其國内宗廟，非公之有，故傳言鄆之，不言國之耳。」通義云：「鄆非都，故不曰國之，而曰鄆之。」按：何意咸丘、於餘丘皆以君存，故比邑於國，猶言國都也。此昭公已無國，無所比擬，故變國言鄆也。○注「不諱」至「危也」。○與二十八年書「公如晉，次于乾侯」同義。○注「孔子」至「節用」。○論語季氏篇文。孔曰：「不患土地人民之寡少，患政理之不均平。」憂不能安民耳，引以證昭公不能安民也。○圍成，則上二十六年「公圍成」是也。彼注云：「惡公失國，幸而得運，不脩文德以來之，復擾其民圍成。」又穀梁傳曰：「潰之爲言上下不相得也。上下不相得則惡矣，亦譏公也。昭公出奔，民如釋重負。」是也。通義引趙汸曰：「公如晉，次于乾侯，而運潰者，季氏誘運人，脅使逃散，則公不得復居魯地，乃大夫據國叛君之事，故特書之。」此本杜氏說，不足引以說公羊。

○三十年，春，王正月，公在乾侯。【注】月者，閔公運潰，無尺土之居，遠在乾侯，故以存君書，明臣子當憂納之。【疏】注「月者」至「君書」。○解書正月義也。襄二十九年：「春，王正月，公在楚。」傳：「何言乎公在楚？正月以存君也。」注：「正月，歲終而復始，臣子喜其君父與歲終而復始，執贄存之，故言在。」此昭公運潰，失居，遠在乾侯，故書「在」以存之也。通義：「劉敞曰：公在外久矣，曷爲於此乎存公？公居于運，有魯也；在乾侯，無魯也。公雖無魯，魯不可無公也。」穀梁傳：「中國不存公，存公故也。」范注：「中國，猶國中也。」意謂公在魯五年，每年正月不書公在運者，猶魯四封之内，無適而非其所也。至是運潰，客寄乾侯，非其本國，故歲首必書君所在者，魯之國中雖不存公，春秋之義自存公也。沈氏欽韓左傳補注云：「此年方書公在者，閔公之意深也。前此猶冀其反國，至是齊、晉相視莫發，寓公之禮，屈辱已甚，無可幾望，故此後詳其所在。」惠氏士奇春秋説云：「公之去國爲旅人。其情見于旅，旅之上九曰：『鳥焚其巢，旅人先笑後號咷。』公之居於鄆，猶鳥之處乎巢。鄆潰者，巢焚之象。先笑後號咷者，言將死於乾侯也。中國諸侯，莫肯納公；國中臣子，莫肯存公；則天下無邦交，而君臣之道絶矣。故春秋於正月，必言『公在』，以存之，此聖人之情也。」齊氏召南考證云：「前此居鄆不書在鄆。鄆，魯邑也。居鄆猶居魯也。乾侯，則晉邑，非魯地矣，是以每歲書之。」

○夏，六月，庚辰，晉侯去疾卒。【疏】包氏慎言云：「六月書庚辰，月之二十三日。」

○秋，八月，葬晉頃公。

○冬，十有二月，吴滅徐，徐子章禹奔楚。【注】至此乃月者，所見世始録夷狄滅小國也。不從上州來、巢見義者，固有出奔可責。【疏】左氏、穀梁「禹」作「羽」，左氏傳作「禹」，岳本左氏經亦作「禹」，從傳文也。水經注濟水篇：「又東南過徐縣北。」地理志曰：臨淮郡。春秋吴滅徐，徐子奔楚，楚救徐，弗及，遂城夷以居〔一〕之。」按：此與巢、州來、鍾離皆相近，故吴得吞食也。○注「至此」至「國也」。○正以滅例月故也。僖二十六年：「秋，楚人滅隗。」注：「不月者，略夷狄滅小國也。」此所見世，故月之。○注「不從」至「可責」。○校勘記出「固有出奔可責」，云：「宋本、閩、監本同。毛本『固』作『因』，誤。」吴滅州來，見上十三年。吴滅巢，見上二十四年。舊疏云：「州來與巢皆當所見世，而不書月以見之。至此乃月者，正以既滅其國，復奔其君，因責章禹不能死位，是以於二國皆不月也。於上經既不書月，明其還同所聞之例，故何氏於州來之下注〔二〕云『不月者，略兩夷』是也。」通義云：「吴滅國至此乃月，並爲所見之世録治小國，責章禹不死位也。」按：滅例月，故然解。

○三十有一年，春，王正月，公在乾侯。

○季孫隱如會晉荀櫟于適歷。【注】時晉侯使荀櫟責季氏不納昭公，爲此會也。季氏負捶謝過，欲納昭公。昭公創惡季氏不敢入。公出奔在外，無君命，所以書會，以殊外言來者，從王魯録。諱亟取

〔一〕「居」，水經注作「處」。
〔二〕「注」，原訛作「爲」，叢書本同，據公羊注疏校改。

邑，卒大夫者，盈孫文。【疏】杜云：「適歷，晉地。」左氏「荀櫟」作「荀躒」。昭五年左傳「輔躒」，釋文作「輔櫟」。又昭九年左傳「使荀躒佐下軍」，釋文「躒」本又作「櫟」。十五年左傳「晉荀躒如周」，釋文作「櫟」，云：「本或作『躒』。」是櫟、躒同也。國語晉語：「知宣子將以瑶爲後。」韋注：「知宣子，晉卿，荀櫟之子甲也。」此釋文云：「『櫟』，本又作『躒』，又作『濼』。」○注「時晉」至「會也」。○左傳：「晉侯將以師納公。季孫意如會晉荀躒于適歷。荀躒曰：『寡君使躒謂吾子：何故出君？有君不事，周有常刑。子其圖之！』」是其事也。○注「季氏」至「敢入」。○舊疏云：「春秋説文。彼注云：『負捶者，聽刑之禮也。』」釋文「捶」作「箠」，云：「本又作『捶』。」校勘記云：「閩、監、毛本『捶』作『棰』，疏同。釋文作『負箠』，云：『本又作捶。』〔一〕此本疏標起訖亦作『負箠』。」校勘記〔二〕云：「盧本『捶』改『棰』。」按：十行本注作「捶」。閩、監、毛本注作「棰」。所載釋文各如其本。是从木者，後人所改。定八年注〔三〕「馬捶」，舊本皆从手可證。公羊問答云：「問：捶何物？曰：説文：『以杖擊也。』前漢書路温舒傳：『捶楚之下，何求不得？』故疏以爲『負捶，聽刑之禮也』。」按：廣雅釋詁：「捶，擊也。」荀子正論：「捶笞臏脚。」注：「捶，杖擊也。」淮南道應訓：「捶鉤者年八十矣。」注：「捶鍛銀擊也。」蓋捶本擊物之名，故从手，因謂所擊之物爲捶。莊子天

〔一〕「釋文作『負箠』，云：『本又作捶』」句原脱，叢書本同，據阮元校勘記校補。
〔二〕「校勘記」上原衍「又釋文」三字，乃上引校勘記脱漏錯訛所致，叢書本同，徑删。
〔三〕「注」字原脱，叢書本同。定公八年傳文無之，注曰：「策，馬捶也。」據補。

下云：「一尺之捶。」釋文引司馬注云：「捶，杖也。」莊子至樂云：「撽以馬捶。」文選注引李覬音義：「捶，排口鉄以灼火也。」皆以捶爲物名，因通謂之箠。文選司馬遷報任少卿書云：「被箠楚受辱。」注：「箠與捶同，以之笞人，同謂之箠楚。」又云：「箠、楚，皆杖木之名。」漢書司馬遷傳注：「箠，杖也。」是也。華嚴經音義注引聲類：「捶从竹。」廣雅釋器：「箠，策也。」漢書韓延壽傳：「民無箠楚之憂。」注：「箠，杖也。」説文捶箠並收，捶爲「以杖擊」，「箠，擊〔一〕馬」。既爲刑具，當作捶也。故後漢書杜篤傳：「捶驅氐、僰。」注：「捶，擊也。」亦作捶。舊疏又云：「昭公創惡季氏，不敢入。」左傳亦有其文。按：左傳云：「季孫練冠、麻衣、跣行，伏而對曰：『事君，臣之所不得也，敢逃刑命？君若以先臣之故，不絶季氏，而賜之死。若弗殺弗亡，君之惠也，死且不朽。若得從君而歸，則固臣之願也，敢有異心？』夏，四月，季孫從知伯如乾侯。荀躒以晉侯之命唁公，且曰：『寡君使躒以君命討於意如，意如不敢逃死，君其入也！』公曰：『君惠顧先君之好，施及亡人，將使歸糞除宗祧以事君，則不能見夫人。己所能見夫人者，有如河！』」是其事也。○注「公出」至「魯録」。○校勘記出「以殊外言來者」，云：「鄂本『以』作『而』。」按：紹熙本亦作「而」。舊疏云：「春秋之義，待君命然後卒大夫〔二〕。明其非君命者不録之也。今昭公不在，所以書『季孫隱如會晉荀櫟于適歷』，又書『黑弓以濫來奔』之文，又以殊外者從王魯録文，故得然，不爲爾時有君命也。」按：春秋於每

〔一〕「擊」字原脱，叢書本同，據説文解字校補。
〔二〕「大夫」，原訛作「火夫」，叢書本不誤，據改。

年書「公在乾侯」，即所以存君，明魯人不君之，春秋君之也，所以正君臣之義也。○注「諱亟」至「孫文」。○下三十二年傳：「闞者何？邾婁之邑也。曷爲不繫乎邾婁？諱亟也。」注：「與取濫爲亟。」是諱亟取邑也。上二十五年「叔孫舍卒」，二十九年「叔倪卒」，皆在公孫于齊後，是卒大夫也。卒大夫所以待君命者，君許之無罪，始得以正終也，猶今云任内處分悉與開復也。皆欲盈足諱奔言孫之義，故云盈孫文。穀梁云：「孫之爲言猶孫也，諱奔也。」是孫爲諱辭。傳注不言，從莊元年「夫人孫于齊」可知也。舊疏云：「春秋之義，爲君父諱惡。春秋之義，待君命然後卒大夫。今君不在國，而書大夫之卒，故須解之。」

○夏，四月，丁巳，薛伯穀卒。【注】始卒便名日書葬者，薛比滕最小，迫後定、寅皆當略。【疏】包氏慎言云：「四月有丁巳，月之四日。」○注「始卒」至「當略」。○舊疏云：「春秋之義，小國始卒，名日及葬未能悉具，會二見之後，方始能備，即宣九年『秋，八月，滕子卒』、成十六年『夏，四月，辛未，滕子卒』、昭三年『春，王正月，丁未，滕子泉卒』、『夏，五月，葬滕成公』之徒是也。言薛比滕最小者，正以滕子卒於宣公之篇，薛今始卒，故云比於滕爲小國也。而今始卒日，即得名葬具書，正由於後定、寅皆當見略，迫此之故，是以二注備書矣。其定見略者，即定十二年『春，薛伯定卒』，彼注云『不日月者，子無道，當廢之，而以爲後未至三年，失衆見弑，危社稷宗廟，禍端在定，故略之』是也。其寅見略者，即哀十年『夏，薛伯寅卒』，彼注云：『卒葬略者，與杞伯益姑同。』昭六年『春，王正月，杞伯益姑卒』，注：『不日者，行微弱，故略之。』『入所見世，責小國詳，始録内行也。諸侯内行，小失不可勝書，故於此略責之，見其義。』是也。」通義云：

「入所見世，日卒時葬，與邾婁同例。」謂昭元年「六月，丁巳，邾婁子華卒」，「葬邾婁悼公」也。然則，莊三十一年書「薛伯卒」，不爲始者，彼注云：「卒者，與滕俱朝隱。滕朝桓公，薛獨不朝，知去就也。」是彼書卒，非從恒例矣。

○晉侯使荀櫟唁公于乾侯。【疏】穀梁傳：「唁公不得入於魯也。曰：『既爲君言之矣，不可者，意如也。』」

○秋，葬薛獻公。

○冬，黑弓以濫來奔。【疏】左氏、穀梁作「黑肱」。禮大射儀：「侯道五十弓。」注：「今文改弓爲肱。」唐韻正云：「弓，古音肱。」弓與繩膺叶，見於小戎、采綠。漢書儒林傳：「子庸授江東馯臂子弓。」名與字必配，弓當肱之叚也。此黑弓蓋與周公黑肩、晉侯黑臀相似，當作黑肱。弓其叚借也。杜云：「濫，東海昌慮縣。」大事表云：「在今兗州府滕縣東南六十里。」一統志：「昌慮故城在兗州府滕縣東南六十里。」邾濫邑，續漢郡國志作「藍」。左傳釋音：「力甘反。」或亦作「藍」歟？馬氏宗槤左傳補注：「章懷後漢書注：昌慮故城，在徐州滕縣東南，古邾國之濫邑也。」

文何以無邾婁？【注】据讀言邾婁。【疏】注「据讀言邾婁」。○舊疏云：「謂當時公羊子口讀邾婁黑弓矣。」通義云：「春秋口授，恐久而失實，故文雖無邾婁，師法自連邾婁讀之，因以起其義也。杜預横謂是魯史闕文，後世有爲『斷爛朝報』之説以廢春秋者，預其罪首與？」

通濫也。【注】通濫爲國，故使無所繫。【疏】通義云：「通濫，義如周書世俘云『通殷命有國』之通。」是也。

曷爲通濫？【注】据庶其不通也。【疏】注「据庶其不通也」。○即襄二十一年「邾婁庶其以漆、閭丘來奔」是也。

賢者子孫宜有地也。【疏】漢書王莽傳：「春秋善善及子孫，賢者之後宜有土地。」又梅福傳云：「傳曰：賢者子孫宜有土地。」白虎通封公侯云：「大夫功成，未封而死，子得封者，善善及子孫也。春秋傳曰：賢者子孫宜有土地也。」孟子梁惠王篇：「仕者世禄。」注：「賢者子孫必有土地。」本此。禮記王制云：「天子之縣内諸侯，禄也。外諸侯，嗣也。」注：「選賢置之於位，其國之禄如諸侯，不得世。有功乃封之，使之世也。冠禮記曰：『繼世以立諸侯，象賢也。』」正義云：「得采國爲禄，而不繼世，故云禄。」下云：「大夫不世爵。」是也。此謂圻内公卿大夫之子，父死之後，得食父之故國采邑之地，不得繼父爲公卿大夫也。圻外諸侯，世世象賢，傳嗣其國。圻内諸侯，則公卿大夫，輔佐于王，非賢不可，故不世也。此傳云「賢者子孫，宜有土地」，明春秋通濫之義，則宜等之外諸侯世者也。

賢者孰謂？謂叔術也。【注】叔術者，邾婁顔公之弟也，或曰羣公子。【疏】注「叔術」至「公子」。

○舊疏云：「謂母弟也。或曰羣公子，謂庶弟也。」

何賢乎叔術？【注】据叔術不書。

讓國也。【疏】蜀志秦宓傳：「夫能制禮造樂，移風易俗，非禮所秩有益於世者乎？雖有子孫之累，猶孔子大齊桓之霸，公羊賢叔術之讓。」

其讓國奈何？當邾婁顏之時，【注】顏公時也。

邾婁女有爲魯夫人者，則未知其爲武公與？懿公與？【疏】魯世家：「真公卒，弟〔一〕敖立，是爲武公。武公九年春，武公與長子括、少子戲西朝周宣王。宣王愛戲，欲立戲爲魯太子。樊仲山父諫，弗聽，卒立戲爲魯太子。夏，武公歸而卒，戲立，是爲懿公。」謂不知爲武公夫人，抑懿公夫人也。

孝公幼，【注】不知孝公者，邾婁外孫邪？將妾子邪？【疏】魯世家：「懿公九年，懿公兄括之子伯御，與魯人攻弑懿公，而立伯御爲君。周宣王伐魯，殺其君伯御，而問魯公子能道順諸侯者，以爲魯後。樊穆仲曰：『魯懿公弟稱。』乃立稱於夷宫，是爲孝公。」列女傳魯孝義保傳：「初，孝公父武公與其二子長子括、中子戲朝周宣王。宣王〔二〕立戲爲魯太子。武公薨，戲立，是爲懿公。孝公時號公子稱，最少。」是孝公幼

〔一〕「弟」，原訛作「子」，叢書本同，據史記校改。
〔二〕「宣王」二字原脱，叢書本同，據列女傳校補。

也。通義云：「孝公，懿弟。」○注「不知」至「子邪」。○爾雅釋親：「女子子之子爲外孫。」孝公爲顔外孫，則嫡出也。按：列女傳有稱舅之文，或妾子與？

顔淫九公子于宮中，【注】所與淫公子凡九人。【疏】校勘記云：「唐石經『顔』下有『公』字，後磨改刪去，故此行九字。」通義云：「顔於魯爲妻父，因得入宮，淫女公子。」莊元年傳：「羣公子之舍，則已卑矣。」注：「謂女公子也。」是也。周禮大司馬職：「外内亂，鳥獸行，則滅之。」故下言「天子誅顔立術」。凡國存君死曰滅，非必滅其國也。○注「所與」至「九人」。○舊疏：「謂顔公一人，不應並淫九人，故以所言之。」

因以納賊。【疏】通義云：「弑懿公也。」列女傳：「括之子伯御與魯人作亂，攻殺懿公而自立。」此傳上下不見伯御文，蓋與史記、列女傳異。

則未知其爲魯公子與？邾婁公子與？【疏】通義云：「蓋魯公子伯御。」舊疏云：「爲内通於魯公子也。」又云：「邾婁一國，並有九女於魯宮内者，蓋所取於邾婁相通爲九人，不必盡是一人妻。」其説非。

臧氏之母，養公者也。【疏】通義云：「孝公時尚未立，懿弑，則孝當爲君，故以公言之。」列女傳：「孝義保者，魯孝公稱之保母，臧氏之寡也。」

君幼，則宜有養者，大夫之妾，士之妻。【注】禮也。【疏】注「禮也」。○舊疏云：「内則文。」喪服注：「國君世子生，卜士之妻、大夫之妾，使食子。」疏：「三母之外，別有食子者。二者之中，先取士妻，無堪者，乃取大夫妾，不並取之。」內則注云：「士妻、大夫之妾，謂時自有子。」疏引：「皇氏云：『士之妻、大夫之妾，隨課用一人。』故桓六年左傳云：『卜士負之，士妻食之。』不云有大夫妾，文略也。」喪服有「乳母」，即此，「傳曰：何以緦也？以名服也」。荀子禮論云：「乳母，飲食之者，而三月。」彼謂士之子。大夫，則大夫之子父没乃爲之服。諸侯之子蓋無服也。內則又云：「食子者三年而出，見於公宮則劬。」注：「士妻、大夫之妾食國君之子，三年出歸其家，君有以勞賜〔一〕之。」即此。

則未知臧氏之母者，曷爲者也？【疏】舊疏云：「內則：『大夫之妾、士之妻並陳之，謂士妻不吉，乃取大夫之妾，亦得事不具矣。何者？乳食一男〔二〕，何假二人乎？則未知臧氏之母，爲是大夫之妾，爲是士之妻，故曰曷爲者。」通義云：「禮曰：『卜士之妻、大夫之妾，使食子。』謂於二者科取其一。今未知臧氏之母者，大夫之妾與？士之妻與？」按：魯有大夫臧氏，爲公子彄後。隱公稱彄爲叔父，則孝公之子與此臧氏自别也。

養公者，必以其子入養。【注】不離人母子，因以娛公也。【疏】列女傳：「義保與其子俱入宮，養公子稱。」

臧氏之母聞有賊，以其子易公，抱公以逃。【注】以身死公，則可以其子易公，非事夫之義，然

〔一〕「賜」字原脱，叢書本同，據禮記正義校補。
〔二〕「男」，原訛作「母」，叢書本同，據公羊注疏校改。

而於王法當賞，以活公爲重也。【疏】列女傳：「伯御求公子稱於宮，將殺之。義保聞伯御將殺稱，乃衣其子以稱之衣，臥於稱之處。」○注「以身」至「重也」。○〔一〕（原文闕）

賊至，湊公寢而弑之。【注】弑臧氏子也。不知欲弑孝公者，納篡邪，將利其國也。【疏】通義云：「時伯御既弑懿公，將并除孝公也。」小爾雅廣詁云：「奏，進也。」湊即奏之借。説文亦云：「奏，進也。」玉篇：「湊，競進也。」謂進公寢而弑之也。史記趙世家：「藺相如前奏缶。」亦謂進缶也。燕策「士争湊燕」，史記作「趨」。趨趣同義。○注「弑臧氏子也」。○列女傳：「伯御殺之。義保遂抱稱以出。」臧氏子稱弑者，推伯御意爲孝公故也。○注「不知」至「國也」。○列女傳云「伯御與魯人作亂」，則將利其國也。何氏依違其辭者，以上傳云：「未知爲魯公子與？邾婁公子與〔二〕？」

臣有鮑廣父與梁買子者，聞有賊，趨而至。臧氏之母曰：「公不死也，在是。吾以吾子易公矣。」【疏】列女傳：「遇稱舅魯大夫於外，舅問稱死乎？義保曰：『不死，在此。』舅曰：『何以得免？』義保曰：『以吾子代之。』義保遂以逃。」

於是負孝公之周訴天子。【疏】校勘記云：「唐石經『訴』作『訢』。閩、監、毛本改『愬』。按，釋文作

〔一〕「○」原脱，據全書體例補。
〔二〕「與」，原訛作「也」，叢書本同，據公羊傳校改。

『周愬』，云：『本亦作訴。』蓋據此所改。」列女傳：「魯大夫皆知稱之在保，於是訴周天子。」

天子爲之誅顏而立叔術，反孝公于魯。【疏】列女傳：「請周天子殺伯御立稱，是爲孝公。」通義云：「國語所謂『宣王伐魯，立孝公』者也。」公羊不出賊主名，意以賊爲顏所納，故誅顏爲重。其不言誅賊，以此傳主書邾婁事，故於魯賊從略也。

顏夫人者，嫗盈女也，【疏】舊疏云：「謂此老嫗是盈姓之女。」説文：「嫗，母也。」廣雅釋親：「嫗謂之妻。」王氏念孫疏證云：「妻與嫗不同義。蓋因下文數妻字而誤。妻，當爲姁。説文姁，嫗也。」方言十三：「嫗，色也。」注：「嫗煦好色貌。」俞氏樾公羊平議云：「既云夫人，不得又謂之嫗。疏義非也。嫗盈，疑是顏夫人之母，以其老，故尊之曰嫗耳。古婦人或繫於母而稱之，襄十九年左傳：『齊侯娶於魯，曰顏懿姬，無子。其姪鬷聲姬生光。』杜注曰：『顏、鬷，皆二姬母姓。』然則，盈亦夫人母姓也。」按：俞説是。説文女部：「嫗，母也。」是也。通義云：「自是以下，並傳所不信，聊廣異聞言之。」

國色也。【疏】僖十年傳：「驪姬者，國色也。」注：「其顏色，一國之選。」

其言曰：「有能爲我殺殺顏者，吾爲其妻。」【注】殺顏者，鮑廣父、梁買子也。婦人以貞一爲行，云爾非德也。【疏】校勘記出「非德也」，云：「閩、監、毛本無『德』，此誤。蜀大字本脱『也』字。」按：紹熙本亦無「德」字。

叔術爲之殺殺顏者，而以爲妻。【注】利其色也。

有子焉，謂之盱。【疏】唐石經、諸本同。釋文：「盱，許于反。本或作『盻』，一音夸。」説文繫傳引下文「盱有餘」作「虍有餘」。虍、盻、盱，音義通。方言：「盱、揚，雙也。」「黸〔一〕，瞳子。燕、代、朝鮮之閒曰盱，或謂之揚。」郭注：「盱，舉眼也。」羞與黑肱、黑臀之屬同取身體爲名也。通義云：「嫁叔術所生。」

夏父者，其所爲有於顔者也。【注】爲顔公夫人時，所爲顔公生也。【疏】注「爲顔」至「生也」。○校勘記：「按，下『爲顔公』三字誤衍〔二〕複上，當刪正。」釋文：「盱及夏父，邾顔公之二子。」按：盱與夏父，同母異父之昆弟也。公羊問答云：「盱，是叔術所生。陸氏之説誤。」

盱幼，而皆愛之。【注】叔術、嫗盈女皆愛盱。

食，必坐二子於其側而食之。【疏】釋文：「而食，音嗣。」

有珍怪之食，【注】珍怪，猶奇異也。【疏】注「珍怪，猶奇異也」。○荀子正論云：「食飲則重太牢而備珍怪，期臭味。」注：「珍怪，奇異之食。」禮記王制云：「八十常珍。」注：「常食皆珍味也。」又：「九十者，天子欲有問焉，則就其室〔三〕，以珍從。」注：「天子就而問，珍味從之以往，致尊養之義也。」周禮膳夫：「珍用八物。」内則有八珍，皆謂奇異之食也。

〔一〕「黸」，原訛作「⿰黑豦」，叢書本同，據方言校改。
〔二〕「衍」，原訛作「術」，叢書本同，據阮元校勘記校改。
〔三〕「室」，原訛作「食」，叢書本同，據禮記校改。

盱必先取足焉。夏父曰：「以來！」【注】猶曰以彼物來置我前。人未足，【注】人，夏父自謂也。而盱有餘。」【注】言盱所得常多。叔術覺焉。【注】覺，悟也。知小爭食，長必爭國。易曰：「君子見幾而作。」「知幾其神乎。」幾者，動之微，吉事之先見。【疏】注「覺悟」至「爭國」。○校勘記云：「鄂本同。閩、監、毛本『小』作『少』。」按：紹熙本亦作「小」。孟子萬章篇：「使先知覺後知。」注：「覺，悟也。」廣雅釋言：「覺，寤也。」説文見部：「覺，寤也。」莊子齊物云：「且有大覺而後知此大夢也[一]。」亦謂大悟也。白虎通辟雍云：「學之爲言覺也，悟所不知也。」○注「易曰」至「先見」。○易下繫辭文。校勘記云：「鄂本同。此本翻刻，『吉』誤爲『者』。閩、監、毛本承之。」按：紹熙本亦作「吉」。越絶書敘外傳記：「蓋謂知其道貴微而賤獲。易曰：『知幾其神乎？』」

曰：「嘻！此誠爾國也夫！」【疏】唐石經原刻無「此」字。

起而致國于夏父。夏父受而中分之，叔術曰：「不可。」三分之，叔術曰：「不可。」四分之，叔術曰：「不可。」五分之，然後受之。【注】五分受其一。【疏】通義云：「所受即濫，

[一]「且有」句中，「有」原誤作「使」，「也」原誤作「焉」，叢書本同，據莊子校改。

是也。服氏虔〔一〕長義云：『邾婁本附庸，三十里耳。而言五分之，爲六里國也。』廣森謂：建國制地，要取開方，方三十里者，其積九百。五分之一，猶有百八十里，何言六里乎？豈虔不曉算術，抑苟取一時之辨？」舊疏亦云：「彼乃左氏之偏辭，未足以奪公羊。以爲邾婁本大國，但春秋之前在名例，隱元年何氏有成解。」按：如孔義，則叔術所受不止於濫，濫其一邑爾，或叔術所都與？

公扈子者，邾婁之父兄也，【注】當夫子作春秋時，於邾婁君爲父兄之行。公扈者，氏也。【疏】注「公扈者，氏也」。○公羊問答云：「後世有此氏否？」曰：說苑：『公扈子曰：有國者不可以不學春秋。生而貴者驕，生而富者傲。生而富貴，又無鑑，而自得者鮮矣。春秋，國之鑑也。』」又漢書古今人表公扈子、列子魯公扈皆其證。

習乎邾婁之故。【注】故，事也。道所以言也。【疏】注「故事」至「言也」。○襄二十六年左傳「問晉故焉」，杜云：「故，事也。」周禮占人職：「以八卦占筮之八故。」注：「八故，謂八事。」通義云：「能知邾婁之故事者也。以上或説失實，故引其言以證之。」舊疏云「道所以言也」，「謂道下傳所言矣」。

其言曰：「惡有言人之國賢若此者乎？【注】惡有，猶何有、甯有，此之類也。言賢者，甯有反妻嫂，殺殺顏者之行乎？【疏】注「惡有」至「類也」。○高注呂覽本生篇云：「惡，安也。」安有何義，故惡

〔一〕「服氏虔」，原訛作「服氏成」，叢書本作「服氏虔」。公羊通義即誤，然下文「豈虔不曉算術」不誤，據改。

有即何有。○注「言賢」至「行乎」。○通義云：「豈有稱人國之賢者，而所行若此乎？」是叔術妻嫂事，公羊固依違其説也。

誅顔之時天子死，【疏】校勘記云：「唐石經、諸本同。惠棟云：『謂誅顔天子死也，作一句讀。』按，『時』字疑衍。」通義云：「時天子，猶言時君也。」

叔術起而致國于夏父。【注】言叔術本欲讓，迫有誅顔天子在爾。故天子死則讓，無妻嫂、惑兒、争食之事。【疏】注「無妻」至「之事」。○校勘記云：「閩、監、毛本同，誤也。鄂本『惑』作『感』，當據正。」按：紹熙本亦作「感」。

當此之時，邾婁人當被兵于周，曰：何故死吾天子？」【注】猶曰：何故死畜吾天子，違生時命而立夏父乎？此天子死則讓之效也。夫子本所以知上傳，賢者惡少功大也。猶律一人有數罪，以重者論之，春秋滅不言入是也。按：叔術妻嫂，雖有過惡，當絶身無死刑，當以殺殺顔者爲重。宋繆公以反國與與夷，除馮弑君之罪，死乃反國，不如生讓之大也。馮殺與夷，亦不輕於殺殺顔者，比其罪不足，而功有餘，故得爲賢。傳復記公扈子言者，欲明夫子本以上傳通之，故公扈子有是言。【疏】注「猶曰」至「父乎」。○通義云：「死義如『蔑死我君』之死。」按：誅君之子不立，顔爲天子所誅，其子夏父不得立，故常加兵于邾婁也。○注「此天」至「效也」。○正以邾婁被兵于周，曰：「何故死吾天子？」足爲天子死則讓之驗也。○注「夫子」至「是也」。○舊疏云：「上傳謂『五分之，然後受之』以上矣。」唐律疏義名例云：

「諸二罪以上俱發以重者論。」「等者從一：若一罪先發已經論決，餘罪復發，其輕若等勿論，重者更論之，通計前罪，以充〔一〕後數。」所謂以重者論之也。滅不言入，見莊十年，彼傳云：「戰不言伐，圍不言戰，入不言圍，滅不言入，書其重者也。」校勘記云：「鄂本『知』作『如』，此誤。監本『夫』誤『天』。」按：紹熙本「知」亦作「如」，「天」作「夫」，不誤。○注「按叔」至「爲重」。○舊疏云：「但當絶其身不合殺之，故曰無死刑。然則外内亂，鳥獸行，則滅之者，謂姑妹之徒，今一則非父子聚麀，二則嫂非姑姊妹故也。」當以殺殺顔者爲重者，謂犯王命殺魯賢臣，故以爲重。○注「宋繆」至「爲賢」。○舊疏云：「宋繆公反國之事，在隱三年，彼傳文具矣。其除馮弑君之罪者，即桓二年〔二〕『宋督弑其君與夷』，注：『督不氏者，起馮當國。不舉馮弑爲重者，繆公廢子而反國，得正，故爲之諱。』是也。云死乃反國，不如生讓之大者，言繆公死乃反國，非其全讓之意，不如叔術生讓，其功大矣。云罪不足者，謂犯王命殺魯大夫，豈如宋馮弑君乎？故以爲罪少于馮矣。其罪既少，其功有餘，故得賢之。」按：叔術之罪在犯王命，故何氏以與馮弑君相絜，然究不如弑君重，且有讓國之美也。○注「傳復」至「是言」。○解詁箋云：「春秋之義，事在隱元年前者，罪不追治，功必追録。所謂惡惡短，善善長也。叔術之事，傳多存疑辭，末乃以公扈子之言爲斷，意以致國夏父，雖以家事干王事，而意合於讓。夫子追進之，以救末世乎？讓之禍，若宋馮之不書簒而書葬，爲盈諱

〔一〕「充」，原訛作「免」，據唐律疏義校改。
〔二〕「二年」，原誤作「三年」，叢書本同，據公羊注疏校改。

文，以明議賢之辟。然督當國則已有所見矣，猶必曰以成宋亂、取郜大鼎于宋，此與宣公弑子赤〔一一〕，賂齊以濟西田而書即位者，法無異也。若篡弑之罪可除，孰不可除乎？此非制作意矣。公扈子有見夫子通濫之意而爲言，亦非。」包氏慎言云：「世本言邾顔居邾肥，徙郳。杜世族譜言夷父顔有功于周，其子友别爲附庸，居郳。則顔非見誅於周者也。公羊説顔淫魯宮中而納賊，臧氏母以子易公而逃，賊湊而弑臧氏子。而疑其辭曰『邾顔時，邾婁女有爲魯夫人者，則未知爲武公與？爲懿公與？』又言『孝公幼』，据史記魯世家，孝公爲武公子，懿公弟。懿公薨後，尚有兄子伯御，立十一年，然後孝公繼之。武公在位僅二年，而其繼立者少子戲，是爲懿公。懿公被弑而立伯御。宣王伐魯而立孝公，事見周語。然則孝公之立，天子爲魯之逆王命，因誅魯之所立，而立孝公，不關於邾顔。傳言『顔夫人，嫗盈女也』。謂之嫗盈女，著其賤也。則叔術之妻嫂，非嫂也，盈女不忘夫，而志報夫仇，自以色市，盈女無罪。叔術利色而爲之殺殺顔者，則罪無所逃，故末述公扈子之言曰：『烏有言人之國賢若此者乎？』誅顔之時天子死，叔術起而致國乎夏父，當是時，邾人嘗被兵于周，曰：何故死吾天子？』則叔術者，天子誅顔之時所立。妻嫂之事，言者之妄也。据言者之説，顔以邾君而淫魯宮，外淫當誅，納賊而賊魯幼君，顔之罪不止於其身，天子誅顔反魯君，義也。誅君之子不立，夏父爲顔子，本無得國之理。叔術者，天子所立，無嫌於篡，致國於夏父，非正也。然則天子之誅顔，必非如言者所云。顔誅不以罪，叔術有嫌於心，故因天子死，而致國于夏父，

〔一一〕「子赤」下原衍「立」字，叢書本同，據公羊何氏解詁箋校删。

春秋當篡奪之時，以讓救争，故不追治其逆天子命之罪，而以讓國之功，通其所封邑，比之列國，所謂善善及子孫也。黑弓以濫來奔，叛也，不繫黑弓於邾婁，則没其叛罪，益若濫爲黑弓之邑，其來奔也，如紀季以酅入于齊者然。何氏之叔術妻嫂，身當絶，無死刑，當以殺殺顔者爲重，意以叔術之殺殺顔者，爲國討賊。何氏益亦以顔之見誅於天子死於訴，而其訴於天子，必不如言者之云。如言者云云，鮑廣父、梁買子者，魯臣也，叔術何得殺之？術即殺之，魯能已乎？天子能已乎？當魯孝公時，宣王在上能誅顔，不能誅術乎？則邾婁國爲墟矣，又有何國之可讓？公羊記言者之辭，傳疑也，記公扈子之言解惑也。扈爲邾父兄習邾故，不信公扈子之言，而執言者傳聞之偏辭以譏公羊，則公羊非怪，而人自怪之耳。」按：包氏所駁，深得傳意。

通濫，則文何以無邾婁？【注】据國未有口繫于人。【疏】注「据國」至「于人」。○舊疏云：「言若通濫是國，宜應特達，何故文上無邾婁而已，其口仍繫邾婁言之乎？故注云『據國未有口繫于人』。」則傳意謂通濫則文何以止無邾婁，又謂春秋之文，弟子據以相難也。

天下未有濫也。【注】欲見天下實未有濫國，春秋新通之爾，故口繫于邾婁。【疏】注「欲見」至「邾婁」。○正以當時原無濫國，通濫爲國，春秋新意也。是故口繫邾婁，不得更改也。

天下未有濫，則其言以濫來奔何？【注】据上説天下實未有濫者，言春秋新通之也。春秋所通之君文成矣，不言濫黑弓來奔，而反與大夫竊邑來奔同文。【疏】注「春秋所通之君」。○校勘記云：「鄁本『所』作『新』，此誤。上之春秋新通之君可證。」按：紹熙本亦作「新」。○注「不言」至「同文」。○即襄二十一年「春，邾婁庶其以漆、閭丘來奔」之屬是也。既成濫爲國，則宜書濫黑弓來奔，不宜仍與庶其等文同也。

叔術者，賢大夫也。絶之，則爲叔術不欲絶；不絶，則世大夫也。【注】此解不言濫黑弓意。叔術者，賢大夫也。如不口繫邾婁，文言濫黑弓來奔，則爲叔術賢心，不欲自絶于國，又觸天下實有濫，無以起新通之，文不可設也。如口不絶邾婁，文言濫黑弓來奔，則嫌氏邑，起本邾婁世大夫，春秋口繫通之，文亦不可施。【疏】注「此解」至「弓意」。○弟子問文。言以濫來奔，與竊邑同之意。此答爲不言濫黑弓來奔，意似相違，正以不言濫黑弓意明，則文言以濫來奔義著矣。○注「叔術」至「設也」。○叔術，賢大夫，不欲與邾婁絶，若不口繫邾婁，嫌叔術已與國絶，是失賢者心，且似實有濫國，春秋新意不明，無以見追有功、顯有德、興滅繼絶之義。通義云：「假令與邾婁庶其同書，則黑弓醇爲叛人，而叔術子孫無專濫之道，是絶之也。今爲叔術賢，故不欲絶其世。」亦通。毛本「實」誤「寳」。○注「如口」至「氏邑」。○舊疏云：「若口云邾婁，文言濫黑弓來奔，則嫌大夫氏邑。」通義云：「假令不絶，則當云濫黑弓來奔，則又嫌大夫皆得世其邑〔一〕。」○注「起本」至「可施」。○舊疏云：「欲起黑弓本是邾婁世〔二〕大夫，口繫于邾

〔一〕「其邑」二字原脱，據公羊通義校補。
〔二〕「世」字原脱，叢書本同，據公羊注疏校補。

婁，欲〔一〕通之爲世大夫故也。」按：疏意不明，何意以黑弓本邾婁世大夫，春秋因其口繫于邾婁，但可通濫爲國，不得徑施濫文於黑弓上也，蓋通濫爲國，不言邾婁。春秋之賢叔術，其言以濫來奔者，究係竊邑叛臣，設其文不得没其實也，此之故也。

大夫之義不得世，故於是推而通之也。【注】推猶因也，因就大夫竊邑奔文通之，則大夫不世，叔術賢心不欲自絶，兩明矣。主書者，在春秋前，見王者起，當追有功，顯有德，興滅國，繼絶世。【疏】注「推猶因也」。○禮記儒行「下弗推」注：「推猶進〔二〕也，舉也。」皆與因義相足。○注「因就」至「明矣」。○正以不書濫黑弓，但就竊邑〔三〕奔文，見通濫爲國，是大夫不世，與叔術不絶于國之義兩明也。通義云：「故使仍與大夫以邑叛者同文，而又别之于邾婁，則黑弓實大夫，與叔術不當絶之義，皆可推而知也。蓋叔術雖世爲大夫于邾婁，原其始，本與夏父分國，土地人民皆所固有，不得反責其專濫爲竊邑也。」按：孔義非。春秋但賢叔術，故文不繫邾婁，而「以濫來奔」，實與竊邑同科也。雖文夏父分治，諸侯且不得專地，何論大夫也！○注「主書」至「絶世」。○舊疏云：「隱元年注：『諸大夫立隱不起者，在春秋前，明王者受命，不追治前事。』今此追之者，春秋之義，勸其後功，是以上二十年傳曰：『君子之善善也長，惡惡也

〔一〕「欲」，原訛作「新」，叢書本同，據公羊注疏校改。
〔二〕「進」，原訛作「追」，叢書本同，據禮記正義校改。
〔三〕「邑」，原訛作「已」，叢書本同，據【注】文校改。

短；惡惡止其身，善善及子孫。賢者子孫，故君子爲之諱也。』」漢書丙吉傳：「制詔丞相御史：『蓋聞褒功德，繼絶統，所以重宗廟，廣賢聖之路也。』」又外戚恩澤侯表：「自古受命及中興之君，必興滅繼絶，修廢舉逸，然後天下歸仁，四方之政行焉。」又功臣表云：「是以内恕之君樂繼絶世，隆名之主安〔一〕立亡國，至於不及下車，德念深矣。」後漢書馮異傳：「安帝詔曰：夫仁不遺親，義不忘勞，興滅繼絶，善善及子孫，古之典也。」白虎通封公侯云：「王者受命而作，興滅國，繼絶世何？爲先王〔二〕妄殺無辜，及嗣子幼弱，爲强臣所奪，子孫皆無罪囚而絶，重其先人之功，故復立之。論語曰：『興滅國，繼絶世。』」韓詩外傳：「古者天子爲〔三〕諸侯受封，謂之采地。百里諸侯以三十里，七十里諸侯以二十里，五十里諸侯以十里。其後子孫雖有罪而絀，使子孫賢者守其地，世世以祠其始受封之君。此之謂興滅國，繼絶世也。書曰：『茲予大享于先王，爾祖其從與享之。』」濫本非國，無爲興繼，春秋意在追有功，顯有德，故從興滅繼絶起義也。

○十有二月，辛亥，朔，日有食之。【注】是後昭公死外，晉大夫專執，楚犯中國圍蔡也。【疏】包氏愼言云：「十二月書辛亥，据曆爲二日。大月則十二月朔，亦爲辛亥。然少餘不得歲增二日。」劉歆亦

〔一〕「安」，原訛作「每」，叢書本同，據漢書校改。
〔二〕「先王」，原訛作「先生」，叢書本同，據白虎通校改。
〔三〕「爲」字原脱，叢書本同，據韓詩外傳校補。

以爲月之二日。臧氏壽恭：「推是年正月乙酉朔，大；二月乙卯朔，小；三月甲申朔，大；四月甲寅朔，小；五月癸未朔，大；六月癸丑朔，小；七月壬午朔，大；八月壬子朔，小；九月辛巳朔，大；十月辛亥朔，小；十一月庚辰朔，大；十二月庚戌朔，二日辛亥也。」○注「是後」至「蔡也」。○昭公死外，即下三十二年「公薨于乾侯」是也。晉大夫專執，即定元年「晉人執宋仲幾歸于京師」是也。楚犯中國圍蔡，即定四年「楚人圍蔡」是也。舊疏云：「直言圍蔡足矣，何須言楚犯中國？欲言日食爲夷狄强諸夏微之象故也。」五行志下之下：「三十二年十二月辛亥，朔，日有食之。董仲舒以爲，宿在心，天子象也。時京師微弱，後諸侯果相率而城周，宋仲幾亡尊天子之心，而不衰城。劉向以爲，時吴滅徐，而蔡滅沈，楚圍蔡，吴敗楚入郢，昭王走出。」皆與何氏所占異。

○三十有二年，春，王正月，公在乾侯。

○取闞。

闞者何？邾婁之邑也。【疏】左傳疏引土地名：「東平須昌縣東南有闞城。」

曷爲不繫乎邾婁？諱亟也。【注】與取濫爲亟。【疏】注「與取濫爲亟」。○即上三十一年「黑弓以濫來奔」是也。舊疏云：「取亦有作『受』字者。」按：莊二年疏引作「受」，今作「取」，誤。二年之間比取兩邑，故以爲亟，而諱之也。通義云：「公在外，而國中取邑，宜若無諱然。春秋壹不變其常詞者，所以存公而正名分也。」杜預以爲昭公取魯邑。彼未知齊侯取運，唯繫之齊得言取爾。若繫之公而言取，則是許隱如專魯，而公反爲取季氏之所有矣。不亦昧乎順逆之甚？」按：左、穀皆誤以「取闞」與「公在乾侯」連文。

○夏，吴伐越。

○秋，七月。

○冬，仲孫何忌會晉韓不信、齊高張、宋仲幾、衛世叔申、鄭國參、曹人、莒人、邾婁人、薛人、杞人、小邾婁人城成周。【注】書者，起時善，其修廢職，有尊尊之意也。孔子曰：「謹權量，審法度，脩廢官，四方之政行焉。」言成周者，欲〔一〕起正居，實外之。【疏】注「書者」至「意也」。○校勘記云：「蜀大字本、閩、監本同。鄂本無『也』字。毛本誤『尊卑』。」穀梁「世叔申」作「大叔申」。左傳「莒人」下脱「邾人」二字。舊疏云：「隱七年：『城中丘。』傳：『何以書？以重書也。』注云：『以

〔一〕「欲」字原脱，叢書本同，阮元校勘記曰：「疏中引注作『欲起正居』，此脱『欲』字。」據補。

功重，故書也。當稍稍補完之，至今大崩弛壞敗，然後發衆城之，猥苦百姓〔一〕，虚空國家，故言城，明其功重，與始作城無異。』然則天子之城，不時脩理，至令大壞，方始城之。而書者，正欲起其當時之善故也。何者？當是之時，天子陵遲，諸侯奢縱，忽能修其廢職，有尊尊之心，是以書見，故曰起時善。」通義云：「穀梁傳曰：『天子微，諸侯不享覲。』天子之在者，唯祭與號，故諸侯之大夫相帥以城之，此變之正也。」○注「孔子」至「行焉」。○論語堯曰篇文，彼不冠「孔子曰」。按：漢書律曆志云：「周衰失政，孔子陳後王之法，曰：『謹權量，審法度，修廢官，四方之政行矣。』」明皆孔子語。宣十七年注引「興滅國」全節文，亦有「孔子曰」，引之者，證修廢職也。○注「言成」至「外之」。○校勘記云：「疏中引注作『欲起正居』，此脱『欲』字。」舊疏云：「正以不言京師而言成周者，欲起正居在成周故也。言實外之者，正以王微弱，不能守成周。猥苦天下，是以不言京師，實外天子。」按：外之者，春秋内其國而外諸夏，與宣十六年書成周，意使若國文也。漢書地理志「雒陽」下云：「周公遷殷民，是爲成周。春秋昭公三十二年，晉合諸侯于狄泉，以其地大成周之城，居敬王。」

○十有二月，己未，公薨于乾侯。【疏】包氏慎言云：「十二月書己未，月之十七日。」易林遯之蠱云：「昭公失常，季氏悖狂，遜齊處鄆，喪其寵身。」

〔一〕「百姓」原誤疊，叢書本不誤，據删。

公羊義疏六十八

南菁書院　　句容陳立卓人著

定元年盡是年

〇春秋公羊經傳解詁定公第十。【疏】校勘記：「唐石經定公第十一卷下〔一〕。」魯世家：「昭公卒于乾侯。魯人共立昭公弟宋爲君，是爲定公。」左傳釋文：「定公名宋，襄公之子，昭公之弟。謚法：安民大慮曰定。」此釋文又云：「何以定公爲昭公子，與左氏異。」

〇元年，春，王。

定何以無正月？【注】據莊公雖不書即位，猶書正月。【疏】通義以下「三月」屬「春王」絶讀，云：「据隱公元年『春，王正月。三月，公及邾婁儀父盟于眜』，莊公元年『春，王正月。三月，夫人孫于齊』，俱事在

〔一〕「下」，原訛作「十」，叢書本同，據阮元校勘記校改。

三月，必以正月首時，今直舉三月，故問之云爾。相承此傳，橫著『元年，春，王』之下，竊以王爲月設，春王斷句理不可通，故升『三月』二字於上，輒蹈不知之作，抑慙蓋闕之義。」按：穀梁傳注引徐邈曰：「按傳定元年不書正月，言定無正也。然則，改元即位在於此年，故不可以不書王。書王，必有月以承之，故因其執月以表年首爾，不以謹仲幾也。」則徐氏以三月連讀矣。按：如傳義，定、哀多微辭，去正月者，隱起定公不得繼體奉正，不於春王絶句，無以起定無正月義。不嫌如通三統之書春王三月乎？○注「据莊」至「正月」。○即莊元年經云：「元年，春，王正月。」是也。舊疏云：「莊公之經上有正月，下有三月。今定公亦下有三月，而上無正月，故据之。」又云：「隱公之經亦云『元年，春，王正月』，下云『三月，公及邾婁儀父盟于眛』，亦是上有正月，下有三月，而不据之者，正以隱公所承，不薨于外，且欲讓桓，位非己有，與定公不類。其閔、僖之屬，雖承弒君之後，其所承者，皆在位見弒，元年之下復無三月之文，與定不同，故不据之。然則，桓公戕于齊，昭公卒于外，亦是不類而得据之者，正以昭公失道，爲臣所逐，終死于外，恥與桓同，故据之耳。」穀梁疏亦以莊公相例，即本此傳爲義。

正月者，正即位也。【注】本有有正月者，正諸侯之即位。【疏】注「本有」至「即位」。○校勘記云：「監、毛本同。閩本不疊『有』字。按，下『有』字，衍文。」今按：紹熙本亦不疊「有」字。通義云：「本所以不言即位，仍言正月者，存其踰年即位之實也。」舊疏云：「隱元年傳：『何言乎王正月？大一統也。』」「以此言之，書正月，爲大一統。而言正諸侯之即位，兼二義故也。何氏彼注云：『自公侯至於庶人，自山川至於草木昆蟲，莫不一一繫於正月。』即是正月者，正諸侯即位之義。」

定無正月者，即位後也。【注】雖書即位於六月，實當如莊公有正月。今無正月者，昭公出奔，國當絶，定公不得繼體奉正，故諱爲微辭，使若即位在正月後，故不書正月。【疏】舊疏云：「謂定公行即位之禮在正月之後也。」通義云：「定公即位實在六月，則不假存正月矣。」○注「雖書」至「正月」。○正以正月以存君，昭公殁，定公立國，不可一日無君，故雖未即位，亦宜如莊公之有正也。左傳疏云：「六月既改之後，方以元年紀事。及其〔一〕史官定策，雖〔二〕有一統，不可半年從前，半年從後。雖則年初亦統此歲，故入年即稱元年也。」既經改元，即宜有正矣。○注「今無」至「正月」。○漢書梅福傳：「匡衡議：以爲春秋之義，諸侯不得守其社稷者，絶。」是昭公出奔當絶也。舊疏云：「依經及傳，正以定公即位在正月之後，故無正月。何氏更言『昭公出奔，國當絶，定公不得繼體奉正』者，正以〔三〕書正月，大一統也，明不但一〔四〕即位而已。且諸侯之法，禮當死位，而昭公不君，棄位出奔，終卒於外，爲辱更甚，論其罪惡，君臣共有，故知魯國之當絶矣，是以何氏消量作如此注。故諱爲微辭者，謂經與傳直作無即位，故無正月之義。其定公當絶之文没而不見，故謂微辭爾〔五〕。」包氏慎言云：「如何氏言誅君之子不立，絶君之子亦不得立也。鄭伯突出

〔一〕「其」字原脱，據左傳正義校補。
〔二〕「雖」，原訛作「須」，據左傳正義校改。
〔三〕「以」，原訛作「月」，據公羊注疏校改。
〔四〕「一」字原脱，據公羊注疏校補。
〔五〕「爾」，原訛作「而」，叢書本同，據公羊注疏校改。

奔，以奪正録，不以失衆録。奪正之罪，重於出奔失衆。律所謂一人犯二罪，以重者論。然則奪正，罪應誅也。」按：穀梁傳：「不言正月者，定無正也。定之無正，何也？昭公之終，非正終也。定之始，非正始也。昭無正終，故定無正始也。」又下「公即位」，穀梁傳云：「即位，授受之道也。先君無正終，則後君無正始也〔一〕；先君有正終，則後君有正始也。戊辰，公即位，謹之也。定之即位，不可不察也。」是則穀梁義，亦不與定公繼體奉正也，「不可不察」，蓋亦微辭與？何氏謂「昭公出奔，國當絶」，謂昭公絶於國爾。舊疏謂「魯國當絶」，過矣。季氏當誅，然叔孫舍、叔詣固欲納君矣，不得謂魯無臣子也。惟定爲絶君之子，不合即位。春秋之義，宜於成、襄之後擇賢而立焉爾，故不書正以示義焉。論語爲政篇：「或謂孔子曰：『子奚不爲政？』」劉氏逢禄論語述何云：「政者，正也。春秋定無正月者，昭非正終，定非正始也。夫子以昭公孫于齊之年〔二〕適齊，以定公元年反魯，不仕。故或人問之。引書『友于兄弟』爲孝者，繼體之君，臣子一例。定公，昭公之弟，不宜立者也。受國於季孫，而不知討賊，則爲政之本失矣。書即位，桓公、宣公例也。『癸亥，公之喪至自乾侯。戊辰，公即位』，微辭也。『是亦爲政』，婉辭也。『奚其爲爲政』，直〔三〕辭也。」按：劉氏之

〔一〕「先君無正終，則後君無正始也」句原脱，叢書本同，據穀梁傳校補。
〔二〕「之年」二字原脱，叢書本同，據論語述何校補。
〔三〕「直」，原訛作「正」，叢書本同，據論語述何校改。

説甚是，惟以定爲昭弟，非何氏義。若果昭弟，責其不討賊可也，不得謂其不宜立也。藝文類聚〔一〕引：「感精符云：『魯昭公時，雉銜環入〔二〕。』注：雉之爲言弟也。喻昭公弟爲季氏入之爲君也。」亦以定爲昭公弟。

即位何以後？【注】据正月正即位。

昭公在外，【注】昭公喪在外。【疏】注「昭公喪在外」。○穀梁傳：「不言即位，喪在外也。」

得入不得入，未可知也。【疏】舊疏云：「謂昭公之喪在外，得入不得入，未可知，不謂据定公之身也。其實定公先在于内，是以上文已稱元年矣。但以君喪未入，未得正行即位禮，是以即位在正月之後。而左氏以爲喪及壞隤，公子宋乃先入者，何氏所不取。」按：穀梁下「公即位」，傳云：「於厲之中，又有義焉。未殯，雖有天子之命〔三〕猶不敢，況臨諸臣乎？周人有喪，魯人有喪；周人弔，魯人不弔。周人曰：『固吾臣也，使人可也。』魯人曰：『吾君也，親之者也，使大夫則不可也。』故周人弔，魯人不弔，以其下成、康爲未久也。君，至尊也，去父之殯而往弔猶不敢，況未殯而臨諸臣乎？」范注：「先君未殯，則後君不得

〔一〕「藝文類聚」，原爲「北堂書鈔」。然北堂書鈔作「魯昭公時，白雉銜環入」，無以下注釋文字。藝文類聚引感精符文，並有此注，據改。
〔二〕「雉銜環入」，原訛衍作「雉還環入宋」，叢書本同，據藝文類聚删正。
〔三〕「之命」二字原脱，叢書本同，據穀梁傳校補。

即位。」昭公之喪入不入未可知，故定公不得行即位禮也。

曷爲未可知？【注】据已稱元年。【疏】注「据已稱元年」。○舊疏云：「謂已稱元年春，似行即位之禮訖。何言昭公之喪得入不得入未可知也？而即位後乎？」

在季氏也。【注】今季氏迎昭公喪而事之，定公得即位；不迎而事之，則不得即位。【疏】舊疏云：「定公是時雖以先君之喪未入，未行即位之禮，其實爲君之道已成，是以上文得稱『元年春』矣。但猶微弱，不敢逆其父喪，故云在季氏也。」通義云：「昭公之世子衍與公子宋俱從在外。季氏謀黜衍而立宋，故雖踰年，君位尚未有定屬也。」

定、哀多微辭。【注】微辭，即下傳所言者是也。定公有王無正月，不務公室，喪失國寶；哀公有黃池之會，獲麟，故總言多。【疏】注「微辭」至「是也」。○文選劉歆移書讓太常博士云：「及夫子殁而微言絶。」注引論語讖曰：「子夏六十四人，共撰仲尼微言。」荀子勸學云：「春秋之微也。」楊注：「謂襃貶沮勸。」漢書藝文志注：「李奇曰：微言，隱微不顯之言也。」禮記檀弓云：「禮有微情者。」疏引何胤〔一〕云：「微者，不見也。」又坊記云：「所以章疑別微。」左傳哀十六年注：「微，匿也。」蓋匿其實義，而隱微其辭也。舊疏云：「定、哀二君，微辭有五，故謂之多。不謂餘處更有所對。若然，昭與定、哀同是太平之世，所以特言定、哀

〔一〕「何胤」，原作「何允」，清人避雍正皇帝胤禛之名諱，改「胤」爲「允」，今恢復本字。

者，昭公之篇無微辭之事，甯可彊言之乎？」繁露楚莊王云：「義不訕上，智不危身，故遠者以義諱，近者以智畏，畏與義兼，則世愈近，而言愈謹矣。」又觀德云：「魯十二公，等也，而定、哀最尊。」史記匈奴列傳：「太史公曰：孔氏著春秋，隱、桓之間則章，至定、哀之際則微，爲其切當世〔一〕之文而罔褒，忌諱之辭也。」

○注「定公」至「言多」。○定公有王無正者，上注云：「雖書即位於六月，實當如莊公有正月。今無正月者，昭公出奔，國當絶，定公不得繼體奉正，故諱爲微辭，使若即位在正月後，故不書正月。」然則書正月，所以大一統，不但書即位而已。惟昭公當絶，定公不當立，皆宜絶，不可直書，故退即位於下。若似未即位，故不書正月然也，故爲微辭，没其當絶之文也。不務公室者，下二年「新作雉門及兩觀」，傳云：「修舊不書，此何以書？譏。何譏爾？不務乎公室也。」注：「務，猶勉也。不務公室，亦可施于久不脩，亦可施于不務如公室之禮，微辭也。」正以孔子曰：「禄之去公室五世矣，政逮于大夫四世矣。」譏定公不罪季氏，務彊公室，乃脩大門觀，僭越王制。不敢顯言，但書「新作雉門及兩觀」，爲若不務公室，久不脩治云爾，亦得爲微辭也。喪失國寶者，下八年「盜竊寶玉、大弓」，傳云：「寶者何？璋判白。」注：「不言璋言玉者，起珪璧琮璜五玉，盡亡之也。」傳特言璋者，所以郊事天，尤重也。謂之寶者，世世寶用之辭。書大弓者，使若都以國寶書，微辭也。則經言「盜竊寶玉〔二〕大弓」，若似所謂寶玉者即大弓等。言可世世保用

〔一〕「世」，原訛作「時」，叢書本同，據史記校改。
〔二〕「玉」，原訛作「用」，叢書本同，據下八年春秋經文校改。

之，其實因定公失政，陪臣專權，拘執正卿，喪失五玉，無以合信天子，交會鄰邦，當絶故也，故微其辭也。黄池之會者，哀十三年：「夏，公會晉侯及吴子于黄池。」傳：「其言及吴子何？會兩伯之辭也。不與夷狄之主中國。曷爲以兩伯之辭言之？重吴也。曷爲重吴？吴在是，則天下諸侯莫敢不至也。」注：「以晉爲大國，尚猶汲汲于吴，則知諸侯莫敢不至也。不書諸侯者，爲微辭，使若天下盡會之，而魯侯蒙俗會之者惡愈。」是也。蓋彼本惡諸侯君事夷狄，因書晉及吴，見晉尚汲汲於吴，知諸侯莫敢不至，則魯之往會，恥殺矣，是亦微辭也。獲麟者，哀十四年「西狩獲麟」是也。注：「絶筆於春，起木絶火，王制作道備，當授漢也。」而經但書「獲麟」，春秋紀以爲瑞，明撥亂功成，明大平以瑞應爲效，亦得謂爲微辭矣。

主人習其讀，而問其傳，【注】讀，謂經；傳，謂訓詁；主人，謂定公。言主人者，能爲主人皆當爲微辭，非獨定公。【疏】舊疏云：「主人習其讀，謂習其經而讀之也。而問其傳者，謂問其夫子口授之傳訓詁之義矣。」○注「主人」至「定公」。○謂若黄池之會。獲麟在哀公之世，則主人屬哀公。蓋凡得位有權勢者，皆爲主人，故爲微辭，以辟害容身也。

則未知己之有罪焉爾。【注】此假設而言之，主人謂定、哀也。設使定、哀習其經而讀之，問其傳解詁，則不知己之有罪於是。此孔子畏時君，上以諱尊隆恩，下以辟害容身，慎之至也。【疏】隱二年傳：「託始焉爾。」注：「焉爾，猶於是也。」舊疏云：「讀其微辭，意指難明，雖問解詁，亦未知己之有罪乎春秋。

讀定元年經，而問其傳之解詁云：『定何以無正月？正月者，正〔一〕即位也。定無正月者，即位後也。』無以知其國當絶，定公不得繼體奉正之義。假令讀定二年經云『新作雉門及兩觀』，而問其傳之解詁云：『脩舊不書，此何以書？譏。何譏爾？不務乎公室也。』正以久不脩理，不以公室爲急務，故書之，無以知其僭天子是也。」○注「此假」至「於是」。○舊疏云：「當爾之時未有春秋，故知主人習其經而讀之者，假設而言之也。既未有春秋，而彊言主人，故云此假設而言之。云主人謂定、哀者，正以上言『定、哀多微辭』，下文即言『主人習其讀』，故知此主人者，宜指定、哀言之也。」○注〔二〕「此孔」至「至也」。○舊疏云：「此時君者，還指定、哀也。孔子作春秋當哀公之世，定殁未幾，臣子猶存，故亦畏之，爲之諱惡恩隆於定、哀，故曰上以諱尊隆恩也。若不迴避其害，則身無所容，故曰下以辟害容身也。其傳未行，口授弟子，而作微辭以辟其害，亦是謹慎之甚，故曰此慎之至也。」按：諱尊者，繁露觀德云「魯十二公，等也，而定、哀最尊」是也。隆恩者，隱元年注云：「於所見之世，恩已與父之臣尤深。」又云：「立愛自親始，故春秋据哀録隱。」是也。漢書蓺文志云：「春秋所貶損大人當世〔三〕君臣，有威權勢力，其事實皆形於傳，是以隱其書而不宣，所以免時難也。」是辟害容身之義也。通義云：「微詞者，意有所託，而詞不顯，唯察其微者，乃能知之。蓋所記事，皆同時君臣，既以諱尊隆恩，亦無道言孫之法也。」是也。論語憲問篇：「邦無道，危

〔一〕「正」，原訛作「即」，據公羊注疏校改。
〔二〕「注」，原訛作「往」，叢書本同，據本書體例，此當爲「注」字，徑改。
〔三〕「世」，原訛作「時」，叢書本同，據漢書校改。

行言孫。」注：「孫，順也。厲行不隨俗〔一〕，順言以遠害。」又爲政云：「多見闕殆。」論語述何云：「謂所見世也。殆，危也。春秋定、哀多危辭，上以諱尊隆恩，下以避害容身，慎之至也。」戴氏望論語注亦云：「於所見世，君大夫有過惡，不敢直陳，而託諸微辭，以見遠害。如定無正月、書『戊辰，公即位』及『立煬宮』不日之類，皆是也。」

○三月，晉人執宋仲幾于京師。【疏】校勘記云：「唐石經、諸本同。釋文『仲幾』，本或作『機』。按，昭三十一年疏作『仲機』，左氏、穀梁及漢書五行志皆作『幾』。」通義云：「三月，雖繫執仲幾，其實外執大夫例時。」非何氏義。

仲幾之罪何？【注】据言于京師，成伯討辭，知有罪。【疏】舊疏云：「上言晉人似非伯討，言于京師是伯討之文，與奪未明，故難之。」○注「据言」至「有罪」。○成十五年：「晉侯執曹伯，歸之于京師。」注：「爲篡喜時。」是言「于京師」爲執有罪，故成伯討也。

不蓑城也。【注】若今以草衣城是也。禮，諸侯爲天子治城，各有分丈尺，宋仲幾不治所主。【疏】校勘記云：「閩、監、毛本同。唐石經『蓑』作『衰』。釋文作『不衰』，云：『或作蓑。』困學紀聞云：『按左氏傳遲速

〔一〕「厲行不隨俗」，原訛作「厲言不危俗」，叢書本同，據論語注疏校改。

衰序，於是焉在。』又云：『宋仲幾不受功。』『蓑』字當從漢志作『衰』，與左氏合。」按：釋文作「衰」，音素戈反，則字作「衰」，而音同「蓑」，其或音初危反，乃衰本音也。經義雜記云：「五行志『不衰城』，師古曰：『衰城，謂以差次受功賦也。衰音初爲反。一曰衰讀爲蓑，蓑城，謂以草覆城也。蓑音先和反。』」「按釋文及漢志，知公羊本作『不衰城』。説文：『衰，艸雨衣，从衣象形。』何注用説文本義。作蓑，俗字也。衰城義當從師古説。」通義本作「衰」，云：「董仲舒讀傳文如是，是衰分之衰。師古謂『以差次受功賦也』。何邵公讀爲『蓑』，云：『若今以草衣城。』然今本竟作『蓑』字者，誤也，定从開成石經作『衰』。」○注「若今」至「是也」。○魏志劉馥傳：「揚州刺史劉馥，高爲城壘，多積木石，編作草苫數千萬枚爲備。」及吴圍合肥，「天連雨，城欲崩，於是以苫蓑覆之」。故何氏以時事喻之也。故舊疏云：「衣讀如衣輕裘之衣。」按：五行志下之下：「宋仲幾亡尊天子之心，而不衰城。」師古注：「一曰，衰讀爲蓑。蓑城，謂以草覆城。蓑音先和反。」是。顔氏亦二説備存。按：説文衣部「衰」下段注云：「艸部：『萆，雨衣，一曰衰衣。』小雅『何蓑何笠』，傳：『蓑所以備雨。』齊語注：『襏襫，蓑襞衣也。』六韜：『蓑薜、簦笠。』衰俗從艸作蓑。而衰遂專〔一〕爲等衰、衰絰字。以草爲雨衣，必層次編之，故引伸爲等衰〔二〕也。」郭璞注山海經：「蓑，辟雨之衣也，音摧〔三〕。」衰以辟雨，因即用以衣城，即謂衰城。管子謂：水官之吏，常按行隄，有大雨，各葆其所，可治者

〔一〕「專」字原脱，叢書本同，據段玉裁説文解字注校補。
〔二〕「衰」，原作「差」，叢書本同，據段玉裁説文解字注校改。
〔三〕「音摧」，四部叢刊本山海經及四庫全書本山海經作「音梭」，正統道藏太玄部山海經作「音催」。

趣治，隄防可衣者衣之。即蓑城之法也。○注「禮諸」至「丈尺」。○周禮大司馬云：「大役，與慮事屬其植。」注：「植，築城楨〔一〕也。屬，賦丈尺與其用人數。」鄭意，植即春秋傳「華元爲植巡功」之植。屬，即聚會之要者，簿書。左傳「諸侯城成周」，「屬役賦丈〔二〕，書以授帥」，及會城而栽。注：栽，即植也，謂楨幹。書者，要也。謂役要，即何氏所謂治城各有分丈尺，顔氏所謂差次受功賦也。經義雜記又云：「衰城之義，有從師古説，謂以差次受功賦。顔氏必本漢魏人舊注，故勝於何邵公。陸德明亦一音初危反。國語齊語：『管子曰：相地而衰征，則民不移。』韋注：『衰，差也。視土地之美惡及所出生〔三〕，以差征賦之輕重也。』可證顔注之有本。左傳：『孟懿子會城成周。庚寅，栽。宋仲幾不受功。』『乃執仲幾以歸。三月，歸諸京師。』與顔注正合。徐疏謂昭之二年，『既城訖，於此責其不蓑而已』，此臆説也。按，何氏此云『各有分丈尺』，亦即衰次之義。」公羊禮説云：「公羊之義，不絶異説，一事兩義，往往並載。傳『不蓑城也』，詩傳『蓑所〔四〕以備雨』，何氏望文生義，以漢法況之，故云若今以草衣城。劉馥傳『天雨，城欲崩，以苫蓑覆之』是也。何又云：『諸侯爲天子治城，各有分丈尺。』此即九章所謂差分，謂『衰分』也。何氏蓋見京師有作衰城者，師古五行志注與何氏後説同。何氏据胡毋生條例，與董仲舒不同，是所受之本異，故兩存其

〔一〕「楨」，原訛作「植」，叢書本同，據周禮注疏校改。楨，築牆時豎在兩端的木柱。
〔二〕「丈」，原訛作「又」，叢書本同，據左傳校改。
〔三〕「出生」，原訛作「生土」，叢書本同，據國語韋昭注校改。
〔四〕「所」字原脱，叢書本同，據毛詩正義校補。

說也。」按：何氏自以以草衣城爲正解，即此所云分丈尺，亦謂分丈尺以草衣城。上年城訖，恐未堅牢，故更以草覆蔽，用防雨雪崩弛之事。舊疏亦非無見也。○注「宋仲」至「所主」。○即左傳之「宋仲幾不受功」也。即不受役要也。彼傳「仲幾曰：『滕、薛、郳，吾役也』」云云，是其事也。

其言于京師何？【注】据城言成周，執不地。【疏】注「据城言成周」。○即昭三十二年，「冬，仲孫何忌會晉韓不信以下城成周」是也。○注「執不地」。○舊疏：「謂春秋上下，大夫見執，例不舉地，即下六年『晉人執宋行人樂祈黎』、七年『齊人執衛行人北宮結』之屬是也。若然，成十六年『晉人執季孫行父，舍之于招丘』，彼傳云：『執未有言舍之者，此其言舍之何？仁之也，曰在招丘，悕矣。』注：『悕，悲也。仁之者，若曰在招丘可悲矣。閔録之辭。』『執未言仁[一]之者，此其言仁之何？代公執也。』是也。」

伯討也。【注】大夫不得專執，執無稱名氏，見伯討例，故地以京師，明以天子事執之，得伯討之義。

【疏】注「大夫不得專執」。○正以上年經書「城成周」，皆大夫。此年左傳云：「士伯怒，謂韓簡子曰：『薛徵於人，宋徵於鬼，宋罪大矣。必以仲幾爲戮。』乃執仲幾以歸。」是大夫專執事也。下傳云：「大夫之義，大夫不得專執也。」是大夫不得專執。○注「無稱」至「之義」。○僖四年傳：「稱侯而執者，伯討也。稱人而執者，非伯討也。」是諸侯執人之例。其大夫不得專執，既執之有理，故没其名氏，地以京師，從伯討之例，明以天子事執，爲得伯討義也。

[一]「仁」下原衍「有」字，叢書本同，據公羊注疏校删。

伯討則其稱人何？【注】据城稱名氏，諸侯伯執不稱人也。復發此難者，弟子未解，嫌大夫稱人相執，與諸侯同例。【疏】注「据城稱名氏」。○即昭三十二年書「仲孫何忌會晉韓不信以下城成周」是也。○注「諸侯」至「人也」。○即僖四年傳「稱侯而執者，伯討也。稱人而執者，非伯討也」，又成十五年書「晉侯執曹伯，歸之于京師」，是伯討不稱人例也。○注「復發」至「同例」。○正以經稱晉人，嫌大夫相執亦稱人，以執非伯討，與諸侯同，故發此難。

貶。【注】故稱人爾，不以非伯討故。【疏】注「故稱」至「討故」。○故稱人爾義，具下傳所謂「文不與」者是也。

曷爲貶？【注】据晉侯伯執稱人，以他罪舉。【疏】注「据晉」至「罪舉」。○即僖二十八年，「晉人執衛侯，歸之于京師」是也。彼傳云：「此晉侯也，其稱人何？貶。曷爲貶？衛之禍，文公爲之也。文公爲之奈何？文公逐衛侯而立叔武，使人〔一〕兄弟相疑，放乎殺母弟者，文公爲之也。」所謂以他罪舉也，文公執衛侯，得伯討之義，宜稱侯，但以致衛侯殺叔武之禍，故貶稱人也。

不與大夫專執也。【疏】穀梁傳：「此其大夫，其曰人何也？微之也。何爲〔二〕微之？不正其執人

〔一〕「人」，原訛作「其」，叢書本同，據公羊注疏校改。作「其」亦無傷文意。
〔二〕「何爲」，原訛作「曷爲」，叢書本同，穀梁傳通篇無「曷」、「曷爲」，據改。

於尊者之所也，不與大夫之伯討也。」

曷爲不與？【注】据伯討。

實與，【注】言于京師是也。

而文不與。【注】文不與者，貶稱人是也。

文曷爲不與？大夫之義，不得專執也。【注】大夫不得專相執，辟諸侯也。不言歸者，諸侯當決於天子，犯之惡甚，故録所歸。大夫當決主獄爾，犯之罪從外小惡，不復別也。無例不在常書，又月者，善爲天子執之。【疏】舊疏云：「据實與，但何氏省文，不復言大夫之義不得專執，則其曰實與之何？上無天子，下無方伯，天下大夫有爲無道者，力能執之則執之可也，異僖元年、二年『救邢』、『城楚丘』之傳者，正以諸侯相執，伯者之常事；大夫相執，例之所略，詳尊略卑之義也。」通義云：「不發上無天子下無方伯傳者，與弗克納同義。」惠氏士奇春秋説云：「晉人執宋仲幾于京師。説者謂京師非執人之地，非也。吾不知執之者有所受之與？抑無所受之與？諸侯之大夫會城成周，是奉天王之命也。宋仲幾不受功，則執之可乎？曰：可。執之當其辠，且既有所受之矣。雖執人于天子之側可也。雖然，宋仲幾固有可執之罪，而晉士伯非執之之人。晉士伯不告于天子，而專執之，仍以憾而執也，故書曰晉人，言士伯非執之之人也。」按：惠氏多本左氏立義。○注「大夫」至「侯也」。○僖四年「齊人執陳袁濤塗」，傳發稱侯、稱人之例，明諸侯得專執，但別伯討、不伯討爾。大夫則雖伯討，亦不得專執也。○注「不言」至「所歸」。○

即僖二十八年「晉人執衛侯，歸之于京師」、成十五年「晉侯執曹伯，歸之于京師」是也。其不録所歸，則襄十六年，「晉人執莒子、邾婁子以歸」是也。以諸侯執諸侯，當決之天子，僖二十八年注云：「但欲明諸侯尊貴，不得自相治，當斷之于天子爾。」是也。犯之惡甚，故分別録之。明執衛侯、執曹伯歸京師，得正。執莒子、邾婁子以歸，失正也。故襄十六年注云「録以歸者，惡晉也。有罪無罪皆當歸京師，不得自治之」是也。其襄十九年「晉人執邾婁子」，亦是諸侯相執，而不録所歸，蓋即盟祝柯時執之，或即釋之，實無所歸也。○注「大夫」至「別也」。○舊疏云：「若執大夫，當決於主獄之人耳。若其犯之，但爲小惡，故從外小惡例，不復分別之也。若然，所見之世，録外小惡，而言從外小惡不復別之者，正謂時時録之，以見大平之世，諸夏小惡在治之限，文不盡録，故得然解。」按：此不書所歸，是其例也。杜云：「晉執人於天子之側，而不以歸京師，故但書其執，不書所歸。」○注「無例」至「常書」。○舊疏云：「欲道春秋上下，更無大夫相執之義，即是無其比例，不在常書之限。」又引：「舊云：此事所以無歸于以歸之例，正由大夫相執，不在當書故也。」○注「又月」至「執之」。○舊疏云：「今而書之，又書其月，詳録之，與諸侯相執同例者，善爲天子執故也。知諸侯相執例書月者，襄十六年『三月，晉人執莒子、邾婁子』、十九年『正月，晉人執邾婁子』之屬〔一〕，皆書月。」通義云：「三月，雖繫執宋仲幾，其實外執大夫例時。」按：執大夫無例，不得援外執大夫例時也。

〔一〕「之屬」下原衍「是也」二字，據公羊注疏校删。又下「書月」下公羊注疏原文有「故也」二字。

○夏，六月，癸亥，公之喪至自乾侯。【注】至自乾侯者，非公事齊不專，中去之晉，竟不見容，死于乾侯。【疏】包氏慎言云：「六月有癸亥，月之二十三日。」白虎通謚〔一〕篇云：「故春秋曰：『公之喪至自乾侯。』昭公死于晉乾侯之地，數月歸，至急，當未有謚也。」○注「非公」至「乾侯」。○穀梁隱五年傳：「非隱也。」注：「非，責也。」淮南氾論訓：「而墨子非之。」注：「非，譏也。」昭二十五年「公孫于齊」，又「齊侯唁公于野井」，又「齊侯取運」；二十六年「公至自齊，居于運」；二十七年「公如晉，次于乾侯」，注：「月者，閔公内爲强臣所逐，外如晉不見荅。」又二十九年「公至自乾侯」，注：「不致以晉者，不見容于晉。」是皆事齊不專，中去之晉，竟不見容事也。

○戊辰，公即位。【疏】包氏慎言云：「六月又書戊辰即位，月之二十八日。」公、穀皆言正棺於兩楹之間，然後即位。言須殯而後即位。癸亥去戊辰蓋五日，殯期也。

癸亥，公之喪至自乾侯，則曷爲以戊辰之日然後即位？【注】据癸亥得入已可知。

【疏】注「据癸」至「可知」。○而以上傳云：「即位何以後？昭公在外，得入不得入未可知也。」今癸亥喪已至國，合即位，而至戊辰，故据以難。

〔一〕「謚」，誤記爲「號」，叢書本同，據白虎通校改。

正棺於兩楹之間，然後即位。【注】正棺者，象既小斂夷於堂。昭公死於外，不得以君臣禮治其喪，故示盡始死之禮。禮，始死于北牖下，浴于中霤，飯含于牖下，小斂于户内，夷于兩楹之間；大斂于阼階，殯于西階之上；祖于庭，葬于墓，奪孝子之恩動以遠也。禮，天子五日小斂，七日大斂；諸侯三日小斂，五日大斂；卿大夫二日小斂，三日大斂。夷而絰，殯而成服，故戊辰然後即位。凡喪，三日授子杖，五日授大夫杖，七日授士杖，童子、婦人不杖，不能病故也。【疏】穀梁傳：「殯然後即位也。」通義云：「正棺者，殯也。周人殯于西階之上，殷人殯于兩楹之間。魯有王禮，辟時天子，故多雜殷法也。檀弓曰『殷朝而殯于祖』，而左氏説魯喪『殯廟』，即殷法也。喪自外來，當盡始死哀禮，故五日而後殯，其明日即位。顧命：成王乙丑崩，康王癸酉即位。鄭以爲殯之明日，此亦『死與往日，生與來日』者也。」○注「正棺」至「之禮」。○喪大記云：「小斂，主人即位于户内，主婦東面，乃斂。卒斂，主人馮之踊，主婦亦如之。主人袒，脱髦，括髮以麻。婦人髽，帶麻于房中。」又云：「徹帷，男女奉尸夷于堂，降拜。」注：「夷之言尸也，於遷尸，主人、主婦以下從而奉之，孝敬之心。降拜，拜賓也。」士喪禮：「設牀第于兩楹之間，衽如初，有枕。卒斂，徹帷。」「士舉，男女奉尸，侇于堂，幠用夷衾。男女如室位，踊無算。」注：「侇之言尸也。夷衾，覆尸柩之衾也。堂謂楹間牀第上也。」是則夷於堂，在兩楹之間，故何氏以正棺兩楹之間爲象夷堂之節也。曾子問云：「君出疆。君薨，其入如之何？孔子曰：『共殯服，則子麻弁絰，疏衰菲杖。』」注：「棺柩未安，不忍成服於外也。」此云象既小斂，則宜服殯服矣。曾子問又云：「入自闕，升自西階。」注：「闕謂毁宗也。柩毁宗而入，異於生也。升自西階，亦異生也。所毁宗，殯宮門西也。於此正棺，而服殯服，既塗而成服。」是此昭公喪自外來，亦宜如是，故先象斂後，後乃塗之。爲未得盡君臣之禮，故此略存其儀節焉。孔氏以此正棺即爲殯，不毋急遽。曾子問又云：「如小斂，則子免而從柩，入自門，升自阼階。」此昭公去小斂已遠，自不限此禮也。又雜記云：「至於廟門，不毁牆，遂入，適所殯，唯輤爲説於廟門外。」注：「廟，所殯宮〔一〕。牆，裳帷也。適所殯，謂兩楹之間。去輤乃入廟門，以其入自有宮室也。毁，或爲徹。凡〔二〕柩自外來者，正棺於兩楹之間，尸亦俠之於此，皆因殯焉。異者，柩入自闕，升自西階，尸入自門，升自阼階。其殯必於兩楹之間者，以其死不於室，而自外來，留之於中，不忍遠也〔三〕。」如賓也〔四〕。禮記檀弓云：「夏后氏殯于東階之上，則猶在阼也。殷人殯于兩楹之間，則與〔五〕賓主夾也。周人殯于西階之上，則猶賓之也。」或以魯殯於兩楹間，爲魯多用殷禮，如牲用白牡之類，亦以意言也。若然，僖八年左傳：「弗殯于廟，則弗致也。」則正禮當殯于廟，而正棺于兩楹間者，禮記疏引服虔注云：「不殯于廟，廟謂殯宮，鬼神所在，謂之廟也。」至朝廟時，亦殷、周不同。檀弓云：「殷朝而殯于祖，周朝而遂葬。」疏：「殷人尚質，敬鬼神而遠之，死則爲神，故云朝而殯于祖廟。周則尚文，親雖亡殁，故若猶存在，不忍便以神事之，

〔一〕「宮」，原訛作「室」，叢書本同，據禮記正義校改。
〔二〕「凡」，原訛作「几」，叢書本同，據禮記正義校改。
〔三〕「也」，原訛作「之」，叢書本同，據禮記正義校改。
〔四〕「如賓也」三字，疑爲衍文。
〔五〕「則與」二字原脱，叢書本同，據禮記正義校補。

故殯于路寢，及朝廟遂葬。」又云：「鄭康成以爲春秋變周之文，從殷之質，故殯于廟也。」與服意以廟爲「殯宮」異。然則如鄭意，兩楹間即廟之楹間。既夕禮「遷于祖」，亦正棺于兩楹之間。或魯用殷禮，亦正棺于廟之兩楹間與？○注「禮始」至「遠也」。○校勘記云：「『北牖』，宋本同。閩、監、毛本『牖』作『墉』。按，釋文作『北墉』，云：『音容，本又作牖。』鄭注禮記『北牖』下云：『或爲北墉。』蓋何注本作『北墉』，即鄭所云『或本』是也。今公羊注作『北牖』，則後人從禮記改轉。毛本『于』改『於』，非。」白虎通崩薨篇：「人死必沐浴于中霤何？示潔浄反本也。禮檀弓曰：『死于牖下，沐浴于中霤，飯唅于牖下，小斂于户内，大斂于阼階，殯于客位，祖于庭，葬于墓，所以即遠也。』奪孝子之恩以漸也。」按：今檀弓無「死于牖下」二語。禮記坊記云：「賓禮每進以讓，喪禮每加以遠。浴于中霤，飯于牖下，小斂于户内，大斂于阼，殯于客位，祖于庭，葬于墓，所以示遠也。」注：「遠之所以崇敬也。」按：始死于北墉下者，喪大記云：「疾病，寢東首於北牖下。」注：「病者恒居北牖下。」士喪禮記：「寢東首于北墉下。」士喪禮：「死于適室。」注：「疾時處北墉下。」彼釋文作「庸」，云：「牆也。」張氏識誤、李氏集釋並同。按：彼記上云「北墉」，下云「設牀第，當牖」，則作「墉」爲是。淩氏廷堪禮經釋例云：「室在堂後，南有牖，北惟牆，無牖也。士大夫以上皆同。詩豳風七月『塞向墐户』，毛傳：『向，北出牖也。庶人蓽户。』然則北牖，蓋庶人之室，士大夫不爾也。」任氏啓運宫室考云：「或以爲室北有牖，非也。惟私室有北出小牖。」亦據詩「塞向」爲説。私室即謂燕寢也。段氏玉裁曰：「凡室之北，有墉無牖。郊特牲曰『薄社北牖，使陰明也』，此可證宗廟正寢之牖不北矣。」胡氏培翬儀禮正義士昏禮「婦盥饋席于北墉下」，注：「墉，牆也，室中北牆。」又「婦廟見，席于北方」，注：「北方墉下。」是北唯有墉無牖，諸説甚確。論語：「伯牛有疾。自牖執其手。」皇疏：「牖，南窗也。君子有疾，寢於北壁下東首，今師來，故遷出南窗下。」皇疏言北壁，足爲北墉之證，實勝賈孔疏。朱子集注作「北牖下」，亦承疏文之誤。禮記檀弓、坊記俱有「飯於牖下」之文。惟室南有牖，北無牖。室内止有一牖，故言牖下，即知其處，不必分别南北也。浴于中霤者，檀弓云：「掘中霤而浴。」注：「周人浴不掘中霤。」以喪大記云：「浴水用盆，沃水用枓〔一〕。」「沐用瓦盤。」爲周制故也。中霤，室中也。故檀弓記「曾子之喪，浴于爨室」，爲不合于禮也。士喪禮云：「管人汲，不説繘，屈之。祝淅米于堂，南面，用盆。管人盡階，不升堂，受潘，煮于垼，用重鬲〔二〕。祝盛米于敦，奠于貝北。士〔三〕有冰，用夷槃可也。外御受沐入。主人皆出，户外北面。乃沐，櫛，挋用巾。浴，用巾，挋用浴衣。渜濯棄于坎。」是其事也。飯含于牖下者，士喪禮云：「主人入，即位。商祝襲祭服，褖衣次。主人出，南面，左袒，扱諸面之右，盥于盆上，洗貝，執以入。宰洗柶，建於米，執以從。商祝執巾從入，當牖北面，徹枕，設巾，徹楔，受貝，奠于尸西。主人由足西，牀上坐，東面。祝又受米，奠于貝北。宰從立于牀西，在右。主人左扱米，實于右，三，實一貝。左、中亦如之。又實米，唯盈。」白虎通云：「所以有飯含何？緣生食，今死不欲虚其口，故含。用珠寶物何也？有

〔一〕「枓」，原訛作「攝」，叢書本同，據禮記校改。
〔二〕「鬲」，原訛作「高」，叢書本不誤，據改。
〔三〕「士」，原訛作「土」，叢書本同，據禮記校改。

益死者形體，故天子飯以玉，諸侯以珠，大夫以璧〔一〕，士以貝。」是也。小斂於户内者，士喪禮云：「厥明，陳衣于房，南領，西上，綪。絞橫三縮一，廣終幅，析其末。緇衾，赬裏，無紞。祭服次，散衣次，凡十有九稱，陳衣繼之，不必盡用。」又云：「士盥，二人以並，東面〔二〕立于西階下。布席于户内，下莞上簟。商祝布絞、衾、散衣、祭服。祭服不倒，美者在中。士舉遷尸，反位。設牀笫于兩楹之間，衽如初，有枕。卒斂，徹帷。」喪大記：「凡斂者六人。」正義：「凡者，貴賤同也。兩邊各〔三〕三人，故用六人。」夷于兩楹之間，説見上「大斂于阼階」者。士喪禮云：「厥明，滅燎。陳衣于房，南領，西上，綪。絞，紟，衾二。君〔四〕襚、祭服，散衣，庶襚，凡三十稱，紟不在算。不必盡用。」又云：「帷堂。婦人尸西，東面〔五〕。主人及親者升自西階，出于足，西面袒。士盥，位如初。商祝布〔六〕絞、紟、衾、衣，美者在外，君襚不倒。有大夫，則告。士舉遷尸，復位。主人踊無算。卒斂，徹帷。主人馮如初，主婦亦如之。」又記云：「大斂于阼階。未忍便離主人位也。主人奉尸斂于棺，則西階上賓之。」喪大記「小斂於户内，大斂於阼」是也。殯於西階之上

〔一〕「璧」，原訛作「米」，叢書本同，據白虎通校改。
〔二〕「面」，原訛作「西」，叢書本同，據儀禮校改。
〔三〕「各」，原訛作「如」，據禮記正義校改。
〔四〕「君」，原訛作「尹」，叢書本不誤，據改。
〔五〕「尸西，東面」，原訛倒爲「尸東，西面」，據儀禮注疏校改。
〔六〕「布」，原訛作「作」，據儀禮注疏校改。

者，士喪禮：「主人奉尸斂于棺，踊如初，乃蓋。主人降，拜大夫之後至者，北面視肂。衆主人復位。婦人東復位。設熬，旁一筐，乃塗，踊無算。」記云：「既殯，主人脱髦。」注：「既殯，置銘於肂，復位時也。」士喪禮又云：「掘肂見衽。」注：「肂，埋棺之坎也，掘之於西階上。衽，小要也。喪大記曰：『君殯用輴，欑至于上，畢塗屋。大夫殯以幬，欑置于西序，塗不暨于棺。士殯見衽，塗上，帷之。』」是也。祖于庭者，禮既夕云：「俠牀饌于階間。」注：「俠之言尸也。朝正柩，用此牀。」疏：「謂柩至祖廟兩楹之間，尸北首之時乃用此牀。」又云：「遷于祖，用軸。重先，奠從，燭從，柩從，主人從。升自西階。奠俟于下。」「正柩于兩楹間，用夷牀。」又云：「薦車，直東榮，北輈。」注：「薦〔一〕，進也。進車者，象生時將行陳駕也。車當東榮，東陳西上於中庭。」又云：「有司請祖期。曰：『日側。』主人入，袒〔二〕。乃載。」注：「乃舉柩卻下而載之。」李氏如圭云：「下柩於階間載之。」褚氏寅亮云：「復以軸，降自西階，載於車。此時柩仍北首也。」既夕又云：「乃祖。」注：「還柩鄉外，爲行始。」是祖於庭也。白虎通云：「祖於庭何？盡孝子之恩也。祖者，始也，始載于庭也。乘軸車辭祖禰，故名爲祖載也。禮曰：『祖于庭，葬于墓。』又曰：『適祖，升自西階。』」是也。葬于墓者，既夕云：「至于壙，陳器于道東西，北上。茵先入。屬引。」注：「於是脱載除飾，更屬引於緘

〔一〕「薦」字上原衍「車」字，叢書本同，據儀禮注疏校删。

〔二〕「袒」，原訛作「祖」，叢書本同，據儀禮校改。

耳。」喪大記：「凡封，用綍去碑負引。君封以衡，大夫、士以咸〔一〕。君，命毋譁〔二〕，以鼓封。大夫，命毋哭；士，哭者相止也。」既夕又云：「乃窆，主人哭，踊無算。」注：「窆，下棺也。」是也。飯含于牖下，毛本「牖」誤「墉」。按：紹熙本不誤。士喪、既夕所載，多是士禮，大夫以上容有異用，其卒儀節，均不外是。○注「禮天」至「大斂」。○白虎通又云：「崩薨三日乃小斂何？奪孝子之恩以漸也。一日之時，屬纊于口上，以俟絶氣；二日之時，尚冀其生；三日之時，魂氣不返〔三〕，終不可奈何。故禮士喪經曰：『御者四人皆坐，持體屬纊，以俟絶氣。』禮曰：『天子、諸侯三日小斂；大夫、士二日小斂。』屬纊于口者，孝子欲生其親也。」與何氏所説，惟天子禮異。士喪禮説陳小斂衣云：「厥明，陳衣于房。」張氏爾岐儀禮句讀云：「厥明者〔四〕，繼昨日而言，死之第二日也。」卿大夫蓋與士同，下天子、諸侯也。士喪禮説大斂云：「厥明，滅燎，陳衣于房。」胡氏培翬儀禮正義云：「厥明者，小斂之次日，死之第三日也。蓋士並死日數，卿大夫除死日數，三日大斂也，大斂與殯同日。王制云：『天子七日而殯，七月而葬。諸侯五日而殯，五月而葬。大夫、士三日而殯，三月而葬。』是也。」○注「夷而」至「即位」。○士喪禮云：「卒斂。主人髻髮，袒，衆主

〔一〕「咸」，原訛作「威」，叢書本同，據禮記校改。
〔二〕「譁」，原訛作「諱」，叢書本不誤，據改。
〔三〕「返」，原訛作「通」，叢書本同，據白虎通義校改。
〔四〕「者」字原誤疊，叢書本不誤，據删。

人免于房。」又云：「士舉，男女奉尸，侇于堂。主人即位，踊，襲絰于序〔一〕東。」楊復儀禮圖云：「小斂變服有二節，謂主人、主婦馮尸後，主人髻髮、袒、絞帶。婦人髽于室，衆主人免于房布帶。」此一節也。「奉尸侇于堂，主人拜賓後，即位踊，襲絰于序東。」此又一節也。又云：「爲父母有小異，據喪服小記『斬衰括髮以麻』，爲母括髮以麻，免而以布。喪大記『主人即位，襲帶絰，踊。母之喪，即位而免』之文也。小記孔疏云：『爲母，小斂後括髮。與父禮同。』至尸出堂，子拜賓之時，猶與爲父不異。至拜賓竟，即堂下位時，爲父猶括髮襲絰帶，以至成服。爲母則不復括髮，乃著布，免踊〔二〕，襲絰帶，以至成服。」蓋爲母易，括髮爲免，即在此絰，即位，踊，襲絰于序東時也。曾子問記君在外薨，入時禮云：「共殯服。」注：「此謂君已大斂，殯服，謂布深衣、苴絰、散帶垂。」又云：「則子麻弁絰，疏衰菲〔三〕杖。」注：「棺柩未安，不忍成服於外。麻弁絰者，布弁而加環絰也。布弁，如爵弁而布。」按：殯服者，小斂後未殯前之服。士喪禮云：「小斂，苴絰、大鬲、散帶垂。」又禮：親始死，布深衣，至成服不改。故鄭如彼注也。何氏特舉絰言之，男子重絰故也。其首服，彼疏引：「崔氏云：小斂之前，大夫士皆素冠。小斂括髮之後，士則加素冠，大夫加素弁。」又雜記云：「小斂環絰。」是也。凡弔服，視主人之服爲節。檀弓疏云：「凡弔喪之禮，主人未變之前，弔者吉

〔一〕「序」，原訛作「席」，叢書本不誤，據改。
〔二〕「踊」字原脱，叢書本同，據楊復儀禮圖校補。
〔三〕「菲」，原訛作「苴」，叢書本同，據禮記校改。

服而弔。吉服謂羔裘、玄冠、緇衣、素裳。又袒去上服以〔一〕露裼衣，則『子游裼裘而弔』是也。主人既變之後，雖著朝服而加武以絰，又掩其上服，若是朋友又加帶。」則記云：「主人既〔二〕小斂，袒，括髮。子游趨而出，襲裘帶絰而入。」蓋小斂夷堂一時事，故子游絰而入，明主人時亦絰也。金氏榜禮箋云：「弔服錫衰緦衰，疑衰皆有絰帶。弔者加絰與衰，咸視主人爲節。未小斂，吉服而往。天子爵弁加絰，諸侯卿大夫皮弁加絰，謂之弁絰。士則易玄冠爲素委貌，加絰焉。雜記曰『小斂，環絰，公、大夫、士一也』，謂此。主人既成服，則弔者亦服衰而往。天子爲三公六卿錫衰，爲諸侯緦衰，爲大夫士疑衰。諸侯卿大夫弔服錫衰，士弔服疑衰，其尊卑之差也。」是小斂後弔者絰，知主人亦絰。故何云「夷而絰」，明小斂後即夷也。殯而成服，謂大斂後也。士喪禮：「三日，成服，杖。」注：「既殯之明日，全三日。」疏：「上厭明滅燎，是三日之朝行大斂之事。今別言『三日成服』，則除上三日，更加一日，是四日矣。而言三日者，謂除死日數之爲三日也。」又既夕記云：「三日，絞垂。」注：「成服日。絞，要絰之散垂者。」又云：「冠六升，外縪〔三〕，纓條屬，厭。衰三升。屨外納。杖下本，竹、桐一也。」敖繼公曰：「云成服者，纍已絰帶矣，今復以冠衰之屬足而成之也。」按：絞垂亦謂主人及大功以上親，其小功緦麻，初則絞之，不待三日也。戊辰然後即位者，癸亥至丁卯五日大斂，次日即位也。即位吉服，白虎通爵篇：「天子大斂之後稱王者，明民臣不可一日無君

〔一〕「袒去上服以」五字原脱，叢書本同，據禮記校補。
〔二〕「既」，原訛作「記」，叢書本不誤，據改。
〔三〕「縪」，原訛作「繹」，叢書本不誤，據改。

也。故尚書曰：『王麻冕黼裳。』此大斂之後也。」又云：「故先君不可得見，則後君繼體矣。故尚書曰：『王再拜興對，乃受銅瑁也。』明爲繼體君也。緣終始之義，不可有二君。故尚書曰：『王釋冕反喪服。』吉冕服受銅稱王，以接諸侯，明已繼體爲君也。釋冕藏銅，反喪服，明未稱王以統事也。」彼本顧命、康王之誥立義。是大斂後即殯前吉服，即位禮畢後，釋冕反喪服，明諸侯之禮亦宜然也。書疏引鄭書注云：「王釋冕反喪服。」禮喪服：「臣爲君，諸侯爲天子皆斬衰。」知君臣皆同反服矣。○注「凡喪」至「士杖」。○喪服四制云：「三日授〔一〕子杖，五日授大夫杖，七日授士杖。」喪大記云：「君之喪三日，子、夫人杖。五日既殯，授大夫、世婦杖。」注：「三日者，死後之三日也。爲君杖不同日，人君禮大，可以見親疏也。」按：士三日成服時始杖，据彼二記文，則天子諸侯杖在大斂前，蓋尊卑之差也。喪大記疏云：「下文云『士之喪二日而殯，三日之朝，主人杖』，知君大夫三日者，與士同，死後三日也。」疏又云：「下云大夫之喪既殯，『主人、主婦、室老皆杖』。今君喪，親疏杖不同日，是人君禮大，可以見親疏也。熊氏云：『經云子杖，通女子在室者，若嫁爲他國夫人則不杖，嫁爲卿大夫之妻，與大夫同五日杖也。』喪服四制『七日授士杖』，君之女及内宗外宗之屬，嫁爲士妻，及君之女御，皆七日杖也。」○注「童子」至「故也」。○喪服傳：「杖者何？爵也。無爵而杖者何？擔主也。非主而杖者何？輔病也。童子何以不杖？不能病也。婦人何

〔一〕「授」，原作「受」，叢書本同。授、受雖可通假，然以下排比句均用「授」，且十三經注疏本禮記原文爲「授」，故據改。又「受」下原衍「天」字，叢書本同，據禮記校删。

以不杖？亦不能病也。」喪服四制云：「杖者何也？爵也。或曰『擔主』，或曰『輔病』。婦人童子不杖，不能病也。」鄭喪服注云：「爵，謂天子諸侯卿大夫士也；無爵，謂庶人也。擔猶假也。無爵者假之以杖，尊其爲主也。非主，謂衆子也。」喪服傳又云：「苴杖，竹也。削杖，桐也。杖各齊其心，皆下本。」賈疏：「杖所以扶病，病從心起，故杖之高下以心爲斷也。」又云：「有爵之人必有德，有德則能爲父母致病深，故許其以杖扶病。」「雖無爵，然以適子，故假取有爵之杖爲之。」喪主衆子雖非爲主，子爲父母致病，是爲輔病也。敖繼公云：「傳意蓋謂此杖初爲有爵者居重喪而設，所以優貴者也。其後乃生擔主輔病之義焉。」白虎通喪服〔一〕篇：「所以必杖者，孝子失親，悲哀哭泣，三日不〔二〕食，身體羸病，故杖以扶身，明不以死傷生也。」是即輔病之義也。白虎通又云：「禮，童子、婦人不杖者，以其不能病也。」皆本喪服傳也。按：喪服小記云：「婦人不爲主而杖者，姑在爲夫杖。母爲長子削杖。女子子在室爲父母，其主喪者不杖，則子一人杖。」注：「一人杖，謂長女也。」又如喪大記所載授杖之制，有夫人、世婦等在內，則婦人亦有杖。孔氏小記疏以婦人謂童女也，以彼注云：「女子子在室，亦童子也。無男昆弟，使同姓爲攝主不杖，則子一人杖，謂長女也。許嫁及二十而笄，笄爲成人，成人正杖也。」則鄭以喪服之婦人皆童女也。賈疏以彼傳童子爲庶童子，謂當室童子則杖，引問喪曰：「禮曰：『童子不緦，惟當室緦。』緦者其免也，當室則免而

〔一〕「喪服」，原誤記爲「崩薨」，據白虎通校改。
〔二〕「不」，原訛作「亦」，叢書本同，據白虎通校改。

杖矣。」謂適子也。雜記云：「童子哭不偯，不踊，不杖，不菲，不廬。」注：「未成人者，不能備禮也。」「直有縗喪絰帶而已。」賈疏又云，彼傳疏人爲童子婦人，引：「喪大記云『三日，子、夫人杖』云云，諸經〔一〕皆有婦人杖文，故知成人婦人正杖也。明此童子婦人。」又云：「童子得稱婦人者，小功章云：『爲姪、庶孫丈夫、婦人之長殤。』是未成人稱婦人也。」與喪服四制孔疏云「婦人，謂未成人之婦人」、小記疏「爲鄭學者，則謂爲童子婦人」同。而賈疏引：「雷次宗則謂此喪服妻爲夫，妾爲君，女子子在室爲父，女子子嫁反在父之室爲父三年。如傳所云『婦人者皆不杖』，喪服小記婦人不爲主而杖者，姑在爲夫，唯著此一條，明其餘不爲主者皆不杖矣。」孔疏引賀循亦云：「婦人不杖，謂出嫁之婦人不爲主則不杖，其不爲主而杖者，唯姑在爲夫。」皆與鄭説異。沈氏彤儀禮小疏云：「童子何以不杖？」「包女子子言。小記云：『女子子在室爲父母，其主喪者不杖，則子一人杖。』鄭云：『女子子在室，亦童子也，一人杖，謂長女也。』則非長女不杖，且有男昆弟主喪者，則女子子皆不杖矣。不能病，以稚弱不能〔二〕致哀故。」「婦人何以不杖？承上文言婦人則成人矣，雖非主而宜杖，故問也。此婦人謂異姓來嫁之婦人。喪大記：『君之喪，夫人世婦杖；大夫之喪，主婦杖；士之喪，婦人皆杖。』則婦人皆杖者，唯士之喪耳。若大夫之喪，則主婦而外有不杖者矣。君之喪，則夫人、世婦而外有不杖者矣。凡此不杖者，恩皆疏，故曰不能病。」楊氏復儀禮圖云：

〔一〕「經」，原訛作「君」，叢書本同，據儀禮注疏校改。

〔二〕「能」，原訛作「龍」，叢書本同，據儀禮注疏校改。

「不杖者，蓋婦人不皆杖，非不杖也。」金氏榜禮箋云：「婦人唯爲主者杖，不爲主者不杖。以經校之，妻爲夫、母爲長子、爲主而杖者也。妾爲君、女子子在室爲父母，不爲主不杖者也。故喪服小記申其義曰：婦人不爲主而杖者，姑在爲夫杖。明他婦人不爲主者，不杖矣。又曰：女子子在室爲父母，其主喪者不杖，則子一人杖。明主喪者杖，則女子子爲父母不杖矣。小記之文正與喪服傳婦人不杖義相發明。喪大記：『士之喪，三日之朝，婦人皆杖。』此謂主婦，於三日之朝，皆主人而杖，不得下通衆婦人。君之喪五日，世婦杖。君之世婦，尊同大夫，所謂杖者爵也，不得下通於大夫士之妾。鄭君於小記注謂『婦人成人者皆杖』，違失經意。」胡氏培翬儀禮正義云：「此傳鄭無注。細繹傳意，自以成人婦人爲是。而沈氏、金氏之説尤詳。蓋傳層遞問下，其問童子者，以男子非主皆杖，童子何以不杖？其問婦人者，以童子未成人，非主不杖，婦人已成人，非主何以不杖？此兩問俱跟非主而杖説。下若童子當室而杖，婦人爲主而杖，則其義已該於擔主中矣。童子自包女子子在内，若以上句爲問童男，下句爲問童女，則童男既以稚弱不能病，豈童女又能病乎？此問所不必問者也。賈、孔之説失之。」

子沈子曰：【疏】齊氏召南考證云：「穀梁引『沈子曰〔一〕：正棺乎兩楹之間，然後即位也』，即用此傳文，可知即此子沈子。但非穀梁家師，故不冠以『子』字耳。」

定君乎國，【注】定昭公之喪禮於國。【疏】注「定昭」至「於國」。○俞氏樾公羊平議云：「定當讀爲正，

〔一〕「曰」字原訛倒在「之間」下，叢書本同，據穀梁傳校乙。

古字通用。尚書堯典『以閏月定四時』，史記五帝紀『定』作『正』；國語齊語『正卒伍』，漢書刑法志『正』作『定』，並其證也。正君乎國，即所謂正棺於兩楹之間，然後即位』，説其事也。此引子沈子曰『定君乎國，然後即位』，説其理也。穀梁傳曰：『何爲戊辰之日，然後即位也？正君乎國，然後即位也。沈子曰：正棺乎兩楹之間，然後即位也。』與此傳文雖互異，而義實相同。蓋惟正君乎國，即是正棺於兩楹之間，故以『正君乎國』爲沈子之言可也；以『正棺於兩楹之間』爲沈子之言亦可也。古經師口授，但求大旨之無乖，不斤斤於字句間也。孔氏通義不據穀梁傳讀『定』爲『正』，而自爲之説曰『季氏立定公之謀，至戊辰然後定也〔一〕』，謂『穀梁傳與此相反，弟子之易〔二〕乖其師説如此』，失之甚矣。」

然後即位。」【疏】通義云：「此後師別自爲説。謂季氏立定公之謀，至戊辰然後定也。然穀梁傳云：『正君乎國，然後即位也？沈子曰：「正棺乎兩楹之間，然後即位也。」』均稱沈子語，而與此傳正相反。弟子乖其師説如此。」按：孔氏非是。何注明云「定昭公之喪禮於國」，即穀梁所引沈子曰「正棺于兩楹之間」也，「定」即「正」義。俞氏之説當矣。昭公之喪既正，即於殯前行即位禮，稱君，與天子大斂後稱王同也。

即位不日，此何以日？【注】据即位皆不日。

録乎内也。【注】内事詳録，善得五日變禮，或説危不得以踰年正月即位，故日。主書者，重五始也。

〔一〕「也」，原訛作「國」，據公羊通義校改。
〔二〕「之易」二字原脱，據公羊通義校補。

【疏】通義云：「即位不日者，有常日也。今而非常，故録之也。何言乎有常日〔一〕？正始必以月之朔書曰『月正元日』是也。」○注「内事」至「變禮」。○繁露天道施云：「近者詳，遠者略。」故内事詳録也。舊疏云：「書日〔二〕，所以得變禮者，癸亥之日公喪，乃至戊辰之日然後君即位，象五日殯訖即位之禮，故録日以明之，言其變而合禮矣。」杜云：「定公不得以正月即位，失其時，故詳而日之。」亦謂失即位之常日也。按：此書日，似兼有二義也。○注「或説」至「故日」。○穀梁傳：「内之大事日。即位，君之大事也，其不日何也？以年決者，不以日決也。此則其日，何也？著之也。何著焉？踰年即位，厲也。」注：「厲，危也。公喪在外，踰年六月，乃得即位，危故日之。」○注「主書」至「始也」。○左傳疏引春秋緯稱「黄帝坐於扈閣，鳳皇銜書至帝前，其中得五始之文」，又云：「説公羊者，元者，氣之始；春者，四時之始；王者，受命之始；正月者，政教之始；公即位者，一國之始。」即此也。禮記中庸云：「辟如天地之無不持載，無不覆幬。」鄭注：「聖人制作，其德配天地，如此唯五始可以當焉。」禮記疏引合誠圖云：「黄帝立五始，制以天道。」又引元命包云：「諸侯不上奉王之正，則不得即位。正不由王出，不得爲正。王不承於天以制號令，則無法。天不得正其元，則不能成其化也。」是則五始者，元年也，春也，王也，正月也，公即位也。此則元年也，春也，王也，公即位也；無正月者，微辭也。解詁箋云：「本例應追書元年春王正月公即位，如桓、宣

〔一〕「日」字原脱，據公羊通義校補。

〔二〕「日」，原訛作「月」，叢書本同，據公羊注疏校改。

之文，因定、哀多微辭，故小變其例，從其實即位之日書之，則簒文顯而微矣。傳所云『主人習其讀，而問其傳，則未知己之有罪焉爾』。」其説是也。

○秋，七月，癸巳，葬我君昭公。【疏】包氏慎言云：「七月有癸巳，月之二十四日。」

○九月，大雩。【注】定公得立尤喜，而不恤民之應。

○立煬宫。

煬宫者何？【注】据十二公無煬公。

煬公之宫也。【注】春秋前煬公也。【疏】注「春秋前煬公也」。○杜云：「煬公，伯禽子也。」魯世家：「魯公伯禽卒，子考公酋立，考公四年卒，立弟熙，是謂煬公。」左疏：「謚法：『好内怠政曰煬。』煬公，伯禽子。世本、世家文。」祭法鄭注云：「魯煬公，伯禽之子也。至昭公、定公久已爲鬼，而季氏禱之而立其宫，則鬼之主在祧明矣。」疏引世本：「煬公，伯禽之子。」是春秋前也。世本云：「煬公徙魯。（宋衷曰：今魯國。）」

立者何？　立者不宜立也。【疏】穀梁傳：「立者，不宜立者也。」杜云：「其廟已毁，季氏禱之而立其宫，書以譏之。」公、穀無季氏禱煬公事。要之，無論爲何，皆在親盡，不宜立者也。

立煬宫，非禮也。【注】不日，嫌得禮，故復問立也。不日者，所見之世諱深，使若比武宫惡愈，故不日。【疏】舊疏云：「春秋之例，失禮於宗廟例書日，故此不日，嫌得禮也。注言此者，正以成〔一〕六年已有此傳，今復發之，故解云爾。」按：隱四年：「冬，十有二月，衛人立晉。」傳云：「立者何？立者不宜立也。」成六年：「春，二月，辛巳，立武宫。」傳：「立者何？立者不宜立也。」立晉，爲篡發例，書月者，大國篡例也。立武宫，書日，爲失禮立宫發例也。昭二十三年尹氏立王子朝，不發傳，從立晉例可知也。此不日，與立武宫日異，故復發傳聞，嫌爲得禮異也，故也。○注「不日」至「不日」。○舊疏云：「例既書日，而不日者，正以當所見之世故也。莊二十三年：『秋，丹桓宫楹』注：『失禮宗廟例時。』與向説違者，蓋失禮於鬼神例日，故隱五年『初獻六羽』下，何氏云：『失禮宗廟例日。』是也。若失禮修營宗廟，則例書時，即莊二十三年：『秋，丹桓宫楹。』注：『失禮宗廟例時也。』莊二十四年，刻桓宫桷，書月者，注云：『功重於丹楹是也。』若其失禮始造宗廟者，例書日，即成六年春『王二月，辛巳，立武宫』是也。所以然者，刻桷功重於丹楹，猶變例書月，況始造宗廟，爲費實深，甯不日乎？」通義云：「昭公之出〔二〕，季孫隱如禱于煬公，

〔一〕「成」字原脱，據公羊注疏校補。
〔二〕「出」，原訛作「世」，據公羊通義校改。

今立其宫以報之。趙汸曰：『立煬宫不日，明事出叛臣，又與立武宫不同也。』」按：趙氏牽涉左氏，孔氏何爲從之？煬宫是否季氏所立，本傳無文，然親盡之廟，非所宜立，與武宫同，而日不日殊，其爲所見世、所聞世之别明甚。定、哀多微辭，諱之愈甚，譏之愈深也。

○冬，十月，霣霜殺菽。【疏】差繆略云：「叔，公羊作菽。」趙氏坦春秋異文箋云：「唐石經左氏初刻作『叔』，磨改作『菽』。石經穀梁作『菽』，左傳釋文正作『叔』，云：『本或作菽。』説文作『尗』。」校勘記：「監本『冬』字空缺。」

何以書？記異也。【注】菽，大豆。時猶殺菽，不殺他物，故爲異。【疏】注「菽，大豆」。○詩小雅采菽云：「采菽采菽。」箋：「菽，大豆也。」左傳成十八年云：「不能辨菽麥。」注：「菽，大豆也。」左傳此經疏云：「菽者，大豆之苗，又是耐霜之穀。」五行志注：「師古曰：菽，大豆也。」○注「時猶」至「爲異」。○校勘記云：「閩、監、毛本同，誤也。鄂本『猶』作『獨』，解云：知獨殺菽，不殺他物者，當據以訂正。」按：紹熙本「猶」亦作「獨」。舊疏云：「若更殺他物，則經直云『霣霜』，不舉穀名。傳云『記災也』，即桓元年『秋，大水』，傳云：『何以書？記災也。』彼注云：『災傷二穀以上。』是也。此則但傷一穀，既不成災，故謂之異。」穀梁傳：「未可以殺而殺，舉重。」注：「舉殺豆，則殺草可知。」「可殺而不殺，舉輕。」注：「不殺草，則不殺菽亦顯，僖三十三年，『隕霜不殺草』是也。」「其曰菽，舉重也。」非公羊義。

此災菽也，曷爲以異書？【注】据無麥苗以災書。【疏】注「据無」至「災書」。○莊七年：「秋，大水，無麥苗。」傳：「何以書？記災也。」是也。舊疏云：「向解若更殺他物，則經直云霣霜，不舉穀名，何故莊七年經云『無麥苗』者？彼傳云：『一災不書，待無麥，然後書無苗。』注：『水、旱、螟、蟲，皆以傷二穀乃書。然不舉穀名，至麥苗獨書者，民食最重。』故也。然則，一災不書，今此書者，示以早當誅季氏，故不得不録也。」俞氏樾公羊平議以傳文「菽」爲衍文。「蓋無麥苗以災書，則此霣霜殺菽亦當以災書，而傳乃曰『記異也』，故弟子問曰：『此災也，曷爲以異書？』」亦通。

異大乎災也。【注】異者，所以爲人戒也。重異不重災，君子所以貴教化而賤刑罰也。周十月，夏八月，微霜用事，未可殺菽。菽者，少類，爲稼强，季氏象也。是時定公喜於得位，而不念父黜逐之恥，反爲淫祀立煬宮，故天示以當早誅季氏。【疏】注「異者」至「罰也」。○隱三年傳注云：「異者，非常可怪，先事而至者。」隱五年注云：「災者，有害於人物，隨事而至者。」是則先事而至，人君可以爲戒。若其變改，則不害人物。若災，則害事已見，無及變更，故君子重異不重災也。故詩疏引洪範五行傳及鄭駁異義皆云：「非常曰異，害物曰災。」異爲非常，上天垂象，教先乎殺，故爲教化。災已害物，譴罰已及，故爲刑罰也。繁露必仁且智云：「天地之物，有不常之變者謂之異，小者謂之災。災常先至，而異乃隨之。災者，天之譴也；異者，天之威也。譴之而不知，乃畏之以威，詩云『畏天之威』，殆此謂也。凡災異之本，盡生於國家之失，國家之失乃始萌芽，而天出災異以譴告之；譴告之，而不知變，乃見怪異以驚駭之；驚駭之，尚不知畏恐，其殃咎乃至。以此見天意之仁，而不欲害人也。謹按，災異以見天意，天意有欲也、有不欲也。所欲、所不欲者，人内以自省，宜有懲於心，外以觀其事，宜有驗於國，故見天意者之於災異也，畏之而不惡也，以爲天欲振吾過，救吾失，故以此報我也。」是異爲人戒義也。五行傳又曰：「害物爲災，不害物爲異。災散於已至，異戒於未來。未來者可追，已至者無及。故君子視不害物大於異物也。」説苑政理云：「夫化之不變而後威之，威之不變而後脅之，脅之不變而後刑之。夫至于刑者，則非王者之所得已也。是以聖王先德教而後刑罰。」○注「周十」至「殺菽」。○説文：「尗，豆也。」「荅，小豆也。」淮南子墬形訓：「菽，夏生冬死。」農桑輯要引四民月令云：「杏花盛，桑椹赤，可種大豆。四月，時雨降，可種大小豆。」又引氾勝之書曰：「三月榆莢時有雨，高田可種大豆，夏至後二十日尚〔一〕可種。」則種菽有早晚，南方早者六月可穫，晚者亦至冬令也。詩小雅小明云：「歲聿云莫，采蕭穫菽。」是夏正之八月，非穫菽時，而爲微霜所殺，故爲異也。○注「菽者」至「象也」。○舊疏云：「菽爲第三之稱，故爲少類。季氏於叔孟爲弟，亦是少之義，故得爲其象。菽雖第三，爲稼最强；季氏雖幼，彊於叔孟，故曰菽者，少類，爲稼强，季氏之象也。」按：説文：「尗，象豆生之形。」尗於五穀中莖植最低，故叔季之字从尗。廣雅釋詁：「叔，少也。」古多聲義相兼也，故菽亦作叔。禮記檀弓：「啜叔飲水，盡其歡。」三公山碑：「叔粟如火。」是也。古微書春秋考異郵云：「菽者，稼最强。」五行志云：「菽，草之難殺者也。」又引董仲舒説亦云：「菽，草之彊者也。」○

〔一〕「尚」，原訛作「當」，叢書本同，據氾勝之書校改。

注「是時」至「季氏」。○五行志中之下云：「定公元年十月，隕霜殺菽。劉向以爲，周十月，今八月也，於〔一〕卦爲觀，陰氣未至君位而殺，誅罰不由君出，在臣下之象也。是時季氏逐昭公，公〔二〕死于外，定公得立，故天見災以視公也。釐公三十三年〔三〕，隕霜不殺草，爲嗣君微，失秉事之象也。其後卒在臣下，則災爲之生矣。異故言草，災故言菽，重殺穀。一曰菽，草之難殺者也，言殺菽，知草皆死也；言不殺草，知菽亦不死也。」本穀梁爲説。志又云：「董仲舒以爲，菽，草之彊者，天戒若曰：加誅於彊臣。言菽，以微見季氏之罰也。」何氏之意本此。韓非子七術篇必罰云：「故仲尼説隕霜，而殷法刑棄灰。」注：「仲尼對哀公言，隕霜不殺草，則以宜殺而不殺故也。」按：韓非當斥此霣霜殺菽言，故下云：「魯哀公問於仲尼曰：『春秋之記曰：冬，十二月，霣霜，不殺菽。何爲記此？』仲尼對曰：『此言可以殺而不殺也。夫宜殺而不殺，桃李冬實。天失道，草木猶犯干之，而況於人君乎？』」御覽引考異郵云：「定公即位，隕霜，不殺菽。菽者，稼最强，季氏之萌。」惠氏士奇春秋説云：「吴嘉禾三年九月，隕霜殺穀。説者謂誅罰不由〔四〕君出，政在臣下。是時，吕壹專作威福，與漢元帝石顯用事，永光元年九月，隕霜殺稼同應。定元年十月，乃夏

〔一〕「於」，原訛作「消」，據漢書校改。
〔二〕「公」字原脱，叢書本同，據漢書校補。
〔三〕「三十三年」，原訛作「三十二年」，叢書本同，據漢書及春秋校改。
〔四〕「由」，原訛作「中」，據惠士奇春秋説校改。

之八月，而隕霜殺菽。較漢、吴在九月，更早一月，而菽乃穀之尤勁者，而能殺之，則稼與穀〔一〕更不足言矣。蓋石、吕後皆伏〔二〕誅。而魯自襄、昭以後，三家四分公室。定公受國於〔三〕季氏，爲寄食之君。昭、哀二公皆〔四〕客死於外。故當定即位之後，夏之八月即有隕霜殺菽〔五〕之異，君弱臣强之象也。」舊疏云：「何氏以爲定公者，昭公之子，與賈、服異。既爲昭公之子而喜於得位者，正以父見放逐，甍於乾侯。讐人秉政有年歲矣，忘其恥辱，欲求福於淫祀，天怪其所爲，故示之戒也。」又引：「舊〔六〕云：定公爲昭公弟，立非其次，是以喜之。而謂昭公爲父者，臣子一例故也。」

〔一〕「穀」，原訛作「菽」，據惠士奇春秋説校改。
〔二〕「伏」，原訛作「復」，據惠士奇春秋説校改。
〔三〕「於」字原脱，據惠士奇春秋説校補。
〔四〕「昭、哀二公皆」，原訛作「其後哀公」，據惠士奇春秋説校改。
〔五〕「殺菽」二字原脱，據惠士奇春秋説校補。
〔六〕「舊」下原衍「疏」字，叢書本同，據公羊注疏校删。

公羊義疏六十九

南菁書院　句容陳立卓人著

定二年盡四年

○二年，春，王正月。

○夏，五月，壬辰，雉門及兩觀災。【疏】包氏慎言云：「五月無壬辰，四月之二十七日。」

其言雉門及兩觀災何？【注】據桓宮、僖宮災，不言及。不但問及者，方於下及聞其文問之，故先俱張本於上。【疏】注「据桓」至「言及」。○即哀三年書「桓宮、僖宮災」是也。○注「不但」至「於上」。○校勘記云：「鄂本『聞』作『間』，此誤。」言傳文不但問「及者何」，而連言雉門及兩觀災問也，爲下方復問「曷爲雉門災及兩觀」，故先於此俱問，張本於上也。

兩觀微也。【注】雉門、兩觀，皆天子之制，門爲主，觀爲其飾，故微也。【疏】注「雉門」至「微也」。○禮記明堂位云：「太廟，天子明堂。庫門，天子皋門。雉門，天子應門。」注：「言廟及門如天子之制也。」

正義：「謂制度高大，如似天子耳。」昭二十五年傳子家駒曰「諸侯僭天子久矣」，「設兩觀」云云，是雉門、兩觀皆天子之制也，彼傳不及雉門者，舊疏云：「天子、諸侯皆有雉門，但形制殊耳。」按：諸侯三門，他國不聞有雉門，或唯魯有，而又制如應門，故爲天子制也。史記魯世家：「煬公築茅闕門。」徐廣曰：「茅，一作『第』，又作『夷』。」「雉」字古文作「鴺」，「雉」亦與「夷」通。左傳昭十七年服注：「雉者，夷也。」又漢書揚雄傳注引服虔云：「雉、夷聲相近。」爾雅釋詁樊光注：「雉，夷也。」是也。古微書引感精符云：「雉之爲言弟也。」故弟闕門，即雉闕門也。蓋即觀也。周禮閽人注：「鄭司農云：王有五門：外曰皋門，二曰雉門，三曰庫門，四曰應門，五曰路門。路門〔一〕一曰畢門，玄謂雉門，三門也。春秋傳曰：『雉門災，及兩觀。』」疏：「『玄謂雉門，爲三門』者，破先鄭雉門爲二。必知雉門爲中門者，凡諸侯三門，有皋、應、路。詩云：『乃立皋門，皋門有伉。乃立應門，應門將將。』是也。若魯三門，則有庫、雉、路，故明堂位云『庫門，天子皋門』，則庫門向外，兼皋門矣。又云『雉門，天子應門』，則雉門向內，兼應門矣。既言庫門向外兼皋門，雉門向內兼應門，則天子五門，庫門在雉門外明矣。」按：毛氏大雅緜傳云：「王之郭門曰皋門，王之正門曰應門。」箋云：「諸侯之宮，外門曰皋門，朝門曰應門，內有路門。天子之宮，加以庫、雉。」蓋皋、應本太王爲諸侯之門，文王增爲天子之制，諸侯不得更有皋、應之名，故魯唯庫、雉、路也。江氏永鄉黨圖考云：「集傳云：『太王之時，未有制度，特作二門，其名如此。及周有天下，遂尊以爲天子之門，而諸侯不得立

〔一〕「路門」原脱，叢書本同，據周禮注疏校補。

焉。朱子又云：『書天子有應門，春秋書魯有雉門，禮記云魯有庫門，家語云衛有庫門，皆無云諸侯有皋、應者，則皋、應爲天子之門明矣。』此爲定説。注疏言魯有庫、雉，他國諸侯有皋、應者，皆非。」江氏又云：「明堂位言魯之庫門儗天子之皋，雉門儗天子之應耳。非謂唯魯有庫門、雉門，而餘諸侯不得立也。檀弓言庫門者四，除『魯莊公既葬，而經不入庫門』之外，言君復於庫門〔一〕，宰夫命舍故諱新〔二〕，『自寢門至於庫門』，『軍有憂，則素服哭於庫門之外』，皆通諸侯言之，非專爲魯記也。禮器言『繹之於庫門內』，家語謂『孔子爲衛莊公言之』，則諸侯皆有庫門可知，有庫門則亦有雉門矣。」按：諸侯之門，或路門同爾。魯有雉門者，正以有兩觀。故通典引三禮義宗云：雉門，雉，施也。其上有觀闕，以藏法象魏，故以施政教爲名。周禮乃縣治象之法于象魏，闕是也。他國無兩觀，中門未必名雉，則大門不必如魯有庫門也。魯有庫門，或因魯有大庭氏之庫得名。其檀弓所記，多是魯諸儒假魯事以明經制，不必他國皆然。家語多王肅私竄，不可據焉。戴氏震三朝三門考云：「天子之宮有皋門、有應門、有路門。路門一曰虎門，一曰畢門。不聞天子庫門、雉門也。諸侯之宮有庫門、有雉門、有路門，不聞諸侯皋門、應門也。皋門，天子外門；庫門，諸侯外門；應門，天子中門；雉門，諸侯中門。異其名，殊其制，辨等威也。天子三朝，諸侯三朝；天子三門，諸侯三門；其數同，君國之事侔體合，朝與門無虛設也。」王氏塗鄉黨正義云：「戴氏謂天子

〔一〕「君復於庫門」句，禮記原文作「君復於小寢、大寢、小祖、大祖、庫門、四郊」。
〔二〕「宰夫命舍故諱新」句，禮記原文作「既卒哭，宰夫執木鐸以命於宮曰：舍故而諱新」。下接「自寢門至於庫門」。

亦三門，與宋劉氏敞之説同。既以爲三門，則皋門即庫門，雉門即應門，亦可通名。故郊特牲云『獻命庫門之内』，是指王朝也。戴氏以爲據魯以合於天子，殆非也。作雒解，路寢、明堂咸有庫臺。庫，庫門；臺，臺門，即雉門。是天子亦得稱庫、雉也。」考工記匠人云：「廟門容大扃七个，闈門容小扃參个，路門不容乘車之五个，應門二徹參个。」注云：「大扃，牛鼎之扃，長三尺。每扃爲一个，七个二丈一尺。廟中之門曰闈。小扃，膷鼎之扃，長二尺。參个，六尺。路門者，大寢之門。乘車廣六尺六寸，五个三丈三尺。言不容者，是兩門乃容之。兩門乃容之，則此門半之，丈六尺五寸。正門謂之應門，謂朝門也。二徹之内八尺，三个二丈四尺。」焦氏循羣經宮室圖説：「路門爲人君視朝之地，宜廣於諸門，不應小至一丈六尺五寸，視應門三之二也。以考工記『門堂』、『門室』注參之，東西當得三十步，而兩室與門各居其一，則中亦十步也。一步六尺，則十步爲六丈矣。」然古尺比今尺爲短，如注言一丈六尺五寸，得今九尺彊，則與記文不容之言不合。而焦氏所言亦太侈。劉氏寶楠論語正義云：「細繹記文，但謂以乘車五个略狹，故曰不容車耳。乘車五个，三丈三尺，度以今尺爲二丈强。而路門稍狹，則爲二丈内外矣。記又云：『王宮門阿之制五雉。』注：『阿，棟也。雉長三丈，高一丈。度高以高，度廣以廣。』疏：『謂門之屋，兩下爲之〔一〕，其脊高五丈。』不著門丈之制。又此皆爲天子言之。若諸侯宮廟之門，其高廣經無明文，然必當殺於天子。」王氏鎣引迮氏愛蓮曰：「據鄭氏説，諸侯三門，其高與天子同，其廣路門丈六尺五寸，雉門二丈四尺，皋門

〔一〕「之」字原脱，叢書本同，據周禮注疏校補。

之廣與應門同。諸侯之庫、雉亦與天子同。」其説合理，殆非是也。門爲主，觀爲其飾者，釋名釋宫室云：「闕，在兩旁，中間闕然爲道也。」禮記疏引白虎通云：「闕者，所以飾明別尊卑也。」崔豹古今注云：「闕，觀也。古每門樹兩觀於其前，所以標表宫門也。其上可居，登之則可遠觀，故謂之觀。人臣將朝，至此則思其所闕，故謂之闕。其上皆丹堊，其下皆畫雲氣仙雲奇禽怪獸，以昭示四方焉。」然闕止在雉門旁，崔謂每門皆有，於禮乖也。元和郡縣志：「兩觀，在縣東南五十步。定公二年，雉門及兩觀災，即孔子戮少正卯處。」是也。穀梁桓三年「禮，逆女，諸母、兄弟不出闕門」，或謂即此。然諸母並不得出路門也，恐非指是。左〔一〕傳莊二十一年「鄭伯享王于闕西辟，樂備。」疏引服虔云：「西辟，西偏也。當謂兩觀之内道之西也。」是有兩觀則東西有兩宫室，可設享而舞樂，不止門上作臺也。按：觀與闕似是一處而二物，詳昭二十五年義疏。雉門爲正，兩觀在門旁瞻觀之物，故以兩觀爲微。

然則曷爲不言雉門災及兩觀？【注】据下「新作雉門及兩觀」先言作者。

主災者兩觀也。【注】時災從兩觀起。【疏】注「時災從兩觀起」。○穀梁傳：「其不曰雉門災及兩觀，何也？災自兩觀始也。」注：「始災者，兩觀也。」通義云：「實兩觀災，延及雉門。非雉門災，延及兩觀。」

時災者兩觀，則曷爲後言之？【注】据欲使言兩觀災及雉門，若言宋督弒其君與夷，及其大夫孔

〔一〕「左」，原訛作「在」，叢書本不誤，據改。

父。【疏】校勘記出「時災者兩觀」〔一〕，云：「唐石經作『主災者兩觀』，諸本皆誤作『時』。」孫志祖云：「左傳疏引作『主』。」按：紹熙本作「主」，不誤。○注「据欲」至「孔父」。○見桓二年。正以兩觀先災，宜書兩觀災及雉門也。

不以微及大也。【疏】穀梁傳：「先言雉門，尊尊也。」注：「欲言兩觀災及雉門，則卑不可以及尊，災不從雉門起，故不得言雉門災及兩觀。兩觀始災，故災在兩觀下也。鄭嗣曰：『欲以兩觀親災，則經宜言兩觀災及雉門，雉門尊，兩觀卑，卑不可以及尊，故不得不先言雉門而後言兩觀。欲令兩觀始災，故災在兩觀下矣。』」通義云：「兩觀先災而後言之，稱言有序，猶孔父先死，而曰『弒其君與夷及其大夫孔父』也。若然，仲子以微不言及，兩觀又以微言及者，言及而後其微見者，加及以絶之也；不待言及，而其微見者，不加及以絶之也。」

何以書？【注】不復言雉門及兩觀災何以書者，上已問雉門及兩觀災，故但言何以書。【疏】注「不復」至「以書」。○舊疏云：「隱三年『秋，武氏子來求賻』，傳云：『武氏子來求賻何以書？』注云：『不但言何以書者，嫌以主覆問上所説二事，不問求賻。』又七年『城中丘』，傳云：『中丘者何？內之邑也。城中丘何以書？』注云：『上言中丘者何，指問邑也。欲因其何以書，嫌但問書中丘，故復言城中丘何以書也。』僖二十年傳云：『西宮災，何以書？』然則，彼三傳文皆舉句而問之，今此不嫌不以微及大何以書，而不舉句

〔一〕「出時災者兩觀」句原本無，今依體例補之，使句意完整明朗。

問之者，正以上傳已云『其言雉門及兩觀災何』，不能復重言之，故省文也。」

記災也。【注】此本子家駒諫昭公所當先去以自正者，昭公不從其言，卒爲季氏所逐，定公繼其後，宜去其所以失之者，故災亦云爾。立雉門兩觀不書者，僭天子不可言，雖在春秋中，猶不書。【疏】注「此本」至「云爾」。○見昭二十五年。穀梁疏引劉向云：「雉門，天子之門。而今魯過制，故致天災也。」五行志上：「定公二年五月，雉門及兩觀災。董仲舒、劉向以爲，此皆奢僭過度者也。先是季氏逐昭公，昭公死于外。定公即位，既不能誅季氏，又用其邪說，淫於女樂，而退孔子。天戒若曰：去高顯而奢僭者。一曰門闕，號令所由出也，今舍大聖而縱有辠，亡以出號令矣。京房易傳曰：『君不思道，厥妖火燒宮。』」何氏、劉氏皆以魯雉門爲僭天子，皆與漢志所載董、劉說合。是公、穀義同，惟此傳云「記災」不云記異。董、劉說及受女樂事在後，與傳例不合。○注「立雉」至「不書」。○隱五年：「初獻六羽。」傳云：「何以書？譏。何譏爾？譏始僭諸公也。始僭諸公昉於此乎？前此矣。前此則曷爲始乎此？僭諸公〔一〕猶可言也，僭天子不可言也。」此義與彼同。解詁箋云：「傳例，春秋見者不復見也。此因災見，且以張王文，猶郊禘也。」

〔一〕「僭諸公」原誤疊，叢書本同，據公羊注疏校删。

○秋，楚人伐吴。

○冬，十月，新作雉門及兩觀。

其言新作之何？【注】据俱一門兩觀，如故常。【疏】通義云：「据新延廄不言作。」○注「据俱」至「故常」。○莊二十九年傳云：「有所增益曰作。」此仍故常，無所增益而言作，故据以難。

脩大也。【注】天災之，當減省如諸侯制，而復脩大，僭天子之禮，故言新作以見脩大也。【疏】毛本「脩」作「修」。○注「天災」至「大也」。○繁露王道云：「作雉門及兩觀，譏驕溢不恤下也。」驕溢即脩之義。穀梁傳：「言新，有舊也。作，爲也，有加其度也。」俱與何氏有所增益曰作義合。彼注又云：「繕故曰新。」此言新作，蓋有舊而又增大之也。僖二十年：「新作南門。」傳：「何以書？譏。何譏爾？門有古常也。」亦以其奢泰不奉古制惡之也。

脩舊不書，此何以書？【注】据西宫災復脩不書。【疏】注「据西」至「不書」。○見僖二十年西宫災，復脩。以理度知也。

譏。何譏爾？不務乎公室也。【注】務，勉也。不務公室，亦可施于久不脩，亦可施于不務如公室之禮，微辭也。月者，久也。當即脩之，如諸侯禮。【疏】注「務，勉也」。○吕覽士節云「不可不務求此人也」，又聽言云「不可不務也」，高注並云：「務，勉也。」荀子富國云：「僔然要時務民。」注：「務，勉强也。」

○注「不務」至「辭也」。○舊疏云：「即文十三年傳：『世室屋壞何以書？譏。何譏爾？久不脩也。』何氏云：『簡忽，久不以時脩治，至令壞敗，故譏之。』然則，此文不務公室者，亦可見魯人簡忽。五月有災，十月乃作之義，故云亦可施於久不脩也。」校勘記出「亦可施于久不脩」，云：「蜀大字本、閩、監、毛本同。鄂本『于』作『於』，下同。作『於』是。」按：主人習其辭而聞其傳，則但責其久不脩，其實則責其僭天子，不務如公室也，故爲微辭也。通義云：「譏季氏當國不勉務公室之事。朝闕，重地，被災彌五月，然後脩之。魯雉門如天子應門，而兩觀尤非諸侯之法，春秋雖若以譏久不脩書，其僭已據事直見矣，所謂微辭也。」○注「月者」至「侯禮」。○舊疏云：「正以莊二十九年『春，新延廄』、僖二十年『春，新作南門』皆書時，此特月者，譏其久不脩也。舊云如天子之門，大不可即成，故月以久之。」按：舊説是也。時魯宜因陋就簡，及時脩治。今乃務爲驕溢，工作繁多，曠日持久，故書月以起之也。

○三年，春，王正月，公如晉，至河乃復。【注】月者，内有彊臣之讎，外不見答於晉，故危之。

【疏】注「月者」至「危之」。○正以凡朝例時，此月，故解之。書月爲危者，襄二十八年：「十一月，公如楚。」注：「如楚書月者，危公朝夷狄之屬。」是也。而僖十年注云「故如京師，則月榮之。如齊、晉，則月安之」者，美惡不嫌同辭故也。知不見答於晉者，昭二年：「冬，公如晉，至河乃復。」傳：「其言至河乃復何？不敢進也。」注：「時聞晉欲執之，不敢往。君子榮見與，恥見距，故諱使若至河，河水有難而反。」又十二年、十三年、二十一年皆書「公如晉，至河乃復」之屬，皆不見答之辭。此與彼文同故也。内有季氏彊臣，外不見答盟主，故爲危。

○三月，辛卯，邾婁子穿卒。【疏】校勘記云：「唐石經原刻『三月』，磨改作『二月』。解云：公羊、穀梁皆作『三月』，左氏作『二月』，未知孰正。按，此則當從唐石經原刻。」包氏愼言云：「三月有辛卯，月之朔日。春秋杜氏釋例長曆：定公三年甲午，二月癸亥朔。辛卯，二十九日。」

○夏，四月。

○秋，葬邾婁莊公。

○冬，仲孫何忌及邾婁子盟于枝。【注】後相犯。時者，諱公使大夫盟，又未踰年君，薄父子之恩，故爲易辭，使若義結善事。【疏】釋文：「枝，二傳作『拔』。」校勘記云：「『枝』，唐石經、諸本同。按，『枝』當爲『拔』字之誤也，如公孫拔之誤爲公孫枝。」按：「枝」與「拔」字形相近，易混。漢書地理志「北海郡」下「樂都」云：「侯國。莽曰拔壟，一作杖，一作枝。」又荀子彊國云：「拔戟加乎首。」注：「拔或作枝。」是也。左傳校勘記：「顧炎武云：石經『拔』誤『枝』。按，石經此處殘缺，炎武所据乃補刻本。」杜云：「拔地闕。」左傳作「郯」，杜云：「郯即拔也。」大事表云：「當在今兖州府嶧陽縣境。」○注「後相」至「善事」。○會盟之例，大信時，小信月，不信日。此後相犯，不信明，即哀元年「仲孫何忌帥師伐邾婁」之屬是也。今而書時，爲大信辭，故解之。閔二年注：「君臣無相適之道，故大夫不敵君。」莊九年注：「鄰國之臣，猶吾臣也。」此公使大夫盟諸侯，非禮。又邾婁子穿卒於三月，冬會其孤，又失禮，故皆爲諱作易辭也。易者，莊十三年「冬，公會齊侯盟于柯」，傳：「何以不日？易也。」注：「易，猶佼易也。相親信，無後患之辭。」是也。通義云：「不月者，入春秋來，邾婁數伐我邊鄙，内亦亟取其邑。唯終定公之世，二國修禮，未嘗相犯，故特與〔一〕大信辭也。」義亦通。又云：「未踰年稱爵者，與其所可與，譏其所可譏。」

○四年，春，王二月，癸巳，陳侯吴卒。【疏】包氏慎言云：「二月無癸巳，据曆三月之九日，正月之八日也。」

○三月，公會劉子、晉侯、宋公、蔡侯、衛侯、陳子、鄭伯、許男、曹伯、莒子、邾婁

〔一〕「與」字原脱，據公羊通義校補。

子、頓子、胡子、滕子、薛伯、杞伯、小邾婁子、齊國夏于召陵，侵楚。【注】月而不舉重者，楚以一裘之故，拘蔡昭公數年，然後歸之。諸侯雜然侵之，會同最盛，故善録其行義兵也。拘不書者，惡蔡侯吝一裘而見拘執，故匹夫之。執歸不書者，從執例。【疏】左傳疏引土地名云：「召陵，楚地。」舊疏云：「上文二月，『陳侯吴卒』，下之六月，『葬陳惠公』。然則，其父未葬，宜稱子某，而言陳子，僖九年『宋子』之下，注云：『宋未葬，不稱子某者，出會諸侯，非尸柩之前，故不名。』然則，今此陳子亦然，但從宋子省文，故不復注之。」○注「月而」至「兵也」。○正以侵伐例時，此月，若其舉重，宜云公會劉子、晉侯以下侵楚，不言于召陵也。而今會、侵並舉，是書月，又不舉重，故解之。善録其行義兵者，僖十五年：「秋，七月，齊師、曹師伐厲。」注：「月者，善録義兵。」僖十八年：「春，王正月，宋公會曹伯以下伐齊。」注：「月者，與襄公之征齊，善録義兵。」此與同也。舊疏云：「僖四年『春，王正月，公會齊侯以下侵蔡』，何氏云：『月者，善義兵也。』然則，彼亦是義兵而舉重者，正以彼下經云：『楚屈完來盟于師，盟于召陵。』傳云：『其言盟于師、盟于召陵何？ 師在召陵也。師在召陵，則曷爲再言盟？ 喜服楚也。』則以下有『喜服楚』之文，爲義兵可知，是以不勞具録也。桓十五年『冬，十有一月，公會齊侯、宋公以下于侈，伐鄭』。彼注云：『月者，善諸侯征突，善録義兵也。不舉伐爲重者，用兵重於會，嫌月爲桓伐有危舉，不爲義兵録，故復録會也。』」按：詳録多爲善辭，所謂書之重，辭之複，其中必有美者焉是也。此書月，已爲義兵録，復以蔡昭見執，諸侯雜然侵之，會同最盛，故又詳録所會地，著其善也。蓋侵伐書月，不必皆録義兵，如莊十年「二月，公侵宋」，書月爲危。僖四年「冬，十有二月，公孫慈會齊人以下侵陳」，書月爲刺。下六年「二月，公侵鄭」，八年春王正月、二月比侵齊，爲危。莊三年正月，「溺會齊師伐衛」，書月爲惡齊、魯。是不皆爲義兵録，故此復不舉重以起之也。拘蔡昭公者，即下傳云：「蔡昭公朝乎楚，有美裘焉。囊瓦求之，昭公不與。爲是拘昭公於南郢數年，然後歸之。」是其事也。○注「拘不」至「夫之」。○僖二十一年「執宋公以伐宋」、二十八年「晉侯執曹伯」之屬皆書執，此不書，故解之。匹夫之者，舊疏云：「所以不直言賤之，而言匹夫之者，以楚人執良霄之屬，大夫猶書，今反不書，賤於大夫，故言匹夫之。」○注「執歸」至「執例」。○舊疏云：「即僖二十一年注云：『凡出奔歸書，執獲歸不書者，出奔已失國，故録還應盜國，與執獲者異。臣下尚隨君事之，未失國，不應盜國，無爲録也。』是其被執而歸不書之義。今此蔡侯之執，經雖不書，其實見執，故得從其例矣。」

○**夏，四月，庚辰，蔡公孫歸姓帥師滅沈，以沈子嘉歸，殺之。**【注】爲不會召陵故也。不舉滅爲重，書以歸殺之者，責不死位也。日者，定、哀滅例日。定公承黜君之後，有彊臣之讎，故有滅則危懼之，爲定公戒也。【疏】包氏慎言云：「四月書庚辰，月之二十六日。」校勘記出「公孫歸姓」，云：「唐石經、諸本同。釋文：『公孫歸姓，二傳無『歸』字。『姓』音生。按，昭二十三年注作『歸生』，疏引此經同。」左氏釋文作「公孫生」，云：「本又作姓。」按：姓、生通。昭元年會于虢，三傳皆作「公孫歸生」。左、穀此經蓋脱也。○注「爲不」至「故也」。○舊疏云：「召陵之會，蔡爲謀首。召陵之經不見沈子，而今滅之，故知義然也。」○注「不舉」至「位也」。○襄六年：「齊人滅萊。」傳：「曷爲不言萊君出奔？國滅，君死之，正也。」注：「明國當存，不書殺萊君者，舉滅國爲重。」彼萊君死位，故但舉滅國爲重。今欲責沈子不死位，故並書「以歸」、「殺之」也。○注「日者」至「戒也」。○正以滅例月，此日，故解之。定、哀滅例日者，舊疏云：「定、哀之時，文致大平，若有相滅，爲罪已重，故皆書日以詳其惡，即此經及六年『春，王正月，癸亥，鄭游遬帥師滅許，以許男斯歸』之屬是也。」又云：「既言定、哀滅例日，乃是滅爲例矣。而又言定公承黜君之後，有强臣之讎，故有滅則危懼之，爲定公戒者，欲道哀公之篇，若有相滅例合日。」按：哀公八年「春，王正月，宋公入曹，以曹伯陽歸」，傳：「曷爲不言其滅？諱同姓之滅也。何諱乎同姓之滅？力能救之而不救也。」注：「不日者，深諱之。定、哀滅例日，此不日者，諱使若不滅，故不日。」故舊疏謂「欲見他義者，容不書之」是也。舊疏又云：「哀公之篇，更無書滅之經，而知例日者，正以文承定公之下，定公猶日，則哀公明矣。定公承黜君之後，偏有危懼，是以有滅則書日。哀公無此義，故諱其滅，以没不救同姓之罪，但知例合書其日，故何氏云焉。」按：定、哀滅例日，何氏此語必有所受，故据以爲例。

○五月，公及諸侯盟于浩油。【注】再言公者，昭公數如晉，不見答，卒爲季氏所逐。定公初即位，得與諸侯盟，故喜録之。後楚復圍蔡不救，不日者，善諸侯能翕然俱有疾楚之心，會同最盛，故褒與信辭。

【疏】釋文：「浩油，二傳作『皋鼬』。」校勘記云：「唐石經、諸本同。九經古義云：鹽鐵論作『誥鼬』。爾雅釋訓『皋皋琄琄』，樊光本作『浩浩』。」按：鹽鐵論見和親篇，桓寬多用公羊説，或亦公羊異本也。惠氏棟云：「古讀『皋』爲『浩』，『鼬』爲『由』，皋、浩同部，油、鼬皆从由聲故也。」大事表云：「鄭氏曰：『鄭地城皋也。』杜注：『繁昌縣東北有成臯亭。』今在許州府臨潁縣界。」按：在臨潁者近是。水經注潁水篇：「潁水又東南，逕澤城〔一〕北，即古臯城亭矣，春秋書『公及諸侯盟于臯鼬』者也。臯、澤字相似，名與字乖耳。」一統志：「城臯亭在許州府臨潁縣南。定四年盟于臯鼬，即此地是也。」○注「再言」至「録之」。○舊疏云：「正以僖五年『夏，公及齊侯以下會王世子于首戴』，『秋，八月，諸侯盟于首戴』；九年『夏，公會宰周公以下于葵丘』，『九月，戊辰，諸侯盟于葵丘』之屬，皆不再言公，今此再言公，故於此解之。昭公數如晉，不見答者，即昭十二年『夏，公如晉，至河乃復』，十三年『公如晉，至河乃復』，二十三年『公如晉，至河，公有疾，乃復』，是數如晉之文也。竟〔二〕不見晉人來聘之經，故云不見答也。卒爲季氏所逐者，即二十五年，『公孫于齊』是也。寧知再言公爲喜録之者，正以文承祥録義兵之下〔三〕而再言公，故知其喜，似若僖四年『楚屈完來盟于師，盟于召陵』，傳曰『曷爲再言盟？喜服楚也』之類，注云：『孔子曰：書之重，辭之複，嗚乎！不可不察，其中必有美者焉。』義亦通於此。」按：上年，公如晉，亦至河乃復，此得與諸侯盟，故尤喜録之。鹽鐵論和親云：「春秋存君在楚，詰鼬之會書公，紿〔四〕夷狄也。」三傳皆無此義，蓋嚴氏春秋說。通義云：「彼意似以楚强無信，侵之有危，爲公危録此盟，蓋會盟異地，間有他事，又劉子不與盟，備此三

〔一〕「澤城」，原訛作「臯城」，叢書本同，據水經注校改。
〔二〕「竟」字原脱，叢書本同，據公羊注疏校補。
〔三〕「寧知再言公爲喜録之者，正以文承祥録義兵之下」句原脱，叢書本同，據公羊注疏校補。
〔四〕「紿」，原訛作「殆」，叢書本同，據鹽鐵論校改。「紿」，古同「詒」，欺騙、欺詐。

者合書諸侯例也。但葵丘、重丘之等不書公及，今再言公，即與會于宋，再言豹同意，故知是殆〔一〕之也。」按：春秋於中國勝楚事俱有善辭，故下經伯莒之戰，吴進稱子，此突爲殆〔二〕諸侯，與全經例乖。○注「後楚」至「信辭」。○鄂本「褒」作「襃」，即下經「楚人圍蔡」是也。下傳云「夷狄也而憂中國」，又曰「蔡請救于吴」，明在會諸侯無救之者，故無救文也。宜書日而書月，爲小信辭者，正以諸侯能翕然疾楚，故猶與之也。

○杞伯戊卒于會。【注】不日，與盟同日。【疏】釋文：「戊，音茂，又音恤。二傳作成。」按：「戊」、「戌」、「成」三字混，未知孰是。史記杞世家：「平公十八年卒，子悼公成立。」與二傳同。校勘記云：「『戊』，唐石經、諸本同。」○注「不日，與盟同日」。○舊疏云：「考諸古本，『日』亦有作『月』者。若作『日』字，宜云所見之世，小國之卒例合書日，即上言『三月，辛卯，邾婁子穿卒』之屬〔三〕是也。今不日者，正以與盟同日，文不可施故也。何者？若言五月甲子，公及諸侯盟于浩油〔四〕，杞伯戊卒于會，則嫌上會非

〔一〕「殆」，爲「詒」或「紿」之訛。
〔二〕同上條。
〔三〕「屬」，原訛作「文」，叢書本同，據公羊注疏校改。
〔四〕「浩油」下原衍「甲子」二字，叢書本同，據公羊注疏校删。

信辭；若言五月公及諸侯盟于浩油，甲子杞伯戊卒于會，則嫌與盟別日，是以進退不得日也。若作『月』字，宜云所見之世，則〔一〕例書日，若有内行失，亦但月之，即昭六年『春，王正月，杞伯益姑卒』，何氏云『不日者，行微弱，故略之』，『入所見之世，責小國詳，始録内行也。諸侯内行小失，不可勝書，故於終略責之，見其義』是也。今杞伯亦有内小失，宜合書月而不書月，正以與盟同月故也。」通義云：「不日者，與益姑同義。」蓋用古本爲説。

○六月，葬陳惠公。

○許遷于容城。【疏】大事表云：「在今南陽府葉縣西。應劭以漢華容縣爲許所遷之容城，非也。定四年許遷于容城〔二〕，後二年，鄭即滅許，傳云『因楚敗也』。漢華容爲今荆州府監利縣，在郢都之側，鄭豈能至此？又哀元年許復從楚圍蔡，似未嘗滅。或云楚復封之，則不可考其何地矣。」方輿紀要云：「容城在荆州監利縣東五里。應劭以爲楚遷許之容城。」沈氏欽韓云：「其地當在南陽府，或曰葉縣西。」蓋本

〔一〕「則」，原訛作「雖」，叢書本同，據公羊注疏校改。
〔二〕「于容城」三字原脱，叢書本同，據春秋大事表校補。

顧氏棟高説。水經注夏水篇：「又東過華容縣南。縣故容城矣。春秋許遷于容城是也。北臨中夏水，自縣東北，逕成都郡故城南。」按：昭十八年「許遷于白羽」，即析也，在今南陽府之内鄉。鄭、許世仇，許避鄭患，豈有復遷葉縣之理？葉去鄭近於白羽也，則應劭謂在華容者近是。楚新復國，鄭承其敝滅許，鄭去之後，許仍復封，故哀元年得見于經，故水經注同應説也。

○**秋，七月，公至自會。**【注】月者，爲下「劉卷卒」。月者，重録恩。【疏】注「月者」至「卷卒」。○舊疏云：「春秋之義，致公例時，桓二年『冬，公至自唐』之屬是也。若其有危，乃合書月，即下八年『三月，公至自侵齊』之屬是也。今此上會有義兵之録，上盟有信辭之美，又再言公爲喜文，則知公於時無危事。而有七月，故知月爲下事爾。若然，桓十六年『秋，七月，公至自伐鄭』，何氏云：『致者，善桓公能疾惡同類，比與諸侯行義兵伐鄭。致例時，此月者，善其比與善行義，故以致復加月也。』似月爲善者，正以桓是篡賊，動作有危，而能疾篡脱危而至，故致之。何氏彼注必言此者，欲對桓元年垂會之注云『不致之者，爲下去王，適足以起無王未足以見無王罪之深淺，故復奪臣子辭，成誅文也』。以此言之，則桓十六年注云『以致復加月』，仍是危文，但善其比行義，故能脱危而至，與此仍不妨矣。」○注「月者，重録恩」。○此解劉卷卒書月義也。舊疏云：「大夫之卒，宜又降于微國之君，但合書時而已，而書月者，正以新奉王命，主會于召陵，於魯有恩，故重而録之，故云月者，重録恩也。」

○劉卷卒。

劉卷者何？天子之大夫也。外大夫不卒，此何以卒？我主之也。【注】劉卷，即上會劉子。我主之者，因上王魯文王之，張義也。卒者，明主會者當有恩禮也。言劉卷者，主起以大夫卒之，屈於天子也。不日者，此尹氏以天子喪爲主重也，此卷主會輕，故不日。【疏】通義云：「我主之者，蓋劉子反自召陵，遘疾道卒，魯人爲之辯護其喪事與？」按：劉子會召陵伐楚，由楚返周，不入魯竟，魯無爲辯護喪事。穀梁傳：「此不卒而卒者，賢之也。寰内諸侯也，非列土諸侯，此何以卒也？天王崩，爲諸侯主也。」則公羊義亦當然。○注「劉卷」至「義也」。○校勘記出「因上王魯文王之」，云：「閩本作『故主之』，是也。此作『王之』，誤。監、毛本『故』亦作『文』，上屬，與疏合；『主之』作『王之』，同誤。」舊疏云：「正以召陵之經，劉子爲首，今而書卒，故知一人也。不然，大夫之卒，例則不書，劉卷何事獨録見也？今而書見，明有恩於魯，傳曰『我主之』，亦其一隅矣。」又云：「劉子，天子之大夫，奉天子之命，致諸侯於召陵，主會明矣。此傳宜云外大夫不卒，此何以卒？主我也。而云我主之者，正以春秋王魯，因魯之文，故言我主之，不言主我也。言張義者，欲張魯君爲王之義。」○注「卒者」至「禮也」。○舊疏云：「若主會有恩禮，即違例書卒也。僖九年『公會宰周公』，成十六年、十七年之時，數有公會尹子、單子之文，而皆不卒。言卒等有恩，當論遠近，蓋在主會之年卒者，恩而録之。若期外者，當從恩殺略之，是以尹子、單子之徒不見卒文。若奔喪主我使來會葬之屬，其恩差重，三年之外方始略之，即隱三年『夏，四月，辛卯，尹氏卒』，傳：『外大夫不卒，此何以卒？天王崩，諸侯之主也。』彼注云『時天王崩，魯隱往奔喪，尹氏主儐贊諸侯，與隱交接而卒，恩隆於王者，則加禮録之』，『明當有恩禮』。又文三年『王子虎卒』，傳：『外大夫不卒，此何以卒？新使乎我也。』彼注云：『王子虎，即叔服也，新爲王者使來會葬，在葬後三年中卒，君子恩隆於親親，則加報之，故卒明當有恩禮也。』」按：尹氏卒在期内，舊疏述之者，爲亦當在加隆之例。其卒若在期外，亦宜恩録也。○注「言劉」至「天子」。○舊疏云：「襄十五年『劉夏』之下傳云：『劉夏者何？天子之大夫也。劉者何？邑也。其稱劉何？以邑氏也。』注：『諸侯入爲天子大夫，不得氏國稱本爵，故以所受采邑氏稱子。』今此劉卷乃是圻外諸侯，入爲天子大夫，所以不言劉子卷卒，從諸侯之例而言劉卷，其但字者，正欲起大夫卒之，屈於天子故也。」通義云：「劉敞曰：何以不言爵？圻内之君也，不世爵，故不與爵稱也。王者之制，内諸侯禄，外諸侯嗣，此三代之禮最所重者也。於經未有以言之，觀乎劉卷卒則可信矣。故生稱爵，其禄也；卒稱名，從正也。」解詁箋云：「著劉者，明天子大夫得世禄；去子者，明爵不得世也。」按：劉卷之本國與爵不可考，其是否劉夏之後，亦不可定，要皆外諸侯而食采於劉者也。左氏家以爲夏後者，公羊所不取。○注「不日」至「不日」。○正以尹氏卒書辛卯，故解之。舊疏云：「文三年『夏，五月，王子虎卒。』注云：『尹氏卒日，此不日者，在期外也。』然則，尹氏之主諸侯，由其在期内，故日之。今此劉卷之主諸侯，亦在期内，而不日者，正以尹氏之主諸侯，乃是天王崩，儐贊隱公，其恩重。劉卷之主諸侯，乃在召陵之會，故不書日，見其輕矣。」

○葬杞悼公。

○楚人圍蔡。【注】囊瓦稱人者，楚爲無道，拘蔡昭公數年，而復怒蔡歸有言伐之，故貶，明罪重於圍。

【疏】注「囊瓦」至「伐之」。○哀元年，「楚子、陳侯、隨侯、許男圍蔡」稱爵，此稱人，故解之。知人爲囊瓦者，以下傳云「使囊瓦將而伐蔡也」。下傳云：「蔡昭公朝乎楚，有美裘焉。囊瓦求之，昭公不與，爲是拘昭公于南郢數年，然後歸之。於其歸焉，用事乎河曰：『天下諸侯，苟有能伐楚者，寡人請爲之前列。』楚人聞之怒，爲是興師。」是其事也。○注「故貶」至「於圍」。○隱二年注：「凡書兵者，正不得也。」故圍亦有罪，但不爲其惡，此囊瓦貶稱人，故罪重於圍也。繁露王道云：「觀乎楚昭王之伐蔡，知無義之反。」

○晉士鞅、衛孔圄帥師伐鮮虞。【疏】釋文：「圄，左氏作『圉』。虞，本或作『吴』。」校勘記云：「諸本同，唐石經作『孔圄』，『虞』字缺。」穀梁同左氏。説文口部：「圄，守之也。」㚔部：「圉，囹圄，所以拘罪人。」圄、圉聲義皆同也。漢書地理志天水郡：「冀，禹貢：『朱圄山在縣南。』」師古曰：「圄讀與圉同。」隸釋堯廟碑「韶磬祝圄」、大饗碑「下及陪臺隸圄」，皆叚「圄」爲「圉」也。

○葬劉文公。

外大夫不書葬，此何以書？ 録我主也。【注】其實以主我恩録之，故云爾。舉采者，禮，諸侯入爲天子大夫，更受采地於京師，天子使大夫爲治其國，有功而卒者，當益封其子。時劉卷以功益封，故不以故國而以采地書葬起其事，因恩以廣義也。稱公者，明本諸侯也。【疏】注「其實」至「云爾」。○正以傳云「我主」，實劉卷主會，爲主我也。通義云：「明内有恩禮，故〔一〕録之。」○注「舉采」至「其子」。○白虎通京師云：「諸侯入爲公卿大夫，得食兩家采否？曰：有能然後居其位，德加於人然後食其禄，所以尊賢重有德也。今以盛德入輔佐，得兩食之。故王制曰：『天子之縣内諸侯，禄也；外諸侯，嗣也。』」兩家采，則謂更受采地於京師也。公羊禮説云：「采有二，始封之時則有采地，入爲天子大夫更受采地。其始封所受者，書大傳云：『古者諸侯始受封，則有采地，百里諸侯以三十里，七十里諸侯以二十里，五十里諸侯以十五里。其後子孫雖有罪黜，其采地不黜，使其子弟賢者守之，世世以祠其始受封之人。』紀季以酅入于齊，酅即紀之采也，此國滅而采不滅之證。其入爲天子大夫更受采者，詩所謂『還予授子之粲兮』，傳：『諸侯入爲天子卿士，受采禄。』是也。」按：諸侯受采京師之制亦有二：有受而傳之子孫者，此注所云「有功而卒者，當益封其子」是也。召公封燕，仍爲太保；周公封魯，別子仍爲周大夫，其圻内采地子孫世守，故春秋周有召伯、周公也。一則入爲大夫時有采地，没後仍歸采地于王朝，其子襲本爵如故，王制所云「内諸侯禄也」，注：「選賢置之於位，其國之禄如諸侯，不得世。」又云「大夫不世爵」，注：「謂圻内及列國諸侯入爲天子大夫者，但守其禄位而已，不得據有其地。」故衛武公、齊丁公並入爲卿士，不聞有子孫世守采地于京師也。即鄭武公、莊公爲平王卿士，當亦有采地，故鄭風緇衣有「授子之粲」語，其子孫亦不聞

〔一〕「故」，原訛作「當」，叢書本同，據公羊通義校改。

世有采地于周也。明卿士於王室有館舍，於圻内有采禄矣。又諸侯入爲天子大夫，其命數仍如其本國，故詩王風大車云「毳衣如菼」，箋：「古者天子大夫，服毳冕以巡行邦國，而決男女之訟。」則是子男入爲大夫者，蓋天子大夫四命出封始加一等，不得服毳冕；諸侯入爲大夫者，本爵故尊，直以入仕爲榮，不得加其命數，故詩疏引：「鄭志：答趙商云：諸侯入爲卿大夫，與在朝仕者異，各依本國，如其命數。是由尊諸侯，使之以其命也。」其采地所在，則周禮載師云：「以小都之田任縣地，以大都之田任畺地。」鄭以卿之采地在小都，去王城四百里；公之采地在大都，去王城五百里也。陳氏奂毛詩傳疏以尚書大傳所記采地爲湯沐邑，非。大傳明云：「子孫雖有辠黜，其采地不黜，子孫世守之。」不得遠至京師也。韓詩外傳亦有是語。○注「時劉」至「義也」。○漢書毌將隆傳：「隆奏封事言：古者選諸侯入爲公卿，以褒有德。」是則諸侯入仕爲褒。故録劉卷不以故國爲善辭，又書葬以起褒以功益封也。○注「稱公」至「侯也」。○正以春秋五等之爵，葬皆稱公，故劉卷稱公，明本諸侯也。蔡邕議：「按古之以子配謚〔一〕者，魯之季文子、孟懿子，衛之孫文子、公叔文子，皆諸侯之臣也。至於王室之卿大夫，其尊與諸侯並，故以公配。春秋曰『劉卷卒』、『葬劉文公』，公羊曰：『劉卷者何？天子之大夫也。』」按：何以本諸侯故稱公，蔡以其尊同故稱公，二義並通。

〔一〕「謚」字原脱，據蔡中郎集朱公叔謚議校補。

○冬，十有一月，庚午，蔡侯以吳子及楚人戰于伯莒。楚師敗績。【疏】包氏慎言云：「十一月書庚午，月之二十日。」「伯莒」，左氏作「柏舉」，穀梁作「伯舉」。伯、柏，莒、舉，音義通。杜云：「柏舉，楚地。」水經注江水篇：「江水又東，逕上磧北，山名也。仲雍謂之大小竹磧。北岸烽火洲，即舉洲也，北對舉口。仲雍作『莒』字，得其音而忘其字，非也。」又云：「舉水「南流注于江，謂之舉口，南對舉洲。左傳定公四年，吳、楚戰于柏舉。京相璠曰：『漢東地矣。江夏有洰水，或作舉。』疑即此也」。於漢爲鄖，屬江夏郡。元和郡縣志：「龜頭山在黄州麻城縣東南八十里，舉水之所出。春秋吳、楚戰于柏舉，即此。」方輿紀要：「黄州府麻城縣東北三十里有柏子山，『吳、楚陳于柏莒』，蓋合柏山、舉水而名。」一統志：「舉水源出麻城縣東北黄蘗山，西南流入黄岡縣西三十里入江。在麻城名岐亭河，入黄岡縣界謂之舊州河，其入江處謂之三江口。」大事表云：「名勝志云：湖廣黄州府麻城縣東北三十里有柏子山，縣東南有舉水，柏舉之名，蓋因柏山、舉水而得。今案傳文，子常濟漢，自小別至于大別，又三戰，而陳于柏舉，是在漢之東北，其地應在麻城縣境也。」

吳何以稱子？【注】据滅徐稱國。【疏】注「据滅徐稱國」。○即昭三十年「冬，十二月，吳滅徐。徐子章禹奔楚」是也。

夷狄也而憂中國。【注】言子，起憂中國，言以明爲蔡故也，與桓十四年同。【疏】注「言子，起憂中國」。○穀梁傳：「吳其稱子，何也？以蔡侯之以之，舉其貴者也。蔡侯之以之，則其舉貴者，何也？吳信中國而攘夷狄，吳進矣。」繁露觀德云：「雞父之戰，吳不得與中國爲禮，至於伯莒、黄池之行，變而反道，乃爵而不殊。」白虎通號篇云：「蔡侯無罪而拘于楚，吴有憂中國心，興師伐楚，諸侯莫敢不至，知吴之霸也。」○注「言以」至「年同」。○桓十四年：「冬，宋人以齊人以下伐鄭。」傳：「以者何？行其意也。」注：「以己從人曰行，言四國行宋意也。」是也。惠氏士奇春秋説云：「借人之力以救己之亡，既不能左右之，又不能行其意。如楚人圍蔡，蔡方望救于吴，焉敢以吴？而柏舉之戰，春秋亦書以者，蓋憫蔡之危，善吴之救。」「吴之謀楚也，數十年矣。伍員謀于前，宰嚭謀于後。」「然則柏舉之戰，吴之志也。名爲救蔡，吴實主兵，蔡又焉能行其意乎〔一〕？而春秋特書『蔡侯以吴子』者，蔡無罪，而楚圍之，吴能救之，蓋惡楚而進吴也。」按：春秋進吴閔中國也，楚自熊通僭號，淩轢諸夏二百餘年，桓、文亦特小挫其鋒。吴能假救蔡入其都，滅其國，實足以張王法。雖其志不必尊王，春秋即攘夷大之，亦重義不重事之意也。

其憂中國奈何？伍子胥父誅乎楚，【疏】新序九云：「楚平王殺伍子胥之父。」史記楚世家：「無忌讒太子建於王，平王囚其傅伍奢，而召其二子，而告以免父死。」「伍尚謂伍胥曰：『聞父免而莫奔，不孝也；父戮莫報，無謀也；度能任事，智也。子其行矣，我其歸死。』伍尚遂歸。伍胥彎弓屬矢奔吴。伍奢聞之，曰：『胥亡，楚國危哉。』楚人遂殺伍奢及子尚」。左傳亦具有其事。

挾弓而去楚，【注】挾弓者，懷格意也。禮，天子雕弓，諸侯彤弓，大夫嬰弓，士盧弓。【疏】注「挾弓」至「意也」。○穀梁傳：「子胥父誅于楚也，挾弓持矢而干闔廬。」新序云：「子胥出亡，挾弓而干闔廬。」釋名

〔一〕「蔡又焉能行其意乎」句原脱，據春秋説校補。

釋姿容云：「挾，夾也，在旁也。」越絶書吴内傳云：「吴憂中邦奈何乎？伍子胥父誅於楚，子胥挾弓身干闔廬。」吴越春秋王僚使公子光傳云：「楚遣使追捕子胥。胥乃貫弓執矢去楚。楚使者追及無人之野，胥乃張弓布矢，欲害使者，使者俯伏而走。」是即懷格意也。舊疏云：「格，猶拒也。謂若君使追之時，己即懷拒之意，故曰挾弓者，懷格意也。若似今人謂不順之處爲格化之類也。或云格，來也，言所以挾弓者，懷欲到來復仇之意。」按：來意不明，訓拒是也。○注「禮天」至「盧弓」。○蓋逸禮文也。舊疏云：「古禮無文。」則禮緯亦無是語。詩大雅行葦：「敦弓既堅。」傳：「敦弓，畫弓也。天子敦弓。」釋文云：「敦，音彫。」正義：「敦與彫，古今之異，彫是畫飾之義，故曰『敦弓，畫弓也』。冬官弓人爲弓唯言用漆，不言畫，則漆上又畫之。彼不言畫，文不具耳。此述天子擇士，宜是天子之弓，故云天子敦弓。」「其諸侯公卿宜〔一〕與射者，自當各有其弓，不必畫矣。」孟子萬章篇「弤朕」，趙注：「弤，彫弓也。天子曰彫弓，堯禪舜天下，故賜之彫弓也。」音義云：「弤，都禮切。丁音彫，云：義與弴同。」焦氏循孟子正義云：「氐、周皆訓至。說文車部：『軧，抵也。』鄭氏既夕禮〔二〕注：『輖，蟄也。』蟄、輊字同。輖之爲抵，猶彫之爲弤矣。」說文：「弴〔三〕，畫弓也。」即詩之敦弓，此之雕弓也。段云：「雕弓者，蓋五采畫之。凡經傳言彫，有謂刻鏤者，如玉謂之彫，金謂之鏤，禮記『玉豆彫篹』，論語『朽木不可彫』是也。有謂繪畫者，即此雕弓是也。

〔一〕「宜」字原脱，據公羊注疏校補。
〔二〕「既夕禮」，原誤記爲「士喪禮」，以下引文出自既夕禮注，據改。
〔三〕「彈」，即楷書之「弴」。下文中均寫作「弴」。

彡部曰：『彫，琢文也。』古繪畫與刻畫無二字。諸侯彤弓，則天子當五采。石鼓詩有秀弓。秀即繡，五采備謂之繡。或曰天子之弓但刻畫爲文也。東京賦『彫弓斯彀』，薛注：『彫弓，謂有刻畫也。』弴與雕語之轉。敦弓者，弴之叚借字。詩、禮又叚敦爲之。敦、弴可讀如自，不得竟讀彫也。孟子作弤，亦雙聲。」又子虚賦：「左烏號之雕弓。」注：「張揖曰：黄帝乘龍上天，小臣不得上，挽持龍鬚，鬚拔墮黄帝弓，臣下抱弓而號，名烏號也。郭璞曰：雕，畫也。」然則天子畫弓，其來尚矣。諸侯彤弓者，詩小雅彤弓「弨兮」，毛傳：「朱弓也。以講德習射。」書文侯之命云：「彤弓一，彤矢百。」是也。嬰弓者，釋文云：「見司馬法。」段云：「嬰即江賦之纓字。蓋朱黑相間，而嬰繞也。」盧弓，即旅弓，黑弓也。文侯之命云：「旅弓一，旅矢百。」是也。荀子大略云：「天子雕弓，諸侯彤弓，大夫黑弓，禮也。」黑弓即此之盧弓也。

以干闔廬。【注】不待禮見曰干。欲因闔廬以復讎。

闔廬曰：「士之甚！【注】言其以賢士之甚。【疏】穀梁傳：「闔廬曰：大之甚！」注：「子胥，匹夫，乃欲復仇於國君，其孝甚大。」俞氏樾公羊平議云：「『士』當作『大』，穀梁傳可據以訂正。『大』字隸書每變作『士』字，如赤、幸、壺、壹等字，其上皆從大，而今皆作士，是其證也。『大之甚』譌作『士之甚』，何氏因曲爲之説，於義終不安也。」按：越絶書吴内傳亦云：「闔廬曰：士之甚！」與公羊同。蓋士之者，猶言人之也，言其誠足爲士也。武叔曰「是謂我不成丈夫也」，亦此義，故何云「言其以賢士之甚」也。

勇之甚！」【疏】穀梁傳、越絶書同。

將爲之興師而復讎于楚，伍子胥復曰：「諸侯不爲匹夫興師，【注】必須因事者，其義可得。因公託私，而以匹夫興師討諸侯，則不免爲亂。【疏】繁露王道云：「諸侯不得爲匹夫興師。」越絶書荆平王内傳云：「子胥居吴三年，大得吴衆。闔廬將爲之報仇。子胥曰：『不可。臣聞諸侯不爲匹夫興師。』」又吴内傳云：「將爲之報仇，子胥曰：『不可。諸侯不爲匹夫報仇。』」説苑至公篇：「吴王闔廬爲伍子胥興師復仇于楚，子胥諫曰：『諸侯不爲匹夫興師。』」○注「則不免爲亂」。○鄂本「爲」作「於」。紹熙本亦作「於」。

且臣聞之，事君猶事父也，虧君之義，復父之讎，臣不爲也。」於是止。【疏】説苑至公篇亦載：「子胥曰：『且事君猶事父也，虧君之義，復父之讎，臣不爲也。』於是止。其後因事而後復其父仇也，如子胥，可謂不以公事趨私矣。」此與何氏上注其義可得因公託私義相足。越絶書吴内傳亦云：「虧君之行，報父之仇，不可。於是止。」穀梁傳：「爲是欲興師而伐楚。子胥諫曰：『臣聞之，君不爲匹夫興師。且事君猶事父也，虧君之義，復父之仇，臣弗爲也。』」意謂若爲匹夫興師，不免於亂，是爲陷君於不義也。通義云：「言若使君爲匹夫興師，則是虧君之義。」是也。

蔡昭公朝乎楚，有美裘焉。囊瓦求之，昭公不與。爲是拘昭公於南郢，數年然後歸之。【疏】穀梁傳：「蔡昭公朝於楚，有美裘焉。是日，囊瓦求之，昭公不與。爲是拘昭公於南郢，數年然後得〔一〕歸。」新序云：「蔡昭公朝于楚，有美裘。楚令尹囊瓦求之，昭公不予，於是拘昭公於郢，數年而后歸之。」史記蔡世家：「昭侯十年，朝楚昭王，持美裘二，獻其一於昭王，而自衣其一。楚相子常欲之，不與。子常讒蔡侯，留之楚三年，蔡侯知之，乃獻其裘於子常，子常受之，乃言歸蔡侯。」越絶書吳内傳云：「蔡昭公南朝楚，被羔裘，囊瓦求之，昭公不與，即拘昭公南郢，三年然後歸之。」上三年左傳云：「蔡昭侯爲兩佩與兩裘以如楚，獻一佩一裘於昭王。昭王服之，以享蔡侯，蔡侯亦服其一。子常欲之，弗與。三年止之。」三傳所記大同。易林泰之恒云：「蔡侯適楚，留連江湖〔二〕。踰日歷月，思其后君。」是也。宣十二年傳「南郢之與鄭」，注云：「南郢，楚都。」范注同。

於是歸焉，用事乎河，【注】時北如晉，請伐楚，因濟河。【疏】毛本「事」誤「是」。經傳釋詞云：「焉，猶也。」用事，猶禮器所云「魯人將有事于上帝」之事也。○注「時北」至「濟河」。○正以蔡侯由楚返蔡，不渡河也。管蔡世家：「蔡侯歸而之晉，請與晉伐楚。」何氏所本。穀梁傳：「歸，乃用事乎漢。」左傳云：「蔡侯歸，及漢，執玉而沈，曰：『余所有濟漢而南者，有若大川！』蔡侯如晉，以其子元與其大夫之子爲質焉，而請伐楚。」新序云「昭公濟漢水，沈璧曰」云云，皆作漢，蓋皆可通。傳者不一，紀載或殊也。

曰：「天下諸侯，苟有能伐楚者，寡人請爲之前列。」楚人聞之，怒，【注】見侵後聞蔡有

〔一〕「得」，原訛作「行」，叢書本同，據穀梁傳校改。
〔二〕「江湖」，原訛作「江濱」，叢書本同，據焦氏易林校改。

此言而怒。【疏】新序亦云：「『諸侯有伐楚者，寡人請爲前列。』楚人聞之怒。」越絶書吴内傳云：「昭公去至河，用事，曰：天下誰能伐楚乎？寡人願爲前列。」穀梁傳：「『苟諸侯有欲伐楚者，寡人請爲前列焉。』楚人聞之而怒。」前列，猶前驅也。左傳昭二十九年「實列授氏〔一〕」，疏：「列，謂行列。」謂先啓行也，故在内蕃衛者爲内列。周禮師氏云：「朝在野外，則守内列。」注：「内列，蕃營之在内者也。」是也。○注「見侵」至「而怒」。○以上經楚人圍蔡，在侵楚後故也。

爲是興師，使囊瓦將而伐蔡。【疏】即上經「楚人圍蔡」是也。舊疏云：「圍而言伐，舉總名故也。」新序云：「於是興師伐蔡。」管蔡世家：「楚怒，攻蔡。」越絶書：「楚聞之，使囊瓦興師伐蔡。」穀梁傳：「爲是興師而伐蔡。」

蔡請救于吴，伍子胥復曰：「蔡非有罪也，楚人爲無道，君如有憂中國之心，則若時可矣。」【注】猶曰若是時可興師矣，激發初欲興師意。【疏】左傳：「楚自昭王即位，無歲不有吴師，蔡侯因之，以其子乾與其大夫之子爲質於吴。」穀梁傳：「蔡請救于吴。子胥曰：『蔡非有罪，楚爲無道，君若有憂中國之心，則若此時可矣。』」越絶書：「昭公聞子胥在吴，請救蔡。子胥於是報闔廬，曰：『蔡非有罪，楚爲無道，君若有憂中國之心意者，時可矣。』」新序云：「蔡請救于吴。子胥諫曰：『蔡非有罪也，楚人無

〔一〕「實列授氏」左傳作「實列受氏姓」。

道也，君若有憂中國之心，則若此時可矣。』」○注「猶曰」至「師意」。○詩秦風駟鐵「奉時辰牡」，傳：「時，是也。」大雅生民「時維姜嫄」，箋：「時，是也。」爾雅釋詁：「時，是也。」按：若，猶此也；單言之，則曰若；連言之，則曰若此。通義云：「若時，言如此時也。」荀子儒效云：「行一不義、殺一不辜〔一〕而得天下，不爲也。此若〔二〕義信乎人矣。」彼此若，即此若時也。初欲興師意，即上傳闔廬將爲之興師而復讎于楚也。

於是興師而救蔡。【注】不書與子胥俱者，舉君爲重。子胥不見於經，得爲善者，以吴義文得成之也。雖不舉子胥，爲非懷惡而討不義，君子不得不與也。【疏】穀梁傳：「爲是興師而伐楚。」越絶書：「闔廬於是使子胥興師救蔡而伐楚。」荆平王内傳又云：「其後荆將伐蔡，子胥言之闔廬，即使子胥救蔡而伐荆。」新序云：「於是興師伐楚，遂敗楚人於柏舉，而成霸道。子胥之謀也。故春秋美而褒之。」通義云：「傳主釋經進吴子之意，善其救蔡，非善其爲子胥復仇云爾。」舊疏云：「不書救蔡者，正以蔡爲兵首故也。」○注「不書」至「爲重」。○正以傳文有善子胥之意，經不書與子胥俱，故解之也。其實春秋重吴能救蔡，以夷狄而憂中國，故舉君爲重也。○注「子胥」至「之也」。○舊疏云：「子胥不見於經而得爲善之者，正以吴得進而稱子，是其義文。以是之故，得成子胥之善，故曰以吴義文得成之也。」穀梁疏云：「此傳開端，似同公羊，及其結絢不言子胥之善。夫資父事君，尊之非異，重服之情，理宜共均。既以天性之重，降於義

〔一〕「不辜」，原文作「無辜」，意同。典籍中作「殺一不辜」者居多。
〔二〕「若」，叢書本同，四部叢刊本荀子作「君子」，四庫全書本荀子作「君」。

合之輕，故令忠臣出自孝子，孝子不稱忠臣。今子胥稱一體之重，忽元首之分，以父被誅，而痛纏骨髓，得耿介之孝，失忠義之臣，而忠孝不得並存。傳不善子胥者〔一〕，兩端之間，忠臣傷孝子之恩，論孝子則失忠臣之義。春秋科量至理，尊君卑臣，子胥有罪明矣。君者臣之天，天無二日，土無二王。子胥以藉吳之兵，戮楚王之尸，可謂失矣。雖得壯士之偏節，失純臣之具道，傳舉見其非〔二〕，不言其義，蓋吳子爲蔡討楚，申中國之心，屈夷狄之意，理〔三〕在可知。」按：楊氏斯言，自爲正論。古之君臣，與後微殊，分土而治，固無分民，三諫不從得去，所以孤惡人君。楚王信任讒邪，子胥父兄無罪受誅，慘痛之情，血氣所共，君臣之義既絶，責求之備可寬。然春秋不見子胥，但爲褒吳之辭，蓋亦實與文不與爾。○注「雖不」至「與也」。○鄂本「與」下有「之」字。舊疏云：「吳子若直救蔡討楚而敗之也，是其憂中國、尊周室之義，但親用子胥之謀，兼有爲復仇之意，是以傳家取而説之，遂舉子胥之辭以見之。雖舉子胥之辭，但非懷惡而討不義，是以君子與之。昭十一年『楚子誘蔡侯』之下傳云：『懷惡而討不義，君子不予也。』故注者取而況之。」按：越絶書敘外傳記云：「今荆平何善？君無道，臣仇主〔四〕，以次太伯何？曰：非善荆平也，乃勇子胥

〔一〕「子胥者」下原衍「胥」字，叢書本同，據穀梁注疏校删。

〔二〕「非」，原訛作「事」，叢書本同，據阮元校十三經注疏本穀梁注疏校改。一本「非」作「爲」。

〔三〕「理」，阮元校十三經注疏本作「其」。

〔四〕「君無道，臣仇主」六字原脱，叢書本同，據越絶書校補。

也。臣不討賊，子不復仇，非臣子也。故〔一〕賢其免於無道之楚，困不死也。善其以匹夫得一邦之衆，並義復仇，傾諸侯也。非義不爲，非義不死也。」是其義也。

曰：事君猶事父也，【疏】韓詩外傳六：「親尊，故父服斬衰三年，爲君亦服斬衰三年。」禮記坊記云：「喪父三年，喪君三年，示民不疑也。」注：「君無骨肉之親，不重其服，至尊不明。」

此其爲可以復讎奈何？【疏】通義云：「就舉上子胥辭，責其事楚君何不如事父。」

曰：父不受誅，【注】不受誅，罪不當誅也。【疏】越絶書外傳紀策考云：「伍子胥父子奢爲楚王大臣，爲世子聘秦女，大有色，王私悦之，欲自御焉。奢盡忠入諫，守朝不休，欲匡正之，而王拒之。聽讒邪之辭，係而囚之，待二子而死。」是子胥父以無罪被誅也。新書耳痹云：「昔者，楚平王有臣曰伍子胥，王殺其父而無罪，奔走而之吴。」父不受誅事，詳左傳、史記。○注「不受」至「誅也」。○禮喪服注：「受，猶承也。」吕覽圜道注：「受，亦應也。」爾雅釋詁：「應，當也。」承、應皆有當義。

子復讎可也。【注】孝經曰：「資於事父以事君而敬同。」本取事父之敬以事君，而父以無罪爲君所殺。諸侯之君與王者異，於義得去，君臣已絶，故可也。孝經云：「資於事父以事母。」莊公不得報讎文姜者，母所生，雖輕於父，重於君也。易曰：「天地之大德曰生。」故得絶，不得殺。【疏】通義云：「可也者，亦可

〔一〕「臣不討賊，子不復仇，非臣子也。故」十三字原脱，叢書本同，據越絶書校補。

也。緣孝子言之，即復讎爲愛父；緣忠臣言之，即不復讎亦爲善。成其父之志，子胥適託憂蔡興師，得免於惡。假令正爲匹夫復讎，春秋猶當責之，故不與足可之辭也。」禮記疏引：「異義：凡君非理殺臣，公羊說：子可復仇。故子胥伐楚，春秋賢之。左氏說：君命天也，是不可復仇。鄭駁異義稱：子思云：『今之君子退人，若將隊諸淵，無爲戎首，不亦善乎？』子胥父兄之誅，隊淵不足喻，伐楚使吳首兵，合於子思之言也。」白虎通誅伐云：「父母以義見殺，子不復仇者，爲往來不止也。春秋傳曰：『父不受誅，子不復仇可也。』」後漢書張敏傳：「春秋之義，子不報仇，非子也。」是皆用公羊爲說。○注「孝經」至「事君」。○孝經士章文。舊疏引孝經鄭注云：「資者，人之行也。」又引喪服四制注云：「資，猶操也。」然則，言人之行者，謂人操行也，故與何氏訓取義異。唐玄宗注用孔傳，亦以資爲取。四制云：「其恩厚者其服重，故爲父斬衰三年，以恩制者也。資於事父以事君，而敬同，貴貴尊尊，義之大者也。故爲君斬衰三年，以義制者也。」注：「貴貴，謂爲大夫君也。尊尊，謂爲天子諸侯也。」蓋有父子，然後有君臣，故事君之義取於事父，所以求忠臣於孝子之門也。○注「而父」至「可也」。○諸侯之君與王者異。古者有分土無分民，故諸侯之臣，於義得去也。是以禮記雜記云：「違諸侯之大夫不反服，違大夫之諸侯不反服。」不言違天子，明天子之臣無去義。天子四海爲家，無出故也。○注「孝經」至「君也」。○莊元年：「夫人孫于齊。」傳：「夫人固在齊矣，其言孫于齊何？念母也。」又云：「念母者，所善也，則曷爲於其念母焉貶？不與念母也。」注：「念母則忘父，背本之道也。」蓋重本尊統，使尊行於卑，上行於下。貶者，見王法所當誅，是則文姜之罪，王法誅之可也，故僖元年善齊桓誅哀姜也。莊公，但責其念母耳。故莊元年疏〔一〕又云：「言孫者，孫遁自去之辭〔二〕。」亦不可加誅，誅不加上之意也。喪服四制云：「資于事父以事母而愛同。」取事父以事母，故母厭于父〔三〕，喪服「父在爲母期」是也。緣所生之義，則重於君爾。故臣有大喪，君三年不呼其門，不以義斷恩故也。○注「易曰」至「得殺」。○易繫辭下傳文。左傳莊元年云：「絶，不爲親，禮也。」故於義得絶也。

父受誅，子復讎，推刃之道也。【注】子復讎〔四〕，非當復討其子，一往一來曰推刃。【疏】注「子復」至〔五〕「推刃」。○校勘記云：「鄂本『囚』作『讎』，當據正。毛本『討』誤『封』。」按：紹熙本亦作「讎」。一切經音義引蒼頡篇云：「推，軵也，前也。」墨子小取云：「推也者，以其所不取之，同於其所取者，予之也。」淮南氾論云：「故恩推則懦。」注：「推，猶移也。」亦即一往一來之義也。後漢書臧洪傳：「洪曰：惜洪力劣，不能推刃，爲天下報仇。」

復讎不除害，【注】取讎身而已，不得兼讎子，復將恐害己而殺之。時子胥因吳之衆，墮平王之墓，燒其

〔一〕「疏」，原作「注」，以下引文爲公羊疏文，據改。
〔二〕「孫遁自去之辭」，原訛作「明當推逐去之」，叢書本同，據公羊注疏校改。
〔三〕「母厭于父」句殆有脱误。
〔四〕「讎」，原訛作「囚」，叢書本同，據公羊注疏校改。
〔五〕「至」字原脱，叢書本同，據本書體例徑補。

宗廟而已。昭王雖可得殺，不除云。【疏】注「時子」至「而已」。○舊疏云：「春秋説文。彼文又云：『鞭平王之尸，血流至踝。』此注不言之者，省文也。昭二十六年秋九月楚子居卒，至今十餘年矣，而言血流至踝者，非常之事，甯可以常理言之？或者蓋以子胥有至孝之至，精誠感天，使血流所以快孝子之心也。」説苑奉使云：「昔者，荆平王爲無道，殺子胥父與其兄。子胥被髮乞食於吴，闔廬使爲將相〔一〕。三年，將吴兵復仇於楚，戰勝乎柏舉，級頭百萬，囊瓦奔鄭，王保于隨。引師入郢，軍雲行乎郢之都。子胥親射宫門，掘平王冢，笞其墳，數以其罪，曰：『吾先人無罪而子殺之！』士卒人加百焉，然後止。」吴越春秋云：「伍胥以不得昭王，乃掘平王之墓，出其屍，鞭之三百，左足踐腹，右手抉其目，誚之曰：『誰使汝用讒諛之口，殺我父兄，豈不寃哉！』」楚世家：「吴兵遂入郢，辱平王之墓，以伍子胥故也。」吴世家：「子胥、伯嚭鞭平王之尸，以報父讎。」越絶書荆平王内傳云：「使子胥救蔡伐荆，十五戰十五勝，將卒六千，操鞭捶笞平王之墓，而數之曰：『昔者，吾先人無罪，而子殺之，今此報子也。』」又吴内傳云：「平〔二〕王已死，子胥將卒六千人，操鞭捶笞平王墳，曰：『昔者，吾先君無罪，而子殺之，今此以報子也。』」均無燒其宗廟語，唯穀梁傳云：「易無楚者，壞宗廟，徙陳器，撻平王之墓。」校勘記出「時子胥因吴之衆〔三〕」，云：「蜀大字本、閩、

〔一〕「相」字原脱，叢書本同，據説苑校補。
〔二〕「平」，原訛作「吴」，據越絶書校改。
〔三〕「衆」，原訛作「罪」，叢書本同，據阮元校勘記及公羊注疏校改。

監、毛本同。鄂本無『之』，此衍。」○注「昭王」至「除〔一〕云」。○校勘記云：「閩本『云』缺上畫，監、毛本改作『去』。」

朋友相衛【注】同門曰朋，同志曰友。相衛，不使爲讎所勝。時子胥因仕於吴爲大夫，君臣言朋友者，闔廬本以朋友之道爲子胥復讎。孔子曰：「益者三友，損者三友：友直，友諒，友多聞，益矣；友便辟，友善柔，友便佞，損矣。」【疏】注「同門」至「曰友」。○舊疏以爲出蒼頡篇。白虎通三綱六紀篇引禮記曰：「同門曰朋，同志曰友。」周禮大司徒云：「五曰聯朋友。」注：「同師曰朋，同志曰友。」同師即同門也。論語學而「與朋友交」，集解：「鄭曰：同門曰朋，同志曰友。」皇疏：「同處師門曰朋，同志曰友。」詩周南關雎「琴瑟友之」，箋：「同志曰友。」説文又部：「友，同志爲友。从二、又，相交友也。」其實對文異，散則通。論語稽求篇云：「同門曰朋。此是古注，説文及詩注、左傳注、公羊注皆然。」「同師便不如同門之當。蓋朋是門户之名，凡曰朋黨，曰朋比，比是鄉比，黨是黨塾，皆里門閭户學僮居處名色，故朋爲同門，此是字義本爾，不可易也。」○注「相衛」至「所勝」。○禮記曲禮云：「交遊之讎不同國。」注：「讎不吾辟，則殺之。『交遊』，或爲『朋友』。」又云：「父母存，不許友以死。」知父母殁，得爲朋友報讎也。周禮調人職：「從父母兄弟之讎不同國。」又云：「主友之讎，視從父兄弟。」不爲戎首，故但相衛，檀弓云：「主人能，則執兵而陪其後。」注：「爲其負，當成之。」負，即不勝也，是也。○注「時子」至「復讎」。○繁露滅國上云：「故伍子胥

〔一〕「除」，原訛作「陳」，叢書本不誤，據改。

一夫之士也，去楚干闔廬，遂得意于吳〔一〕，所託者誠是，何可禦耶！」越絶書敘外傳記：「子胥以困〔二〕干闔廬，闔廬勇之甚，將爲復讎，名譽甚著。詩云：『投我以桃，報之以李。』」是亦謂闔廬以朋友之道爲子胥復讎也。舊疏引：「詩云『朋友攸攝，攝以威儀』，箋云：『朋友謂羣臣，與成王同志好者。』義亦通於此。」又云：「書傳：散宜生等受學於太公，太公除師學之禮，酌酒切脯，約爲朋友。」然則，太公爲師，既除師學之禮，連朋言之，亦何傷？○注「孔子」至「損矣」。○論語季氏篇文。舊疏云：「引之者，道闔廬、子胥相與益友。蓋以闔廬爲諒，何者？謂一許爲之興師，終不變悔是也。蓋以子胥爲直與多聞，何者？不敢虧君之義復父之讎，是其直也。子胥賢者，博古今之事，是其多聞矣。」便辟者，舊疏：「謂巧爲譬諭。」「今世間有一論語，音便辟爲『便僻』者，非鄭氏之意。」則讀「辟」爲「譬」，鄭氏義也。集解引馬曰：「便辟，巧辟，人之所忌，以求容媚。」蓋讀「辟」爲「避」，故皇本注中作「避」。惠云：「馬、鄭皆讀『辟』爲『避』」，誤矣。」善柔者，舊疏：「謂口柔面柔體柔之屬。」蓋亦鄭義。馬氏專以面柔釋之。便佞者，釋文作「辯佞」，云：「本亦作『便佞』。」校勘記云：「疏本亦作『辯佞』。云：辯爲佞矣。今本作『便佞』。蓋据何晏論語本改。」按：便、辯古通，書「辯秩」亦作「便秩」。御覽四百六引論語注云：「便佞，辯以爲佞也。」與公羊疏文異義同，蓋亦鄭氏義也。

〔一〕「吳」，原訛作「楚」，叢書本同，據春秋繁露校改。

〔二〕「困」，原訛作「固」，叢書本同，據越絶書校改。

而不相迿，【注】迿，出表辭，猶先也。不當先相擊刺，所以伸孝子之恩。【疏】注「迿出」至「先也」。○說文無「迿」字。古从辵字多與从彳字混，疑迿即徇也。陳氏壽祺左海經辨云：「說文侚、徇，即『明友相衛而不相迿』之迿。史記韓世家：『將以楚徇韓。』注：『徇，從死也。』文選吳都賦：『徇蹲鴟之沃。』劉注：『亡身從物曰徇。』漢書賈誼傳注：『臣瓚曰：以身從物曰徇。』蓋謂朋友相衛，不得以身從死也。徇之以身，有敢勇争先之義，故何訓爲先也。不相迿，即禮記『居從父昆弟之讎』之『不爲魁』也。彼注：『魁猶首也。天文北斗星，魁爲首，杓爲末〔一〕。』調人謂『主友之讎，視從父昆弟』，則亦不爲魁也。玉篇：『迿，出表辭也。』集韻：『先也。』蓋皆本此爲說。左傳襄十年云：『帶其斷以徇于軍。』亦即出表之意。」舊疏云：「依大司馬，田獵習戰之時，云：『爲表，百步則一，爲三表；又五十步爲一表。』然則表者，謂其戰時旅進旅退之限約〔二〕。迿者，謂不顧步伍勉力先往之意，故曰出表辭。所以伐吳之經，不使子胥爲兵首者，蓋以吳王討楚兵爲蔡故，且舉君爲重，是以不得見也。」○注「不當」至「之恩」。○（原文闕）古之道也。【疏】通義云：「已上二事，因方論復讎，故旁及之。」

○楚囊瓦出奔鄭。【疏】越絶書吳内傳：「囊瓦者何？楚之相也。」

〔一〕「魁爲首，杓爲末」，原訛作「魁爲本，故爲末」，叢書本不誤，據改。
〔二〕「約」，原訛作「絢」，叢書本同，據公羊注疏校改。

○庚辰，吳入楚。【疏】包氏慎言云：「十一月書庚辰，月之三十日。」左氏經作「入郢」。史通雜説云：「春秋左氏傳釋經云：滅而不有其地曰入，如入陳、入衛、入許、入鄭，即其義也。至柏舉之役，子常之敗，庚辰吳入，獨書以郢。夫諸侯列爵，並建國都，唯取國名，不稱都號，何爲郢之見入遺其楚名？比于他例，一何乖踳！尋二傳所載，皆云『入楚』，豈左氏之本獨爲謬與？」

吳何以不稱子？【注】据狄人盟于邢，有進行稱人。【疏】注「据狄」至「稱人」。○僖二十年：「齊人、狄人盟于邢。」注：「狄稱人者，能常與中國也。」是也。

反夷狄也。其反夷狄奈何？君舍于君室，大夫舍于大夫室，蓋妻楚王之母也。【注】舍其室，因其婦人爲妻。日者，惡其無[一]義。【疏】穀梁傳：「何以謂之吳也？狄之也。何謂狄之也？君居其君之寢，而妻其君之妻；大夫居其大夫之寢，而妻其大夫之妻。蓋有欲妻楚王之母者，不正。乘敗人之績，而深爲利，居人之國，故反其狄道也。」吳越春秋二云：「闔廬妻昭王夫人，伍胥、孫武、白喜亦妻子常、司馬成之妻，以辱楚之君臣也。」按：「昭」當作「平」。繁露王道云：「楚平王[二]行無度，殺伍子胥父兄。蔡昭公朝之，因請其裘，昭公不與。吳王非之，舉兵加楚，大敗之。君舍乎君室，大夫舍乎

[一]「無」，原作「不」，叢書本同，據下標起訖及阮元校勘記校改。
[二]「楚平王」，原訛作「楚昭王」，叢書本同，據繁露校改。

大夫室，妻楚君之母，貪暴之所致也。」又仁義法云：「闔廬能正陳〔一〕、蔡之難矣，而春秋奪之義辭，以其身不正也。」按：「陳」字衍。越絶書敘外傳記：「子胥妻楚王母，無罪而死于吴，其行如是，何義乎？曰：孔子固貶之矣。賢其復讎，惡其妻楚王母也。」通義云：「此左傳所謂『以班處宫』者也，反其故俗，故不足進。」按：哀元年左傳蔡人男女以班，襄二十五年左傳男女以班，賂晉侯。士虞記注：「班，次也。」蓋謂男與女相次，故左氏云「以班處宫」，此傳云「舍其室」也。惠氏士奇春秋説云：「春秋義之，曷爲狄之？其入郢也，以班處宫，故狄之。柏舉之戰以義始，以狄終。春秋不遺善、不隱惡，先進而後貶，直書其事，而義自見者如此。」列女傳云：「伯嬴者，楚平王之夫人，昭王之母也。昭王時，吴入郢，王亡。吴盡妻其后宫。伯嬴持刀曰：『諸侯外淫者絶，卿大夫放，士庶人宫割。妾以死守之，不敢承命耳。且凡所欲妾者，爲樂也。近妾而死，何樂之有？如先殺妾，又何益於君王？』於是吴王慙，遂退舍。」是妻楚王母事也。越絶書以子胥妻楚王母，蓋傳聞之誤。楚王母即平王所爲大子建娶于秦者也。〇注「日者，惡其無義」。〇校勘記云：「鄂本『無』作『不』，此誤。」舊疏云：「正以春秋之義，入例書時，傷害多則月，即定五年『夏，於越入吴』、僖三十三年『春，王二月，秦人入滑』之屬。今而書日，故須解之。」

〔一〕「陳」，叢書本同，春秋繁露作「楚」。下陳立校曰：「按：『陳』字衍。」

公羊義疏七十

南菁書院　句容陳立卓人著

定五年盡八年

○五年，春，王正月，辛亥，朔，日有食之。【注】是後臣恣日甚，魯失國寶，宋大夫叛。【疏】包氏慎言云：「正月書辛亥朔，左傳作三月，劉歆以爲正月二日，則劉氏所据左氏作正月也。漢書楚元王傳注亦云『五年，正月辛亥，朔』，師古所據，疑是穀梁經，而二傳釋文不言與左氏異。」○注「是後」至「夫叛」。○舊疏云：「蓋謂下八年『秋，晉趙鞅帥師侵鄭，遂侵衞』之文是也。魯失國寶，即下八年，『盜竊寶玉大弓』是也。宋五大夫叛，即下十一年，『宋公之弟辰及仲佗、石彄、公子池自陳入于蕭，以叛』，『宋樂世心自曹入于蕭』，注『不言叛者，從叛臣，叛可知』是也。」校勘記云：「疏中引作『宋五大夫叛』，何校本同此，脱『五』字，當据補。」五行志下之下：「定公五年，三月辛亥，朔，日有食之。董仲舒、劉向以爲，後鄭滅許，魯陽虎作亂，竊寶玉大弓。季桓子退仲尼，宋三臣以邑叛。」按：五行志作「三月」，蓋後人据杜本左氏經改之。

○夏，歸粟于蔡。【疏】周禮大司徒云：「大荒、大札，則令邦國移民通財。」注：「移民，辟災就賤。其有守不可移者，則輸之穀，春秋定五年『夏，歸粟于蔡』是也。」賈疏：「彼雖非荒、札之事，直取歸粟一道，證經通財之義。」

孰歸之？諸侯歸之。曷爲不言諸侯歸之？【注】据齊人來歸衛寶。【疏】注「据齊」至「衛寶」。○見莊六年。

離至不可得而序，故言我也。【注】時爲蔡新被强楚之兵，故歸之粟，與戍陳同義。【疏】穀梁傳：「諸侯相歸粟，正也。孰歸之？諸侯也。不言歸之者，專辭也。」注：「不言歸之者主名，若獨是魯也。」彼傳又云：「義邇也。」注：「此是邇近之事，故不足具列諸侯。」賈逵取彼爲説云：「不書所會後也。」○注「時爲」至「之粟」。○鄂本「强」作「彊」。舊疏云：「即老子云：『大兵之後，必有凶年。』彼注云『言妨其耕稼』是也。」○注「與戍陳同義」。○襄五年：「戍陳。」傳：「孰戍之？諸侯戍之。曷爲不言諸侯戍之？離至不可得而序。」注：「離至，離別前後至也。陳坐欲與中國，被强楚之害，中國宜雜然同心救之，乃解怠前後至，故不序，以刺中國之無信。」故言我也。注：「言我者，以魯至時書，與魯微者同文。」舊疏云：「微者同文者，使若城楚丘辟魯獨戍之。今歸粟于蔡之義亦然，故云與戍陳同義矣。」是也。亦刺諸侯不能翕然同救恤蔡難也。

○於越入吳。

於越者何？越者何？【注】不言或者，嫌兩國。【疏】校勘記云：「唐石經原刻脱『越者何』三字，後磨改補刻，故三行每行十一字。」於越者何？此經及下十四年「於越敗吳于醉李」是也。越者何？昭三十二年「吳伐越」之屬也。舊疏云：「此文加『於』字，是以單言越者，翻然可怪，故執不知問。」○注「不言」至「兩國」。○舊疏引：「舊云正以僖四年傳云：『執者曷爲或稱侯，或稱人？稱侯而執者，伯討也。稱人而執者，非伯討也。』然則，彼言『或』者，乃是兩事之辭。今此若云曷爲或言越，或言於越，則嫌爲兩國，是以別之。」舊疏又云：「隱元年傳云『曷爲或言會，或言及』之屬皆言或，今〔一〕此何故不云曷爲或言於越，或言越者？弟子之意本疑於越與越爲兩國，是以分別而問之。」按：舊疏義則詁注嫌爲疑。

於越者，未能以其名通也。越者，能以其名通也。【注】越人自名於越，君子名之曰越。治國有狀，能與中國通者，以中國之辭言之曰越；治國無狀，不能與中國通，以其俗辭言之，因其俗可以見善惡，故云爾。赤狄以赤進者，狄於北方總名，赤者其別，與越異也。吳新憂中國，士卒罷敝而入之，疾罪重，故謂之於越。【疏】注「於越」至「曰越」。○杜云：「於，發聲。」正義：「言有此發聲是也。」越、於，本語詞。易繫辭傳云：「於稽其類。」書堯典：「黎民於變時雍。」皆是越之發聲曰於，猶吳之發聲爲句吳也。於

〔一〕「皆言或，今」四字原脱，據公羊傳注疏校補。

越雙聲，句吴疊韻，皆夷音也。釋名釋州國云：「越，夷蠻之國也。度越禮義無所拘也。」穀梁傳注：「舊説於越，夷言也。春秋即其所以自稱者書之，見其不能慕中國，故以本俗名自通。」按：稱越、稱於越，春秋新例也，故曰越人自名曰於越，君子名之曰越。○注「治國」至「云爾」。○舊疏云：「此狀謂模狀也，模狀猶規矩。若有規矩，是得先王之術，故謂之進；若無規矩，是失治國之法，當獲咎禍，故謂之退。凶儀云『無狀招禍義』，亦通於此。亦有一本『狀』皆作『禮』字，但非古本，是以不能得從之也。」通義云：「本受中國封號曰越，其俗自名曰於越。先言倪而後言小邾婁，進之也。先言越而後言於越，退之也。楚病中國，繼之以吴，春秋所不樂言也。末復繼之以越，君子尤惡之，故深絶而外之。」按：越其正稱，於越其俗所自稱。或曰越，或曰於越，當時本有二稱，春秋即因以示襃貶進退也。○注「赤狄」至「異也」。○舊疏云：「正以宣十一年『晉侯會狄于攢函』，單言狄。宣十五年『晉師滅赤狄潞氏』，傳：『潞子之爲善也，離于夷狄。』是其加赤爲進之事也。但狄者，北方之總名，乃鄙賤之號；赤者，是其别稱，故得加之爲進矣。今越者乃是其國名，若似齊、晉、魯、衛之屬，諸夏之人有禮儀者，其國名之上，不見加於處，唯有越爲此文，尋檢其事，此時入吴，實合罪貶，故注之。」按：此亦所謂「因其可貶而貶之」也。○注「吴新」至「於越」。○釋文作「罷弊」：「音皮弊，亦作『敝』。」少儀云「國家罷敝」是也。毛本「罪」誤「最」。吴世家：「越聞吴王之在郢，國空，乃伐吴。吴使别將擊越。」吴越春秋二云：「越王允常恨闔廬破之檇里，興兵伐吴。吴在楚，越盗掩襲之。」是其事也。吴新憂中國，謂其救蔡伐楚，上歸粟于蔡爲予辭，故於越入吴爲疾辭。舊疏云：「夷狄之稱，止有七等之名，州不若國，最其賤者，今乃加於，見其入吴之疾，故以罪重言之。」

○六月，丙申，季孫隱如卒。【注】仲遂以貶起弒，是不貶著其逐君者，舉君出爲重，故從季辛起之，猶衛孫甯。【疏】包氏慎言云：「六月書丙申，月之十九日。」○注「仲遂」至「起之」。○釋文作「起殺」，云：「音試。」宣八年「仲遂卒于垂」，傳：「仲遂者何？公子遂也。何以不稱公子？貶。曷爲貶？爲弒子赤貶。」是其貶去氏以起弒君也。隱如逐君合貶，經無貶文，以君出爲重，故昭二十五年「公孫于齊，次于陽州」，是隱如之罪已見矣。又書季辛相起，即彼年經云：「秋，七月，上辛，大雩。季辛，又雩。」注云：「不言下辛，言季辛者，起季氏不執下而逐君。」是也。故何氏以季辛已起其逐君之惡，故於卒時不復貶也。解詁箋云：「不貶者，著所見世例，亦微辭也。」通義云：「隱如之罪重矣，比之於翬，是不卒者也；比之于遂，是不日者也。今卒而又日者，定公之大夫也，定公德其立己，而不能正出君之罪，則如其恩禮以録之云爾。蓋惟君臣之大義，於翬、遂既明之矣，故於此得施微詞焉。此之謂所見異辭。」按：翬亦桓之大夫，何以於桓世不見其卒日者？所見世，大夫有罪無罪皆日故也。○注「猶衛〔一〕孫甯」。○襄十四年：「衛侯衎出奔齊。」注：「不書孫甯逐君者，舉君絶爲重。」是也。

○秋，七月，壬子，叔孫不敢卒。【疏】包氏慎言云：「七月書壬子，月之四日。」

〔一〕「衛」字原脱，叢書本同，據上【注】文校補。

○冬，晉士鞅帥師圍鮮虞。

○六年，春，王正月，癸亥，鄭游遬帥師滅許，以許男斯歸。【疏】包氏慎言云：「正月書癸亥，月之十九日。」左氏、穀梁「游遬」作「游速」。大事表云：「此所滅之許，非許本國也。成十五年『許遷于葉』，其地已悉歸于鄭，爲舊許矣。至定四年『楚遷許于容城』，則在今南陽府葉縣西。至此年，鄭復滅之，則係容城，楚所遷之地也。傳云『因楚敗』，蓋以四年入郢之難，而滅其與國耳。」按：容城，當以在華容者是，說詳定四年。意當時鄭雖滅許，僅將其君歸，未必即有其地，即以爲在葉縣，亦未必爲鄭所有，以沈諸梁在葉也。

○二月，公侵鄭。【注】月者，内有彊臣之讐，不能討，而結外怨，故危之。【疏】注「月者」至「危之」。○正以侵例時，此月，故解之。

○公至自侵鄭。

○**夏，季孫斯、仲孫何忌如晉。**【疏】通義云：「列數之者，各以事往，非相爲副也。不各言如晉者，其事不正，故其辭不繁。」按：孔氏取左傳爲義。

○**秋，晉人執宋行人樂祁犂。**【疏】唐石經同。閩、監、毛本「祁」作「祈」。

○**冬，城中城。**【疏】穀梁傳：「城中城者，三家張也。或曰，非外民也。」

○**季孫斯、仲孫忌帥師圍運。**【疏】校勘記云：「唐石經、諸本同。解云：古本無『何』字，有者誤也。穀梁及賈經皆無『何』字，而賈氏云：『公羊曰：仲孫何忌者，蓋誤。』按，上文『夏，季孫斯、仲孫何忌如晉』，有何字。」蓋誤，指上經也。哀十三年：「晉魏多帥師侵衛。」傳：「此晉魏曼多也，曷爲謂〔一〕之晉魏多？譏二名。二名，非禮也。」與此傳文同，故知此經無「何」字。

此仲孫何忌也，曷爲謂之仲孫忌？譏二名。二名，非禮也。【注】爲其難諱也。一字

〔一〕「爲謂」，原訛倒作「謂爲」，叢書本同，據公羊注疏校乙。

爲名，令難言而易諱，所以長臣子之敬，不逼下也。春秋定、哀之間，文致大平，欲見王者治定，無所復爲譏，唯有二名，故譏之，此春秋之制也。【疏】舊疏云：「正決上文『夏，仲孫何忌如晉』之文也。」○注「爲其」至「下也」。○舊疏云：「難言者，謂言難著。既不言君父之名，即是臣子之敬，故曰長臣子之敬也。動不違禮，爲下之易，故曰不逼下也。」白虎通姓名云：「春秋譏二名何？所以譏者，乃謂其無常者也。若乍爲名，禄甫元言武庚。」按：彼以二名猶言更名也，與何氏異。然傳明以何忌爲難，則以二字爲名爲二名矣。禮記疏引：「異義云：公羊說：譏二名，謂二字作名，若魏曼多是也。左氏說：二名者，楚公子棄疾即位之後，改爲熊居，是爲二名。慎謹按，文武賢臣有散宜生、蘇忿生，則公羊之說非，從左氏義。」是則白虎通所載左氏說也，鄭駮無考。○注「春秋」至「制也」。○舊疏云：「春秋定、哀之間，文致大平者，實不大平，但作大平文而已，故曰文致大平也。春秋說昭公亦爲所見世，而此注偏指定、哀爲大平者，正以昭公之時，未譏二名故也。文王之臣散宜生、孔子門人宓不齊之屬皆親事聖人，而以二字爲名者，謂依古禮，若似堯名放勳、舜名重華、禹名文命、宣王名子爲宮涅之屬，但孔子作春秋，欲改古禮爲後王法，是以譏其二名，故注即言此春秋之制也。則傳云『二名非禮』者，謂非新王禮，不謂非古禮也。」是也。按：越絕書敘外傳記云：「賜見春秋改文尚質，譏二名，興素王，亦發憤記吳、越，章句其篇，以喻後賢。」隱元年注云：「至所見之世，著治大平，夷狄進至于爵，天下遠近小大若一，用心尤深而詳，故崇仁義，譏二名，晉魏曼多、仲孫何忌是也。」繁露俞序云：「故始言大惡殺君亡國，終言赦小過，是亦始于麤糲〔一〕，終于精微，教化流行，德澤大洽，天地之人〔二〕，人有士君子之行而少過矣，亦譏二名之意也。」通義云：「春秋之制者，君子所託新意，損益周制，以爲後王法。若周人尊尊，弟兄不得以屬通；春秋親親，母弟稱弟，母兄稱兄。成王既殯，康王冕服受群臣〔三〕朝。春秋之義，則踰年即位，於其封内三年稱子，凡此類非一。欲見周禮，本得二名，但春秋譏之耳。而許叔重横引文、武賢臣蘇忿生、散宜生爲難，烏足與議也。杜預輒以不稱『何』爲闕文，名闕一字，復何難曉而君子不敢增也。何忌自昭末年見經，至此獨一年有兩事，取其同簡異名，易以相起，故就此譏之，如子服何忌。据論語注子服景伯亦名何忌〔四〕，左傳又謂之子服何？或單言何，或單言忌〔五〕，蓋時多有此，春秋取其單言者爲正焉。」

○七年，春，王正月。

〔一〕「麤糲」，當作「麤粗」或「麤㹀」，春秋繁露義證作「麤粗」，曰：「盧云：別本作『麤糲』，非也。今從周本。」

〔二〕「人」上原衍「大」字，叢書本同，據春秋繁露校改。

〔三〕「群臣」二字原脱，叢書本同，據公羊通義校補。

〔四〕「据論語注子服景伯亦名何忌」十二字原脱，叢書本同，據公羊通義校補。

〔五〕「或單言忌」四字原脱，叢書本同，據公羊通義校補。

○夏，四月。

○秋，齊侯、鄭伯盟于鹹。

○齊人執衛行人北宮結以侵衛。【疏】穀梁傳：「以，重辭也。衛人重北宮結。」注：「齊以衛重結，故執以侵之，若楚執宋公以伐宋。凡言以，皆非所宜以。」

○齊侯、衛侯盟于沙澤。【疏】通義云：「再盟皆不月者，齊聯衛、鄭、晉始失伯，伯主不信，信在諸侯矣。」左氏、穀梁經無「澤」字，左傳作「瑣」，杜云：「即沙也。陽平元城縣東南有沙亭。」在今大名府元城縣東。按：左氏書地往往省文于公羊，如此公羊作「沙澤」，左氏作「沙」；僖二年公羊作「貫澤」，左氏作「貫」，蓋皆從省文也。釋例土地名：「衛地沙、瑣二名，陽平元城縣東南有沙亭。」方輿紀要：「沙亭在大名府東，左氏謂之『瑣』。」晉地道記：「方城縣南有瑣陽城，是即沙亭矣。」經學卮言云：「左氏經作『沙』，傳作『瑣』，公羊作『沙澤』。成十二年『公會齊侯、衛侯于瑣澤』，公羊經亦作『沙澤』，然則『瑣』即『瑣澤』。公羊曰『沙』，左氏曰『瑣』，齊、魯讀之異。今此左氏作『沙』，與傳不合，寫誤也。杜於此注云：『地在陽平元城。』于『瑣澤』下云：『地闕。』是未考『沙瑣』、『沙澤』、『瑣』、『澤』同是一地耳。」語極明晰。

○**大雩。**【注】先是公侵鄭，城中城，季孫斯、仲孫忌如晉圍運，費重不恤民之應。【疏】注「先是」至「之應」。○即上六年「二月，公侵鄭」，又「冬，城中城」，又「夏，季孫斯、仲孫何忌如晉」，又「冬，季孫斯、仲孫忌圍運」是也。「城中城」先言者，舊疏云：「蓋逐重者先言之也。」五行志中之上：「定公七年九月大雩，先是定公自將侵鄭，歸而城中城，二大夫帥師圍鄆。」與何義反〔一〕。

○**齊國夏帥師伐我西鄙。**

○**九月，大雩。**【注】承前費重不恤民，又重之以齊師伐我，我自救之役。【疏】注「承前」至「之役」。○即上「齊國夏帥師伐我西鄙」是也。校勘記云：「蜀大字本、閩、監、毛本同。鄂本無下『我』字。」按：有「我」字是，紹熙本重「我」字。左疏引賈逵云：「旱也。」

○**冬，十月。**【疏】左氏經無此句，杜亦無説，宜是脱文。左傳校勘記云：「纂圖本、閩本、監本、毛本亦脱此三字。據石經、宋本、淳熙本、岳本補。」

〔一〕「反」字疑誤，似當作「同」。

○**八年，春，王正月，公侵齊。**【疏】舊疏云：「侵伐例時，而此月者，正以内有强臣之讎，而外犯彊齊，故危之。」按：義具下注。

○**公至自侵齊。**【疏】舊疏云：「以例言之，不蒙上月矣。」

○**二月，公侵齊。**

○**三月，公至自侵齊。**【注】出入月者，内有彊臣之讎，外犯彊齊再出，尤危於侵鄭，故知入亦當蒙上月。【疏】注「出入」至「上月」。○校勘記云：「閩、監、毛本同。蜀大字本脱『再』字。鄂本『尤』誤『大』。」紹熙本無脱誤。舊疏云：「春秋之例是也，故何氏分疏之云。此定公侵齊，所以出入月者，正以内有强臣之讎不能討，而外犯强齊，頓煩再出，尤危於六年侵鄭之時，故知其入亦當蒙月也。上六年『二月，公侵鄭』，彼注云：『月者，内有强臣之讎不能討，而外結怨，故危之也。』下經始云『公至自侵鄭』，則知何氏以爲至不蒙月，故此決云再出尤危於侵鄭，則知入亦當蒙月也。」穀梁傳：「公如，往時致月，危致也。往月致時，危往也。往月致月，惡之也。」

○曹伯露卒。

○夏，齊國夏帥師伐我西鄙。

○公會晉師于瓦。【疏】杜云：「瓦，衛地。東郡燕縣東北有瓦亭。」大事表云：「今衛輝府滑縣東南瓦岡集，古瓦亭也。」水經注濟水篇：「酸瀆首受河于酸棗縣，東逕酸棗城，又東北逕燕城北，又東逕滑臺城南，又東南逕瓦亭南，春秋定八年『公會晉師于瓦』是也。」一統志云：「在衛輝府滑縣西。」

公至自瓦。【注】此晉趙鞅之師也，但言晉師者，君不會大夫之辭也。公會大夫，不別得意。雖得意不致。此致者，諱公爲大夫所會，故使若得意者。【疏】注「此晉」至「師也」。○舊疏云：「正以下經云『晉趙鞅帥師侵鄭，遂侵衛』，故知此亦趙鞅之師也。」○注「但言」至「辭也」。○宣元年：「趙盾帥師救陳。宋公以下會晉師于斐林，伐鄭。」傳：「此晉趙盾之師也，曷爲不言趙盾之師？君不會大夫之辭也。」此與彼同，故据以解之。通義云：「按，左傳時趙鞅等來救魯也。瓦，內地。」按：如彼傳士鞅居首，注止言趙鞅，恐不取左氏爲義。瓦爲內地，書至，當有解說，何無注，亦不以爲內地也。○注「公會」至「不致」。○莊六年注云：「公與二國以上出會盟，得意致會，不得意不致。公與一國出會盟，得意致地，不得意不致。」彼謂公與鄰國諸侯尊同勢敵，故分別得意與否，若大夫以下尊卑異等，自宜得意，故無區別。故僖二十五年

注：「公與未踰年君、大夫盟，不別得意，雖在外猶不致也。」此與趙鞅會可不致而致者，以諱與大夫會，人似與晉君會，依得意恒例書矣，故使若得意者。疏及閩、監、毛本同。鄂本脱「使」字。

○秋，七月，戊辰，陳侯柳卒。【疏】包氏慎言云：「七月書戊辰，月之八日。」左傳釋文：「柳，本或作『抑』。」

○晉趙鞅帥師侵鄭，遂侵衛。【疏】左氏經作「士鞅」。按：左氏「公會晉師于瓦」傳云：「晉士鞅、趙鞅、荀寅救我。」士鞅居首。故侵鄭之師亦書士鞅也。杜云：「兩事，故曰『遂』。」

○葬曹靖公。【疏】校勘記云：「唐石經、諸本同。釋文作『曹竫』，云：『才井反。本亦作靖。』按，段校本作竫。」周書謚法：「共以解信曰靖。」

○九月，葬陳懷公。【疏】謚法：「慈仁短折曰懷。」

○季孫斯、仲孫何忌帥師侵衛。

○冬，衛侯、鄭伯盟于曲濮。【疏】杜云：「曲濮，衛地。」

○從祀先公。

從祀者何？　順祀也。【注】復文公之逆祀。【疏】注「復文公之逆祀」。○左傳云：「順祀先公而祈焉。」杜云：「從，順也。先公，閔公、僖公也。將正二公之位次，所順非一，親盡，故通言先公。」禮記疏引服虔云：「自躋僖公以來，昭穆皆逆。」穀梁〔一〕傳：「貴復正也。」漢書郊祀志：「春秋大復古，善順祀。」後漢書質帝紀：「詔曰：孝殤皇帝雖不永休〔二〕祚，而即位踰年，君臣禮成。孝安皇帝承襲統業，而前世遂令恭陵在康陵之上，先後相踰，失其次序，非所以奉宗廟之重，垂無窮之制。昔定公追正順祀，春秋善之。其令恭陵次康陵，憲陵次恭陵，以序親秩，爲萬世法。」又周舉傳：「春秋魯閔公無子，庶兄僖公代立，其子文公逆躋僖公於閔上。孔子譏之，書曰：『有事于大廟，躋僖公。』傳曰：『逆祀也。』及定公正其序，經曰：

〔一〕「梁」，原訛作「粱」，叢書本不誤，據改。
〔二〕「休」，原訛作「體」，叢書本同，據後漢書校改。

『從祀先公。』爲萬世法也。」皆以從祀爲順。

文公逆祀，去者三人。【注】諫不從而去之。【疏】文二年，「八月，丁卯，大事于大廟，躋僖公」是也。彼傳云：「躋者何？升也。何言乎升僖公？譏。何譏爾？逆祀也。其逆祀奈何？先禰而後祖也。」

定公順祀，叛者五人。【注】諫不以禮而去曰叛，去與叛皆不書者，微也。不書禘者，後祫亦順，非獨禘也。言祀者，無已長久之辭。不言僖公者，閔公亦得其順。【疏】公羊問答云：「順祀而叛者，何也？曰：論衡曰：『魯文公逆祀，去者三人；定公順祀，叛者五人。貫於俗者，則謂〔一〕禮爲非。曉禮者寡，則知是者稀。』」解詁箋云：「叛者，謂陽虎之屬也。逆祀，當出季氏之意，欲章其立僖之功。文公不知正之耳。從祀亦非定公之意，陽虎欲更季氏之政，定公亦不能違爾。」義或然也，惟劉氏又以叛者謂陽虎之屬，自相矛盾。通義引：「左傳曰：『季寤、公鉏極、公山不狃皆不得志于季氏，叔孫輒無寵于叔孫氏，叔仲志不得志于魯，故五人因陽虎，陽虎欲去三桓，以季寤更季氏，以叔孫輒更叔孫氏，己更孟氏。冬，十月，順祀先公而祈焉。辛卯，禘于僖公。』此傳云『叛者五人』，虎叛已見下文，故略舉其黨，即寤也、極也、不狃也、輒也、志也。傳意明順祀，非實得正，亦微辭耳。季氏專魯國，然後舍中軍；陽虎專季氏，然後從祀先公。而春秋書之，壹若國之典制者，稱其美不稱其惡，臣子之義，重其禮不重其事，制作之意也。察於此，可以治公羊之學矣。」○注「諫不」至「曰叛」。○舊疏云：「謂諫君全不以禮，不從之而去之者，謂之叛

〔一〕「則謂」，原誤倒作「謂則」，叢書本同，據論衡校乙。

也。」○注「不書」至「禘也」。○左傳：「辛卯，禘于僖公。」注：「不於大廟者，順祀之義。當退僖公，懼於僖神，故於僖廟行順祀。」舊疏云：「何意以三年一祫，五年一禘，謂諸侯始封之年，禘祫並作，但夏禘則不礿，秋祫則不嘗而已。一祫一禘，隨次而下，其間三五參差，亦有禘祫同年時矣。若其有喪，正可於喪廢。其禘祫之年，仍自乘上數之，即僖八年『禘于大廟』之時，禘祫同年矣。至文二年『大事于大廟』之下，傳云：『大事者何？大祫也。』注：『從僖八年禘數之，知爲大祫。』是從僖八年禘祫同年數之，即文二年爲祫年，五年爲禘祫同年，又隨次而數之，至今定八年，亦禘祫同年矣。凡爲祭之法，先重而後輕，禘大於祫，固當先之，則知從祀先公者，是禘明矣。故云不書禘者，後祫亦順，非獨禘也。若然，既言是禘，理宜在夏，而在冬下者，當之矣。」按：陽虎爲欲去季氏，故不必正時也。○注「言祀」至「之辭」。○說文：「祀，祭無已也。从示巳聲。」釋名釋天云：「殷曰祀。祀，已也，新氣升，故氣已也。」皆本已爲義。以其一年稱祀之義，則取其已，以其大祭稱祀之義，則取其無已，反正互訓，古人多有此例。○注「不言」至「其順」。○舊疏云：「閔二年『夏，五月，乙酉，吉禘于莊公』、僖八年『秋，七月，禘于大廟』、文二年『八月，丁卯，大事于太廟』之文皆道其人。今此經文所以不言從祀僖公，而言先公者，正以閔公亦得其順，是以不得特指之。」

○盜竊寶玉大弓。

盜者孰謂？【注】微而竊大，可怪，故問之。【疏】注「微而」至「問之」。○舊疏云：「哀四年傳云：『弒君賤者窮諸人，此其稱盜以弑何？賤乎賤者也。』是盜爲微賤之稱。寶玉大弓，國之重寶，故云微而竊大也。」

謂陽虎也。陽虎者，曷爲者也？季氏之宰也。【注】季氏之陪臣爲政者。【疏】注「季氏」至「政者」。○論語陽貨篇：「陽貨欲見孔子。」集解：「孔曰：陽貨，陽虎也。季氏家臣，而專魯國之政。」孟子滕文公篇「陽虎曰」趙注：「陽虎，魯季氏家臣也。」下九年左傳：「齊鮑文子曰：夫陽虎有寵於季氏，而將殺季孫，以不利魯國，而求容焉。」論語季氏篇「陪臣執國命」謂此。

季氏之宰，則微者也。惡乎得國寶而竊之？陽虎專季氏，季氏專魯國。陽虎拘季孫，【注】季氏逐昭公之後，取其寶玉，藏於其家。陽虎拘季孫，奪其寶玉。季孫取玉不書者，舉逐君爲重也。【疏】注「季氏」至「寶玉」。○季氏逐昭公，在昭二十五年。取其寶玉藏於其家，何氏蓋以理知之，或別有所見。左傳謂：「陽虎説甲如公宮，取寶玉、大弓以出。」按：陽虎時已與孟氏戰敗，奔亡之不暇，安能尚説甲如公宮，取寶玉大弓？故何氏不取。○注「取玉」至「重也」。○各本無「也」字，依鄂本補。

孟氏與叔孫氏迭而食之。睋而鍥其板，【注】以爪刻其饋歛板。【疏】校勘記云：「唐石經、諸本同。石經原刻作『俄』，後改『睋』，下同。釋文作『睋』。又云：『鍥本又作鐵，七廉反，又且審反。』本或作鍛，誤。』按：桓二年傳：『俄而可以爲其有矣。』莊三十二年傳『俄而，牙弑械成』，字皆作『俄』。何注桓二年云：『俄者，謂須臾之間，制〔一〕得之頃也。』此从目，非。」通義本作「眣」，云：「臥而睨之曰眣。」按：臥而睨之無謂，石經原刻是也。○注「以爪」至「斂板」。○廣雅釋器云：「錂，錐〔二〕也。」又釋詁：「鑯，鋭也。」集韻：「錂，或作鑯。」説文金部：「鑯，鐵器也。一曰鑴也。」錂本以錐刻物之名，不必專指以爪刻也。爪爲人手掌之稱，時季氏被囚，或無鐵物，故直以爪刻字於上求救。蓋當時急切所爲，何氏非訓錂爲以爪刻板也。通義云：「錂，刻也。板，饋食器上蓋。」按：説文無板字，當作版。古音方、反皆重脣音，故訓方爲版，因之斂藏衣物之器亦謂之板。

曰：「某月某日，將殺我于蒲圃，【疏】校勘記云：「唐石經、諸本同。釋文：『蒲圃，本又作甫。』葉鈔本作『滿圃』。」按：左傳亦作「蒲圃」。

力能救我則於是。」【注】於是時。

至乎日若時而出。【疏】舊疏云：「謂至于某日如約之時也。以此言之，則知上文云某月某日，宜亦言其時，但傳家省去之，至此乃言若時，以刻日也。」左傳云：「壬辰，將享季氏于蒲圃而殺之。」蓋是日若時也。校勘記云：「疏及諸本同。唐石經『乎』磨改。『日』誤『曰』。」

臨南者，陽虎之出也，【疏】舊疏云：「姊妹之子謂之出。蓋是虎之外生也。或曰從其家出而仕于公，

〔一〕「制」，原訛作「創」，叢書本同，據公羊注疏校改。
〔二〕「錐」，原訛作「鋭」，叢書本同，據廣雅校改。

亦不妨，下季氏云世世有子是矣。」通義云：「臨南，林楚〔一〕字。出，姊妹之子也。」蓋舊疏前一說是也。

御之。【注】爲季孫御。【疏】注「爲季孫御」。○左傳：「陽虎前驅，林楚御桓子，虞人以鈹、盾夾之，陽越殿，將如蒲圃。」林楚即臨南也。

於其乘焉，【疏】舊疏云：「於其乘焉，謂於其上車之時矣。」

季孫謂臨南曰：「以季氏之世世有子，【注】言我季氏累世有女以爲臣。【疏】俞氏樾羣經平議云：「何解未得有字之意。有者，相親有之謂也。昭二十年左傳：『是不有寡君也。』杜注：『有，相親有也。』宣十五年公羊傳：『潞子離於狄，而未能合於中國。晉師伐之，中國不救，狄人不有。』不有，亦言不相親有也。『以季氏之世世有子』，謂季氏累世親厚於子，異於它人。若如何解，則爲不辭。」按：如何義，亦未爲不可通。

子可以不免我死乎？」【注】以義責之。【疏】左傳：「桓子咋謂林楚曰：『而先皆季氏之良也，爾以是繼之。』」杜云：「欲使林楚免己於難，以繼其先人之良。」

臨南曰：「有力不足，臣何敢不勉？」【疏】左傳：「林楚對曰：『臣聞命後。陽虎爲政，魯國服焉，

〔一〕「林楚」，原訛作「臨楚」，公羊通義原文即訛作。左傳：「陽虎前驅，林楚御桓子。」且下文陳立曰：「林楚即臨南也。」據改。

違之徵死，死無益於主。』桓子曰：『何後之有？ 而能以我適孟氏乎？』對曰：『不敢愛死，懼不免主。』桓子曰：『往也！』」

陽越者，陽虎之從弟也，爲右。【注】爲季孫車右，實衛之。【疏】左傳：「陽越殿。」注云：「越，陽虎從弟。」○注「爲季」至「衛之」。○舊疏云：「謂守衛季孫，不令走。」乘車中有車右也。

諸陽之從者，車數十乘，至于孟衢，【注】孟氏衢四達，可以横去。【疏】注「孟氏」至「横去」。○舊疏云：「即釋宫『四達謂之衢』，李巡曰『四達各有所至曰衢』，孫氏曰『交通四出』，是也。」釋名釋道云：「四達曰衢。齊、魯謂四齒杷爲欋，欋杷地則有四處。此道似之也。」時臨南奉季孫適孟氏此衢，蓋即近孟氏之舍，故曰孟衢。左傳云「及衢而騁」，即此衢也。

臨南投策而墜之，【注】策，馬捶也。見二家迭食之，欲將季孫由孟氏免之，恐陽越不聽，故詐投策，欲使下車。【疏】釋文作「而隊」。唐石經缺。○注「策，馬捶也」。○襄十七年左傳：「左師爲己短策。」正義引服虔注：「策，馬捶也。」淮南道應訓：「杖策錣，上貫頤。」注：「策，馬捶。」文十三年左傳：「繞朝贈之以策。」杜注：「策，馬撾也。」吕覽審爲云：「杖策而去。」注：「策，箠也。」説文竹部：「策，馬箠也。」

陽越下取策，臨南駷馬，【注】捶馬銜走。【疏】校勘記云：「唐石經、諸本同。釋文：『駷本又作擻。』字書無此字，相承用之。」按：廣雅釋詁：「敕，擊也。」王氏念孫疏證云：「玉篇：『敕，敕擊也。』公羊傳：『臨南騑馬〔一〕。』騑、馯並音素董反，其義同也。」是也。○注「捶馬銜走」。○鄂本「捶」作「搖」。按：依説文當作「箠」，叚借字，捶譌作搖。按：紹熙本亦作「搖」。廣韻：「騑，馬搖銜走也。」則作搖亦通。左傳「林楚怒焉〔二〕，及衢而騁」是也。

而由乎孟氏，陽虎從而射之，矢著于莊門。【注】莊門，孟氏所入門名。言幾中季孫，賴門閉，故著門。【疏】釋文：「莊，本或作『嚴』，亦音莊，蓋漢人避諱改也。」○注「莊門」至「著門」。○左傳：「孟氏選圉人之壯者三百人，以爲公期築室於門外。」又曰：「陽越射之，不中。築者闔門。」注：「季孫既得入，乃閉門。」此以爲陽虎射之，異。

然而，甲起於琴如。【注】甲，公斂處父所帥也。琴如，地名。二家知出期，故於是時起兵。【疏】注「甲公」至「帥也」。○即下云「公斂處父帥師而至」是也。左傳：「陽虎劫公與武叔，以伐孟氏。公斂處父帥成人自上東門入。」○注「二家」至「起兵」。○即上傳云「力能救我則於是」是也。下注云：「公斂處父、孟氏、叔孫氏將兵之將。」左氏以爲孟氏家臣，何所不取。

弒不成，卻反，舍于郊，皆説然息。【注】説，解舍。然，猶如。【疏】舊疏云：「正以季孫於陽虎爲君，故謂之弒也。卻反舍于郊者，謂上文陽虎從而射之時，逐之鄉孟氏，今而還去舍于郊，故曰卻反舍

〔一〕「臨南騑馬」原脱，叢書本同，據廣雅疏證校補。
〔二〕「焉」，原訛作「馬」，叢書本同，據左傳校改。

于郊，不謂元從郊來。」左傳：「與陽氏戰于南門之内，弗勝。又戰于棘下，陽氏敗。陽虎説甲如公宫，取寶玉、大弓以出，舍于五父之衢。」即此之卻反舍于郊也。校勘記云：「唐石經、諸本同。釋文『弑』作『殺』，云：『音試，下同。』『卻』，本又作『却』。『説然』，本又作『稅』。」○注「説，解舍。然，猶如」。○易遯六二：「莫之勝説。」虞注：「説，解也。」國語齊語：「脱衣就功。」注：「脱，解也。」禮士昏禮：「主人説服于房。」又既夕禮〔一〕：「主人説髦。」注：「今文説爲稅。」稅亦訓舍，詩碩人「稅〔二〕于農郊」是也。然猶如者，詩魏風葛屨云「宛然左辟」，説文人部引作「宛如左辟」，然、如雙聲字，得通用。故論語憲問云「子曰其然」，皇疏：「然，如此也。」禮記大傳「其義然也」，注：「然，如是也。」通義云：「説然，猶脱然也。」按：此即左傳之「寢而爲食」也。俞氏樾羣經平議云：「何氏此解殊未明了。説猶脱也，詩野有死麕篇『舒而脱脱兮』，毛傳：『脱脱，舒遲也。』重言之爲脱脱，單言之即爲脱。淮南子精神訓『則脱然而喜矣』，高注：『脱，舒也。』此傳云『説然』，猶彼云『脱然』，乃舒遲之意。蓋陽虎意中無所畏憚，故與其徒脱然止息耳。脱與説，古字通用。荀子正名篇楊倞注曰：『説，讀爲脱。』義亦通。」

或曰：「弑千乘之主，【注】時季氏邑至於千乘。【疏】注「時季」至「千乘」。○禮記坊記云：「故制國

〔一〕「禮」，原訛作「記」，叢書本同。「主人説髦」句出自儀禮經文，非「其經不具，記人所記文理不備者」之「記」文，據改。

〔二〕「稅」，阮元十三經注疏本作「説」。

不過千乘，都城不過百雉，家富不過百乘。」鄭注：「古者方十里，其中六十四井出兵車一乘，此兵賦之法也。成國之賦千乘。」又鄭注小司徒云：「井十爲通，士一人，徒二人。通十爲成，革車一乘，士十人，徒二十人。十成爲終，革車十乘，士一百人，徒二百人。十終爲同，革車百乘，士千人，徒二千人。」此謂公卿大夫采地出軍之制也。禮記疏引司馬法又云：「甸方八里，出長轂一乘。」鄭注小司徒云：「若通溝洫之地，則爲十里。若除溝洫之地，則爲八里。」則方十里者六十四井也。季氏爲大夫，極于百乘，而得千乘者，蓋初作中軍，三分公室，各有其一。及舍中軍，四分公室，季氏擇二，皆盡征之，公車千乘，皆季所專，故目爲千乘之主焉。論語先進云：「季氏富於周公。」亦以季氏專執魯政，盡征其民故也。

而不克，舍此可乎？」【注】嫌其近而無所依。【疏】左傳：「其徒曰：追其將至。」

陽虎曰：「夫孺子得國而已，【注】得免專國家而已。【疏】通義云：「孺子，謂季桓子。」按：謂季孫仍得國政而已也。左傳：「虎曰：魯人聞余出，喜於徵死，何暇追余？」

如丈夫何！」【注】如，猶奈也。丈夫，大人稱也。【疏】注「如，猶奈也」。○文選東京賦：「如之何其以温故知新。」薛注：「如，奈也。」昭十二年傳：「如爾所不知何〔一〕？」注：「如，猶奈也。」論語子罕篇：「匡人其如予何？」皇疏：「如予何者，猶言奈我何也。」○注「丈夫，大人稱也」。○說文：「夫，丈夫也。从大，一

〔一〕「如爾所不知何」，原錯訛作「子苟如之何」，叢書本同，據公羊注疏校改。

以象簪也。周制以八寸爲尺，十尺爲丈。人長八尺，故曰丈夫。」禮記郊特牲注：「夫之言丈夫也。」曲禮云「若夫」，注：「言若欲爲丈夫也。」廣雅釋器：「男子謂之丈夫。」哀十一年左傳〔一〕：「是謂我不成丈夫也。」是丈夫爲美大之稱也。易隨六二：「係小子失丈夫。」以丈夫與小子對，故何氏謂大人稱也。通義云：「丈夫，陽虎自謂。言必不敢追己。」

睋而曰：「彼哉！彼哉！【注】望見公斂處父師，而曰彼哉彼哉。再言之者，切遽意。【疏】注「望見」至「彼哉」。○即下傳云「公斂處父帥師而至」是也。經義述聞云：「家大人曰：何以睋字从目，故訓爲望，其實非也。睋讀爲俄，俄謂須臾之頃也。虎舍于郊，而説然息，謂魯人必不來追我也。俄而，思公斂處父必來追，故曰『彼哉彼哉』，此意中之處父，非目中之處父也。處父至則不及駕，故曰『趣駕』。非望見處父之師而後駕也。俄而二字，傳文屢見，桓二年傳曰『俄而可以爲其有矣』，莊三十二年傳曰『俄而，牙弒械成』。作睋者，叚借字耳。上文曰『睋而鋟其板』，亦是借睋爲俄也。漢書外戚傳『始爲少使，蛾而大幸』，則又借用『蛾』字。」按：此陽虎實望見公斂處父〔二〕之師，故趣駕。既駕而師至，故曰「慬然後得免」。作見解，作俄讀，俱無不可通。「彼哉！彼哉」，論語憲問篇亦有是語，夫子論子西也。宋氏翔鳳過庭録云：「何意謂彼哉？言彼地不可久處，禍將及也。楚令尹子西之治亂，足以招亂，故孔子思速去之。與

〔一〕「左傳」，原脱「左」字，叢書本同，以下引文出自左傳，據補。
〔二〕「公斂處父」，原脱「父」字，叢書本同，徑補。

公羊言『趣駕』語義同，蓋魯、齊兩論也。」論語稽求篇云：「埤蒼曰：『佊者，邪也。』佊字省作彼字。而廣韻、集韻遂各收『佊』字，在上紙韻，且各引論語『佊哉！ 佊哉』爲證。於是傅會之家，遂謂魯論舊本原是『佊』字。然按公羊定八年，陽虎謀弑季氏不得，見公斂處父之甲，眡而曰：『彼哉！ 彼哉！』則彼本如字。且陽虎時未有魯論，此必古成語，而夫子引以作答者。」按：論語集解引馬曰：「彼哉彼哉，言無足稱也。」皇疏：「彼哉彼哉者，又答或人言，人自是彼人耳，無別行可稱也。」蓋陽虎初見甲起，不知何人，尚脱然息，及見公斂處父，乃懼而疾走，曰：「彼哉！ 彼哉！」彼即彼公斂處父，蓋畏詞也。與論子西語氣同，而語義異也。何晏論語序云：「古論至順帝時，馬融爲之訓詁。」則馬習古文也。説文無佊字，玉篇人部：「佊，邪也。」廣韻所本。説文用古論，故不收佊字。過庭録又云：「廣韻五寘：『佊，哀也。』論語云『子西佊哉』，言子西不若子産治政之有遺愛，管仲治齊之無怨言。終於掩面而死，固可哀也。廣韻所載蓋古文論語之遺，佊字當在史籀亡篇中，故説文不載佊字也。」按：玉篇云「邪也」，廣雅云「衺也」，則廣韻之「哀」即「衺」之譌。子西之死在孔子後，孔子何得逆知其事而哀之？ 且作邪字解，亦不可通。以之説論語，則論子西太過；以之説公羊，則陽虎不得以公斂處父爲邪也。彼哉者，若曰「是彼也哉」。○注「再言」至「遽意」。○（原文闕）

趣駕！」【注】使疾駕。【疏】注「使疾駕」。○後漢光武紀注：「趣，急也。讀曰促。」管子國蓄云「則君雖强本趣耕」，注：「趣，讀爲促。」説文走部：「趣，疾也。」漢書翟方進傳「督趣司隸」，注：「趣，讀曰促。」謂促其疾行，故曰趣駕也。左傳：「從者曰：嘻！ 速駕！ 公斂陽在。」即處父也。

既駕，公斂處父帥師而至。【注】公斂處父，孟氏、叔孫氏將兵之將。【疏】注「公斂」至「之將」。○左傳：「成宰公斂處父告孟孫。」成爲孟氏邑，則公斂處父，孟氏家臣也，與何異。

慬然後得免。【疏】通義云：「慬，僅也。」一切經音義引字林云：「僅，才能也。」國策云：「邯鄲僅存。」注：「慬，裁。」慬，即僅字之借，言僅僅得免也。左傳：「公斂陽請追之，孟孫弗許。」故得免也。

自是走之晉。【疏】左傳：「陽虎入于讙、陽關以叛。」魯世家云：「八年，陽虎欲盡殺三桓適，而更立其所善庶子以代之。載季桓子將殺之，桓子詐而得脱。三桓共攻陽虎，陽虎居陽關。九年[一]魯伐陽虎，陽虎奔齊，已而奔晉趙氏。」左傳下十年具詳其事。

寶者何？璋判白，【注】判，半也。半圭曰璋。白藏天子，青藏諸侯。魯得郊天，故錫以白。不言璋言玉者，起珪、璧、琮、璜、璋，五玉盡亡之也。傳獨言璋者，所以郊事天尤重，詩云「奉璋峨峨，髦士攸宜」是也。禮，珪以朝，璧以聘，琮以發兵，璜以發衆，璋以徵召。【疏】穀梁傳：「寶玉者，封圭也。」左傳注謂「夏后氏之璜」，孔疏以爲劉歆説。皆何氏所不取。○注「判，半也」。○周禮「媒氏掌萬民之判」，注：「判，半也。」楚辭注引字林：「牉，半也。」一切經音義：「判，古文胖，又作牉。」詩大雅訪落：「繼猶判涣。」傳：「判，分也。」周禮朝士職：「凡有責者，有判書。」注：「判，半分而合者。」是判爲半也。○注「半圭曰

〔一〕「九年」及該段引文始起之「八年」，原均被略去，茲據史記校補。

璋」。○詩大雅棫樸：「左右奉璋。」傳：「半圭曰璋。」白虎通瑞贄篇引：「禮，半珪爲璋。」周禮大宗伯：「以赤璋禮南方。」注：「半圭曰璋，象夏物半死。」按：璋本半圭之名，又言判白者，蓋半白下天子也，亦玉人職「天子用全，上公用龍」之義。毛本「圭」作「珪」。下「珪」、「璧」字皆从玉。○注「白藏」至「以白」。○舊疏云：「白藏天子，青藏諸侯，春秋説文。」蓋諸侯純青，天子純白，魯降於天子，異於諸侯，故判白也。「藏」字，釋文無音。○注「不言」至「之也」。○周禮小行人云：「合六幣：圭以馬，璋以皮，璧以帛，琮以錦，琥以繡，璜以黼。」此唯無琥，蓋彼周禮也。周禮，圭璋以朝聘，璧琮用以享，琥璜用以大饗。所用亦與下注所記不合。○注「傳獨」至「是也」。○校勘記云：「『峨峨』，鄂本、閩、監、毛本同。此本翻刻者，『峨』字誤从『虫』旁。釋文：『峨峨，本又作娥。』按，廣雅釋訓：『娥娥，容也。』與何氏引詩正合。毛詩作『莪』，叚借字也。」舊疏云：「言文王祭皇天上帝時，在助祭者，奉此半圭之璋，其儀容峨峨盛莊矣，盡是俊士之所宜利。何氏與鄭同。」按：舊疏所云即鄭氏箋義。公羊禮説云：「此疏大謬。鄭箋：『璋，璋瓚也。祭祀之禮，王裸以圭瓚，諸臣助之亞裸以璋瓚。』疏：『禮，圭以進君，璋以進夫人，則圭當統名，不得言璋。』冬官玉人『大璋、中璋、邊璋』，皆是璋瓚也。小宰注云：『唯人道宗廟有灌，天地大神至尊不灌，莫稱焉。』則此言〔一〕灌事，祭宗廟也。按，何氏謂判半也，半圭曰璋，與毛同。鄭以爲璋瓚，與何異。何以爲郊天，鄭以爲宗廟之祭，絶然兩途。徐謂何與鄭同，不察之甚矣。何氏郊天之説，出于仲舒繁露四祭，云：『已

〔一〕「此言」二字原訛作「訾」，據公羊禮説校改。

受命而王，必先祭天，乃行王事，文王之伐崇是也。詩曰「濟濟辟王，左右奉璋。奉璋峩峩，髦士攸宜。」此文王之郊也。』是也。鄭以上章爲郊天，此章爲祭宗廟。舊疏亦沿上章而致誤與？」詩疏引孫毓異同評云：「國事莫大乎祀，祀神莫大乎天，必擇俊士與共其禮，故舉祭天之事以明官人之義。」亦以此節爲郊天之詩。毛氏本上章爲説，蓋亦以爲郊天之禮，謂君王行禮之時，其左右之臣奉璋而助行之也。彼疏引：「王肅申之云：『羣臣從王行禮之所奉。』引顧命曰：『大保秉璋以酢。』」皆與鄭以璋爲璋瓚者異。○注「禮珪」至「徵召」。○白虎通瑞贄篇云：「五玉者各何施？蓋以爲璜以徵召，璧以聘問，璋以發兵，珪以質信，琮以起土功之事也。」與此互異，蓋皆逸禮文也。珪以朝者，白虎通云：「珪以爲信何？珪者兑上，象物始生，見於上也。信莫著于作見，故以珪爲信，而見萬物之始，莫不自潔。珪之爲言圭也，上兑陽也，下方陰也。陽尊，故其理順備也。位在東，陽見義于上也。」又云：「合符信者，謂天子執瑁以朝，諸侯執圭以覲天子。」是此之珪以朝，即彼之珪以質信也。説文玉部：「珪，瑞玉也。」禮記禮器云：「諸侯以圭爲瑞。」注：「瑞，信也。」荀子大略云：「聘人以珪。」楊注：「謂使人聘他國以珪璋。」皆因圭以質信，故用以朝，臣下所執則瑑圭也。諸侯所執以朝天子，則大宗伯云「公執桓圭，侯執信圭，伯執躬圭」之類是也。璧以聘者，白虎通云：「璧以聘問何？璧者，方中圜外，象地，地道安甯而出財物，故以璧聘問也。方中，陰德方也。圓外，陰繫于陽也。陰德盛于内，故見象于内，位在中央。璧之爲言積也，中央故有天地之象，所以據用也。内方象地，外圓象天也。」按：禮聘禮：「受享束帛加璧。」注：「君享用璧。」知聘用璧也。其子男朝天子亦以璧，大宗伯「子執穀璧，男執蒲璧」是也。琮以發兵者，白虎通云：「琮以起土功發衆何？琮之爲言宗也，象萬物之宗聚也，功之所成，故以起土功發衆也。位在西方，西方陽收功于内，陰出成于外，内圜象陽，外直爲陰，外牙而内湊，象聚會也，故謂之琮。后夫人之財也。」按：琮之見於禮者，大宗伯：「以黄琮禮地。」玉人云：「駔琮五寸，宗后以爲權。」聘禮：「享夫人以琮。」此謂琮以發兵，與諸書不合。璜以發衆者，白虎通云：「璜所以徵召何？璜者，半璧，位在北方，北陰極而陽始起，故象半陰。陽氣始施，徵召萬物，故以徵召也。不象陽何？陽始物微，未可見也。璜者，横也，質尊之命也。陽氣横于黄泉，故曰璜。璜之爲言光也，陽光所及，莫不動也。象君之威命所加，莫敢不從，陽之所施，無不節也。」徵召與發衆事近也。璋以徵召者，白虎通云：「璋以發兵何？璋者半珪，位在南方，南方陽極而陰始起，兵亦陰也，故以發兵也。不象其陰何？陰始起〔一〕，物尚凝，未可象也。璋之爲言明也，賞罰之道，使臣之禮，當章明也。南方之時，萬物〔二〕莫不章，故謂之璋。」亦與徵召取義爲近。按：周禮典瑞「牙璋以起軍旅」，蓋周禮也。璋以徵召，又以郊天者，蓋郊天之璋判白，此或即青藏者與？

弓繡質，【注】質，拊也。言大者，力千斤。【疏】穀梁以爲「武王之戎弓也」。杜預用劉歆以來説，以大弓即「封父之繁弱」，與何氏異。舊疏云：「千斤之文，何氏有所見也。」○注「質，拊也」。○校勘記云：「閩、

〔一〕「起」下原衍一「象」字，據白虎通校删。
〔二〕「萬物」二字原脱，據白虎通校補。

監、毛本同。釋文：『質，柎。』此从手旁訛。」按：廣雅釋言：「柎，柢也。」考工記弓人云：「於挺臂中有柎〔一〕焉。」注：「柎，側骨。」釋名釋兵云：「中央曰弣。弣，撫也，人所撫持也。」柎即敝，故下云：「方其峻而高其柎，長其畏而薄其敝。」鄭司農云：「敝，謂弓人所握持也。」戴氏震考工記圖補正云：「挺臂中有柎，柎嚮弦，宜高而薄之，以便握持。敝與柎皆弓把，柎者其内側骨，謂之質之。周禮疏云『柎，把中』，居弓之正中。質亦有正義，司弓云：『矢以授甲革椹質者。』注：『質，正也。』是也。」蓋唯繡爲異爾。○注「言大者，力千斤」。○舊疏云：「家語云：『三十斤爲鈞，四鈞〔二〕謂之石。』然則千斤之弓，其力八石三斗有餘，故左傳云：『可以威不軌，戒不虞也。』」按：斤數不合。段校本「謂」字上有「百二十斤」四字，下文「三斗有餘」四字乃衍文。

龜青純。【注】純，緣也。謂緣甲頫也。千歲之龜青髯，明于吉凶。易曰：「定天下之吉凶，成天下之亹亹者，莫善乎蓍龜。」經不言龜，以先知，從寶省文。謂之寶者，世世寶用之辭，此皆魯始封之錫。不言取而言竊者，正名也。定公從季孫假馬，孔子曰「君之於臣，有取無假，而君臣之義立」。主書者，定公失政，權移陪臣，拘其尊卿，喪其五玉，無以合信天子，交質諸侯，當絶之。不書拘季孫者，舉五玉爲重。書大弓者，使若都以國寶書，微辭也。【疏】注「純緣」至「吉凶」。○周禮司几筵云：「設莞筵紛純。」司農注：

〔一〕「柎」，原訛作「拊」，叢書本同，據周禮校改。本段下同者徑改不再出校。
〔二〕「四鈞」二字原脱，叢書本同，據公羊注疏校補。下文謂段校本爲「百二十斤」，義同。

「純，緣也。」禮既夕記云：「緇純。」注：「飾衣曰純，謂領與袂〔一〕。」士冠禮：「青絇繶純。」注：「純，緣也。」凡衣履之飾邊者皆曰純，故亦謂龜之緣曰純也。毛本「䫇」誤「頗」。說文龜部：「䶌，龜〔二〕甲邊也，从龜冄聲。天子巨龜，尺有二寸；諸侯尺，大夫八寸，士六寸。」段注云：「䫇者，𩓵之省，䶌之叚借字。劉淵林注蜀都賦引譙周異物志曰：『涪陵多大龜，其甲可以卜，其緣中叉〔三〕，似瑇瑁，俗名曰靈叉。』郭注爾雅亦用其說，而今本多訛字。漢書食貨志：『元龜岠冄，長尺二寸。』『冄』亦叚借字。孟康曰：『冄，龜甲緣也。岠，至也，度背兩邊緣尺二寸也。』」緣者，甲之邊也。甲文象木載孚甲之象，故介蟲外骨謂之甲。禮記樂記云：「青黑緣者，天子之寶龜也。」史記樂書同，即此之青純也。青、黑色近，故禮器注云「秦時或以青爲黑」故也。千歲之龜髯色成青黑，故曰青緣。樂記疏謂「寶龜之甲並以青黑爲之緣」，非也。○注「易曰」至「蓍龜」。○繫辭上傳文。韓康伯本作「莫大乎蓍龜」。釋文「大」作「善」，與此同。漢書藝文志、儀禮疏引皆作「莫善」。賈公彥云：「凡草之靈，莫善於蓍；凡蟲之靈，莫善於龜。」中山經云：「江水出焉，其中多良龜。」郭注：「良，善也。」亦取易爲義也。舊疏云：「今易『善』作『大』，爲異文。彼注云：『凡天下之善惡，及没没之衆事，皆成定之。』言其廣大無不包也。」舊疏多用鄭說，疑亦鄭氏注也。校勘記云：「惠棟云：古易皆作『莫善乎蓍龜』。王弼本『善』作『大』，後人皆仍其誤。」按，今文易作「莫善」，古文易作「莫大」，鄭注

〔一〕「袂」，原訛作「袂」，據儀禮注疏校改。
〔二〕「龜」字原脱，叢書本同，據說文解字校補。
〔三〕「叉」，原訛作「又」，叢書本同，據段玉裁說文解字注校改。下「靈叉」之「叉」同。

本及王弼本皆費氏古文也，故作『大』。鄭注云：『言其廣大，無不包也。』可證是『大』字。」○注「經不」至「之辭」。○校勘記云：「疏引作世世保用之辭，此以保訓寶也。今本仍作寶，非。定元年疏引同。按，何校本正作『保』。」郊特牲云：「龜爲前列，先知也。」故云以先知從寶省文。通義云：「經未見龜者，虎止竊弓、璋。傳廣言魯所有寶爾。明堂位曰『封父龜』，即此也。大弓，繁弱之弓也。」按：明堂位所記魯寶多矣，傳何爲不敍及，但廣言龜？蓋龜亦虎所竊也。龜謂之寶者，禮記禮器云：「諸侯以龜爲寶。」注：「古者貨貝寶龜，大夫以下有貨耳。易曰：『十朋之龜。』」是寶龜唯天子、諸侯有之也。白虎通蓍龜云：「天子龜長一尺二寸，諸侯一尺，大夫八寸。」蓋尋常卜龜，大夫得有也。士喪禮有卜日，知士亦有矣。故臧氏守龜有句僂者，論語公冶長篇：「臧文仲居蔡。」包注：「蔡，國君之守龜也，長尺有二寸。」皇侃疏：「蔡，大龜也。」禮，唯諸侯以上得畜大龜，以卜國之吉凶。大夫亦得卜，用龜之小者，不得畜蔡也。則臧氏居蔡，蓋亦僭越，故孔子譏其不知，不獨山節藻棁也。○注「此皆」至「之錫」。○舊疏云：「左傳定四年具有其文也。」穀梁傳亦以爲「周公受賜，藏之魯」。書召誥云：「大保乃以庶邦冢君出取幣，乃復入，錫周公。」疏引鄭注云：「所賜之幣，蓋璋以皮，及寶玉大弓，此時所賜。」「召公見衆殷之民大作，周公德隆功成，有反政之期，而欲顯之。因大戒天下，故與諸侯出取幣，使戒成王立於位，以其命賜周公。」是爲始封之錫也。若然，定四年左傳又云「分魯公以大路、大旂，夏后氏之璜，封父之繁弱」者，彼蓋賜魯公。此爲賜周公，同爲始封之錫也。此傳璋即寶玉，書鄭注以璋與寶玉殊言之者，寶玉雜色，有琮、璧、圭、璜；而璋，祀天之物，尤重，故特舉之與？○注「不言」至「名也」。○穀梁傳：「非其所以與人而與人，謂之亡。非其所取而取之，謂之盜。」彼蓋以盜即竊，其實盜爲賤者之稱，竊者乃其正名也。○注「定公」至「義立」。○舊疏云：「家語文。」校勘記：「今家語無『君臣之義立』。」按：韓詩外傳五云：「孔子侍坐于季孫。季孫之宰通曰：『君使人假馬，其與之乎？』孔子曰：『吾聞君取於臣謂之取，不曰假。』季孫悟，告宰通曰：『今以往，君有取謂之取，無曰假。』孔子曰正假馬之言，而君臣之義定矣。論語曰：『必也正名乎！』詩曰：『君子無易由言。』名正也。」新序五亦載此事，蓋何氏所本。家語多王肅僞竄，非何所据也。大戴禮少間云：「臣故曰，君無言情於臣，君無假人器，君無假人名。」論語子路篇：「必也〔一〕正名乎？」注：「馬曰：正百事之名。」皇疏：「孔子答曰：爲時昏禮亂，言語翻雜，名物失其本號，故爲政必以正名爲先也。」○注「主書」至「絶之」。○校勘記出「喪其五玉」，云：「鄂本同。閩、監、毛本作『寶玉』，非。此本訛作『玉玉』，今訂正。」包氏慎言云：「五玉爲天子所錫，以鎮國者也。爲盜所竊，當坐不謹，故絶，奪其爵。」解詁箋云：「魯郊非禮，辨已見前。詩云『奉璋』，當是周官『璋瓚』，尚書顧命所謂『秉璋以酢』者也。此盜竊寶玉，當是魯之命圭，失之，定公坐重，故爲微辭。傳順經諱文，別舉三物以實之爾。」按：三傳無以寶玉專指命圭者。公羊之義，命圭亦在其中，所以合信天子，交質諸侯。若以璋爲璋瓚，則宗廟之祭，臣子所執，傳無緣特舉之也。○注「不書」至「爲重」。○律所謂二罪俱發，以重者論也。陪臣執大夫，辱莫大焉，蓋定、哀之世，文致大平，故爲深諱辭與？○注「書大」至「辭也」。○舊疏云：「言大弓與龜皆可保用，所以龜得從寶省文，而

〔一〕「也」，原訛作「曰」，叢書本不誤，據改。

特書大弓不省文，使若都以國寶書，作微辭之義，何者？經言『盜竊寶玉大弓』，若似所謂寶玉即大弓，是言可世世傳保而金玉之然，故得爲微辭也。」按：大弓得爲寶玉者，明堂位云：「越棘、大弓，天子之戎器也。」與越棘並，故知亦國寶也。其爲微辭者，道大弓謂之寶，實爲喪其五玉，當坐絶也。

公羊義疏七十一

南菁書院　句容陳立卓人著

定九年盡十三年

○九年，春，王正月。

○夏，四月，戊申，鄭伯蠆卒。【疏】毛本脱「伯」字。包氏慎言云：「四月書戊申，据曆四月無戊申，三月之十二日也。下書『葬鄭獻公』，卒在四月，相距僅一月，經當以慢葬書日，而不日，恐經月有誤。」「蠆」，左氏作「蠆」。

○得寶玉大弓。

何以書？國寶也，喪之書，得之書。【注】微辭也。使若都以重國寶故書，不以罪定公者，其實失之，當坐；得之，當除。以竊寶不月，知得例不蒙上月〔一〕。【疏】注「微辭」至「故書」。○舊疏云：「寶玉、大弓者，乃是周公初封之時，受賜于周之物。而必藏之魯者，欲使世世子孫無忘於周，而定公失之，季氏奪之，皆當合絶。而上文直言『盜竊寶玉、大弓』，此文直云『得寶玉、大弓』，傳云『何以書？國寶也。喪之書，得之書』，不見貶之者，正言作微辭，使若都以重國寶之故而書之，文更無刺譏之義也。然則此言微辭者，仍與上文共爲一事。」通義云：「先王之賜，先君之世守。失之，足以爲辱；得之，足以爲重，故兩録之也。此陽虎歸之也，然可言爲盜所竊，不可言爲盜所歸，故但舉得之而已。莊子曰：『春秋以道名分。』」按：孔氏之義甚是，惟於何氏微辭意未合。○注「不以」至「當除」。○舊疏云：「上注云『無以合信天子，交質諸侯，當絶』，今知不復絶之者，以得之當除故也。杜氏云：『弓、玉，魯之分器，得之足以爲榮，失之足以爲辱，故重而書之。』義亦通於此。」○注「以竊」至「蒙上」。○校勘記出「知得例不蒙上」，云：「鄂本下有『月』字，諸本皆脱。疏云『不蒙上月』。」按：紹熙本有「月」字。上八年「冬」下無「月」，知書盜竊寶玉大弓不月，故此亦不蒙上四月文矣。穀梁傳：「惡得之？得之堤下。或曰陽虎以解衆也。」左傳：「陽虎歸寶玉大弓。」公羊不言得之故，故孔氏据左氏爲説。

○六月，葬鄭獻公。

〔一〕「月」字原脱，叢書本同，據公羊注疏校補。

○秋，齊侯、衛侯次于五氏。【注】欲伐魯也，善魯能却難早，故書次而去。【疏】杜云：「五氏，晉地。」大事表云：「亦曰寒氏。十年傳午以徒七十人門于衛西門。曰：『請報寒氏之役。』即此。今直隸廣平府邯鄲縣有五氏城。」一統志：「五氏城在廣平府邯鄲縣西。」按：何氏云「欲伐魯」，則五氏非晉地矣。

○注「欲伐」至「而去」。○舊疏云：「知欲伐魯者，正以直書其次，上下更無起文，乃與莊十年『夏，六月，齊師、宋師次于郎。公敗宋師于乘丘』之文同。故知正欲伐魯也。故彼傳云『其言次于郎何？伐也』，『我能敗之，故言次也』，是也。彼注云『此解本所以不言伐言次意也，二國纔止次，未成于伐，魯即能敗宋師，齊師罷而去，故不言伐言次也。明國君當强，折衝當遠，魯微弱，深見犯，至於近邑，賴能速勝之，故云爾』。所以强内者，是其書次云欲伐魯，善其却難早之文。」釋文作「卻難」，云：「亦作『却』。」解詁箋云：「文十年『楚子、蔡侯次于屈貉』，解詁『魯恐，故書，刺微弱也』。當爲一例。」劉氏蓋用杜氏説，以五氏爲晉地。然邯鄲去魯絶遠，魯何爲恐之，而書以刺微弱也？

○秦伯卒。

○冬，葬秦哀公。

○**十年，春，王三月，及齊平。**【注】月者，頰谷之會，齊侯欲執定公，故不易。【疏】注「月者」至「不易」。○正以平例時，下十一年「冬，及鄭平」是也。此月，故解之。齊侯欲執定公事詳下注。解詁箋云：「月者，魯盜在齊、晉，欲藉齊、晉以襄國，上齊、衛次五氏是也。魯汲汲與齊平，故不易。」按：不易，謂不佼易也。莊十三年：「冬，公會齊侯，盟于柯。」傳：「何以不日？易也。」注：「易，猶佼易也。相親信無後患之辭。」此下頰谷之會，齊侯欲執定公，故不爲易辭也。宣十五年：「夏，五月，宋人及楚人平。」注：「月者，專平不易。」昭七年：「春，王正月，暨齊平。」注：「月者，刺内暨暨也。」皆各有爲也。齊未與晉合，於魯盜在齊，晉無涉。

○**夏，公會齊侯于頰谷。**【疏】左氏作「夾谷」。杜云：「即祝其。」水經注淮水篇：「游水又北，逕祝其縣故城西，春秋經書『公會齊侯于夾谷』。左傳定十年『公及齊平，會于祝其』，實夾谷也。服虔曰：地二名。王莽更之曰猶亭。縣之東有夾口浦。」史記注引服又云：「東海祝其縣是也。」大事表云：「舊以濟南淄川縣西南三十里有夾山，上有夾谷，是爲定公會齊侯處。按，齊、魯兩君相會，不應去齊若此之近，在魯若此之遠。今泰安府萊蕪縣有夾谷峪，名勝志以爲萊兵劫魯侯處，庶幾近之。」顧氏炎武杜解補正云：「在今萊蕪縣。杜解及史記服虔注皆云在東海祝其縣，今淮安之贛榆，遠非也。水經注萊蕪縣曰：『城在萊蕪谷，當路險絶，兩山間道，由南北門。』舊説云：齊靈公滅萊，萊民播流此谷，邑落荒蕪，故曰萊蕪。禹貢所謂萊夷也。夾谷之會，齊侯使萊人以兵劫魯侯，宣尼稱夷不亂華，是也。是則會于此地，故得有萊人，非召之東萊千里之外也。」又日知録云：「金史，淄川有夾谷山。一統志：夾谷山在濟南淄川縣西南三十里，舊名祝其山。其陽，即齊、魯會盟之處。萌水發源於此。水經注，萌水出般陽縣西南甲山，是以甲山爲夾谷也。而萊蕪縣志又云：夾谷在縣南三十里，接新泰縣界，未知所据。然齊、魯之境，正在萊蕪東，至淄川則已入齊地百餘里。二説俱通。」沈氏欽韓云：「一統志：夾谷峪在泰安府萊蕪縣南三十里。又云：夾谷山在海州贛榆縣西四十里。」此本寰宇記。而以春秋之夾谷在海州者爲是。云：「祝其，漢縣，在贛榆縣西五十里之夾谷，宜在此地。按，齊、魯好會，宜就兩國竟上，胡爲遠至海濱？漢之祝其不必即傳之祝其。當從顧氏爲允。」按：顧氏之日知録尚未實指所在，杜解補正定在萊蕪，故沈氏依而用之。

○公至自頰谷。【注】上平爲頰谷之會不易，故月。致地者，頰谷之會，齊侯作侏儒之樂，欲以執定公。孔子曰：「匹夫而熒惑於諸侯者誅。」於是誅侏儒，首足異處。齊侯大懼，曲節從教，得意故致也。【疏】注「致地」至「致也」。○鄂本「誅侏儒」下疊「侏儒」二字，又「故致也」，鄂本作「故致地」。按：紹熙本與鄂本同，當從之。莊六年注云：「公與一國出會盟，得意致地。」此上平書月，爲頰谷之會不易，不得意可知，今而致地故云。○注〔一〕「頰谷之會」至「曲節從教」。舊疏云：「家語及晏子春秋文也。」穀梁傳：「頰谷之會，孔子相焉。兩君就壇，兩相相揖。齊人鼓譟而起，欲以執魯君。孔子歷階而上，不盡一等，而視歸乎

〔一〕「○注」原脱，據全書體例補。

齊侯，曰：『兩君合好，夷狄之民，何爲來爲？』命司馬止之。齊侯逡巡而謝曰：『寡人之過也。』退而屬其二三大夫曰：『夫人率其君與之行古人之道，二三子獨率我而〔一〕入夷狄之俗，何爲？』罷會。齊人使優施舞於魯君之幕下。孔子曰：『笑君者罪當死。』使司馬行法焉，首足異門而出。齊人來歸鄆、讙、龜陰之田者，蓋爲此也。」左傳：「犂彌言於齊侯曰：『孔丘知禮而無勇，若使萊人以兵劫魯侯，必得志焉。』齊侯從之。孔丘以公退，曰：『士兵之！兩君合好，而裔夷之俘以兵亂之，非齊君所以命諸侯也。裔不謀夏，夷不亂華，俘不干盟，兵不偪好，於神爲不祥，於德爲愆義，於人爲失禮，君必不然。』齊侯聞之，遽辟之。」史記齊世家：「與魯定公好會夾谷。犂鉏曰：『孔丘知禮而怯，請令萊人爲樂，因執魯君，可得志。』景公害孔丘相魯，懼其霸，故從犂鉏之計。方會，進萊樂，孔子歷階上，使有司執萊人斬之，以禮讓景公。景公慚，乃歸魯侵地，以謝。」孔子世家：「齊有司趨而進曰：『請奏宫中之樂。』景公曰：『諾。』優倡侏儒爲戲。孔子趨而進，歷階而登，不盡一等，曰：『匹夫而熒惑諸侯者罪當誅！請命有司！』有司加法焉，手足異處。景公懼而動，知義不若，歸而大恐。」新語五云：「魯定公之時，與齊侯會于夾谷。孔子行相事，兩君升壇，兩相處下，兩相欲揖，君臣之禮，濟濟備焉。齊人鼓譟而起，欲執魯公。孔子歷階而上，不盡一等而立，謂齊侯曰：『兩君合好，以禮相率，以樂相化。臣聞嘉樂不野合，犧象之薦不下堂。夷狄之民何來爲？』命司馬請止之。定公曰：『諾。』齊侯逡巡而避席曰：『寡人之過。』退而自責大夫。罷會。齊人使優旃儛于魯公

〔一〕「而」，原訛作「子」，據穀梁傳校改。

之幕下，傲戲，欲候魯君之隙，以執定公。孔子歎曰：『君辱臣當死。』使司馬行法斬焉，首足異門而出。」漢書陳湯傳：「車騎將軍許嘉、右將軍王商以爲，春秋夾谷之會，優施笑君，孔子誅之。」後漢書陳禪傳：「昔齊、魯爲夾谷之會。齊作侏儒之樂，仲尼誅之。」又張升傳：「昔仲尼暫相，誅齊之侏儒，手足異門而出，故能威震强國，反其侵地。」皆用公羊說。其穀梁、左傳、史記、新語與公羊詳略互見，蓋皆傳聞之異也。

○晉趙鞅帥師圍衛。

○齊人來歸運、讙、龜陰田。【疏】杜云：「三邑皆汶陽田。泰山博縣北有龜山。」大事表云：「博縣爲今之泰安府。龜山在新泰縣之西南，泗水縣之東北，與泰安府境相接。」一統志：「龜山在泰安府新泰縣西南四十里，山之南即兗州府泗水縣。」水經注汶水篇：「其水自谿而東，濬波注壑，東南流逕龜陰之田。龜山在博縣北十五里，昔夫子傷政道之陵遲，望山而懷操，故琴操有龜山操焉。山北即龜陰之田，春秋齊人來歸龜陰之田是也。」史記注引服虔云：「三田，汶陽田也。龜，山名。陰之田，得其田不得其山也。」漢書五行志引「來」作「倈」。地理志引「讙」作「鄻」。說文亦作「鄻」。歸者，復還所取之物之謂。禮記祭義云「子全而歸之」，孟子盡心云「久假而不歸」，皆歸還之義也。

齊人曷爲來歸運、讙、龜陰田？【注】据齊嘗取魯邑。【疏】注「据齊嘗取魯邑」。○舊疏云：「即宣元年『六月，齊人取濟西田』、哀八年『齊人取讙及僤』之文是也。」

孔子行乎季孫，三月不違，【注】孔子仕魯，政事行乎季孫，三月之中不見違，過是違之也。不言政行乎定公者，政在季氏之家。【疏】舊疏云：「孔子家語亦有此言。若以家語言之，孔子今年從邑宰爲司空，既爲大夫，故有行於季孫之義。」孔子世家：「定公以孔子爲中都宰，一年四方皆則之，由中都宰爲司空，由司空爲大司寇。」是也。○注「孔子」至「之也」。○左傳哀十四年傳：「且其違者，不過數人。」注：「違，不從也。」後漢書朱景等傳注：「違，失也。」廣雅釋詁：「違，偝也。」言無有偝失，故無不從也。○注「不言」至「之家」。○孟子萬章云：「於季桓子，見行可之仕也。」趙注：「行可，冀可行道也。魯卿季桓子秉國之政，孔子仕之，冀可得因之行道。」按：世家：季孫使人召孔子，欲往。子路不説，止孔子，然亦卒不行。是孔子未仕季氏。孟子所言，即謂仕於定公也，季氏執政，故曰於季桓子。故此傳曰「行乎季孫，三月不違」也。

齊人爲是來歸之。【注】齊侯自頰谷會歸，謂晏子曰：「寡人或過於魯侯，如之何？」晏子曰：「君子謝過以質，小人謝過以文。齊嘗侵魯四邑，請皆還之。」歸濟西田不言來，此其言來者，已絶，魯不應復得，故從外來常文，與齊人來歸衛寶同。夫子雖欲不受，定公貪而受之，此違之驗。【疏】注「齊侯」至「還之」。○舊疏云：「皆晏子春秋及家語、孔子世家之文。」校勘記出「或過」，云：「閩、監、毛本同，誤也。鄂本『或』作『獲』，當据正。穀梁注引作『獲』。」按：紹熙本亦作「獲」。世家云：「景公歸而大恐，告其羣臣曰：『魯以君子之道輔其君，而子獨以夷狄之道教寡人，使得罪於魯君，爲之奈何？』有司進對曰〔一〕：『君子有過則謝以質，小人有過則謝以文。君若悼之，則謝以質。』於是齊侯乃歸所侵魯之鄆、汶陽、龜陰之田以謝過。」穀梁敘此語在斬侏儒之前，不合。史記正義：「鄆，今鄆州鄆城縣，在兖州龔丘縣東北五十四里。故謝城在龔丘縣東七十里。齊歸侵魯龜陰之田以謝魯，魯築城於此，以旌孔子之功，因名謝城。」新語又云：「於是齊人懼然而恐，君臣易操，不安其故行，乃歸魯四邑之侵地，終無乘魯之心。」鹽鐵論備胡云：「孔子仕於魯，魯無敵國之難、鄰境之患。强臣變節而忠順，故季桓墮其都城。大國畏義而合好，齊人來歸鄆、讙、龜陰之田。故爲政而以德，非獨辟害折衝也，所欲不求而自得。」是也。舊疏云：「其四邑者，蓋運也、讙也、龜也、陰也。邑而言田者，桓元年傳云『田多邑少稱田』，然則此等皆是土地頃畝多，邑内人民少，故稱田。龜亦是邑，非山名，賈、服異。若欲同於賈、服，即云上二邑，邑内人民多，故舉邑名。龜陰言田者，龜是山名，直得田而不得邑，而言侵魯四邑，請皆歸之者，謂雖有此請，齊君不全許，是以但得三邑而已，蓋非何氏之意。」按：何注四邑蓋三邑之譌。運也，讙也，邑也；龜陰，田也。据左傳，皆在汶陽也。索隱引左傳「鄆、讙及龜陰〔二〕之田」，是鄆、讙與龜陰別。○注「歸濟」至「寶同」。○齊人來歸衛寶，見莊六年。按：宣十年「齊人歸我濟西田」，是不言來也。彼傳云：「齊已取之矣，其言我何？未絶乎我也。曷爲未

〔一〕「曰」，原訛作「田」，叢書本不誤，據改。
〔二〕「陰」字原脱，叢書本同，據史記校補。

絶乎我？齊已言取之矣，其實未之齊也。」注：「齊已言語許取之。其人民貢賦尚屬于魯，實未歸于齊。不言來者，明不從齊來，不當坐取邑。」是彼與魯未絶，故不言來，與此異也。舊疏云：「言魯不應復得之者，正以不能保守先君世邑而失之故也。」是也。○注「夫子」至「之驗」。○正以魯不應復得，故夫子不欲受也。舊疏云：「四邑屬齊年歲淹久，已絶於魯，魯不應得。頰谷之會，討殺侏儒，威劫齊侯，方始歸之。雖曰獲田，君子不貴也。」解詁箋云：「傳此注義例閎遠，得聖人之心矣。魯任用孔子，則聖化及天下，豈以區區反侵地爲得意？反侵地者，正齊人欲沮撓魯政，即歸女樂之幾，受女樂大惡，不可言也。而左氏、穀梁以反侵地爲聖功，陋矣！頰谷書致者，蓋齊以魯有聖人，有加禮焉故也。齊桓衣裳之會猶云朝服濟河，而無怵惕，曾以聖人相君，而置之危地，且效曹沫、屈建之詐，設兵刑以偪好哉！何君依違之辭去之，而義益長矣。」劉意以上注頰谷之會致地，此注及謝過一節須删去。按：孔子誅侏儒事，左、穀、史記、新序並載其事，則當時容或有之。孔子不必藉此威齊，而齊人之歸田，亦未嘗不因此，存之固無損聖德焉，聖人固不置君危地。而危阸之來，亦聖人所不能預禁，則有不如此而不可者。禮記儒行云：「鷙蟲攫搏不程勇者，引重鼎不程其力。」疏：「此喻艱難之事，言儒者見艱難之事，遇則行之，不豫度量也。」此實暴虎之事，而得爲儒者。孔子此言雖託儒爲事〔一〕，實自述也。若夾谷之會，孔子欲斬齊之侏儒是也。」舊

〔一〕「孔子此言雖託儒爲事」句原脱，叢書本同，據禮記正義校補。

疏云：「言此違之驗者，欲對上傳云〔一〕『孔子行乎季孫，三月不違』文也。」

○**叔孫州仇、仲孫何忌帥師圍郈。**【疏】齊乘云：「郈城在沂州東三十六里。」水經注：「無鹽縣之郈鄉城南，郈〔二〕昭伯之故邑。定十二年叔孫氏墮郈。今其城無南面。」一統志：「在東平州南四十里。」是也。通義云：「郈、費，皆内邑不聽者。」

○**秋，叔孫州仇、仲孫何忌帥師圍費。**【疏】校勘記云：「唐石經、諸本同。解云：左氏、穀梁費爲郈，公羊正本作費字，與二家異。賈氏不云公羊曰費者，蓋文不備，或所見異也。」春秋異文箋云：「謹案，左氏傳明云『秋，復圍郈』，穀梁亦作『郈』，自當以『郈』字爲正。且郈邑屬叔孫氏，故圍郈，叔孫爲主。費邑屬季氏，若有事於費，帥師者當爲季氏，不當獨任叔孫也。以是知公羊作費，或傳受之譌。」

○**宋樂世心出奔曹。**【疏】舊疏云：「『世』字亦有作『泄』字者，故賈氏言焉，左氏、穀梁作『大』字。」校

〔一〕「云」，原訛作「去」，叢書本不誤，據改。

〔二〕「城」下原脱一「南」字，「郈」下衍一「即」字，據水經注校改。

勘記云：「唐石經、諸本同。」按。禮記檀弓「泄柳」，唐石經作「世柳」。

○宋公子池出奔陳。【疏】釋文：「『池』，左氏作『地』。」校勘記云：「唐石經、諸本同。鄂本『奔』作『犇』。」按：「池」與「地」皆从也得聲，於古讀若它。莊子大宗師篇：「相造乎水者，穿池而養給。」釋文：「『池』，本亦作『地』。崔同。」顧氏炎武唐韻正云：五支：「池，古音駝。」六至：「地，古音沱。」「陳第曰〔一〕：『詩稱地在斯干韻裼，與今音同。及讀屈原橘頌以過韻，地讀平聲，正叶沱字。揚雄羽獵賦亦同此例。』按，斯干、九章以地瓦儀議罹爲韻〔二〕，而子裼二字可不入韻，不當以此證其爲今音也。」閩、監、毛本誤以釋文「池，左氏作地」爲注語。

○冬，齊侯、衛侯、鄭游速會于牽。【疏】左氏、穀梁「牽」作「安甫」。舊疏云：「賈氏不云公羊曰『牽』者，亦是文不備。穀梁經『甫』亦有作『浦』字者。」差繆略云：「安甫，公羊作牽父。」

〔一〕「陳第曰」以下數句，摘引自陳第毛詩古音考，但跳躍錯落不可解。原文如下：「地音沱。愚按：地，在斯干者韻裼，與今音同。再考說文：『地，萬物所陳列也，从土也聲。』也，古通沱，故池、馳、虵、沲皆讀沱。疑地亦此音。及讀屈原橘頌：『閟心自慎，不終失過兮。秉德無私，參天地兮。』過，讀平聲，與沱正叶。又揚雄羽獵賦亦同此例。」

〔二〕「爲韻」二字原脱，叢書本同，據唐韻正校補。

○叔孫州仇如齊。

○宋公之弟辰暨宋仲佗、石彄出奔陳。【注】復出宋者，惡仲佗悉欲帥國人去，故舉國言之。公子池、樂世心、石彄從之皆是也。辰言暨者，明仲佗强與俱出也。三大夫出不月者，舉國，危亦見矣。

【疏】左氏經脱下「宋」字。○注「復出」至「言之」。○舊疏云：「如此注者，正決昭二十年『宋華亥、向甯、華定出奔陳』，不重言宋向甯也。」左傳：「公子地出奔陳，公弗止。辰爲之請，弗聽。辰曰：『是我迂吾兄也。吾以國人出，君誰與處？』冬，母弟辰暨仲佗、石彄出奔陳。」則以欲帥國人出爲辰事，不可同於公羊也。○注「公子」至「是也」。○下十一年云：「宋公之弟辰及仲佗、石彄、公子池自陳入于蕭，以叛。」皆在惡之科也。又：「樂世心自曹入于蕭。」注：「不言叛者，從叛臣，叛可知。」○注「辰言」至「出也」。○隱元年傳：「暨，猶暨暨也。及，我欲之。暨，不得已也。」是則辰爲不得已從仲佗等出矣。舊疏云：「知非辰强之者，正以莊三十二年公子牙、昭元年招之屬，以其有罪，皆去弟以貶之，今不去弟，故知仲佗强之矣。」穀梁注云：「辰爲佗所强，故曰暨。」用何氏義。釋文「强」作「彊」。葉鈔本作「强」，是也。通義云：「佗、彄起意，而辰序上者，既加暨又序下，嫌辰全無罪矣。」義或然也。○注「三大」至「見矣」。○昭二十年：「冬，十月，宋華亥、向甯、華定出奔陳。」注：「月者，危三大夫同時出奔，將爲國家患，明當防之。」此亦三大夫出奔，不月，故解之。

○**十有一年，春，宋公之弟辰及仲佗、石彄、公子池自陳入于蕭，以叛。**【注】不復言宋仲佗者，本舉國已明矣。辰言及者，後汲汲，當坐重。【疏】注「不復」至「明矣」。○舊疏云：「謂〔一〕奔時舉言宋仲佗，是其率國人去已明矣，是以此經不復言宋也。」○注「辰言」至「坐重」。○隱元年傳：「及，猶汲汲。」又云：「及，我欲之。」明上奔爲不得已，故書暨。此叛爲辰汲汲，故變暨言及。舊疏云：「言當坐重者，惡其母弟之親而汲汲于叛，故當合坐，重於疏者。」通義云：「胡康侯曰：出奔陳則稱暨，入于蕭以叛則稱及。及，非不得已之辭，得已而不已者也。夫事君者，可貧、可賤、可殺，而不可使爲亂。今不得已而輕於去國，猶之可也。得已而不已而果於叛君，則無首從之别，其罪一施之。」

○**夏，四月。**

○**秋，宋樂世心自曹入于蕭。**【注】不言叛者，從叛臣，叛可知。【疏】注「不言」至「可知」。○決上宋公之弟辰以下自陳入于蕭以叛文也。

〔一〕「謂」，原訛作「以」，叢書本同，據公羊注疏校改。

○冬，及鄭平。【疏】鹽鐵論備胡云：「孔子仕于魯，前仕三月及齊平，後仕三月及鄭平。務以德安近而綏遠。當此之時，魯無敵國之難，鄰境之患。强臣變節而忠順，故季桓隳其都城。大國畏義而合好，齊人來歸鄆、讙、龜陰之田。」

○叔還如鄭莅盟。【疏】校勘記云：「閩、監、毛本同。唐石經、蜀大字本『涖〔一〕』作『莅』，鄂本作『涖〔二〕』。一从艸，一从水，此合併爲『涖〔三〕』，非。」通義云：「平六年侵鄭之怨也。既平之後，遂終春秋未嘗相犯。故特與莅盟，同爲大信辭。」

○十有二年，春，薛伯定卒。【注】不日月者，子無道，當廢之而以爲後，未至三年，失衆見弑，危社稷宗廟，禍端在定，故略之。【疏】注「不日」至「略之」。○釋文「弑」作「殺」，云：「音試。」所見世，小國卒例書日月，昭三十一年「夏，四月，丁巳，薛伯穀卒」之屬是也。今不日月，故解之。子未三年失衆見弑者，

〔一〕「涖」，原訛作「莅」，叢書本不誤，據改。
〔二〕「涖」，原訛作「莅」，叢書本不誤，據改。
〔三〕「涖」，原訛作「莅」，叢書本不誤，據改。

即下十三年「薛弑其君比」是也。知失衆者，以其稱國以弑故也。文〔一〕十八年：「莒弑其君庶其。」傳：「稱國以弑者，衆弑君之辭。」注：「一人弑君，國中人人盡喜，故舉國以明失衆，當坐絶也。例皆時者，略之也。」然則，此亦宜日月，而不日月，亦略辭也。校勘記云：「解云：『禍端在定』，亦有作『在是』者，今解從定。按，薛弑其君比，即在定十三年，則此作『定』，非也，定當從『是』。」今按：「禍端在定」，即謂禍端在定之當廢不廢也，不必改「是」字。

○夏，葬薛襄公。

○叔孫州仇帥師墮郈。【疏】穀梁傳：「墮猶取也。」注：「陪臣專强，違背公室，恃城爲固，是以叔孫墮其城，若新得之，故云墮。墮猶取也，墮非訓取，言今但毁其城，則郈永屬己，若更取邑於他然。」彼疏云：「何休難云：當言取，不言墮。實壞耳，無取於訓詁，鄭君如此釋之。」則范注皆鄭釋廢疾語，諸本脱去釋廢疾曰，皆誤作范注矣。劉氏逢禄難云：「夫子辨家邑之制，爲此墮也。若叔孫討陪臣，安得書於春秋？」是也。通義云：「啖助曰：毁，全除之；墮，但損之。」水經注汶水篇：「汶水自桃鄉四分，其左二水雙流，西南

〔一〕「文」，原訛作「又」，據公羊注疏校改。

至無鹽之郈鄉城南。郈，昭伯之故邑也，禍起鬭雞矣。春秋定十二年，叔孫氏墮郈。今其城無南面。」

○衛公孟彄帥師伐曹。

○季孫斯、仲孫何忌帥師墮費。

曷爲帥師墮郈，帥師墮費？【注】据城費。【疏】注「据城費」。○見襄七年。

孔子行乎季孫，三月不違。【疏】史記孔子世家：「定公十四年，孔子年五十六，由大司寇攝相事，誅魯大夫亂政者少正卯。與聞國政三月，粥羔豚者弗飾賈，男女行者別于塗，塗不拾遺，四方之客至乎邑者不求有司，皆予之以歸。」續漢五行志注引風俗通：「劭曰：孔子攝魯司寇，非常卿也。折僭濫溢之端，消纖介之漸，從政三月，惡人走境，邑門不闔，外收强齊侵地，内虧三桓之威。」是其事也。通義云：「再言三月不違者，前据爲中都宰時，此据爲司空時也。」舊疏云：「上十年傳云『孔子行乎季孫，三月不違』，以此言之，三月之外，違之明矣，故上有注云『定公貪而受之』，此違之驗。」「此傳復言之者，家語定十年時，孔子從邑宰爲司空，十一年又從司空爲司寇。則爲司空時，爲季孫所重，齊人遂懼，求歸四邑。及作司寇時，攝行相事，國無姦民，誅少正卯，政化大行，季孫重之，復不違三月，是以此〔一〕傳文言其事矣。」按：此三月，蓋猶論語雍也篇「回也，其心三月不違仁」之三月，言其久耳，不必僅三月不違也。

曰：「家不藏甲，【疏】禮記禮運云：「冕弁兵革藏于私家，非禮也，是爲脅君。」漢書毋將隆傳：「春秋之誼，家不藏甲，所以抑臣威，損私力也。」

邑無百雉之城。」【疏】禮記坊記云：「都城不過百雉。」注：「雉，度名也。高一丈長三丈爲雉。百雉爲長三百丈，方五百步。」

於是帥師墮郈，帥師墮費。【注】郈，叔孫氏所食邑。費，季氏所食邑。二大夫宰吏數叛，患之，以問孔子。孔子曰：「陪臣執國命，采長數叛者，坐邑有城池之固，家有甲兵之藏故也。」季氏說其言而墮之。故君子時然後言，人不厭其言。書者，善定公任大聖，復古制，弱臣勢也。不書去甲者，舉墮城爲重。

【疏】注「二大」至「患之」。○即上十年「叔孫州仇、仲孫何忌帥師圍郈」，「秋，叔孫州仇、仲孫何忌帥師圍費」，又昭十三年「叔弓帥師圍費」之屬是。按：左傳歷記南蒯、公山弗狃〔二〕等以費叛，侯犯以郈叛等事，明二邑大夫數叛，故患之也。○注「以問」至「墮之」。○舊疏云：「春秋說及史記皆有此言。」按：孔子世家云：「定公十三年夏，孔子言於定公曰：『臣無藏甲，大夫毋百雉之城。』使仲由爲季氏宰，將墮三都。於

〔一〕「此」，原訛作「作」，叢書本同，據公羊注疏校改。又，此段引文有所跳躍，撮引而已。

〔二〕「公山弗狃」，左傳作「公山不狃」，論語作「公山弗擾」。

是叔孫氏先墮郈。季氏將墮費，公山弗狃、叔孫輒率費人襲魯。入及公側，孔子命申句須、樂頎下伐之，費人北。國人追之，二子奔齊，遂墮費。」是其事也。○注「故君」至「其言」。○論語憲問篇文。○注「不書」至「爲重」。○舊疏云：「以傳云『家不藏甲，邑無百雉之城』，明其並從二事，而特舉墮城，不書去家之甲者，舉重故也。必知去甲亦合書者，正以成元年『三月，作丘甲』，書之於經，明知去甲亦合書矣。」

雉者何？五板而堵，【注】八尺曰板，堵凡四十尺。【疏】校勘記：「毛詩小雅鄭箋引而作爲，下而雉同。」○注「八尺」至「十尺」。○舊疏云：「八尺曰版者，韓詩外傳文。」校勘記云：「當作内傳。」傳注「版」作「板」，當從此。說文木部「栽」下段注云：「古築牆，先引繩營其廣輪方制之正，詩『其繩則直』是也。繩直則豎楨幹。題曰楨，植于兩頭之長杙也。旁曰幹，植于兩邊之長杙也。而後横施板于兩邊幹内，以繩束幹，實土築之。一板竣，則層纍而上，詩曰『縮版以載』。」是也。何注「八尺曰板，堵凡四十尺」，曰戴禮、韓詩也。鄭箋詩引此傳而釋之曰「雉長三丈」，則版六尺，自用其說也。

五堵而雉，【注】二百尺。【疏】校勘記云：「唐石經、諸本同。詩鴻雁正義引王愆期注〔一〕公羊云：『諸儒皆以爲雉長三丈，堵長一丈。』疑『五』誤，當爲『三』。」

百雉而城。【注】二萬尺，凡周十一里三十三步二尺，公侯之制也。禮，天子千雉，蓋受百雉之城十，伯

〔一〕「注」字原脱，叢書本同，據阮元校勘記校補。

七十雉，子男五十雉；天子周城，諸侯軒城。軒城者，缺南面以受過也。【疏】注「二萬」至「制也」。○舊疏云：「公侯方百雉，春秋説文也。古者六尺爲步，三百步爲里，計一里有千八百尺，十里即有萬八千尺，更以一里三十三步二尺爲二千尺，通前爲二萬尺也，故云二萬尺，凡周十一里三十三步二尺也。」按：坊記注以「長三丈爲雉，百雉爲長三百丈，方五百步。子男之城方五里。百雉者，此謂大都，三國之一」，與何注絶殊。然如鄭説，則百雉之城不及二里，未免過隘。左傳疏引異義：「戴禮及韓詩説：八尺爲板，五板爲堵，五堵爲雉。板廣二尺，積高五板爲一丈，五堵爲雉，雉長四丈。古周禮及左氏説：一丈爲板，板廣二尺，五板爲堵，一堵之牆長丈〔一〕高丈，三堵爲雉，一雉之牆長三丈高一丈。以度其長者用其長，以度其高者用其高也。」何説雉積與韓詩説合，雉此未及板之廣耳。毛詩疏引：「異義：周禮説：雉高一丈長三丈。韓詩説：八尺爲板，五板爲堵，五堵爲雉。鄭辨之云：左氏傳説鄭莊公弟段居京城，祭仲曰：『都城過百雉，國之害也。先王之制，大都不過參國之一，中五之一，小九之一。今京不度，非制也。』古之雉制，書傳各不得其詳。今以左氏説鄭伯之城，方五里，積千五百步也。大都三國之一，則五百步也。五百步爲百雉，則知雉五步，五步於度長三丈，則雉長三丈也。雉之度量於是定可知矣。」按：如左傳，則大都三國之一，即正得百雉，正合大夫之正。孔子何爲言邑無百雉之城，墮郈、墮費耶？如其合制，郈、費大夫有辭以對，聖人能違禮爲之耶？周禮典命注云：「公之城蓋方九里，侯伯之城蓋方七里，子男之城蓋方

〔一〕「丈」，原訛作「十」，據五經異義校改。

五里。」典命疏引：「書无逸傳曰：『古者，百里之國，九里之城。』玄或疑焉。周禮匠人：『營國方九里。』謂天子之城，今大國與之同，非也。然大國七里，次國五里，小國三里之城，爲近可也。或者天子實十二里之城，諸侯大國九里，次國七里，小國五里。如是，鄭自兩解不定。隱公元年，祭仲云『都城不過百雉，大都三之一』，是公七里，侯伯五里，子男三里矣。此賈、服、杜君等，與鄭一解也。鄭又云：『鄭伯之城方七里，大都三之一，方七百步，實過百雉矣。而云都城不過百雉，舉子男小國之大都，以駮京城之大，其實鄭之大都過百雉矣。』又据天子城十二里而言也。」按：鄭爲兩解者，以匠人營國方九里，据天子而言，則公宜七里，侯伯宜五里，子男宜三里。以典命國家宮室以命數爲節，則公九命當九里，侯伯七命當七里，子男五命當五里。詩大雅文王有聲箋云：「築城伊淢，適與城方十里等，小於天子，大於公侯也。」賈公彥云：「雖改殷制，仍服事殷，未敢十二里。則周之天子十二里，公宜九里，侯伯宜七里，子男宜五里。則匠人云九里，或据異代法，以其匠人有夏殷法故也。」按：此則鄭駮異義所主。所謂天子城九里，公七里，侯伯五里，子男三里，見坊記疏者也。通義云：「今按，此城每面五百丈，近三里之城。墨子曰『率萬家而城方三里』，若以六尺爲步，三百步爲里計之，三里之城，實周百有八雉，容舉成數也。周禮，城郭以命數爲節，公九里，侯伯七里，子男五里者，皆謂外城。孟子言『三里之城，七里之郭』，乃侯伯之正制。天子外城十有二里，而考工記云『匠人營國，方九里』者，以公之外城爲其中城也。左傳曰『先王之制，大都不過三國之一，中五之一，小九之一』。三里之城，其積九里；九里之城，其積八十一里，爲方九里者九。

七里〔一〕之城，其積四十九〔二〕里，爲方九里者五而强。五里之城，其積二十五里，爲方九里者三而弱。然則，都城百雉，於子男爲大都，於侯伯爲中都，於公爲小都。今三〔三〕家私邑悉如中都之制〔四〕，不利公室，故諷，使墮之。」按：舊疏云：「公侯方百雉，春秋説文。」疑何注二萬尺，脱「公侯方百雉」語，故舊疏如此也。所謂方者，不必如開方積數，故下注引：「禮，天子千雉，伯七十雉，子男五十雉。」無「方」字也。何注明云周十一里有奇，孔氏以每面五百丈，近三里之城計之，亦合其實。何氏之説不可通於周禮。何氏引禮説云「天子千雉」，則奚止十二里哉？孟子言「三里之城，七里之郭」，舉其邑之至小者而言。今縣城有周三里者矣，不必即指國都，亦不必泥方字立説，即匠人、典命亦不必强合孔氏。以典命所記爲外城，匠人所記爲内城，亦以意言耳。百雉之城，公侯之制，家邑不得同之。今三家私邑，僭擬國都，故孔子云然也。孔氏又云古周禮説三堵爲雉，與此傳不合，或當以五堵者度長，三堵者度高。若然，一堵之牆高丈長四丈，一雉之牆高三丈長二十丈，義亦可通。然周禮説與禮戴、詩韓、春秋公羊不必强爲合也。存之。〇注「禮天」至「十雉」。〇舊疏以「天子千雉」及「伯七十雉，子男五十雉」，皆春秋説文。按：何注引禮或逸禮，禮緯亦有是語，蓋受百雉之城十，何氏申春秋説文也。匠人疏引異義：「古周禮説：天子城高七雉，

〔一〕「七里」，原訛作「十里」，叢書本同，據公羊通義校改。
〔二〕「四十九」，原訛作「三十九」，叢書本同，據公羊通義校改。
〔三〕「三」，原訛作「云」，叢書本同，據公羊通義校改。
〔四〕「制」，原訛作「利」，據公羊通義校改。

隅高九雉。公之城高五雉，隅高七雉。侯伯之城高三雉，隅高五雉。都城之高，皆如子男之城高。」「蓋子男城亦與伯等，是以周禮説不云子男城及都城之高也。」何氏自論周城之數，與彼不同。○注「天子」至「軒城」。○舊疏云：「春秋説文。」太平御覽〔一〕引白虎通云：「天子曰崇〔二〕城，言崇高也。諸侯曰干城，言不敢自專禦於天子也。」干城，即軒城，音義通。軒城，闕一面，即不敢自專之義。○注「軒城」至「過也」。○説文𩫖部：「𩫏〔三〕，缺也。古者城闕其南方謂之𩫏。」段注云：「闕之義同缺。」引何氏公羊此注：「軒城者，闕南面以受過也。」按，毛詩出其東門傳：「闉，曲城也。闍，城臺也。」城門上有臺，謂之闍，周官匠人、詩静女所謂『城隅』也。」天子南城門有臺，故新序雜事五云「天子居闉闕之中」是也。闉，即宣十五年傳之「堙」。堙即包城臺言。韓詩外傳「司馬子反乘闉而窺宋城」，即堙也。亦即説文之「闉」：「闉，樓上户也。」闉在高處，可以眺望故也。鄭爲諸侯無南城門，其三面皆有城，城皆有臺，故子衿詩云「在城闕兮」是也。闕，即𩫏，隸變爲⿰享夬。三面有臺，南方獨無，故爲⿰享夬。軒懸之缺南方，故亦曰軒，猶泮水之缺北方，皆爲下乎天子也。毛詩之「闕」乃「⿰享夬」之叚借，非象魏之闕。陳氏奐詩毛傳疏引：「爾雅『觀謂之闕』、説文『闕，門觀』等語，釋之誤矣。毛詩傳曰：『乘城而見闕。』箋申之曰：『登高而見於城闕。』即謂城門之闕，非見觀闕之闕也。」南方亦有城垣，但無臺爾，不必如舊疏所云「不設射垣以備守也」。舊疏又云：「舊

〔一〕「太平御覽」，原誤記爲「初學記」，以下引文見於御覽，初學記無之，據改。
〔二〕「崇」，原訛作「嵩」，叢書本同，據太平御覽校改。
〔三〕「𩫏」，原訛作「𩫖」，叢書本同，據説文解字校改。

古城無如此者，蓋但孔子設法如是。」然至作舊疏時，未必春秋古城仍有存者。且後代小邑，亦有四門不全，其一面無城樓者，蓋即孰之遺象與？

○**秋，大雩。**【注】不能事事信用孔子，聖澤廢。【疏】注「不能」至「澤廢」。○舊疏云：「謂三月之後違之。」按：如受齊人所歸田，其一事也。

○**冬，十月，癸亥，公會晉侯盟于黄。**【疏】包氏慎言云：「十月書癸亥，据曆當爲九月之二十八日。時曆不閏六月，故十月有癸亥。下又書十一月丙寅朔，是當時於十一月後方置閏也。」左氏、穀梁作「齊侯」。春秋異文箋云：「公羊作『晉侯』，方音之譌。」校勘記云：「唐石經、諸本同，作『晉』，誤也。」宋張洽云：「『黄，齊地。公羊作晉侯，誤。』」按：古齊、晉多混，説詳昭十年「齊欒施來奔」下。

○**十有一月，丙寅，朔，日有食之。**【注】是後，薛弑其君比。晉荀寅、士吉射入于朝歌以叛。【疏】五行志：「劉歆以爲，十二月二日，楚、鄭分。」臧氏壽恭推是年正月庚午朔，大；二月庚子朔，小；三月己巳朔，大；四月乙亥朔，小；五月戊辰朔，大；六月丁卯朔，大；七月丁酉朔，小；八月丙寅朔，大；九月丙申朔，小；十月乙丑朔，二日，丙寅。○注「是後」至「以叛」。○薛弑君，在下十三年。冬，晉荀寅、士吉射叛，亦同時。舊疏云：「晉荀寅、士吉射叛，在弑君之前，而後言之者，正以弑君之變重，故先取以應之。」五行志下之下：「定十二年十一月丙寅朔，日有食之。董仲舒、劉向以爲，後晉三大夫以邑叛，薛弑其君，楚滅頓、胡，越敗吳，衛逐世子。」

○公至自黄。

○十有二月，公圍成。公至自圍成。【注】成，仲孫氏邑。圍成月又致者，天子不親征下土，諸侯不親征叛邑。公親圍成不能服，不能以一國爲家，甚危，若從他國來，故危録之。【疏】注「成，仲孫氏邑」。○説文邑部：「郕，魯孟氏〔一〕邑。」段注：「今春秋經傳皆作『成』。郕、成古今字也。左傳昭七年：『晉人來治杞田，季孫將以成與之。』杜云：『成，孟氏邑。』此年左傳云：『將墮成，公斂處父謂孟孫：墮成，齊人必至于北門。』注：『成在魯北境故。』按，孟氏邑之成，非姬姓郕國之郕也。隱五年『衛師入郕』，文十二年『郕伯來奔』，僖二十四年左傳『管、蔡、郕、霍，文之昭也』，各書皆从邑作『郕』。而許於郕下不云姬姓之國者，蓋許所据左氏郕、成字互易，不可以今所据繩許也。公羊郕國之字作『盛』，或『盛』爲姬姓國之正

〔一〕「魯孟氏」，原訛作「古氏」，叢書本同，據説文解字校改。

字，『郕』爲孟氏邑之正字也。古郕國在今兗州府，汶上縣北二十里有郕城，不在魯北竟〔一〕。」孟氏之城，地當近杞也。○注「圍成」至「叛邑」。○圍例時，宣十二年「春，楚子圍鄭」是也。此書月。又莊二十七年注云：「凡公出，在外致，在内不致。」此在内而致，故並須解之。舊疏云：「天子不親征下土者，即公羊説云一國叛，王自征之，若四國皆叛，安得四王而征也？是其義也。桓五年：『蔡人、衛人、陳人從王伐鄭。』傳云：『其言從王伐鄭何？從王正也。』彼注云：『美其得正義也。』故以從王征伐録之。然則，天子不親征下土，而美之者，直是美諸侯之得正，猶自不言桓王伐鄭之善。故彼注又云：『蓋起時天子微弱，諸侯背叛，莫肯從王者征伐，以善三國之君，獨能尊天子死節。稱人者，刺王者也。天下之君，海内之主，當秉綱撮要，而親自用兵，故見其微弱，僅能從微者，不能從諸侯也。』按：何氏彼注，即天子不親征下土之義也。王制云：『諸侯賜弓矢，然後征。』明諸侯有罪，天子當命方伯討之也。諸侯不親征叛邑者，舊疏云：『正以諸侯於天子，亦宜以國爲家，如天子之有天下也，而不能全服，親自征之，故爲非禮，爲春秋所刺也。』沈氏欽韓云：「書之者，所以恥公而惡夫方命者也。」校勘記出「下士」，云：「閩、監、毛本同。蜀大字本『士』作『土』，此本疏中引注亦作『土』，當据正。」○注「公親」至「録之」。○校勘記出「故危録之」，云：「蜀大字本、閩、監、毛本同。鄂本下有『矣』。」左傳載：「公歛處父又曰：『且成，孟氏之保障也；無成，是無孟氏也。子僞不知，我將弗墮。』十二月，公圍成，弗克。」是其不能服也。公親圍成而不克，恥甚。故

〔一〕「不在魯北竟」句原脱，叢書本同，據段玉裁説文解字注校補。

爲從他國來文，書月以危之。莊六年傳：「不得意致伐。」注：「公與一國及獨出用兵，得意不致，不得意致伐。」是也。穀梁傳：「何以致？危之也。何危爾？邊乎齊也。」侵伐人國，且不必皆危，僅邊齊，何危爾？通義引趙汸曰：「昭圍成不月，異在國也。」

○**十有三年，春，齊侯、衛侯次于垂瑕。**【疏】穀梁脱「衛侯」二字。左氏、穀梁「瑕」作「葭」。左傳：「實郥氏。」杜云：「高平鉅野縣西南有郥亭。」大事表云：「鉅野縣，今屬山東曹州府。」

○**夏，築蛇淵囿。**【疏】水經注汶水篇：「蛇水又西南，逕鑄城西，左傳所謂蛇淵囿也。」京相璠曰：「濟北有蛇丘城，城下有水，魯囿也。」大事表云：「蛇在今濟南府肥城縣南。」成十八年注云：「刺奢泰，妨民也。」

○**大蒐于比蒲。**【疏】桓六年注云：「五年大簡車徒，謂之大蒐。」又昭八年「蒐于紅」，傳：「蒐者何？簡車徒也。何以書？蓋以罕書也。」此蓋與彼同。釋文作「大廋」，云：「本又作『蒐』。」

○**衛公孟彄帥師伐曹。**

○**秋，晉趙鞅入于晉陽以叛。**【疏】大事表云：「即今太原府之太原縣，唐叔始封時故都也。」成王封叔虞于唐，在河、汾之東，方百里，古唐國。昭元年左傳〔一〕：「子産曰：昔高辛氏有二子，伯曰閼伯，季曰實沈，不相能，日尋干戈。帝遷實沈于大夏，主參，唐人是因。」「及成王滅唐而封太叔，故參爲晉星。」杜注：「大夏，晉陽也。」曰大夏，曰太原，曰大鹵，曰夏墟，曰唐，曰晉，曰鄂，左傳所稱凡七名，皆指晉陽一地。後爲趙氏食邑。古唐國在今縣治北，古晉陽城在縣治東北。包氏愼言云：「鞅意非叛，無君命而持兵向國，事同於叛，論罪當誅。」潛研堂答問云：「欒盈之入曲沃，趙鞅之入晉陽，書之以戒大都耦國之漸，人君不可專其私邑也。」穀梁傳：「以者，不以者也。叛，直叛也。」疏：「入者，内弗受也。以其無君命，於義不受。」是也。雖非實叛，未奉君命，擅据私邑，故書入，書以叛，罪之。

○冬，晉荀寅及士吉射入于朝歌以叛。【疏】襄二十三年左傳：「齊侯伐晉，取朝歌。」大事表云：「朝歌即今河南衛輝府淇縣，衛始封時故都，後入于晉。」孔疏：「衛爲狄所滅，東徙渡河，遷楚丘。」「河内殷虚，更屬于晉〔二〕。」左、穀無「及」字，此「及」，衍文也。釋文不言左、穀無「及」字，知陸所見本無矣。荀寅、士吉射位鈞罪等，非有首從，無爲言及也。通義云：「晉陽，趙氏之私邑。朝歌，寅、吉射之私邑也。」

〔一〕「左傳」原脱，叢書本同，下引文出自左傳，據補。
〔二〕「河内殷虚，更屬于晉」二句出自漢書地理志，原文爲：「齊桓公帥諸侯伐狄，而更封衛於河南曹、楚丘，是爲文公。而河内殷虚，更屬於晉。」此接續於詩疏之後，誤。

實自國出，居其私邑。而春秋不言出奔，反與彭城、曲沃同以入言之者，唯君有國，臣不專地，苟專私邑以叛，即與入公邑同誅。」

○晉趙鞅歸于晉。

此叛也，其言歸何？【注】据叛與出入惡同。【疏】注「据叛」至「惡同」。○桓十五年傳云：「歸者，出入無惡。」此上已書叛，明出入惡矣，今此反書歸，故難之。

以地正國也。【注】軍以井田立數，故言以地。【疏】舊疏云：「趙鞅以井田之兵逐君側之惡人，故云以地正國也。」穀梁傳：「此叛也，其以歸言之，何也？貴其以地反也。貴其以地反，則是大利也？非大利也，許悔過也。許悔過，則何以言叛也？以地正國也。」注：「地謂晉陽也。蓋以晉陽之兵，還正國也。」○注「軍以」至「以地」。○昭元年「有千乘之國」，注云：「十井爲一乘。」是也。按：十井八十家，賦長轂一乘。以魯頌及司馬法計之，每乘三十人也。

其以地正國奈何？晉趙鞅取晉陽之甲，以逐荀寅與士吉射。荀寅與士吉射者曷爲者也？君側之惡人也。此逐君側之惡人，曷爲以叛言之？無君命也。【注】無君命者，操兵鄉國，故初謂之叛，後知其意欲逐君側之惡人，故録其釋兵，書歸赦之，君子誅意不誅事。晉陽之甲者，趙簡子之邑，以邑中甲逐之。【疏】注「無君」至「誅事」。○哀三年疏引作「書歸而赦之」。穀梁注引：「凱曰：專入晉陽以興甲兵，故不得不言叛，實以驅惡而安君，則釋兵不得不言歸。春秋善惡必著之義。」舊疏云：「君子之人，探端知緒，但誅其意，若輕而難原，不誅其事，若重而可恕。以趙鞅意實非逆，但以持兵鄉國爲罪，是以春秋書歸以赦之，故曰誅意不誅事也。」後漢書董卓傳：「昔趙鞅興晉陽之甲，逐君側之惡人。」楊秉傳：「春秋趙鞅以晉陽之甲，逐君側之惡。傳曰：『除君之惡，唯力是視。』」皆取公羊爲説。通義云：「時荀寅、士吉射作亂，攻趙氏。趙鞅奔晉陽興師以拒二子。君爲之逐荀、士，而復鞅。其復有君命，故以歸言之。其出無君命，故以叛言之。然書歸者，非與使無惡也，所以起其叛，爲以地正國，明雖逐惡人，苟無君命，不免爲叛。鞅自以與寅、吉射情有曲直，而春秋之誅壹施之。此臣道之大防也。後世蕭、高、宇文之徒，猶託名清君側之惡爲義師者，唯春秋之教不明，而亂臣賊子不知所懼也。董仲舒曰：天子受命于天，諸侯受命于天子，子受命于父，臣妾受命于君，妻受命于夫。諸所受命者，其尊皆天也。天子不能奉天之命，則廢而稱公，王者之後是也。公侯不能奉天子之命，則名絶，而不得就位，衛侯朔是也。子不奉父命，則有伯討之罪，衛世子蒯聵是也。臣不奉君命，雖善，以叛言，晉趙鞅入于晉陽以叛是也。妾不奉君之命，則媵女先至者是也。妻不奉夫之命，則絶夫，不言及是也。」解詁箋云：「傳例，言復歸者，出惡歸無惡；歸者，出入無惡。趙鞅、荀寅、士吉射皆亂賊，故上『入邑』『以叛』同文。趙鞅挾君勢，惡尤甚，故變文以起之。曰歸者，著其以清君側爲名，書入則不能著，非爲善辭也。歸者，出入無惡，其出也，入邑以叛；其入也，必挾君以令，故反與以出入無惡之文，此變例中之正例，與趙盾復見同義。若欲赦之，則當以出惡歸無惡之文書復歸矣。」按：趙世家：「晉定公十四年，范、中行作亂。

明年春，簡子謂邯鄲大夫午曰：『歸我衛士五百家，吾將置之晉陽。』午許諾。歸而其父兄不聽，倍言。趙鞅捕午，囚之晉陽，乃告邯鄲人曰：『我私有誅午也，諸君欲誰立？』遂殺午。荀寅、范吉射與午善，謀作亂。十月，范、中行氏伐趙鞅，鞅奔晉陽，晉人圍之。十一月，荀櫟、韓不佞、魏哆奉公命以伐范、中行氏，不克。范、中行氏反伐公，公擊之，范、中行敗走，奔朝歌。韓、魏以趙氏爲請。十二月，趙鞅入絳，盟于公宮。孔子聞趙簡子不請晉君而執邯鄲午，保晉陽，故書春秋曰『趙鞅以晉陽畔』。」是亦以其無君命故也。又云：「定公十八年，簡子圍范、中行氏于朝歌。中行文子奔邯鄲。二十一年，簡子拔邯鄲，中行文子奔柏人。簡子又圍柏人，中行文子、范昭子遂奔齊。」按：史記所載本之左傳。以事而論，趙鞅與韓、魏相比，同以私怨逐荀、范。荀、范始亂，又有伐公之罪，故趙鞅雖惡，然其歸也有君命，明知晉君之命即韓、魏所挾之命。但既奉君命，春秋即以權屬君，故其不奉君命也，則曰叛；其奉君命也，則曰歸。尊君抑臣，尊綱紀於一綫而已。○注「晉陽」至「逐之」。○左傳注云：「晉陽，趙鞅邑。」按：趙衰始封于温，故文五年傳趙衰稱温季〔一〕。其封晉陽，不知何代。

○薛弒其君比。

〔一〕「趙衰始封于温，故文五年傳趙衰稱温季」之説有誤。成公十六年左傳：「温季其亡乎！」杜注：「温季，郤至。」

公羊義疏七十二

南菁書院　句容陳立卓人著

定十四年盡十五年

○十有四年，春，衛公叔戌來奔。【疏】禮記檀弓云：「公叔朮有同母異父之昆弟，死。」注：「朮，當爲朱。春秋作戌，衛公叔文子之子，定公十四年奔魯。」正義引世本云：「衛獻公生成子當，當生文子拔，拔生朱。」按：朮、朱、戌古音同部，得通也。

○晉趙陽出奔宋。【疏】校勘記云：「唐石經、鄂本、閩、監本同。毛本『陽』誤『鞅』，疏同。解云：穀梁與此同，左氏作衛趙陽〔一〕。」杜云：「陽，趙黶孫。」疏引世本云：「懿子兼生昭子舉，舉生趙陽。兼即黶也。」按：左傳以陽爲戌黨，證之世本，當從左氏作衛。此及穀梁蓋因上年冬有晉趙鞅入于晉陽以叛之

〔一〕「陽」下原衍「字也」二字，據阮元校勘記校删。

文，故誤衛爲晉，毛本又誤陽爲鞅。鞅已歸于晉，無復有奔宋事也。差繆略云：「『衛』，公羊作『晉』。」按：今公、穀並作「晉」。

○三月，辛巳。【疏】校勘記云：「閩、監、毛本同，誤也。左、穀皆作『二月』。唐石經原刻作『三月』，後磨改去上一畫。」經義述聞云：「『三』當爲『二』，左氏、穀梁並作『二』。据杜預長曆是年二月己未朔，辛巳二十三日也。若三月，則戊子朔，不得有辛巳矣。釋文但云『公子佗人，二傳作公孫佗人』，『牄，二傳作牂』，而不言『三月，二傳作二月』，則此傳亦作『二月』可知。唐石經始誤『二』爲『三』。」包氏慎言云：「二月書辛巳，月之二十三日。」

楚公子結、陳公子佗人帥師滅頓，以頓子牄歸。【注】不別以歸何國者，明楚、陳以滅人爲重，頓子以不死位爲重。【疏】左氏、穀梁作「公孫佗人」，唐石經「佗」字人旁磨改。「牄」，舊疏云：「左氏、穀梁皆作『頓子牂』字，賈氏不注，文不備。」按：牂、牄音近。說文羊部：「牂，从羊爿聲。」倉部：「牄，从倉爿聲。」皆从爿得聲也。鄂本「牄」誤「搶」，蜀大字本誤「愴」。○注「不別」至「爲重」。○舊疏云：「正以上四年『滅沈，以沈子嘉歸』、六年『以許男斯歸』之屬，其上文皆直一國大夫而已，是以其經言以歸，不暇分別。今此經上載二國，其下直言以歸而已，似非詳備之義，是以解之。明楚、陳以滅人爲重者，二國之卿，擅相滅獲，其過已深，假言歸楚，不足輕陳之罪；假言歸陳，不足減楚之惡故也。頓子以不死位爲重者，諸侯之禮，當合死位，頓子不死，其過已深，何假書言歸于某乎？故云頓子以不死位爲重也。」按：襄六年傳：「國滅君死之，正也。」故注云：「然不言所歸，略也。」

○**夏，衞北宫結來奔。**

○**五月，於越敗吴于醉李。**【注】月者，爲下卒出。【疏】釋文：「醉李，本又作『檇』。」漢書地理志「會稽郡」下「由拳」云：「故就李鄉，吴、越戰地。」應劭曰：「古之檇李也。」大事表云：「今嘉興府治嘉興縣南有醉李城。」句踐歸吴後，夫差增封其地至此。然則，與闔廬戰時，檇李猶爲吴地。杜氏通典：「吴國南百四十里，與越分境。吴伐越，越子禦之于檇李，則今嘉興府之地也。古檇李城在今浙江嘉興府嘉興縣南四十五里。」左氏、穀梁作「檇李」。杜云：「檇李，吴郡。嘉興縣南醉李城。」説文木部：「檇，以木有所擣也。春秋傳曰『越敗吴于檇李』。」史記吴世家：「越王句踐迎擊之檇李。」集解：「檇，音醉。」賈逵曰：「檇李，越地。」漢書地理志：「敗之雋李。」師古曰：「雋，音醉。」越絶書：「語兒鄉，故越界，名曰就李。吴彊越地以爲戰地，至于柴辟亭。」「句踐更就李爲語兒鄉。」沈氏欽韓謂：「就李即檇李也。」嘉興府志：「檇李城在秀水縣西南七十里。」按：就、檇、醉，皆方音之轉。○注「月者，爲下卒出」。○隱六年注：「戰例時，偏戰日，詐戰月。」此兩夷相敗，宜略於諸夏，不合月，今此書月，故云爲下卒出也。吴子光卒月者，襄十二年

「吴子乘卒」，注云「卒皆不日，吴遠於楚」是也。

○吴子光卒。【疏】越絶書吴内傳：「吴人敗于就李，吴之戰地，敗者，言越之伐吴，未戰，吴闔廬卒，敗而去也。卒者，闔廬死也。」左傳：「吴伐越，越子句踐禦之，陳于檇李。」「大敗之。靈姑浮以戈擊闔廬，闔廬傷將指，取其一屨。還，卒于陘，去檇李七里。」通義云：「趙汸曰：吴、楚之君雖卒於外，不地。」

○公會齊侯、衛侯于堅。【疏】釋文：「堅，本又作『掔』，音牽。左氏作『牽』。」按：穀梁亦作「牽」。易睽六四：「牽羊悔亡。」子夏傳「牽」作「掔」。是牽、堅、掔音義同。杜云：「魏郡黎陽縣東北有牽城。」大事表云：「路史：内黄西南三十里有故牽城。今在内黄之西南，濬縣之北，二縣本連壤。内黄今屬河南彰德府，濬縣屬衛輝府。」一統志：「牽城在衛輝府濬縣北十八里。」水經注淇水篇：「淇水東北，逕枉人山東，牽城西，春秋『公會齊侯、衛侯于牽』是也。」

○公至自會。

○秋，齊侯、宋公會于洮。【疏】馬氏宗槤左傳補注云：「酈元曰：『今甄城西南五十里有桃城，或謂之洮。』按，洮城，宋滅曹，爲宋地。」

○天王使石尚來歸脤。【疏】通義云：「黄道周曰：歸脤而不舉日月，何也？其來者遠矣。紀受者則不尊，紀賜者則不親，爲之紀時焉。」脤，説文作「祳」。鄭玄〔一〕注周禮地官掌蜃引作「蜃」。

石尚者何？天子之士也。【注】天子上士，以名氏通。【疏】注「天子」至「氏通」。○周禮大宗伯疏云：「石尚，天子之上士，故稱名氏。言來者，自外之辭。歸者，不反之稱。」舊疏云：「傳直言天子之士而知上士者，何氏以爲春秋之例，天子上士以名氏通，中士以官録，下士略稱人，今此經書其名氏，故知之。」穀梁傳：「其辭石尚，士也。何以知其士也？天子之大夫不名。」杜云：「石尚，天子之士。石，氏；尚，名。」釋例：「王之公卿皆書爵，大夫書字。元士、中士稱名，劉夏、石尚是也。下士稱人，『公會王人』是也。」舊疏云：「何氏意必知例然者，正以傳云『石尚者何？天子之士』，隱元年傳云：『宰者何？官也。咺者何？名也。曷爲以官氏？宰士也。』僖八年傳云：『王人者何？微者也。曷爲序乎諸侯之上？先王命也。』然則以此三處之傳言之，則知單名繼官，不以名氏通；單稱王人云者，不以名見。故隱元年注云：『天子之上士以名氏通，中士以官録，下士略稱人。』是也。」杜以上士、中士稱名，非。

〔一〕「鄭玄」，原訛作「鄭人」，叢書本避諱作「鄭元」，徑改。

脤者何？俎實也。【注】實，俎肉也。【疏】周禮掌蜃云：「祭祀，共蜃器之蜃。」注：「飾祭器之屬也。鬯人職曰：『凡四方山川用蜃器。』春秋定十四年秋，『天王使石尚來歸蜃』。蜃之器以蜃飾，因名焉。鄭司農云：『蜃可以白器，令色白。』」彼疏云：「注引左氏云『石尚來歸蜃』，公羊以爲宜社之肉，以蜃器而盛肉，故名肉爲蜃，是祭社之器爲蜃也。」按：周禮直云「蜃器之蜃」，不別宜社者爲蜃，故鄭氏總謂祭器，明社稷、宗廟、四望山川皆同，故引鬯人文爲證。蜃灰可以飾物，祭器皆用之，因謂祭器爲蜃也。而鄭氏注鬯人「凡山川四方用蜃」，則又云：「蜃，畫爲蜃形。蚌曰含漿，尊之象。」則又與地官注不同。蓋無正文，故説不定也。今三傳本皆作「脤」，公羊傳云「俎實」，穀梁傳亦云：「脤者何？俎實也，祭肉也。」何注云：「實，俎肉也。」則脤即俎中肉分賜臣下者，大行人「歸脤以交諸侯之福」是也。不云「宜社之肉」。周禮大宗伯疏引異義：「左氏説：脤，社祭之肉，盛之以蜃。」又成十三年左傳：「成子受脤于社。」注：「脤，宜社之肉。」則以爲宜社之肉者左氏説也。然彼傳因成子受脤于社，故云脤宜社之肉。因社肉亦謂之脤，非脤專爲宜社之肉也。○注「實，俎肉也」。○説文：「俎，禮俎也，从半肉在且上。」漢書項籍傳「乃爲高俎」注：「俎者，所以薦肉。」一切經音義引字書：「俎，肉几也。」士冠禮注：「煑於鑊曰亨，在鼎曰升，在俎曰載。」故謂實爲俎肉也。

腥曰脤，熟曰燔。【注】禮，諸侯朝天子，助祭於宗廟，然後受俎實。時魯不助祭而歸之，故書以譏之。【疏】周禮引異義：「左氏説：脤，社祭之肉，盛之以蜃。宗廟之肉名曰膰。」則以脤與膰分社廟之祭。

説文示部：「裖，社肉盛以蜃，故謂之脤。天子所以親遺同姓，春秋傳曰『石尚來歸脤』」。〔一〕説文多用古文春秋説也。又「鐇」下云：「宗廟火熟肉。春秋傳曰：『天子有事鐇焉，以饋同姓諸侯。』」周禮大宗伯：「以脤膰之禮，親兄弟之國。」鄭注：「脤膰，社稷宗廟之肉，以賜同姓之國，同福禄也。兄弟，有共先王者。」亦引是經，蓋亦用左氏義。穀梁傳與此同，則今文春秋説也。按：釋文：「燔，本亦作『膰』，又作『繙』。」唐石經、諸本同作「燔」。盧氏文弨考證云：「繙，疑鐇字之誤。説文火部：『燔，爇也。』詩小雅楚茨『或燔或炙』，箋云：『燔，燔肉也；炙，肝炙〔二〕也。』大雅生民云『載燔載烈』，傳：『傳火曰燔。』左傳僖二十四年『天子有事燔焉』，襄二十二年左傳『與執燔焉』，孟子告子『燔肉不至』，皆謂熟肉焉，似不必分別社、廟。亦謂之『胙』，僖九年『天子使宰孔賜齊侯胙』是也。」○注「禮諸」至「俎實」。○論語鄉黨云：「祭於公，不宿肉。」集解：「周曰：助祭於君，所得牲體，歸則班賜，不留神惠。」曲禮云：「凡祭于公者，必自徹其俎。」注：「臣不敢煩君使也。大夫以下，或使人歸之。」疏：「此謂士助君祭也。若大夫以上，則君使人歸之於俎〔三〕。」則彼注「以下」當作「以上」。是故史記孔子世家：「孔子曰：魯今且郊，如致膰乎大夫，則吾猶可以止。」明孔子大夫，故候君之頒致。後膰肉不至，故不脱冕而行也。然徹俎與歸俎不同，徹俎，謂當祭末徹俎時，尸與主人主婦俎有司徹之，臣得獻之俎自徹之，置堂下。祭畢後，士自持俎歸；大夫以上，

〔一〕該段引文中的兩个「脤」字，原文均作「裖」。二字同。説文無「脤」字。
〔二〕「炙」字原脱，叢書本同，據毛詩正義校補。
〔三〕「於俎」二字原脱，叢書本同，據禮記正義校補。

君使人歸之。曲禮所云乃助祭之臣，各獻俎肉，所謂賓俎，與君賜之胙同名脤膰也。故左傳昭十六年云「爲嗣大夫」，「喪祭有職，受脤歸脤」。受脤即受賜之肉，賓脤即賓俎也。彼大夫助祭諸侯之禮，雜記所謂「冕而祭於公」者，知諸侯助祭天子，亦有歸脤之事，詩大雅文王云「殷士膚敏，祼將于京」。厥作祼將，常服黼冔」是也。諸侯助祭事也，禮記祭統云：「俎者，所以明祭之必有惠也。」又曰：「俎者，所以明惠之必均也。」則異姓諸侯助祭亦必致膰，故孔子異姓大夫，有不宿肉之事。則古文家以脤燔專遺同姓之國，非也。故左傳有賜齊侯胙事。說文：「胙，祭福肉也。」又有宋，先代之後，於周爲客，天子有事燔焉之事，蓋二王後，及有功德者，亦得賜焉。○注「時魯」至「譏之」。○舊疏云：「正以魯無朝聘天子之處，而書歸脤以譏之。」按：如左傳所記，賜齊桓胙，及有事燔宋，則似天子賜脤，不專及助祭諸侯矣。然春秋書之不得無故，何云譏之，或春秋制與？穀梁以爲「久矣，周之不行禮于魯也！請行脤。貴復正也」，何氏所不取。

○衛世子蒯聵出奔宋。【注】主書者，子雖見逐，無去父之義。【疏】注「主書」至「之義」。○白虎通諫諍云：「子諫父，父不從，不得去者，父子一體而分，無相離之法，猶火去木而滅也。」明君臣以義，故得去。父子以恩，不得去也。舊疏云：「父子天倫，無相去之義。子若大爲惡逆，人倫之所不容，乃可竄之深宮，閽人固守；若小小無道，當安處之，隨宜罪譴，會其克改，甯有逐之佗國，爲宗廟羞？且子之事父，雖其見逐，止可起敬起孝，號泣而諫，諫若不入，悅則復諫，自不避殺，如舜與宜咎之徒，甯有去父之義乎？今大子以小小無道，衛侯惡而逐之，父無殺己之意，大子懟而去之，論其二三，上下俱失。衛侯逐子，非爲父之道。大子去父，失爲子之義。今主書此經者，一則譏衛侯之無恩，一則甚大子之不孝，故曰子雖見逐，無去父之義。若其父大爲無道，如獻公、幽王之類，若不迴避，必當殺己，如此之時，甯得陷父於惡？是以申生不去，失至孝之名；宜咎奔申，無刺譏之典。但衛侯爾時無殺子之意，是以蒯聵出奔，書氏譏之耳。」按：疏語甚通，惟責備申生太過。檀弓云：「天下豈有無父之國哉！」不得去之義明矣。孔子責曾子「小則受，大則走」，亦止謂暫避其怒耳。宜臼之事，書缺有間，不得据爲典要。

○**衛公孟彄出奔鄭。**

○**宋公之弟辰自蕭來奔。**【疏】上十年出奔陳，十一年入于蕭以叛，此乃自蕭來奔也。

○**大蒐于比蒲。**【注】譏亟也。【疏】注「譏亟也」。○舊疏云：「大蒐之禮，五年一爲。若數于此，則書而譏亟；若緩於此，則書而譏罕。上十三年夏已大蒐于比蒲，今始一年，復行此禮，故曰譏亟也。」

○**邾婁子來會公。**【注】書者，非邾婁子會人於都也。如入人都，當脩朝禮。古者諸侯將朝天子，必先會間隙之地，考德行，一刑法，講禮義，正文章，習事天子之儀，尊京師，重法度，恐過誤。言公者，不受于廟。【疏】注「書者」至「都也」。○舊疏云：「曲禮下云：『諸侯相見於隙〔一〕地曰會。』今乃會人于都，故書而非之。」通義云：「杜元凱以爲，會公于比蒲，是也。大蒐、大閱，公雖在不書，國内常禮，省文可知也。郎、部言公者，乃特譏也。」按：杜注亦以意言耳。○注「如入」至「朝禮」。○桓六年注：「諸侯相過，至竟必假塗，入都必朝。所以崇禮讓，絶慢易，戒不虞也。」是則凡入人都，皆當修朝禮矣。杜云：「會公于比蒲，而不用朝禮，故曰會。」按：若會于比蒲，儘可書地。不地，明在國内，故譏其不修朝禮也。若在外，何朝之有？若其行朝，則當如僖二十八年書「公朝于王所」之例矣。杜説恐未當。○注「古者」至「之地」。○曲禮下文。○注「考德」至「過誤」。○舊疏云：「謂考校其德行，齊一其刑法也。講禮義者，謂習其禮儀也。」王制云：「天子無事，與諸侯相見曰朝。考禮、正刑、一德，以尊於天子。」義亦通於此。○注「言公」至「于廟」。○隱七年：「齊侯使其弟年來聘。」注：「不言聘公者，禮，聘受之于大〔二〕廟。孝子謙，不敢以己當之，歸美於先君，且重賓也。」是則朝重於聘，更宜受之于廟矣。故隱十一年：「滕侯、薛侯來朝。」注：「不言朝公者，禮，朝受之于太廟。」是也。故莊二十三年：「公及齊侯遇于穀。蕭叔朝公。」傳云：「其言朝公何？公在外也。」彼注云：「時公受朝於外，故言朝公，惡公不受于廟。」是則朝聘皆當于廟也。今

〔一〕「隙」，原作「郤」，叢書本同。「郤」通「隙」，據公羊注疏校改。
〔二〕「大」字原脱，據公羊注疏校補。

此會在外，故言來會公，明不受之於廟也。

○**城莒父及霄。**【注】去冬者，是歲蓋孔子由大司寇攝相事，政化大行，粥羔豚者不飾，男女異路，道無拾遺。齊懼北面事魯，饋女樂以間之。定公聽季桓子受之，三日不朝。當坐淫，故貶之。歸女樂不書者，本以淫受之，故深諱其本，文三日不朝，孔子行。魯人皆知孔子所以去。附嫌近害，雖可書猶不書。或説無冬者，坐受女樂，令聖人去。冬，陰，臣之象也。【疏】杜云：「魯邑。」大事表云：「莒繫以父者，魯人語音，如梁父、亢父、單父是也。子夏爲莒父宰，即此。今爲沂州府莒州地，霄在今莒州竟。杜云：公叛晉助范氏，故懼而城二邑。」閻氏若璩四書釋地曰：「是時荀寅、士吉射據朝歌，晉人圍之。魯與齊、衛謀救之。朝歌在魯正西將八百里，則莒父屬魯之西鄙，子夏爲宰邑，去其家密邇。要亦約略言之耳。」一統志：「春秋時有三莒：一爲周境內邑，昭二十六年『陰忌奔莒』是也。一爲齊東境，昭三年『齊侯田于莒』、昭二十六年『陳桓子請老于莒』是也。一爲魯邑，定十四年『城莒父』是也。惟莒州爲莒國之莒。」與大事表同。山東通志謂：「莒始封在萊州府高密縣東南，乃莒子之都，而子夏所宰之莒父也。春秋時莒子遷於城陽，漢封劉章爲城陽王，置莒縣，即今青州府之莒州莒父之邑。蓋以莒子始封得名耳。」王氏鎏四書地理考云：「杜氏備晉之説，本屬臆度。高氏士奇曰：取地於莒遂謂之莒，如鄭取許田而謂之許，楚取沈邑而謂之沈，魯有薛地而謂之薛。然則，莒父或係莒地而魯取之，即以爲莒州之地在魯東南與莒接壤可也。」説文邑部有「⿰少阝」字：「地名，从邑少聲。」玉篇亦云：「魯地名。」古霄、⿰少阝聲同，但未知在今何地。

○注「去冬」至「不朝」。○史記孔子世家：「定公十四年，孔子由大司寇攝相事。齊人聞而懼，曰：『孔子爲政必霸，霸則吾地近焉，我爲之先并矣。盍致地焉？』犂鉏曰：『請先嘗沮之。沮之而不可則致地，庸遲乎！』於是選齊〔一〕國中女子好者八十人，皆衣文衣而舞康樂；文馬三十駟，遺魯君。陳女樂、文馬於魯城南高門外。季桓子微服往觀再三，將受，乃語魯君爲周道游，往觀終日，怠于政事。子路曰：『夫子可以行矣。』孔子曰：『魯今且郊，如致膰乎大夫，則吾猶可以止。』桓子卒受齊女樂，三日不聽政。郊又不致膰俎於大夫。孔子遂行。」此何氏所本。江氏永鄉黨圖考云：「世家歸女樂，去魯適衛，皆敘於定公十四年，非也。定十三年夏，有『築蛇淵囿』、『大蒐比蒲』，皆非時勞民之事。使夫子在位而聽其行之，則何以爲夫子？考十二諸侯年表及魯世家，皆於定十二年書女樂去魯事。年表及衛世家，皆於靈公三十八年書孔子來，禄之如魯。衛靈三十八，當魯定之十三。蓋女樂事在十二、十三冬春之間。去魯實在十三年春，魯郊當在春，故經不書。當以衛世家爲正。」按：孔子雖攝相事，而執政究係三家，如築囿、大蒐，雖曰勞民，尚於國政未爲大害。孔子必事諫阻，是孟子所謂「不可磯」也。不得據以證孔子世家非而年表、衛世家是也。韓非内儲説：「仲尼爲政于魯。齊景公患之〔二〕。黎且謂景公曰：『君何不迎之重禄高位，遺哀公女樂以驕縱其志？哀公新樂之，必怠于政，仲尼必諫，諫必輕絶於魯。』景公曰：『善。』乃令黎且

〔一〕「齊」字原脱，據史記校補。
〔二〕「之」字原脱，據韓非子校補。

以女樂二八〔一〕遺哀公。哀公樂之，果怠於政。仲尼諫不聽，去而之楚。」按：孔子爲政在定公時。黎且口中不得稱謚，當是「魯公」之誤。諫之不聽乃去，於聖人去父母邦之道尤爲周到。觀齊歸女樂，不敢直陳魯廷，或因孔子諫止之與？後漢書馮衍傳顯志賦曰：「誅犂鉏之介聖兮。」注：「介，間也。」韓子曰：「仲尼爲政於魯，道不拾遺。齊景公患之。犂鉏曰：『去仲尼猶吹毛耳。君何不遺魯公以女樂，以驕其志？魯君樂之，必怠於政，仲尼必諫，諫而不聽，必輕絶魯。』景公曰：『善。』乃令犂鉏以女樂遺魯公。樂之，公怠於政事。仲尼諫之，不聽，遂去之。」不言其何年也。舊疏云：「隱六年傳：『春秋編年，四時具，然後爲年。』今此無冬，四時不具，故解之。是歲蓋孔子由大司寇攝相事者，即家語始誅篇云『孔子爲魯大司寇，攝行相事，有喜色』是也。」「若以家語言之，則定九年始爲邑宰，十年爲司空，十一年爲大司寇，從大司寇攝行相事之時，年月不明，故此注云蓋也。云政化大行，粥羔豚者不飾，男女異路，道無拾遺者，皆家語相魯文也。」按：校勘記出「粥羔肫者不飾」，云：「此本及閩、監本疏中引注皆『肫』作『豚』。毛本始改爲『肫』，非。按，史記、家語皆作『羔豚』。」不飾者，舊疏引舊説云：「魯前之時，粥羔豚者，皆以彩物飾之，自孔子爲相，此事乃止，故曰粥羔豚者不飾也。」按：世家云：「與聞國政三月，粥羔豚者弗飾賈，男女行者別於塗，塗不拾遺，四方之客至乎邑者不求有司，皆予之以歸。」是也。「齊懼，北面事魯」，世家無文，或何以意增之。饋女樂以間之，論語微子作「歸女樂」，彼釋文：「歸，如字。鄭作饋。」後漢書蔡邕傳：「齊人歸

〔一〕「二八」，原訛作「六」，據韓非子校改。

樂，孔子斯征。」注引論語作「饋」。文選鄒陽上書注引論語亦作「饋」，並與何、鄭本同。漢書禮樂志云：「是時，周室大壞。桑間、濮上，鄭、衞、宋、趙之聲並出，内則致疾損壽，外則亂政傷民，巧僞因而飾之，以營亂富貴之耳目。庶人以求利，列國以相間。故秦穆遺戎而由余去，齊人餽〔一〕魯而孔子行。」顏注：「餽，亦饋字。」引論語作「餽」，疑亦饋字也。「季桓子受之，三日不朝」，論語亦有是語，注：「孔曰：桓子，季孫斯也。使定公受齊之女樂，君臣相與觀之，廢朝禮三日，孔子行。」是也。○注「當坐淫，故貶之」。○舊疏云：「推尋古禮，無女樂之文，魯人受之，故當坐淫泆之惡，去冬則見之。」按：桓六年「蔡人殺陳佗」，傳：「陳君則曷爲謂之陳佗？絶也。曷爲絶之？賤也。其賤奈何？外淫也。」是諸侯外淫者絶。受女樂差於外淫，故貶去冬也。冬者，四時之名也。春秋以天之端正王之政。王者不承天以制號令，則無法。今魯受女樂怠政事，故去冬，明不能承天成化也。春秋正辭云：「去冬何也？不終也。是年也，齊歸女樂，季孫受之，而孔子行，故曰不終。易曰『無喪無得』，其吾聖人與？『汔至亦未繘井，羸〔二〕其瓶，凶』。夫季桓子與？」通義云：「無〔三〕冬者，師説以爲齊人歸女樂之歲也，魯君臣受之，三日不朝，雖諱而削其事，事繫于冬，故去冬以起之。」史記曰：定公十四年，齊人遺魯君，陳〔四〕女樂、文馬。季桓子微服往觀再

〔一〕「餽」，原訛作「歸」，叢書本同，據漢書校改。
〔二〕「羸」，原訛作「嬴」，據周易正義校改。
〔三〕「無」，原作「去」，據公羊通義校改。
〔四〕「陳」字原脱，據史記校補。

三，將受。乃語魯君爲周道游，往觀終日，怠於政事。子路曰：『夫子可以行矣。』孔子曰：『魯今且郊，如致膰於大夫，則吾猶可以止。』」云「且郊者」，謂明年春當郊，實受女樂在是冬之證。○注「歸女」至「不書」。○校勘記出「故深諱其本文」，云：「閩、監、毛本同，誤也。鄂本、蜀大字本『文』作『又』，屬下讀，當据正。」按：此與莊二十三年書「公如齊觀社」同義，彼注云：「觀社者，觀祭社。諱淫言觀社者，與親納幣同義。」蓋淫，大惡，不可言，故諱以觀社。小惡書，此亦諱淫，故去冬以起。劉氏逢禄論語述何云：「解齊人歸女樂章云：定公十四年，齊人歸女樂，春秋不書者，内大惡諱。定、哀多微詞也，故唯去冬，以明聖功之不終也。」是也。舊疏云「附嫌近害，雖可書猶不書」者，正以其獲麟之後，得端門之命，而制春秋，乃自因之。即云已之本出由饋女樂之故，魯國之人悉知所由，若其書之，即是附於嫌疑，近於禍患。是以雖非國家之諱，依例可書于經，孔子亦不書之，故曰「附嫌近害，雖可書猶不書」，何意以魯受女樂，雖不爲諱亦不書，爲其附嫌近害，非謂受女樂可不諱也。○注「或説」至「象也」。○舊疏云：「孔子自書春秋而貶去冬，失謙遜之心，違辟害之義，蓋不修春秋已無『冬』字，孔子因之，遂存不改，以爲王者之法，宜用聖臣，故曰『如有用我者，朞月則可，三年乃有成』是也。又春秋之説，口授相傳，達於漢時，乃著竹帛，去一冬字，何傷之有？」按：或説恐未然。時季孫當國，史臣載筆，未必顯著國惡，直如南、董。舊疏「春秋之説」下似是駁或説也。蓋去冬之屬，孔子作春秋新義，未必不修春秋已有此例。毛本「令」誤「今」。

○十有五年，春，王正月，邾婁子來朝。【疏】通義云：「月者，爲下録郊牛之變。」是也。正以朝例時故也。

○鼷鼠食郊牛，牛死，改卜牛。

曷爲不言其所食？【注】据食角。【疏】注「据食角」。○即成七年「春，王正月，鼷鼠食郊牛角，改卜牛。鼷鼠又食其角，乃免牛」是也。

漫也。【注】漫者，偏食其身，災不敬也。不舉牛死爲重，復舉食者，内災甚矣，録内不言火是也。【疏】校勘記云：「鄂本、閩、監、毛本同。唐石經、元本『漫』作『曼』。按，釋文作『漫』也。」○注「漫者，偏食其身」。○列子黄帝篇「漫言曰」，釋文：「漫，散也。」文選甘泉賦「指東西之漫漫」，注：「漫漫，無厓際之貌也。」漢書揚雄傳「爲其泰曼漶而不可知」，注：「曼漶，不分别貌。」牛身偏爲鼠傷，散漫無際，故曰漫也。俞氏樾公羊平議云：「漫即曼字。唐石經、元本作『曼』是也。説文又部：『曼，引也。』漢書禮樂志『世曼壽』，師古注：『曼，延也。』是曼有延及之義，故曰曼衍，莊子齊物論『因之以曼衍』是也。亦曰曼羨，文選封禪文『汾澔曼羨』是也。古字本止作曼，以水言之則从水作漫，猶以艸言之則從艸作蔓也。詩野有蔓草傳：『蔓，延也。』此經不言所食者，蓋初食雖止一處，而其傷蔓延，不能知其初食之處，故曰曼也。何氏謂偏食其身，於義尚未盡得。揚雄傳『爲其泰曼漶而不可知』，即此曼字之義。」按：何云偏食其身，即包有曼延之義。因傳文作漫，是漫散意，當是其身偏食之象。○注「災不敬也」。○穀梁傳：「不敬莫大焉。」注：「定公不敬最大，故天災最甚。」疏：「今牛體偏食，不敬之罪大也。」五行志中之上：「定公十五年正月，鼷鼠食郊牛，牛死。劉向以爲，定公知季氏逐昭公，辠惡如彼。親用孔子爲夾谷之會。齊人倈歸鄆、讙、龜陰之田。聖德如此，反用季桓子，淫於女樂，而退孔子，無道甚矣。詩曰：『人而亡儀，不死何爲！』是歲五月，定公薨，牛死之應也。京房易傳曰：『子不子，鼠食其郊牛。』」經義雜記云：「禮記：『牛曰一元大武。』説文『牛，大牲也』，故牛死爲定公薨之象，以示不能誅賊臣而用聖人也。」○注「不舉」至「甚矣」。○舊疏云：「春秋之義，悉皆舉重，食死並書，故解之。食在死前，而言復者，以食輕於死，故對重以爲復矣。」所以爲内災甚之也。○注「録内」至「是也」。○即襄九年「春，宋火」，傳云：「大者曰災，小者曰火。然則内何以不言火？内不言火者，甚之也。」注：「春秋以内爲天下法，動作當先自克責，故小有火如大有災也。」此牛死復舉食以甚之，猶彼義也。

○二月，辛丑，楚子滅胡，以胡子豹歸。【疏】包氏慎言云：「二月書辛丑，月之十九日。」上四年「滅沈」，注云：「定、哀滅例日。定公承黜君之後，有强臣之仇，故有滅則危懼之，爲定公戒也。」僖二十六年「秋，楚人滅隗」，注：「不月者，略夷狄滅微國也。」昭三十年「冬，十二月，吴滅徐」，注：「至此乃月者，所見世，始録夷狄滅小國也。」此亦所見世，夷狄滅小國而書日者，從滅沈例也。

○夏，五月，辛亥，郊。【疏】包氏慎言云：「五月書辛亥，月之朔日。」

曷爲以夏五月郊？【注】据魯郊正當卜春三正也，又養牲不過三月。【疏】注「据魯」至「正也」。○成十七年傳：「郊用正月上辛。」注：「魯郊轉卜春三月，言正月者，因見百王正所當用也。」僖三十一年注云：「魯郊非正，故卜〔一〕三卜，吉則用之，不吉則免牲者。」是其魯郊轉卜春三正義也。舊疏云：「何氏必知然者，正以哀元年穀梁傳云『郊自正月至于三月，郊之，時；夏四月郊，不時；五月郊，不時』之文也。」○注「養牲不過三月」。○宣三年〔二〕傳：「帝牲在于滌三月。」注：「滌，宫名，養帝牲三牢之處也。謂之滌者，取其蕩滌潔清。三牢者各主一月，取三月一時，足以充其天牲。」禮記祭義亦云：「帝牛必在滌三月，稷牛唯具，所以别事天神與人鬼也。」正月郊牛死，應即復養帝牛。五月郊，已過三月限矣。

三卜之運也。【注】運，轉也。已卜春三正不吉，復轉卜夏三月，周五月，得二吉，故五月郊也。易曰：「再，三，瀆。瀆則不告。」不得其事，雖吉猶不當爲也。不舉卜者，從可知。【疏】注「已卜」至「郊也」。○舊疏云：「猶言轉卜夏之正也。」「必知得吉者，正以經有郊文故也。若其不吉，宜言乃免牲，或言乃免牛，乃不郊矣。知其二吉者，以僖三十一年傳：『三卜，禮也。三卜何以禮？求吉之道，三。』彼注云：『三卜，吉凶必有相奇者，可以決疑，故求吉必三卜也。』是其得二吉，乃可爲事之義。今此五月而郊，故知得二吉

〔一〕「卜」，原訛作「上」，據公羊注疏校改。
〔二〕「三年」，原誤記爲「二年」，據公羊注疏校改。

也。」胡氏匡衷儀禮釋官云：「卜筮，古者貴賤並用三兆三易。洪範：『立時人，作卜筮，三人占，則從二人之言。』鄭注：『卜筮各三人。』大卜『掌三兆、三易』，是鄭意卜則掌三兆者各一人，筮則掌三易者各一人，故金縢『乃卜三龜』，士喪禮『占者三人』，注以爲『掌玉兆、瓦兆、原兆』者是也。」按：太卜注：「子春云：『玉𠦝，帝顓頊之𠦝。瓦𠦝，帝堯之𠦝。原𠦝，有周之𠦝。』此三卜也。太卜又云：『掌三易之法：一曰連山，二曰歸藏，三曰周易。』蓋或卜或筮，得一卦，三人共占之，其從多者爲吉，所謂二吉也。」通義云：「魯郊本以十月上甲繫牲，十二月下辛卜日。今爲改卜牛，故正月始繫牲，更以三月下辛卜，四月上辛不從，又以四月下辛卜，五月上辛得吉卜乃郊也。然失稷牲唯具之正。」哀元年穀梁傳曰：「自正月至于三月，郊之時也。夏四月郊，不時也。五月郊，不時也。夏之始可以承春，以秋之末承春之始，蓋不可矣。」注：「凱曰：不時之中，有差劇也。夏始承春，方秋之末，猶爲可也。」意以郊在四月、五月，是以夏始承春，比之秋九月郊猶爲可也。又曰：「郊三卜，禮也；四卜，非禮也；五卜，强也。」注：「以十二月下辛卜正月上辛；如不從，則以正月下辛卜二月上辛；如不從，則以二月下辛卜三月上辛，所謂三卜也。鄭嗣曰：『謂卜一辛而三也。求吉之道三，故曰禮也。』」按：「四卜」，見僖三十一年、襄十一年。「五卜」，見成十年。此亦五月，而非五卜。彼不易牲，此因牛死。至三月末始卜四月上辛，不吉；又於四月末卜五月上辛，得吉，始郊故也。○注「易曰」至「爲也」。○易蒙彖傳文。舊疏引鄭注云：「弟子初問則告之以事義，不思其三隅相況以反解而筮者，此勤師而功寡，學者之災也。瀆筮則不復告，欲令思而得之，亦所以利義而幹事。」是也。按：四卜，五卜，皆再三，瀆也，故二傳皆云「非禮」。舊疏云：「引之者，欲道魯人瀆卜，故五月非郊之月而得吉，非是龜靈厭之，不復告其所圖之吉凶故也。卦象之義，乃弟子請問師之事義，故言筮以況之。今此乃卜也，而引者，龜筮道同，亦何傷乎？不得其事者，謂不得其事之宜，即五月郊天是也。雖吉猶不當爲者，謂吉凶會以事之善惡爲本，郊非其月，雖吉亦不得爲。何者？正以靈龜厭之，不復告其吉凶故也。」義或然也。○注「不舉」至「可知」。○舊疏云：「正以僖三十一年『夏，四月，四卜郊，不從』云云，舉卜。今此直言五月辛亥郊，不舉卜者，正以言郊則知卜吉明矣，故曰從可知。」

○壬申，公薨于高寢。【疏】包氏慎言云：「五月書壬申，月之二十二日。」杜云：「高寢，宮名。不於路寢，失其所。」胡氏培翬燕寢考云：「左傳魯有楚宮、晉有固宮，皆是隨意所欲爲之，不在燕寢之數。魯之高寢當亦似此。」按：說苑修文云：「春秋曰：『壬申，公薨于高寢。』傳曰：『高寢者何？正寢也。曷爲或曰高寢，或言路寢？曰：諸侯正寢三：一曰高寢，二曰左路寢，三曰右路寢。高寢者，始封君之寢也。二曰路寢者，繼體之君寢也。其二何？曰：子不居父之寢，故二寢。繼體君世世不可居高祖之寢，故有高寢，名曰高也。路寢其立奈何？高寢立中，路寢左右。』然則，天子之寢奈何？曰：亦三承明繼體守文之君之寢，曰左右之路寢。謂之承明何？曰：承明堂之後者也。故天子諸侯三寢立而名實正，父子之義章，尊卑之事別，小大之德異矣。」穀梁傳曰：「非正也。」公羊、左氏無傳。何氏莊三十二年注云：「天子、諸侯皆三寢：一曰高寢，二曰路寢，三曰小寢。父居高寢，子居路寢。」與劉子政義大同。

○鄭軒達帥師伐宋。【疏】釋文：「軒達，左氏作『罕達』。」

○齊侯、衛侯次于籧篨。【疏】舊疏云：「左氏作『籧拏』字，賈氏無説，文不備也。」校勘記云：「唐石經、閩本同。監、毛本『籧』誤『蘧』，疏同。盧文弨曰：左氏經作『渠篨』，傳作『籧拏』。」按：籧、蘧、渠，篨、拏，音義皆通。左氏成八年傳：「與渠丘公立於池上。」注：「渠丘，邑名。莒縣有蘧里。」困學紀聞云：「崔駰七依云『夏屋渠渠』，文選注引七依作『蘧蘧』可證。」范云：「地也。」差繆略云：「左氏作『籧』。」按：唐石經左氏、穀梁並作「渠篨」，石經公羊作「籧篨」也。舊疏云：「上九年『齊侯、衛侯次于五氏』，注云：『欲伐魯也。善魯能卻難早，故書次而去。』然則，今此亦然，故省文不注。而賈氏云『欲救宋，善恤鄰也』者，蓋與何氏異。或者九年之次，以其無起文，故解爲欲伐魯。今此上有軒達伐宋之文，下即云『齊侯、衛侯次于籧篨』，此則知欲救宋明矣。不注之者，從可知省文。」按：何氏之意未必與賈氏同。

○邾婁子來奔喪。

其言來奔喪何？【注】据會葬以禮書，歸含且賵不言來。【疏】注「据會葬以禮書」。○文元年：「天王使叔服來會葬。」傳：「其言來會葬何？會葬，禮也。」○注「歸含」至「言來」。○文五年「王使榮叔歸含且賵」是也。

有服者奔喪，無服者會葬。鄀婁與魯無服，故以非禮書。禮有不弔者三：兵死，壓死，溺死。禮，天子崩，諸侯奔喪會葬；諸侯薨，「諸侯奔喪，非禮。」不别同姓異姓，與何氏異。○注「但解」至「施也」。○隱元年傳：「其言來何？不及事也。」明彼言來者，有刺譏，此自如常文言來，非爲早晚施，但解奔喪非禮，雖及事，亦非禮也。釋名釋姿容云：「奔，變也。有急變奔赴之也。」穀梁傳：「喪急，故以奔言之。」○注「禮天」至「禮書」。○禮記疏引異義：「公羊說：諸侯之喪，遣大夫弔，君會其葬。左氏說：諸侯之喪，士弔，大夫會葬。文、襄之伯，令大夫弔，卿共葬事。謹案，周禮諸侯無會葬事，知不相會葬，從左氏義。」鄭駮無考。然當周初千八百國，若皆會葬，列土封疆，輕棄所守，似非蕃屏之義。蓋同姓同盟者有會葬禮，故左傳隱元年「衛侯來會葬」無譏文。彼傳又云：「諸侯五月而葬，同盟至。」是也。通義云：「會葬亦當遣大夫而已。異義曰：『公羊說：同盟諸侯薨，君會葬；其夫人薨，君又會葬。是其不遑國政，而常在路也。』」按：同盟諸侯不得過多，何至不遑國政而常在路？奔喪，專指有服者言，則奔喪之國亦僅矣。無服者會葬，亦必同姓之國也。鄀婁與魯既非同姓，又非甥舅姻亞，是無服也，故以非禮書。○注「禮有」至「溺死」。○舊疏云：「春秋説文。」釋文「『壓死』作『厭死』，於甲反。」禮記檀弓云：「死而不弔者三：畏、厭、溺。」鄭注：「畏者，人或以非罪攻己，己不能有以説之死之者，孔子畏於匡是。厭者，行止危險之下。溺者，不乘橋船。」通典引盧植注云：「畏者，兵刃所殺也。」又引王肅聖證論：「以犯法獄死謂之畏。」臧氏琳經義雜記云：「若如所難，則肅謂犯法獄死謂之畏。古不有非其罪，而在縲絏之中者乎？欲異乎鄭，實乖舊義。」按：畏死之説，盧、王二注均勝鄭義。三者皆謂死於非命者。孟子盡心云：「莫非命也，順受其正。是故知命者不立乎巖牆之下。盡其道而死者，正命也。桎梏死者，非正命也。」王氏原謂犯法獄死者，若其非罪而在縲絏，則不爲犯法矣。盧氏所云，則祭義所謂「戰陳無勇，非孝也」，故皆非正命也。白虎通喪服云：「有不吊三何？爲人臣子，常懷恐懼，深思遠慮，志在全身。今乃畏、厭、溺死，用爲不義，故不吊也。檀弓曰：『不吊三：畏、厭、溺也。畏者，兵死也。』禮曾子問曰：『大辱加于身，支體毀傷，即君不臣，士不交〔一〕，祭不得爲昭穆之尸，食不得居昭穆之牲〔二〕，死不得葬昭穆之域也。』」是也。喪服殤小功章：「大夫、公之昆弟、大夫之子爲其昆弟、庶子、姑姊妹女子子之長殤。」通典引馬注云：「大夫無昆弟之殤，此言殤者，關有罪若畏厭溺，當殤服之。」又緦麻章：「夫之姑姊妹之長殤。」通典引馬注云：「禮三十乃娶，而夫之姊殤者，關有畏厭溺者。」然則，此三者不吊，故服亦降於成人矣。檀弓疏云：「除此三事之外，其有死不得禮亦不吊。故昭二十年，孟縶被殺而死，宗魯亦死之。孔子弟子琴張欲往吊之，孔子止之曰：『齊豹之盜，而孟縶之賊，女何吊焉？』杜預云：『言齊豹所以爲盜，孟縶所以見賊，皆由宗魯。』是失禮者，亦不吊也。」夫兵死溺死，果其身殉君父，損軀成仁，亦能不吊乎？又不可概論矣。舊疏云：「邾婁子來奔喪，魯人無此三事，而引之者，以明不吊之類，非謂禮實同也。」按：何氏因論奔喪會葬，廣論吊禮爾。

〔一〕「交」，原訛作「官」，叢書本同，據白虎通校改。
〔二〕「牲」，原訛作「位」，叢書本同，據白虎通校改。

○**秋，七月，壬申，姒氏卒。**【疏】包氏慎言云：「七月書壬申，月之二十三日。」姒氏，穀梁作「弋氏」。

姒氏者何？哀公之母也。【注】姒氏，杞女。哀公者，即鄭公之妾子。【疏】注「姒氏」至「妾子」。○校勘記出「鄭公」，云：「諸本同，誤也。鄂本作『定公』，當據正。」按：紹熙本亦作定公。姒氏，杞女者，以杞爲夏後姒姓也。不稱夫人，知其爲妾。穀梁傳：「妾辭也。哀公之母也。」

何以不稱夫人？【注】据母以子貴。【疏】注「据母以子貴」。○隱元年傳文也。彼注云：「禮，妾子立，則母得爲夫人，夫人〔一〕成風是也。」按：襄公母定弋、昭公母齊歸，皆妾子爲君稱夫人者也，故据以難。

哀未君也。【注】未踰年不稱公。【疏】注「未踰年不稱公」。○文九年傳：「以諸侯之踰年即位，亦知天子之踰年即位也。以天子三年然後稱王，亦知諸侯於其封内三年稱子也。踰年稱公矣，則曷爲於其封内三年稱子？緣民臣之心，不可一日無君；緣終始之義，一年不二君，不可曠年無君。」注：「君薨稱子某，既葬稱子，踰年稱公。」是未踰年不稱公也。踰年稱公，亦係臣子之稱，故其生母即尊稱夫人，而諸侯自稱猶稱子也。通義云：「未踰年未成爲君，猶未得遽尊其母。魯之末失，妾齊於嫡，故因其可正者正之。」

〔一〕「夫人」二字原脱，叢書本同，據公羊注疏校補。

○八月，庚辰，朔，日有食之。【注】是後衞蒯聵犯父命，盜殺蔡侯申，齊陳乞弑其君舍。【疏】臧氏壽恭推是年正月癸未朔，小；二月壬子朔，大；閏月壬午朔，小；三月辛亥朔，大；四月辛巳朔，小；五月庚戌朔，大；六月庚辰朔。○注「是後」至「君舍」。○衞蒯聵犯父命，即哀二年「晉趙鞅納衞世子蒯聵于戚」是也。「盜殺蔡侯申」，見哀四年。「齊陳乞弑其君舍」，見哀六年。五行志下之下：「十五年八月庚辰，朔，日有食之。董仲舒以爲，宿在柳，周室大壞，夷狄主諸〔一〕夏之象也。明年，中國諸侯果累累從楚而圍蔡，蔡恐，遷于州來。晉人執戎蠻子歸于楚，京師楚也。劉向以爲，盜殺蔡侯，齊陳乞弑其君而立陽生，孔子終不用。」皆與何氏所占詳略互見。「劉歆以爲，六月，晉、趙分。」

○九月，滕子來會葬。【疏】上注云「無服者會葬」，故不發非禮傳也。通義云：「不發傳者，與奔喪同，非禮可知。」范云：「邾、滕，魯之屬國，近則來奔喪，遠則來會葬。於長帥之喪，同之王者，書非禮。」皆以會葬非禮，非公羊義。

○丁巳，葬我君定公。雨，不克葬。戊午，日下昃，乃克葬。【注】昃，日西也。易曰「日

〔一〕「諸」，原訛作「中」，叢書本同，據漢書校改。

中則昃」是也。下昃，蓋晡時。【疏】校勘記出「日下昃」，云：「宋本、閩本同，監、毛本『昃』改『𣅳』，非。乃，注及疏同。按，釋文、唐石經作昃。」穀梁傳：「葬既有日，不爲雨止，禮也。雨不克葬，喪不以制也。乃，急辭也，不足乎日之辭也。」按：庶人葬不爲雨止，非諸侯禮也。穀梁作「日下稷」，漢隸字原所載靈臺碑「日稷不夏」，郙閣頌「劬勞日稷兮，維惠勤勤〔一〕」，費鳳別碑「乾乾日稷」，皆與穀梁合。昃、稷音義同。故尚書中候握河紀「至于日稷」，運衡篇「退俟至于下稷」，考河命篇「至于下稷」，鄭注：「稷，讀曰側。」按：白虎通謚篇引：「春秋曰：『丁巳葬，戊午日下側，乃克葬。』明祖載〔二〕而有謚也。」作「側」，與鄭氏書緯注合。伏琛〔三〕齊地記云：「齊城西門側系水出，故曰稷門。」是側、稷音義亦近。側者不正之謂，日過中，則不正，故曰側。説文作「𠩺」，在日部，「从日仄聲」，其正字也。「昃」、「𣅳」皆俗體，「側」取其義，「稷」叚借也。包氏慎言云：「九月丁巳，爲月之九日。戊午，月之十日也。」〇注「昃日」至「晡時」。〇易豐卦彖辭也。彼云：「日中則昃，月盈則食。」鄭注：「言皆有休已，無常盛。」見舊疏。公羊問答云：「問：昃，日西也。何也？孟喜周易章句：『𠩺，日在西方時側也。』問：又曰『下昃蓋晡時』，何也？曰：此如前漢五行志：『日中時食從東北，過半，晡時復。』淮南子曰：『至於悲谷，是爲晡時。』玉篇曰：『晡，申時也。』」按：説

〔一〕「勤勤」疊字，原脱一「勤」字，叢書本同，據摩崖石刻郙閣頌原文校補。
〔二〕「祖載」，原訛作「應葬」，據白虎通校改。
〔三〕「伏琛」，原誤記爲「伏環」，叢書本同。晉伏琛作三齊略記，典籍稱引多作齊地記。

文：「𣅔，日在西方時，側也。从日仄聲。易曰：『日𣅔之離。』」又中候注：「下側，日西之時。」周禮司市云：「大市，日昃而市。」注：「日昃，昳中也。」淮南墬形訓：「東西方曰昃區。」

○辛巳，葬定姒。【疏】包氏慎言云：「九月又有辛巳，爲葬定弋之日，十月之三日，不蒙上月也。」此「定姒」，穀梁亦作「定弋」。

定姒何以書葬？【注】据不稱小君，子般不書葬。【疏】注「据不稱小君」。○正以春秋夫人皆書葬我小君故也。○注「子般不書葬」。○莊三十二年書子般卒，不書葬，是也。子般，未踰年君，不書葬。今定姒之子，亦未踰年，而書葬，故据以難。正以哀此時雖未踰年，終是成君。母以子貴，故成其母葬，與子般之終不成君者殊也。是以隱公之母稱夫人，書其薨。明隱公時已踰年，故曰夫人子氏薨。宜書葬而不書其葬者，隱二年傳云：「何以不書葬？成公意也。何成乎公之意？子將不終爲君，故母亦不終爲夫人也。」明乎此，則左氏於隱三年書「君氏卒」爲聲子者，其誤不攻自明矣。

未踰年之君也。【注】哀未踰年也。母以子貴，故以子正之。【疏】注「哀未」至「正之」。○正以哀雖未踰年，然已君矣，故得稱其母尊，所以書葬，母以子貴義也。沈氏彤左傳小疏云：「儀禮喪服云：『庶子爲父後者，爲其母緦。』傳曰：『與尊者爲一體，不敢服其私親也。』注云：『君卒，庶子爲母大功。』疏云：『今庶子承重，故緦。』是嗣君及公子於妾母之喪，皆不以年斷，故得數閏月也。」按：辛巳，先儒皆以爲閏九月，春秋凡失禮，則書閏。不告月，及閏月葬齊景公是也。此妾子禮得數閏，故不書閏，若如左氏以定姒實是夫人，臣子怠慢，不成其禮，則適母之喪不以閏數，則當書閏月矣。

有子則廟，廟則書葬。【注】如未踰年君之禮，稱謚者，方當踰年稱夫人。曾子問曰：「並有喪，則如之何？何先何後？」孔子曰：「葬，先輕而後重；其奠也，其虞也，先重而後輕，禮也。」【疏】舊疏云：「『未踰年之君，有子則廟，廟則書葬』者，但當連作一勢讀之，乃可解。」按：喪服小記云：「慈母與妾母，不世祭也。」鄭注：「以其非正。春秋傳曰：『於子祭，於孫止。』」彼所引穀梁説也。穀梁隱五年傳云：「禮，庶子爲君，爲其母築宮，使公子主其祭也。於子祭，於孫止。仲子者，惠公之母，隱孫而修之，非隱也。」彼以仲子爲孝公之妾，當築宮以祭，至隱則止，則子之立廟，即穀梁之築宮與？又雜記上曰：「妾祔于妾祖姑，無妾祖姑，則亦從其昭穆之妾。」彼下文「主妾之喪」，疏引：「庾蔚之曰『妾祖姑無廟，爲壇祭之』，崔靈恩曰『於廟中爲壇祭之』。」是也。漢書韋玄成傳：「玄成言：『古者制禮，別尊卑貴賤，國君之母非適不得配食，則薦於寢，身殁而已。陛下躬至孝，承天心，建祖宗，定迭毁，序昭穆，大禮既定，孝文太后、孝昭太后寢祠園宜如禮勿復修。』」又云：「孝莫大於嚴父，故父之所尊子不敢不承，父之所異子不敢同。禮，公子不得爲母信，爲後則於子祭，於孫止，尊祖嚴父之義也。」李奇曰：「不得信，尊其父也。公子去其所而爲大宗後，尚得私祭其母，爲孫則止，不得祭公子母也，明繼祖不復〔一〕顧其私祖母也。」按：崔氏所云，謂攝女君

〔一〕「復」，原訛作「得」，據漢書校改。

者，若不攝女君之妾，則不得爲主別爲壇以祭。使其子主祭者，不在廟中。其子爲君者，則穀梁所謂「爲其母築宮，使公子主其祭」矣。范注云：「公子者，長子之弟，及妾之子也。」皆以屈父之尊不得伸其私恩故也。是以喪服：天子、諸侯，庶子，父在爲其母，「練冠、麻衣縓緣」。喪服記所記公子爲其母之服，在五服外者是也。父殁爲後則爲緦，緦麻章「庶子爲父後者爲其母」是也。其不爲後者大功，大功章「公之庶昆弟爲母」是也。大夫卒，庶子爲母三年，大功章「大夫之庶子爲母」，謂父在者也。士庶子爲其母如衆人也。又服問曰：「君之母非夫人，則羣臣無服，唯近臣及僕、驂乘從服，唯君所服服也。」即緦麻章所云是也。馬融云：「承父之體，四時祭祀，不敢申私親服，廢尊者之祭，故服緦也。」所以緦者，彼傳云「有死於宮中者，則爲之三月不舉祭」故也。若然，曾子問又云：「古者天子練冠以燕居。」鄭注：「天子練冠以燕居，蓋謂庶子王爲其母。」彼疏云：「練冠，乃異代之法。」是也。爲禮經所記周制也。○注「如未」至「夫人」。○舊疏云：「未踰年之君〔一〕，禮則無謚。今此定姒如未踰年君之禮，而稱謚者，正以方當踰年稱夫人故也。」通義云：「雖未踰年，其義成爲君，當得爲其妾母別築宮廟，故從廟則書葬之例。辛巳距戊午二十三日，蓋定公七虞卒哭既畢，然後啓禮也。」○注「曾子」至「禮也」。○舊疏云：「引之者，欲道定公五月薨，定姒七月卒，非其並有喪禮，是以先葬定公，後葬定姒。若其同月，當定姒先葬矣。」按：舊説非是。定姒後定公兩月死，定公之喪猶在殯，仍是並有喪，所以不從先輕後重之禮者。以定姒妾母，不得援尊同常禮

〔一〕「君」字原脱，叢書本同，據公羊注疏校補。

相例也。彼記云：「曾子問曰：『並有喪，如之何？何先何後？』」注：「並，謂父母若親同者[一]。」疏：「並，謂父母也。親同者，祖父母及世叔兄弟。」明妾母與父不得云並也。鄭又云：「同者，同月死。」然下皆言葬事，明葬前皆然，不必泥同月也。故記又云：「孔子曰：『葬，先輕而後重；其奠也，先重而後輕，禮也。』」鄭注：「自啓及葬不奠。行葬不哀次，反葬，奠而後辭於殯，遂脩葬事。其虞也，先重而後輕也。」何氏總而引之，故「不奠，務於當葬者。不哀次，輕於在殯者。殯當爲『賓』。辭於賓，謂告將葬啓期也。」但云「其奠也，其虞也」而已。謂如父喪在殯先葬母時，從啓母殯之後，及葬柩欲出之前，唯設母之啓殯之奠、朝廟之奠，及祖奠遣奠而已。不於殯宫爲父設[二]奠，其母殯未啓之先，哀次之朝夕奠，則先父後母，與後日之虞祭同也。故正義引：「皇氏曰：葬是奪情，故從輕者爲首。奠是奉養，故令重者居先也。」又引：「鄭志崇精問曰：『葬母亦朝廟否？其虞父與母同日異日乎？』焦氏答曰：『婦未廟見，不朝廟耳。』内豎職云：『王后之喪朝廟，則爲之蹕也。』是母喪亦朝廟明也。虞當異日也。」是也。又喪服小記云：「父母之喪偕，先葬者不虞祔，待後事。其葬，服斬衰[三]。」注：「偕，俱也，謂同月若同日死也。先葬者，母也。」引曾子問曰：「『葬，先輕而後重。』又曰：『反葬奠，而後辭於殯，遂修葬事。其虞也，先重而後輕。』待後事，謂如此也。『其葬，服斬衰』者，喪之隆衰宜從重也。假令父死在前月而同月葬，猶服斬衰，不

[一]「同者」二字原脱，叢書本不誤，據補。
[二]「設」，原訛作「説」，叢書本不誤，據改。
[三]「斬衰」，原訛作「車衰」，叢書本同，據禮記校改。

葬〔一〕不變服也。言其葬服斬衰，則虞、祔各以其服矣。及練、祥皆然，卒事反服重。」然則並沒，則先葬母，葬母既竟，不即虞祔，而更修葬父之禮，爲虞祔稍飾，父喪在殯，未忍爲，故云待後事。後事，謂葬父也。雖葬母，仍服斬衰，以父未葬，不合變服也。然則爲母虞祔練祥皆齊衰，卒事之日，即反服重也。故通典引：「周續之喪服注〔二〕云：『葬奠之禮，何先何後？』答曰：『父母之喪偕，其葬也先輕而後重，其虞也先重而後輕，葬服斬衰。』」是也。又喪服小記云：「除喪者，先重者；易服者，易輕者。」注：「謂大喪既虞卒哭，而遭小喪也，其易喪服，男子易乎帶，婦人易乎首。」正義：「重，謂男首絰，女要絰。男重首，女重要。凡所重者，有除無變，所以卒哭不受以輕服。至小祥，各除其重也。謂練，男子除乎首，婦人除乎帶是也。」「若先遭重喪，後〔三〕遭輕喪，變先者輕，則謂男子要，婦人首也。謂先遭斬衰，虞卒哭已變葛絰，大小如齊衰之麻。若又遭齊衰之喪，齊衰要、首皆牡麻，牡麻則重於葛服，宜從重，而男不變首，女不易要，以其所重故也。但以麻易男要女首，是所輕故也。男子易乎要〔四〕，婦人易乎首，若未虞卒哭，則後喪不能變也。」喪服小記又云：「斬衰之葛，與齊衰之麻同。齊衰之葛，與大功之麻同。麻同，皆兼服之。」注：「皆者，皆上二事也。兼服之，謂服麻又服葛也。男子則絰上服之葛，帶下服之麻；婦人則絰下服之

〔一〕「不葬」二字原脱，叢書本同，據禮記正義校補。
〔二〕「喪服注」，原訛作「喪服答問」，叢書本同，南朝宋周續之所撰爲喪服注，據改。
〔三〕「後」下原衍「葬」字，叢書本不誤，據删。
〔四〕「要」，原訛作「帶」，叢書本同，據禮記正義校改。

麻，固自帶其故帶也，所謂易服易輕者也。兼服之文，主於男子。」正義：「此一節，明前遭重喪，後遭輕喪，麻、葛兼服之義。斬衰既虞，受服之葛，首絰要帶，與齊衰初喪麻絰帶同；絰則俱七寸五分之一，帶則俱五寸二十五分寸之十九。齊衰變服之葛，與大功初死之麻同；絰俱五寸二十五分寸之十九，帶俱四寸百二十五分寸之七十六。兼服之者，謂斬衰既虞，遭齊衰新喪，男子則要服齊衰之麻帶，首服斬衰之葛絰；婦人則首服齊衰之麻絰，要仍服斬衰之麻帶，婦人上下皆麻〔一〕。」「以前文云易服者易輕者，閒傳篇云：『男子重首，則要輕也。』是男子易要帶，不易首絰，故云『則絰上服之葛，帶下服之麻』也。『婦人絰下服之麻同，自帶其故帶』者，以下服初死，故服下服之麻，故檀弓篇云『婦人不葛帶』是也。前服受服之時不變葛，仍服前麻帶，故云『帶其故帶也』。『兼服之文，主於男子』者，言婦人絰、帶俱麻，今經云麻、葛兼服之，故云『主於男子』也。」又雜記云：「有父之喪，如未歿喪而母死，其除父之喪也，服其除服。卒事，反喪服。」注：「歿，猶竟也。除服，謂祥祭之服也。卒事，既祭。反喪服，服後死者之服。」又云：「唯〔二〕諸父、昆弟之喪，如當父母之喪，其除諸父、昆弟之喪也，皆服其除喪之服。卒事，反喪服。」注：「雖有親之大喪，猶爲輕服者除，骨肉之恩也。唯君之喪不除私服。」「故曾子問云：大夫士有私喪，可以除之矣。而有君服焉，其除之也如之何？孔子曰：有君喪服於身，不敢私服，又何除焉？」是有君服其父母以下服，皆

〔一〕「皆麻」下原衍「故也」二字，叢書本同，據禮記正義校刪。

〔二〕「唯」，原訛作「雖」，叢書本同，據禮記正義校改。

不得除也。其非殤長、中，降在緦小功者，亦弗除。服問云：「緦之麻不變小功之葛，小功之麻不變大功之葛。」明正服在緦小功者不得除。故下又云：「殤長、中，變三年之葛。」爲其降在緦小功，爲本服在大功以上服中，故爲之著服，而又爲之除也。雜記又云：「如三年之喪，則既潁。其練、祥皆同〔一〕。」注：「言今之喪既服潁，乃爲前三年者變除而練、祥祭也。此主謂先有父母之服，今又喪長子者。其先有長子之服，今又喪父母，其禮亦然。然則，言未歿喪者，已練、祥矣。」疏云：「依禮，父在不爲長子三年。今云『先有長子之服，今又喪父母』者。庾氏又云：『後喪既潁，又〔二〕前喪練、祥皆行，若後喪既殯，得爲前喪虞祔也。』」潁即葛，謂既虞受服之後也。知雜記前文之未歿喪，是練後祥前也，此並有喪除服之殊也。閒傳又云：「斬衰之喪，既虞、卒哭，遭齊衰之喪。輕者包，重者特。既練，遭大功之喪，麻葛重。齊衰之喪，既虞、卒哭，遭大功之喪，麻、葛兼服之。」鄭注：「輕者可施於卑，齊衰之麻，以包斬衰之葛，謂男子帶，婦人絰也。重者宜主於尊，謂男子之絰，婦人之帶，特其葛不變之也。」吴射慈云：「斬縗既葬，縗裳六升，男子絰帶，悉易以葛，婦人易首絰以葛，要帶故麻也，但就五分去一殺小之爾。仍遭母及伯叔兄弟齊縗之喪，其爲母更以四升布爲要帶，謂之包，言包斬衰帶也。絰，斬衰之葛絰，謂之重者，主於尊也。婦人易首

〔一〕「同」，原訛作「行」，叢書本同，據禮記校改。
〔二〕「又」字原脱，據禮記正義校補。

絰以麻，亦謂之包帶；斬縗之麻帶，謂之特，期喪既葬，服上服六升之縗裳，男子帶上服之葛帶，婦人絰上服之葛絰也。若斬衰既練後遭大功之喪，麻葛重，謂斬衰既練，男子除首絰，婦人除要絰，男子唯有要帶，婦人唯有首絰，是其單也。今遭大功之喪，男子首空著大功麻絰，婦人要空著大功麻帶。男子又以大功麻帶易練之葛帶，婦人又以大功麻絰易練之葛絰，婦人絰其練之故葛絰，著斯之葛帶，是謂之重葛。然則，檀弓所謂婦人不葛帶者，謂齊斬之婦人也。其齊衰之喪，既虞卒哭，遭大功之喪，則麻葛兼服之。兼猶兩也，謂齊衰既虞卒哭遭大功之喪，易換輕者，男子則大功麻帶，易齊衰之葛帶，其首服猶服齊衰葛絰，是首有葛，要有麻，故云麻葛兼服矣。專据男子言婦人，則首服大功之麻絰，要服齊衰之麻帶，上下俱麻，不得云麻葛兼服之也。」服問云：「小功無變也。」注：「無所變於大功、齊衰之服，不用輕累重也。」又云：「小功不易喪之練冠，如免，則絰其緦、小功之絰，因其初葛帶。緦之麻不變小功之葛，小功之麻不變大功之葛，以有本爲稅。」謂小功以下之喪，不合變易三年喪之練冠，其期之練冠，亦不得易也。此哀公服妾母之喪，依禮絰止緦。又在三月以內，其無所變易可知。

○冬，城漆。【疏】杜云：「漆，邾庶其邑。在高平南平陽縣東北有漆鄉。」大事表云：「今在兗州府鄒縣北。」馬氏宗槤左傳補注云：「郡國志：『山陽南平陽有漆亭。』潁容釋例〔一〕云：『漆，邾之舊邑。』凡邑有先

〔一〕「釋例」，殆爲「條例」之訛。據後漢書潁容傳，其著述名稱爲春秋左氏條例。

君之廟曰都。漆有邾先君之廟，是亦邾之大都。故魯得漆，而遂都之。」彼依左氏「凡邑，有宗廟先君之主曰都，無曰邑〔二〕。邑曰築，都曰城」傳爲説也。

〔二〕「無曰邑」三字原脱，叢書本同，據左傳校補。

公羊義疏七十三

哀元年盡五年

南菁書院　句容陳立卓人著

○春秋公羊經傳解詁哀公第十一【疏】校勘記云：「唐石經『哀公第十二』下，注：『卷十一。』」魯世家：「定公卒，子將立，是爲哀公。」注引世本：「『將』亦作『蔣』。」穀梁疏云：「公名蔣，定公之子。敬王三十六年即位。十四年西狩獲麟，春秋終矣。二十七年薨，謚曰哀。周書謚法：恭仁短折曰哀。」左傳釋文：「哀公名蔣，定公之子，蓋夫人定姒所生。」

○元年，春，王正月，公即位。

○楚子、陳侯、隨侯、許男圍蔡。【注】隨，微國；稱侯者，本爵俱侯，土地見侵削，故微爾。許男者，戍也。前許男斯見滅以歸，今戍復見者，自復。斯不死位，自復無惡文者，滅以歸可知。【疏】注「隨微」至「微爾」。○舊疏云：「正以入春秋以來不稱爵，大夫名氏不得見經，故知其微。隱五年傳云『大國稱侯，小國稱伯、子、男』，此微國而稱侯，故須解之也。言本爵俱侯者，謂其初封之時，與齊、晉之屬俱稱侯，今爲小國者，但以土地見侵削故也，知非得褒乃得稱侯，如滕侯、薛侯之類者。而云本爵爲侯者〔一〕，正以滕、薛入桓篇之後，或稱滕子，或稱薛伯，故知隱篇稱侯，由朝新王得褒。今此隨侯一無善行可褒，二無稱伯、子之處，故知本爵爲侯也。」杜云：「隨世服於楚，不通中國。吴之入楚，昭王奔隨，隨人免之，卒復楚國。楚人德之，使列於諸侯，故得見經。」按：春秋爲明義之書，豈以楚之德怨爲進退？楚爲諸國僭亂之渠，隨即復楚，有何足録？杜之謬妄，可爲極矣。特以先時無事可紀，適此年有隨、楚圍蔡之事，因仍其本爵書之，非義所繫，亦如胡、頓、牟、葛之屬，偶一二見耳。穀梁注云：「隨久不見者，衰微也。稱侯者，本爵俱侯，土地見侵削，故微爾。」即本何義。○注「許男」至「自復」。○下十三年有「許男戌卒」，知許男爲戌也。許男斯見滅在定六年。知戌爲自復者，以昭十三年「蔡侯廬歸于蔡。陳侯吴歸于陳」，爲楚所歸。書以，見不與專封專受。今戌不見復歸之文，故知自復也。通義云：「何氏必知許自復者，令諸侯復之，當有不與專封之文。陳、蔡爲楚所封，春秋以自復之辭書之。許實自復，即不復書，足與彼相起也。」○注「斯不」至「可知」。○校勘記出「滅以歸」，云：「閩、監、毛本同。鄂本上有『從』字，此脱。」定六年書「鄭游遫帥師滅許，以許男斯歸」，書以歸，是斯不死位文也。左傳疏引世族譜云「許男斯後有元公成、悼

〔一〕「而云本爵爲侯者」句原脱，叢書本同，據公羊注疏校補。

公孫」也。按：下十三年釋文：「戍，本亦作成。」則「戍」即「成」，宜爲斯子。斯不死位當絶，成不得繼體奉正，其自復，雖不似專受封，亦宜有惡文，而春秋不見者，正以許男斯書滅以歸，其不死位，惡已見，是以此處從省可知也。舊疏云：「斯不死位，其國合絶。今而自復，不爲惡文，正以定六年書已著，是以此處不見。」是也。

○**鼷鼠食郊牛，**【注】災不敬故。【疏】注「災不敬故」。○與定十五年同。彼注亦云：「災不敬也。」穀梁作「鼷鼠食郊牛角」，傳云：「志不敬也。郊牛日展觓〔一〕角而知傷，展道盡矣。」杜云：「書，過也。不言所食，非一處。」蓋即此定十五年傳「漫也」之義。公羊亦不言所食，宜與彼同。五行志中之上：「哀元年正月，鼷鼠食郊牛。劉向以爲，天意汲汲於用聖人，逐三家，故復見戒也。哀公年少，不親見昭公之事，故見敗亡之異。已而哀不寤，身奔于粤，此其效也。」

改卜牛。【疏】穀梁傳：「全曰牲，傷曰牛，未牲曰牛。」此斥未牲者也。

○**夏，四月，辛巳，郊。**【疏】包氏慎言云：「四月，書辛巳郊，月之六日。」通義云：「亦以改卜牛，故三

〔一〕「觓」，原訛作「斛」，叢書本同，據穀梁傳校改。

月下辛始卜郊，特此一卜得吉爾。」穀梁傳：「自正月至于三月，郊之時也。夏四月郊，不時也。」又曰：「子不忘三月卜郊，何也？郊自正月至于三月，郊之時也。我以十二月下辛卜正月上辛；如不從，則以正月下辛卜二月上辛；如不從，則不郊矣。」此傳不云非禮，從省文可知例也。

○**秋，齊侯、衛侯伐晉。**

○**冬，仲孫何忌帥師伐邾婁。**【注】邾婁子新來奔喪，伐之不諱者，期外恩殺惡輕，明當與根牟有差。【疏】注「邾婁」至「惡輕」。○邾婁子來奔喪，見定十五年夏。去年來奔喪，於魯有恩，今即伐之，内惡已明，而不諱者，爲在期外，故恩殺惡輕也。○注「明當」至「有差」。○宣九年「取根牟」是也。傳曰：「曷爲不繫乎邾婁？諱亟也。」注：「亟，疾也。屬有小君之喪，邾婁子來加禮，未期而取其邑，故諱不繫邾婁也。」然則，彼以加禮未期，其恩猶重，伐之惡，故諱。此恩殺惡輕，可不諱也。

○**二年，春，王二月，季孫斯、叔孫州仇、仲孫何忌帥師伐邾婁，取漷東田及沂西田。**【注】漷、沂，皆水名。邾婁子來奔喪，取其地不諱者，義與上同。【疏】舊疏云：「公羊之義，言田者，田多邑少故也。穀梁傳云：『取漷東田，漷東未盡也；及沂西田，沂西未盡也。』注：『以其言東西，則知其未盡也。』與此別。左氏以『漷東』、『沂西』爲邑名。」按：漷東田、沂西田，謂近漷之東與沂之西之田也。穀梁説是也。公羊亦無異義。○注「漷、沂，皆水名」。○穀梁注同。水經注泗水篇：「漷水出東海合鄉縣，其水西南流入邾，春秋哀二年『季孫斯伐邾，取漷東田及沂西田』是也。」大事表云：「漷水出鄒山東，則流于邾、魯之間。今滕縣南十五里有漷水，即襄十九年『取邾田，自漷水』者。前所取未盡，故邾復以賂魯。沂水，小沂水也。出太山武陽之冠石山，今兗州府費縣爲邾之沂田，此沂西田是也。出曲阜縣尼丘山西流經魯之雩門者，爲魯城南之沂，昭二十五年季孫『請待于沂上以察罪』是也。出沂州府沂水縣西北一百七十里者，爲齊之沂水，襄十八年晉師『東侵及濰，南及沂』是也。」大事表又云：「此爲邾之沂，俗呼小沂水，非沂水縣之沂也，出兗州府費縣。漷水，在今滕縣南十五里。」○注「邾婁」至「上同」。○亦以在期外，惡輕故。

○癸巳，叔孫州仇、仲孫何忌及邾婁子盟于句繹。【注】所以再出大夫名氏者，季孫斯不與盟。【疏】包氏慎言云：「二月書癸巳，月之二十二日。」杜云：「句繹，邾地。」方輿紀要：「葛嶧山在兗州府嶧縣東南十五里。」句、葛聲同而誤。○注「所以」至「與盟」。○左疏引：「服虔云：『季孫尊卿，敵服先歸，使二子與之盟。』穀梁傳曰：『三人伐〔一〕而二人盟何？各盟其得也。』其意言季孫不得田，故不與盟也。」

〔一〕「伐」，原訛作「戰」，叢書本同，據穀梁傳及左傳正義校改。春秋「戰」、「伐」意不同。

與公羊、左氏異。舊疏云：「正以宣元年『公子遂如齊逆女。三月，遂以夫人婦姜至自齊』，傳云：『一事而再見者，卒名。』何氏云『卒竟但舉名，省文』。然則，今此『伐邾婁』、『及邾婁子盟于句繹』之經，亦是一事，而再舉大夫名氏者，正由季孫斯不與盟故也。」舊疏又云此注「氏」字或有或無，故疏又云：「此注內直云所以再出大夫名者，無氏字〔一〕，即決昭十三年『秋，公會劉子、晉侯以下于平丘。　八月，甲戌，同盟于平丘』，據彼注云：『不言〔二〕及諸侯者，間無異事可知矣。』今此二經亦間無異事，而再出大夫之名，故解之也。」按：有「氏」字是也。注若無「氏」字，則經文宜云州仇、何忌及邾婁子云云矣。

○夏，四月，丙子，衛侯元卒。【疏】包氏慎言云：「四月書丙子，月之六日。」

○滕子來朝。

○晉趙鞅帥師納衛世子蒯聵于戚。

〔一〕「無氏字」三字原脱，叢書本同，據公羊注疏校補。
〔二〕「晉侯以下」至「不言」數句原脱，叢書本同，據公羊注疏校補。

戚者何？衛之邑也。【疏】水經注河水篇：「故瀆東北逕戚城西，春秋哀公二年，晉趙鞅率師，納衛太子蒯聵于戚。宵迷，陽虎曰：『右河而南，必至焉。』今頓丘衛國縣西戚亭是也。爲衛之河上邑。」

曷爲不言入于衛？【注】据「弗克納」，未入國文，言納于邾婁，納者入辭，故傳言「曷爲不言入于衛」。

【疏】注「据弗」至「于衛」。○文十四年「晉人納捷菑于邾婁，弗克納」，彼捷菑實未入國，故曰弗克納。作未入國辭，而文言納于邾婁，與「納頓子于頓」文同，是又爲已入國辭，故曰納于邾婁，以納者入辭也。今此上亦有納文，亦是入國之辭，而言于戚，不言于衛，故据而難之。正以戚與帝丘相去非遠，既已納于戚，即是入衛，而經只云于戚，故傳言「曷爲不言入于衛」。注疊言之也。

父有子，子不得有父也。【注】明父得有子而廢之，子不得有父之所有，故奪其國文，正其義也。不貶蒯聵者，下曼姑圍戚無惡文，嫌曼姑可爲輒誅其父，故明不得也。不去國見挈者，不言入于衛，不可醇無國文。輒出奔不書者，不責拒父也。主書者，與頓子同。【疏】注「明父」至「義也」。○通義云：「以蒯聵對輒言之固父也，雖若得有其子之國，以蒯聵對靈公言之，則子也。靈公不以衛與蒯聵，即蒯聵不得而有衛也。鄭康成曰：『蒯聵欲殺母，靈公廢之是也。若君薨，有反國之道，當稱子某，如齊子糾也。今稱世子，如君存，是春秋不與蒯聵得反立明矣。』」解詁箋云：「書世子，與蔡世子友同例，明不得立也。郤缺貶，趙鞅不貶者，略亂賊也。」丁履恒曰：「父有子者，蒯聵爲父，輒爲子。蒯聵似可有輒之衛。子不得有父者，蒯聵爲子，靈公爲父，蒯聵，靈公所逐，輒乃靈公所立，蒯聵不得有靈公之衛也。」按：父有子宜如何義，傳爲申答不言入于衛，則父子止据靈公、蒯聵言之也。穀梁傳：「不繫戚於衛，子不有父也。」○注「不貶」至「得也」。○舊疏云：「正以犯父之命，理宜貶之。然則文十四年，郤缺納不正，貶之稱人。今趙鞅亦納不當得位之人，而不貶者，以納父罪不至貶也，故明不得也者，正蒯聵無惡文〔一〕，知曼姑不得誅之明矣。」按：注義極正，蒯聵得罪于父，但不能得國耳。其於輒則父也，輒受國于祖，義不合讓，有悖祖命。得國之後，即宜遣迎，尊崇不改，如禮經所謂「廢疾不立」者，庶爲仁至義盡。故曼姑可以無惡，而不得爲輒拒父，故不貶蒯聵，以起之也。○注「不去」至「國文」。○舊疏云：「正以文十四年『晉人納接菑』，注：『接菑不繫邾婁者，見挈于郤缺也。』今此不見挈者，不可醇無國文。」是也。○注「輒出」至「父也」。○舊疏云：「知輒出奔者，正以蒯聵之入故也。諸侯之禮，當死位，若其出奔，皆書責之。此不書，不責輒之拒父故也。」按：何氏不知何据，蓋亦公羊外傳諸書語，則公羊家以此年蒯聵即得國，輒即出奔矣。史記衛世家云：「簡子送蒯聵，衛人發兵擊蒯聵。蒯聵不得入，入宿而保，衛人亦罷兵。」出公輒十二年，孔悝納蒯聵，輒奔魯，「孔悝立太子蒯聵，是爲莊公」。左傳大同，均與公羊説異。如何氏義，則輒未嘗拒父矣。惲氏敬先賢仲子廟立石文曰：「衛公未嘗拒父也。」衛靈公生于魯昭公二年，其卒年四十七。而蒯聵爲其子，出公爲其子之子。蒯聵先有姊衛姬，度出公之即位也，內外十歲耳。元年蒯聵入戚，二年春圍戚，衛之臣石曼姑等爲之，非出公也。夏氏炘衛出公輒論：「世以衛公輒爲拒父，輒非拒父者也。其拒蒯聵，君

〔一〕「文」，原訛作「又」，叢書本同，據公羊注疏校改。

夫人南子爲之，非輒意也。輒尚可與爲善者也，惜乎有孔子而不能用，終身負惡名，而不敢辭耳。靈公薨時，輒至長亦年十餘歲耳。以十餘歲之童子即位，則拒蒯聵者非輒也。蒯聵有殺母之罪，斯時南子在堂，其不使之入明矣，輒不得自專也。及輒漸長，而君位已定，勢不可爲矣。」彼皆据左傳輒雖久立而未嘗拒父爲説也。按：太史公自序曰：「南子惡蒯聵，子父易位。」謂不以蒯聵爲子，而以孫禰祖也。則夏氏之説信矣。○注「主書」至「子同」。○即僖二十五年，「楚人圍陳，納頓子于頓」是也。彼注云：「納頓子書者，前出奔當絶，還入爲盜國當誅，書楚納之，與之同罪也。主書者，從楚納之。」此定十四年「蒯聵出奔宋」，子無去父之義，已當合絶，今還入，爲盜國，復當合誅。晉納之，宜與同罪，故曰與頓子同義也。舊疏云：「蒯聵犯父之命，其惡已明，晉爲伯主，而納逆命之子，奪已立之侯，故云主書者，從晉納也。」則明晉同罪矣。

○**秋，八月，甲戌，晉趙鞅帥師及鄭軒達帥師戰于栗。鄭師敗績。**【疏】包氏慎言云：「八月書甲戌，月之七日。」舊疏云：「諸家之經，軒達之下皆有『帥師』，唯服引經者無，與諸家異。」校勘記云：「『鄭軒達下不言『帥師』者，蒙上『晉趙鞅帥師』也。今三家下有『帥師』，當衍。疏本與服氏無之，是也。」左氏、穀梁「栗」作「鐵」。鐵、栗同部字，得叚借也。釋文亦作「栗」，云：「一本作『秩』。二傳作『鐵』。」舊疏云：「於鐵者，三家同，有作『栗』字者，誤也。今定本作『栗』字。」則疏本亦作「鐵」。校勘記云：「疏又謂三家同作『戰于鐵』，定本作『栗』者，誤。而釋文同定本作『栗』，區別之云：『二傳作鐵。』陸德明所據之本不及疏本也。」水經注河水篇：「河水東逕鐵丘南，春秋左氏傳哀公二年，鄭罕達帥師救衛，『郵無恤御簡子，衛太子爲右，登鐵上，望見鄭師，衛太子自投車下』，即此也。京相璠曰：『鐵，丘名也。』杜預曰：『在戚南河之北岸有古城，戚邑也。』」大事表云：「今大名府開州北有戚城，其南爲王合里，即鐵丘也。」一統志：「鐵丘在大名府開州北。方輿紀要云北五里。」

○冬，十月，葬衛靈公。【疏】解詁箋云：「蒯聵父子争國，無危文者，明適子以罪廢得立適孫，文家法也。」按：劉說是。所謂父有子，子不得有父也。俞氏樾公羊平議云：「父有子者，謂靈公已有輒爲子也。輒於靈公，孫也，非子也。而得爲子者，成十五年傳曰『爲人後者，爲之子也』，彼嬰齊於歸父，以弟爲兄後，而有子道。然則，輒於靈公以孫爲王父後，其有子道明矣。靈公既不以蒯聵爲子，而別以輒爲子，則蒯聵亦不得以靈公爲父。國語晉語『秦穆公使公子縶弔公子重耳於翟』，重耳『再拜不稽首』，此即不得有父之義也。『穆公曰：吾與公子重耳，重耳仁。再拜不稽首，不没爲後也。』韋注：『没，貪也。』靈公逐蒯聵而立輒，蒯聵乃於父死之後，介大國以求入，是父已有子，而必争之曰此吾父也，是貪爲後也，故春秋不與也。」按：俞說非是。爲人後者爲之子，謂支子入後大宗也。大夫士立後必以次，非如天子諸侯可以弟後兄、以叔後姪也。故嬰齊後歸父，春秋譏之。天子、諸侯立後，即喪服斬衰章所謂「爲人後者」，疏引雷次宗曰：「此文當云爲人後者，『爲所後之父』，闕此五字者，以其所後之父或早卒，今所後其人不定，或後祖父，或後曾高祖，故闕之，見所後不定故也。」與輒後靈公似同而異。以孫後祖，則喪服不杖期章：「爲君之父母、妻、長子、祖父母。傳曰：父卒，然後爲祖後者服斬。」注：「此爲君矣，而有父若祖之喪者，謂始封之君也。若是繼體，則其父若祖有廢疾不立。父卒者，父爲君之孫，宜嗣位而早卒，今君受國於曾祖。」疏引鄭志：「趙商問：『父卒爲祖後者三年，已聞命矣。所問者，父在爲祖如何？欲言三年則父在，欲言期，復無主，斬杖之宜，主喪之制，未知所定。』答曰：『天子諸侯之喪，皆斬衰，無期。』」是則孫爲祖後，爲之服斬，爲其承重故也。而祖孫稱謂仍自無改，自不得以祖爲父。故父卒仍宜斬，而臣下從服期也。若如何氏謂輒即爲靈公子，則輒實置蒯聵於何地？論語曰：「名不正則言不順。」非蹈夫子所責與？是以朱子於宋孝宗之喪，主鄭志立論，詳宋史禮志及建炎以來朝野雜記也。蒯聵雖見逐於父，義不合去，而謂蒯聵不得以靈公爲父，亦於理乖。要之，爲後與爲子少殊，不得混爲一也。

○**十有一月，蔡遷于州來。**【注】畏楚也。州來，吳所滅。【疏】水經注淮水篇：「淮水又北，逕下蔡縣故城東，本州來之城也。吳季札始封延陵，後邑州來，故曰延州來矣。春秋哀公二年蔡昭侯自新蔡遷於州來，謂之下蔡。淮之東岸，又有一城，下蔡新城也。二城對據，翼帶淮濆。」地理志「沛郡下蔡」下云：「故州來國，爲楚所滅，後吳取之。至夫差遷昭侯于此，後四世侯齊竟爲楚所滅。」按：漢沛郡之下蔡，於今爲鳳陽府壽州地。○注「畏楚也」。○舊疏云：「正以上文爲楚所圍，今遷而近吳，故知然也。」杜云：「畏楚而請遷，故以自遷爲文。」四年左傳：「蔡昭侯將如吳，諸大夫恐其又遷也，承。」明時屬吳，故畏楚。

○注「州來，吴所滅」。○〔一〕（原文闕）

○**蔡殺其大夫公子駟。**【注】稱國以殺者，君殺大夫之辭。稱公子者，惡失親也。【疏】注「稱國」至「之辭」。○僖七年傳文。彼注云：「諸侯國爲體，以大夫爲股肱，士民爲肌膚，故以國體録。」是也。

○**三年，春，齊國夏、衛石曼姑帥師圍戚。**

齊國夏曷爲與衛石曼姑帥師圍戚？【注】据晉趙鞅以地正國，加叛文。今此無加文，故問之。

【疏】舊疏云：「公羊之義，輒已出奔，曼姑稟誰之命而得圍戚者？下傳云：『曼姑受命于靈公而立輒。』蒯聵奪輒，是以春秋與得圍之矣。」○注「据晉」至「問之」。○定十三年：「秋，晉趙鞅入于晉陽以叛。冬，晉趙鞅歸于晉。」傳：「此叛也，其言歸何？以地正國也。其以地正國奈何？晉趙鞅取晉陽之甲，以逐荀寅與士吉射。荀寅與士吉射者曷爲者也？君側之惡人也。此逐君側之惡人，曷爲以叛言之？無君命也。」注：「無君命者，操兵鄉國，故初謂之叛，後知其意欲逐君側之惡人，故録其釋兵，書歸而赦之。」是也。趙鞅操兵鄉國，春秋加以叛文；此曼姑亦操兵鄉國，而使齊國夏爲兵首，不加叛文，故据以難。

〔一〕「○」原脱，據體例補。

伯討也。【注】方伯所當討，故使國夏首兵。【疏】繁露順命云：「子不奉父命，則有伯討之罪，衛世子蒯聵是也。」

此其爲伯討奈何？曼姑受命乎靈公而立輒。【注】靈公者，蒯聵之父。

以曼姑之義，爲固可以距之也。【注】曼姑無惡文者，起曼姑得拒之。曼姑，臣也，拒之者，上爲靈公命，下爲輒故，義不可以子誅父，故但得拒之而已。傳所以曼姑解伯討者，推曼姑得拒之，則國夏得討之明矣。不言圍衛者，順上文辟圍輒。【疏】通義云：「曼姑之義爲可距，則輒之義不可距父，文外自見，此傳立言之善也。蒯聵本靈公所逐，曼姑爲父拒子，非爲子距父也。假令輒以愛父之故，委國而去，衛人猶當更立長君，將遂可以悖靈公之命，迎蒯聵而君之乎？推是以論，曼姑不得不距矣。」按：孔氏曼姑之義甚正。繁露玉英云：「難者曰：『公子目夷祭仲之所爲之者，皆存之事君，善之可矣；荀息曼姑非有此事也，而所欲恃者，皆不宜立者〔一〕，何以得載乎義。』曰：『春秋之法，君立不宜立，不書；大夫立，則書。書之者，弗予大夫之得立不宜立者也；不書，予君之得立也。君之立不宜立者，非也；既立之，大夫奉之，是也。荀息曼姑之所得爲義也。』」○注「曼姑」至「距之」。○正以不似趙鞅加叛辭，故知無惡文也。校勘記：「『拒』，當同傳作『距』，下同。」○注「曼姑，臣也」。○舊疏云：「欲道曼姑者，乃是靈公之臣也，受

〔一〕「者」字原脱，據春秋繁露校補。

命乎靈公，當立輒，故得距蒯聵矣。引僖十年傳云：『君嘗訊臣矣，臣對曰：使死者反生，生者不愧乎其言，則可謂信矣。』注：『言臣者，明君臣相與言不可負是。』」按：舊疏非是。注意以輒既出奔，蒯聵已立。蒯聵，靈公之世子，則曼姑亦蒯聵之臣也，似不宜距。此難辭，下答辭也。○注「拒之」至「而已」。○正以曼姑受命于靈公，故得距。而下爲輒故，又不可以子誅父，故但得距也。禮記疏引：「異義云：『妻甲夫乙毆母，甲見乙毆母而殺乙。公羊說，甲爲姑討夫，猶武王爲天誅紂。』鄭駁之云：『乙雖不孝，但毆之耳，殺之太甚。』」然則曼姑爲靈公討蒯聵，其即爲天誅紂義與？唐律及今律，子孫毆父母、祖父母皆斬，故乙毆母而甲殺之。蒯聵得罪靈公，公羊說不言其欲殺母，則罪不至死，此時亦但與子争得國，較毆罪輕，故曼姑亦但拒之而已，不可以子誅父者，謂不可以輒而誅父也。檀弓云：「子弒父，凡在宫者，殺無赦。」注：「言諸臣子孫無尊卑皆得殺之。」疏：「子之於父，天性也。父雖不孝於祖，子不可不孝於父。今云『子』者，因『孫』而連言之，或容兄弟之子耳。」則輒之不得拒父，更可知矣。○注「傳所」至「明矣」。○公羊之義，輒雖出奔，曼姑受命于先君立輒，今蒯聵奪輒，故曼姑得從伯討也。○注「不言」至「圍輒」。○舊疏云：「蒯聵去年入衛，今而圍者，止應圍衛，而言圍戚者，順上經文。且輒上出奔不見于經，若言圍衛，則恐去年蒯聵入于戚，今年圍衛者是圍輒矣，故言圍戚以辟之。」

輒者曷爲者也？蒯聵之子也。然則曷爲不立蒯聵而立輒？【注】据春秋有父死子繼。

蒯聵爲無道，【注】行不中善道。

靈公逐蒯聵而立輒，【疏】通義云：「周人之法，無適子者有適孫，靈公廢蒯聵而不廢輒，則輒適孫當立者，故傳以爲有王父之命也。」

然則輒之義可以立乎？【注】輒之義不可以拒父，故但問可立與不。【疏】注「輒之」至「與不」。○正以上傳云：「曼姑之義，爲固可以距之。」知輒之義，不可距也。故此傳但問其可立與不焉。

曰可。【疏】漢書雋不疑傳：「昔蒯聵違命出奔，輒距而不納，春秋是之。」通義云：「傳言可者，謂衛人可以王父之命立輒，非謂輒可仇讐其父，偃然居位也。」按：雋不疑傳亦云：「謂蒯聵違命，衛人可拒，春秋是之。」非謂輒可拒父也。

其可奈何？不以父命辭王父命，【注】不以蒯聵命辭靈公命。【疏】禮記疏引：「異義云：『衛輒拒父，公羊以爲孝子不以父命辭王父之命，許拒其父。左氏以爲子而拒父，悖理逆倫大惡也。』鄭駁異義云：『以父子私恩言之，則傷仁愛。』」鄭意以公羊所言，公義也；左氏所言，私恩也。然公羊亦不以輒可拒父，故下注云：「雖得正，非義之高者。」謂僅能得不以父命辭王父命之正也，亦即鄭氏傷仁恩之義。白虎通五行云：「不以父命辭王父命，何法？法金不畏土而畏火。」後漢書安帝紀云：「春秋之義，爲人後者爲之子，不以父命辭王父命。」穀梁傳：「何用弗受也？以輒不受也。以輒不受父之命，受之王父也。信父而辭王父，則是不尊王父也。其弗受，以尊父也。」

以王父命辭父命，【注】辭，猶不從。【疏】繁露精華云：「辭父之命，而不爲不承親。」説苑辨物上：

「辭蒯聵之命，不爲不聽其父。」謂以王父命辭也。

是父之行乎子也。【注】是靈公命行乎蒯聵，重本尊統之義也。【疏】注「是靈」至「義也」。○莊元年「夫人孫于齊」，注云：「念母則忘父，背本之道也。故絶文姜不爲不孝，拒蒯聵不爲不順，脅靈社不爲不敬，蓋重本尊統，使尊行於卑，上行於下。」通義云：「傳〔一〕曰：『都邑之士，則知尊禰。大夫及學士，則知尊祖。』是故輒有王父命爲可立，蒯聵無父命必不可立。經若惡蒯聵即似與輒，與輒是親親之義不著也；惡輒即似與蒯聵，與蒯聵是尊尊之義不著也。故但得託齊伯討以兩見其義，言乎輒使曼姑距父則不可，曼姑以靈公遺命拒蒯聵則可。輒之道，雖當讓，而衛人奉輒，自不失尊王父之意。若夫論語所言賢者之至行，又烏足以責輒也。推子貢之問，正以叔齊雖幼，而有父命，合於立輒尊王父命之事，故援以爲喻。令輒無可立之理，冉有、子貢，皆非中知，以下復何所疑而致問耶？或詆公羊有助子仇父之説者，抑不善讀此傳矣。」

不以家事辭王事，【注】以父見廢故，辭讓不立，是家私事。【疏】後漢書丁鴻傳：「鮑駿曰：春秋之義，不以家事廢王事。」○注「以父」至「私事」。○正以父子私恩，國者受之天子，傳之先君，不得顧私恩而昧公義也。

以王事辭家事，【注】聽靈公命立者，是王事公法也。【疏】注「聽靈」至「法也」。○校勘記云：「此本

〔一〕「傳」，原誤記爲「記」，以下引文出自儀禮喪服之「傳曰」，即所謂「服傳」，據校改。

『者』誤『是』，今据鄂本訂正。閩、監、毛本因誤作『是』，遂删去此字。」

是上之行乎下也。【注】是王法行於諸侯，雖得正，非義之高者也，故「冉有曰：『夫子爲衛君乎？』子貢曰：『諾，吾將問之。』入曰：『伯夷、叔齊何人也？』曰：『古之賢人也。』曰：『怨乎？』『求仁而得仁，又何怨？』出曰：『夫子不爲也』」。主書者，善伯討。【疏】注「是王」至「諸侯」。○校勘記云：「蜀大字本、閩、監、毛本同。鄂本『於』作『乎』，何校本疏中同。」舊疏云：「唯受靈公之命而拒蒯聵，而引王法行於諸侯者，正以靈公於蒯聵，若似天子於諸侯，故取以况之。」○注「雖得」至「者也」。○正以曼姑雖受命靈公可以拒蒯聵，究屬爲子拒父，故不得爲義之高也。包氏慎言云：「衛輒之事，夫子不爲，而公羊不責其拒父，何也？曰：蒯聵自絶於父出奔，義無得國之理，夫子之不爲衛君者，謂其所以處骨肉之間者，未盡其道耳，非謂輒之不宜君衛也。使輒之事果爲逆天悖倫，聖人安肯受其公養者？江熙曰：『經書衛世子蒯聵，援鄭世子忽爲比。不知春秋異義不嫌同辭，蒯聵之稱世子，聵自世子之；晉人世子之，衛人不以爲世子也。靈公之語公子郢曰：『予無子。』則靈公不以聵爲子也。公子郢之對夫人曰：『亡人之子輒在。』目蒯聵爲亡人，則固絶之於國也。自靈公憤於剸澤之盟叛晉，連年與齊伐晉，晉人雖殺涉佗以謝，而衛終不回也。繼又謀救范、中行氏，並與趙氏結怨。靈公死，趙鞅納蒯聵于戚，挾世子之名以要衛，衛人弗受也，經亦順而書之曰世子耳。夫禽獸猶知有母，天王且以不能乎母而見絶，聵爲人子，曾其母之不知，而欲殺其母，是梟獍也。以義言之，聵者，靈公所絶，亦春秋所絶也。考之左氏，聵之居戚且十五年，不聞衛人爲通外内之言，則國人之不義聵而莫肯戴聵也明矣。然國人弗戴聵，而輒爲其子，能晏然已乎？桃應問於孟子曰：『舜爲天子，皋陶爲士，瞽瞍殺人，則如之何？』孟子曰：『執之而已矣。』『然則舜不禁與？』曰：『夫舜烏得而禁之？』蒯聵犯父命，出而復入，齊國夏、石曼姑之圍戚，皋陶之執也，故公羊曰，以曼姑之義，爲固可以拒之也。桃應曰：『然則舜如之何？』曰：『舜視棄天下猶棄敝屣也。竊負而逃，遵海濱而處，終身訢然，樂而忘天下。』父子重於天下。有司執法爲天下法也，法之在天下者，君不可枉，則甯棄天下以全父子。聵者靈公所弗子，而輒不能不以爲父。輒不能竊負而逃，然苟超然遠引，棄衛國如敝屣，聵雖頑，曾其子知有父，而已不知有父，安然處其位乎？夫子之不爲，謂其所以感格者無術也，仗義執言。穀梁曰：『信父而辭王父，則是不尊王父也。其弗受，以尊王父也。』公羊曰：『不以父命辭王父命，以王父命辭父命，是父之行乎子也。』皋陶之爰書，聵無所逃其罪。凡此爲齊國夏言之，爲石曼姑之受命於靈公言之，非爲輒言也。輒之義，知有父子而已。春秋於聵之入沒輒出奔之文，亦以始違，而其後之所處，猶未爲失也。江熙、范甯徒較量其父子之孰當立孰不當立，則父廢而輒以孫爲祖後，固無惡於天下矣。況靈公以夏卒，蒯聵以六月入戚。父在殯而僩然稱兵，以圖復國，父死之謂何？又因以爲利。苟有人心者，則宜於此變矣。江、范所言，所謂設淫辭而助之故〔一〕也。亂臣賊子，幾何而不接踵於天下哉！」包氏此論極平允，而於何氏雖得正，非義之高者，義猶切當也。○注「故冉」至「爲也」。○論語述而篇文。校勘記出「曰怨乎求仁而得仁」，云：「鄂本、元本、閩本同。監、毛本『怨乎』下增『曰』字，非。」何煌曰：按文勢不當

〔一〕「故」，原訛作「攻」，叢書本不誤，據改。

有『曰』字，論語有者，衍文。」舊疏云：「冉有所以疑之者，正以輒之立也，雖得公義，失於父子之恩矣，入曰：『伯夷、叔齊何人也』者，正以輒之拒父，非義之高不敢正言，故問古賢以測之。云『子曰：古之賢人也』者，言古之賢士，且有仁行。若作『仁』字，如此解之；若作『人』字，不勞解也。」則何氏所引論語，當是古之賢仁也，今本据何晏論語改之。舊疏又云：「曰怨乎者，謂諫而不用，死于首陽，然則怨周王乎？曰求仁而得仁，又何怨者。言其兄弟相讓而來，正以求爲仁道，卒得成讓，仁道遂成，不欲汲汲乎求仁，有何孜孜而怨周王乎？出曰：『夫子不爲也』者，正以伯夷、叔齊兄弟讓國，夫子以爲賢，而知輒與蒯聵父子争國者，夫子不助明矣。」○注「主書者，善伯討」。○舊疏云：「一則見輒之得正，二則見曼姑可拒，但主書善其伯討，故曰主書者，善伯討。」

○夏，四月，甲午，地震。【注】此象季氏專政，蒯聵犯父命，是後蔡大夫專相放，盜殺蔡侯申，辟伯晉而京師楚，黄池之會吴大爲主。【疏】包氏慎言云：「四月書甲午，月之朔日。」○注「此象」至「爲主」。○蔡大夫專相放，即下「蔡人放其大夫公孫獵于吴」是也。盜殺蔡侯申，見下四年。辟伯晉而京師楚者，即下四年「晉人執戎曼子赤，歸于楚」，傳：「辟伯晉而京師楚。」是也。黄池之會吴大爲主者，即下十三年「公會晉侯及吴子于黄池」，傳：「吴何以稱子？吴主會也。吴在是，則天下諸侯莫敢不至也。」是也。五行志下之上：「哀公三年四月〔一〕甲午地震。劉向以爲，是時諸侯皆信邪臣，莫能用仲尼，盜殺蔡侯，齊陳乞弒君。」通義云：「占與昭公同。哀公孫越，事在春秋後。」

○五月，辛卯，桓宮、僖宮災。【疏】包氏慎言云：「五月書辛卯，月之二十八日。」

此皆毀廟也，其言災何？【注】据禮，親過高祖，則毀其廟。【疏】注「据禮」至「其廟」。○公羊禮說云：「春秋之例，始封之君其廟不毀，其餘親過高祖，則毀其廟。桓、僖當毀而不毀，魯廟災，故孔子在陳，聞之曰：『其桓、僖乎？』其後董仲舒廟殿火災對本此。然有中興之功則不毀，經書『成周宣謝災』是也。」五經異義：「魯詩說：丞相匡衡以爲殷中宗、周成、宣王皆以時毀。古文尚書說：經稱中宗，明其廟宗而不毀。謹案，公羊御史大夫貢禹說，王者宗有德，廟不毀；宗而復毀，非尊德之義。」按：漢之廟制不用周禮。每帝即世，輒立一廟，不止於七。後用貢禹之議，以孝文、孝武、孝宣皆以功德茂盛爲宗不毀，用公羊經師之說也。

復立也。曷爲不言其復立？【注】据立武宮言立。【疏】注「据立」至「言立」。○見成六年。孔叢子論書篇云：「書曰：『唯高宗報上甲微。』定公問曰：『此何謂也？』孔子對曰：『此謂親盡廟毀，有功而

〔一〕「月」字原脱，叢書本不誤，據補。

不及祖，有德而不及宗，故於每歲之大嘗而報祭焉，所以昭其功德也。』公曰：『先君僖公功德前列，可以與於報乎？』孔子曰：『丘聞之，昔虞、夏、商、周，以帝王行此禮者則有矣，自此以下未之知也。』」然則僖廟，定公時猶未立也。

春秋見者不復見也。【注】謂内所改作也，哀自立之，善惡獨在哀，故得省文。【疏】注「謂内」至「省文」。○舊疏云：「春秋之義，諸是内所改作者，但逐其重處一過見之而已，其餘輕處不復見之。所以然者，正以哀自立之，還於哀世災之，善惡獨在於哀，故得省文矣。似若襄三十一年『公薨于楚宫』，不言作楚宫者，正以襄自作之，還復襄自薨之，善惡獨在于襄，故得省文之類。」通義云：「春秋之大法，凡主譏者，有所託見，則不復特見。一省其文，一微其義。若然，經有『有事于武宫』，復言『立武宫』者，武公不在春秋中，嫌本有武世室，其爲廟毁復立未明，故特見也。」春秋正辭云：「竊謂書『墮郈』，不書城郈，亦是也。『立武宫』書者，嫌于不毁也。『城費』書者，以季首惡也。左疏引服虔云：『季氏出桓公，又爲僖公所立，故不毁其廟。』」則以桓、僖之廟本未毁，與此異。按：三家皆出桓公，而季氏得政在僖公世，故僖十五年震其孚夷伯之廟，此蓋季氏所立。

何以不言及？【注】据雉門及兩觀。【疏】注「据雉門及兩觀」。○定二年「雉門及兩觀災」是也。

敵也。【注】親過高祖，親疏適等。【疏】注「親過」至「適等」。○正以桓、僖皆在毁廟之數，輕重相同，故不言及以别之。禮記王制云：「諸侯五廟，二昭、二穆與太祖之廟而五。」文王世子云：「五廟之孫，祖廟未毁。」是則五廟外皆所當毁。計桓之於哀，八世祖也，僖六世祖也，按禮皆在宜毁者也。左疏引服虔云：

「俱在迭毀，故不言及。」穀梁傳云：「言及，則祖有尊卑，由我言之，則一也。」是謂自我言之，皆親盡當毀是也。通義云：「自義率祖，則太廟而外其尊同；自仁率親，則高祖而上其疏等，故言敵也。」

何以書？【注】上已問此皆毀廟，其言災何？故不復連桓宮、僖宮。【疏】舊疏云：「隱三年『武氏子來求賻』，傳：『武氏子來求賻，何以書？』注：『不但言何以書者，嫌主覆問上所以説二事，不問求賻。』今此上文亦有二事之嫌，主春秋見者不復見也，何以不言及？敵也。何以書而不復爲嫌者，正以上傳云『此皆毀廟也，其言災何？復立也』。分疏已訖，是以不復言桓宮、僖宮災何以書矣。」

記災也。【注】災不宜立。【疏】注「災不宜立」。○舊疏云：「謂其宮不宜立，若曰以其不宜立，故災之然。」史記注引服虔云：「桓、釐當毀，而魯事非禮之廟。故孔子聞有火災，知其爲桓、釐也。」五行志上：「哀公三年五月辛卯，桓、釐宮災。董仲舒、劉向以爲，此二宮不當立，違禮者也。哀公又以季氏之故不用孔子。孔子在陳，聞魯災，曰：『其桓、釐之宮乎？』以爲桓，季氏之所出；釐，使季氏世卿者也。」左傳：「司鐸火，火踰公宮，桓、僖災。」杜云：「言桓、僖親盡而廟不毀，宜爲天所災。」經義雜記云：「公、穀及董、劉説，以桓、僖廟爲毀後復立者。左傳無明文，故服、杜以爲原未毀者也。定二年『雉門及兩觀災』，言及。此不言及者，公、穀以爲尊卑敵體，故不言。服氏則以並毀，故不言也。哀公時，桓、僖有廟者，服解亦本董、劉之義。至於桓、僖親盡，不當有廟，天故災之，三傳説並同也。」

〇**季孫斯、叔孫州仇帥師城開陽。**【疏】左氏、穀梁作「啓陽」。「開」者，爲漢景帝諱也。校勘記云：「唐石經、諸本同。」按：公羊之興正在景世，故傳寫者遂改「啓」爲「開」也。杜云：「琅邪開陽縣。」大事表云：「今沂州府治北十五里有開陽故城，本鄅國地。」季氏本曰〔一〕：「昭十八年，邾人襲鄅，鄅子從帑于邾，遂爲邾地，近季氏費邑。魯既取漷東、沂西田，則邾不得不以啓陽讓魯矣。」水經注沂水篇：「沂水又南，逕開陽縣故城東，縣故鄅國也。春秋左傳昭公十八年，邾人襲鄅，『盡俘以歸。鄅子曰：余無歸矣！從帑〔二〕于邾』是也，後更名開陽。春秋哀公三年經書季孫斯、叔孫州仇帥師城啓陽者，是矣。縣故琅邪郡治也。」地理志「東海郡開陽」下云：「故鄅國。」

〇**宋樂髡帥師伐曹。**

〇**秋，七月，丙子，季孫斯卒。**【疏】包氏慎言云：「七月書丙子，月之十四日。」

〔一〕「季氏本曰」，明季本撰春秋私考三十六卷，殆引自此書。

〔二〕「帑」，原訛作「孥」，叢書本同，據水經注及左傳校改。

○蔡人放其大夫公孫獵于吴。【注】稱人者，惡大夫驕蹇，作威相放，當誅，故貶。【疏】注「稱人」至「故貶」。○舊疏云：「知是大夫者，正以春秋之例，君殺大夫稱國，即僖七年『鄭殺其大夫申侯』之屬是。大夫自相殺稱人，即文九年『晉人殺其大夫先都』之屬是。則知稱國以放者，君自放之，即宣元年『晉放其大夫胥甲父于衛』是也。則稱人以放，乃是大夫自相放，即此文是矣。而言作威者，即洪範云『唯辟作威』是也。今此大夫作威，故貶之。言當誅者，謂於王法當誅也。言故貶之者，正以大夫之貴，平常之時合稱名氏，故稱人爲貶之。」是也。

○冬，十月，癸卯，秦伯卒。【注】哀公著治大平之終，小國卒葬，極於哀公者，皆卒日葬月。【疏】包氏慎言云：「十月書癸卯，月之十三日。」○注「哀公」至「葬月」。○正以所見之世，昭、定、哀三世，故哀公著治大平之終也。小國卒葬，極於哀公者，舊疏云：「即此『癸卯，秦伯卒』、明年三月〔一〕『葬秦惠公』是也。按，昭元年『秦伯之弟鍼出奔晉』，傳云『有千乘之國而不能容其母弟』，注：『秦侵伐自廣大，故曰千乘。』然則，秦是西方之伯，國至千乘，此注謂之小國者，正以僻陋在夷，罕與諸夏交接，至於春秋，大夫名氏不見於經，是以比之小國，其實非小者也。舊説云：地之張翕，彼此異時，蹙闢之數，不可同日而語。

〔一〕「三月」，原訛作「五月」，叢書本同，據公羊注疏校改。

昭元年之時，自以千乘爲大國，至此還小，亦何傷也，而有疑焉？」鄂本、閩、監、毛本「大」改「太」，非。釋文：「大平，音泰。」按：秦伯自昭、定而後，不至蹙國，觀於左傳，秦哀復楚走吴可見。舊疏是。所引舊説不可通也。

○叔孫州仇、仲孫何忌帥師圍邾婁。

○四年，春，王三月，庚戌，盜殺蔡侯申。【疏】包氏慎言云：「公羊經三月有庚戌，据曆爲二月之二十二日。三月無庚戌。左氏、穀梁均作二月。疑公羊誤。」校勘記出「盜殺」，云：「閩、監、毛本同。唐石經『殺』作『弑』。」此釋文及左氏釋文皆作「殺，音弑」，惟穀梁經作「弑」。按：作「殺」者釋文本也。公羊、左氏疏本宜皆作「弑」，後人据釋文本改疏本也。二傳並云「此稱盜以弑何」，則經文作「弑」明矣。

弑君賤者窮諸人，此其稱盜以弑何？【注】据宋人弑其君處臼稱人。【疏】注「据宋」至「稱人」。○文十六年，「宋人弑其君處臼」是也。彼傳云：「大夫弑君稱名氏，賤者窮諸人。」此稱盜，故据彼以難。

賤乎賤者也。【注】賤於稱人者。【疏】注「賤於稱人者」。○舊疏云：「彼注云『賤者謂士也。士正自當稱人』。然則今此非士，故言賤乎賤者也。」段氏玉裁經韻樓集：「賤乎賤，謂盜爲賤中之賤者也。爾雅釋訓「微乎微者也」，謂「式微式微」，言微而又微也。法言「才乎才」，謂儀、秦才而又才，但非聖人所謂才耳。其他有「習乎習」、「雜乎雜」、「辰乎辰」，素問「形乎形」、「神乎神」，史記淮陰侯列傳「時乎時」，詞意〔一〕略同。」蓋謂賤者稱人，稱盜則又賤之至賤者矣。

賤乎賤者孰謂？【注】据無主名。

謂罪人也。【注】罪人者，未加刑也。蔡侯近罪人，卒逢其禍，故以爲人君深戒。不言其君者，方當刑放之，與刑人義同。【疏】通義云：「本賤者，又犯罪，故尤賤之。」○注「罪人者，未加刑也」。○舊疏云：「若其刑訖，當有刑稱，即襄二十九年「夏，閽弒吴子餘祭」是也。今此言盜，又謂之罪人，故知未加刑也。」○注「蔡侯」至「深戒」。○舊疏云：「卒，詁爲終也。」○注「不言」至「義同」。○即襄二十九年「閽弒其君」，下注云：「不言其君者，公家不畜，士庶不友，放之遠地，欲去聽所之，故不繫國，故不言其君也。」舊疏云：「此處之盜，仍未加刑，而亦不言其君者，正以方當刑放之，與刑人義同也。」鹽鐵論周秦云：「春秋罪人無名號，謂之云盜，所以賤刑人而絶人倫也。故君不臣，士不友，於閭里無所容。」穀梁傳：「稱盜以弒君，不以上下道道也。」注：「是直稱盜，不在人倫之序。」是也。錢氏大昕答問云：「書「閽弒吴子餘祭」，戒人君之近刑人也。書「盜弒蔡侯申」，戒人君之疏大臣而近小人也。」

〔一〕「意」字原脱，據經韻樓集校補。

○蔡公孫辰出奔吴。

○葬秦惠公。

○宋人執小邾婁子。

○夏，蔡殺其大夫公孫歸姓、公孫霍。【疏】通義云：「左氏以爲皆弑君之黨，然經不以討賊之辭言之，則彼未足信。」

○晉人執戎曼子赤歸于楚。【疏】大事表云：「今河南汝州西南有蠻城，爲春秋時蠻子國。傳云『晉執戎蠻子，以畀楚師于三户』。按，三户，今河南南陽府淅川縣西南有三户城，蓋在南陽、汝州之間矣。」水經注伊水篇：「又東北逕新城縣南。」胡氏渭云：「今洛陽縣南七十五里有新城，春秋戎蠻子邑，漢以爲縣。」左氏、穀梁作戎蠻子。古蠻、曼同部，叚借字。

赤者何？【注】欲以爲戎曼子名，則晉人執曹伯，言畀宋人，不言名歸。欲言微者，則不當書，故以不知問也。【疏】注「欲以」至「名歸」。○即僖二十八年「晉侯入曹，執曹伯，畀宋人」是也。彼則曹伯不言名，畀宋人不言歸，故据以難。毛本「言畀」誤「以畀」。○注「欲言」至「問也」。○舊疏云：「欲言赤是楚之微者，自歸于楚，非戎子之名〔一〕，則微者之例，不當書見，故以不知問之。」

戎曼子之名也。其言歸于楚何？【注】据執曹伯畀宋人，不言歸于宋。【疏】通義云：「弟子讀經文，似晉人執戎曼子爲一事，赤歸于楚爲一事。疑與『赤歸于曹』同類，故設問云爾。」按：傳已明言「赤，戎曼子之名也」，似不必疑「赤歸于楚爲一事」矣。○注「据執」至「于宋」。○彼傳云：「其言畀宋人何？與使聽之也。」故與此書歸于楚異。

子北宫子曰：「辟伯晉而京師楚也。」【注】此解名而言歸意也。前此楚比滅頓、胡，諸侯由是畏其威，從而圍蔡。蔡遷于州來，遂張中國，京師自置，晉人執戎曼子，不歸天子而歸于楚，而不名，而言歸于楚，則與伯執歸京師同文，故辟其文而名之，使若晉非伯執，而赤微者自歸于楚。言歸于楚者，起伯晉京師楚。主書者，惡晉背叛，當誅之。【疏】舊疏云：「成十五年『晉侯執曹伯，歸于京師』，是伯執人歸于京師之文。今戎曼子不言名，直言『晉侯執戎曼子歸于楚』，則是伯者執人歸京師無異，故名戎子以辟之。言赤歸于楚者，似楚之微者自歸，不干戎子然，故曰『辟伯晉而京師楚也』。」○注「此解」至「意也」。○校

〔一〕「非戎子之名」句原脱，叢書本同，據公羊注疏校補。

勘記云：「閩、監、毛本同，誤也。鄂本作『名而言歸』，當據正。」按：紹熙本亦作「言」。舊疏云：「言赤歸于楚之意也。」是也。○注「前此」至「于楚」。○楚滅頓、胡，即定十四年「楚公子結帥師滅頓，以頓子牄歸」、十五年「楚子滅胡，以胡子豹歸」是也。從而圍蔡，即上元年「楚子、陳侯、隨侯、許男圍蔡」是也。蔡遷于州來，見上三年。通義云：「引先師言以正之，此實晉爲楚執戎曼子，歸于楚。欲言晉人執，則醇與『晉侯執曹伯，歸于京師』同文。嫌若以方伯待晉，而以京師比楚，故特避之，加名以爲別也。所以加名得見別異者，正以衛侯、曹伯等執歸京師，皆不名故也。」舊疏云：「不名而言歸于楚，則與成十五年『晉侯執曹伯，歸于京師』同文。」似與伯者執人歸京師同，故辟其名，而名戎曼子也。使若晉非伯執者，僖四年傳「稱人而執者，非伯討也」。今此經云「晉人」，故云使若晉非伯討也，而亦微者自歸于楚者，若似楚之微者名赤，自歸于楚然，猶莊二十四年「冬，赤歸于曹」之類。○注「言歸」至「師楚」。○舊疏云：「正以僖二十八年『晉侯執曹伯畀宋人』，諸侯相執不言歸，今言歸者，欲起晉人以楚爲京師故也。」按：此所謂不没其實也。○注「主書」至「誅之」。○舊疏云：「主書此事者，正欲惡晉以楚爲京師，背叛天子，當合誅絶也。若然，楚人是時京師自置，甯知不惡之者，正以宣十八年『楚子旅卒』，傳：『吴、楚之君不書葬，辟其號也。』則吴、楚僭號不書葬，一譏而已，自餘京師自置之事，理應不譏，故云爾。」包氏慎言云：「按伯者，帥諸侯以供命于天子者也。晉爲諸夏諸侯之伯，無天子命而擅執人君，歸之於楚，是爲楚執也。晉爲楚執人之君，是天子楚也，故坐以背叛當誅。」按：晉人而京師楚，則諸夏諸侯可知。故何氏以爲地震之應。

○城西郛。

○六月，辛丑，蒲社災。【疏】包氏慎言云：「六月書辛丑，月之十五日。」舊疏引賈氏云：「公羊曰『薄社』，蓋所見本異。左氏、穀梁經作『亳社』。」唐韻正：「亳，傍各切。平聲則音蒲。」書序：「作將蒲姑。」釋文：「蒲，如字。馬本作『薄』。」左傳昭九年〔一〕云「蒲姑、商奄」，釋文：「蒲，如字，又音薄。」周本紀：「遷其君薄姑。」呂覽具備篇：「湯嘗約於郼、薄矣。」注：「薄或作亳。」蓋蒲、亳、薄三字通。讀書叢録云：「蒲是薄字之省；薄、亳古字通用。尚書序：『成王既踐奄，將遷其君於蒲姑。』釋文：『蒲，馬本作薄。』疏云：『賈氏曰：公羊曰薄社。』所見本薄字尚不省。」通義云：「左氏經作『亳社』。賈逵云公羊曰『薄社』，與亳音訓並同。郊特牲曰：『薄社北牖，使陰明也。』今公羊爲『蒲』字，轉寫脱下寸耳。」

蒲社者何？【注】据「鼓，用牲于社」，不言蒲。【疏】注「据鼓」至「言蒲」。○見莊二十五年。

亡國之社也。【注】蒲社者，先世之亡國，在魯竟。【疏】注「蒲社」至「魯竟」。○舊疏云：「公羊解以爲蒲者，古國之名，天子滅之，以封伯禽，取其社以戒諸侯，使事上。今災之者，若曰王教絶云爾。左氏、穀梁以爲亳社者，殷社也，武王滅殷，遂取其社賜諸侯，以爲有國之戒。然則傳説不同。」按：穀梁傳：「亳，

〔一〕「九年」，原誤記爲「元年」，據左傳正義校改。

亡國也。亡國之社以爲廟屏，戒也。」注引劉向説：「立亳社于廟之外，以爲屏蔽，取其不得通天，人君瞻之而致戒心。」是也。左傳杜注：「亳社，殷社。諸侯有之，所以戒亡國。」疏云：「説者以爲立亳社於廟門之外，以爲屏蔽，使人君視之而致戒也。」郊特牲注：「薄社，殷之社。殷始都薄。」此皆以爲殷社者也。何氏以爲亡國之社，在魯竟者。蒲雖不可考，然左傳有蒲姑與商奄並舉，則蒲姑即蒲，亦即薄姑。薄姑與四國作亂，爲周公所滅。蓋即分其地屬齊、魯，故齊亦有薄姑氏地，晏子所謂「薄姑因之」是也。薄姑是諸侯之號，其君號謚不可考，因即舉其地爲氏也。詩疏引書大傳云：「奄君薄姑。」鄭注：「或疑爲薄姑，齊地，非奄君名也。」薄姑與四國作亂，四國即指管、蔡、商、奄，是薄姑非奄君名。蓋魯既分得薄姑氏地，因立彼國之社以示誡，所以魯有兩社，閔二年左傳所云「間于兩社」是也。若以爲殷社，則宋亦有亳社。左傳襄三十年「鳥〔一〕鳴于亳社」是也。豈宋亦故表其先世之惡以自戒？周家以忠厚立國，恐周公、成王不如是之已甚也。繁露王道云：「周發兵，不期會於孟津之上者，八百諸侯，共誅紂，大亡天下，春秋以爲戒，曰亳社災。」董生所説多與何邵公殊也。通義云：「書序『蒲姑』，馬本作『薄姑』。何邵公云『蒲社者，先世之亡國，在魯竟』，似別有蒲國，誤矣。武王伐殷克薄，班其社於諸侯。呂氏貴直論曰：『殷之鼎陳于周之廷，其社蓋于周之屏。』」按：孔氏遷左、穀之説以駁何氏。然呂氏春秋所云武周所以爲屏示戒，未必諸國皆有也。書缺有間固然，何各國不聞有亳社耶？

〔一〕「鳥」，原訛作「烏」，叢書本同，據左傳校改。

社者，封也。【注】封土爲社。【疏】廣雅釋詁：「社，封也。」○注「封土爲社」。○白虎通社稷云：「不謂之土何？封土立社，故變名謂之社，別于衆土也。」禮記疏引：「異義：今孝經說：社者，土地之主，土地廣博，不可偏敬，故封五土以爲社。古左氏說：共工之子爲后土，后土爲社。許君謹按亦曰：『春秋稱公社，今人稱社神爲社公，故知社是上公，非地祇。』玄駁之云：『社祭土而主陰氣。』又云：『社者，神地之道，謂社神，但〔一〕言上公，失之矣。今人謂雷曰雷公，天曰天公，豈上公也！』」何氏此義當同鄭說。

其言災何？【注】据封土非火所能燒。

亡國之社蓋揜之，【疏】禮記郊特牲云：「天子大社，必受霜露風雨以達天地之氣也。是故喪國之社屋之，不受天陽也。薄社北牖，使陰明也。」注：「絶其陽通其陰而已。」舊疏云：「公羊子不受于師，故言蓋也。」

揜其上而柴其下。【注】故火得燒之。揜柴之者，絶不得使通天地四方，以爲有國者戒。【疏】周禮地官媒氏注云：「亡國之社，奄其上而棧其下。」蓋柴即棧也。管子小問〔二〕篇：「傅馬棧者最難。先傅曲木，曲木又求曲木，曲木已傅，直木無所施矣。先傅直木，直木〔三〕又求直木，直木已傅，曲木亦無所施

〔一〕「但」，原譌作「俱」，叢書本同，據禮記正義校改。
〔二〕「小問」，原誤記爲「内業」，據管子校改。
〔三〕「直木」二字原脱，叢書本同，據管子校補。

矣。」淮南道應訓：「柴箕子之門。」注：「箕子亡之朝鮮，舊居空，故柴護之。」蓋編木圍其四面。用之亡國之社，則爲柴其下；用以護箕子之居，則爲柴箕子之門；用木爲車箱，則爲棧車，亦爲柴車；用以養魚，則謂之涔。爾雅釋器云：「槮，謂之涔。」毛詩疏引孫炎注：「積柴養魚曰涔。」説文木部：「栫，以柴木雝也。」是也。編柴養馬則曰校。廣雅釋木：「校，椒柴也。」故周禮夏官主養馬者稱校人也，是也。左傳哀八年「吴囚邾子於樓臺，栫之以棘」，亦即柴其下之象，故説文木部以校爲「木囚」，亦謂編木繫人，使不得外達。此社用柴遮塞，故注云「火得燒之也」。莊子馬蹄云「編之以皁棧」，皁棧即草棧也。故説文：「竹木之車皆曰棧。」又天地云：「趣舍聲色以柴其内。」柴亦取義爲塞也。○注「揜柴」至「者戒」。○漢書王莽傳：「古者畔逆之國，既已誅討。」「四牆其社，覆上棧下，示不得通。辨社諸侯〔一〕，出門見之，著以爲戒。」師古曰：「棧謂以簀蔽之也。下則棧之，上則覆之，所以隔塞不通陰陽之氣。」孟康曰：「辨，布也。布崇社國，國各〔二〕作一，見以爲戒也。」白虎通社稷云：「王者、諸侯必有誡社者何？示有存亡也。明爲善者得之，爲惡者失之。故春秋公羊傳曰：『亡國之社，奄其上，柴其下。』郊特牲記曰：『喪國之社，屋之。』示與天地絶也。在門東，明自下之無事處也。或曰：皆當著明誡，當近君，置宗廟之牆南。禮曰：『亡國之社稷，必以爲宗廟之屏。』示賤之也。」通典禮五引白虎通「誡」作「柴」。魯有兩社，外朝在庫門之内，東有亳

〔一〕「諸侯」二字原脱，叢書本同，據漢書校補。
〔二〕「各」字原脱，叢書本同，據顔注漢書校補。

社，西有國社，朝廷執政之處在其中也。穀梁傳：「亳，亡國也。亡國之社以爲廟屏，戒也。其屋亡國之社，不得上達也。」獨斷云：「古者，天子亦取亡國之社，以分諸侯使爲社，以自儆戒。屋之，掩其上，使不通天；柴其下，使不通地；自與天地絶也。面北向陰，示滅亡也。」其祭以喪祝掌之。周禮春官喪祝云「掌勝國邑之社稷之祝號，以祭祀禱祠」是也。以士師爲尸，秋官士師云「若祭勝國之社稷，則爲之尸」是也。

蒲社災，何以書？記災也。【注】戒社者，先王所以威示教、戒諸侯，使事上也。災者，象諸侯背天子。是後宋事彊吴，齊、晉前驅，滕、薛俠轂，魯、衛驂乘。故天去戒社，若曰王教滅絶云爾。【疏】不直言何以書，嫌止主問災也。○注「戒社」至「上也」。○陳氏禮書引韓詩内傳曰：「亡國之社以戒諸侯。」故白虎通亦謂諸侯有誡社也。俱不云有亳社，蓋各國各有誡社與？○注「災者」至「云爾」。○舊疏云：「『是後』至『驂乘』，春秋説文，謂下十三年黄池之會時也。」按：宋事彊吴，未知所指。五行志上：「哀四年六月辛丑，亳社災。董仲舒、劉向以爲，亡國之社，所以爲戒也。天戒若曰，國將危亡，不用戒矣。春秋火災，屢見於定、哀之間，不用聖人而縱驕臣，將以亡國，不明甚矣。一曰，天生孔子，非爲定、哀也，蓋失禮不明，火災應之，自然象也。」志又云：「建元六年，遼東高廟災，高園便殿火。董仲舒對曰：春秋之道，舉往以明來，是故天下有物，視春秋所舉與同比者，精微眇以存其意，通倫類以貫其理，天地之變，國家之事，粲然皆見，無所疑矣。按，春秋魯定公、哀公時，季氏之惡已孰，而孔子之聖方盛。夫以盛聖而易孰惡，季孫雖重，魯君雖輕，其勢可成也。故定公二年五月兩觀災。兩觀，僭禮〔一〕之物，天災之者，若曰僭禮之臣可以去。已見辠徵，而後告可去，此天意也。定公不知省。至哀公三年，桓宮、釐宮災，二者同事，所爲一也，若曰燔貴而去不義云爾。哀公未能見。故四年六月亳社災。兩觀、桓、釐廟、亳社四者皆不當立，天皆燔其不當立者以示魯，欲其去亂臣而用聖人也。季氏亡道久矣，前是天不見災者，魯未能有賢聖臣，雖欲去季孫，其力不能，昭公是也。至定、哀迺見之，其時可也。不時不見，天之道也。」專就魯論，義較近切，惟謂亳社不當立，未知何本。何氏取應於天下諸侯者，春秋託王於魯，蒲社而災，聖人故即假以示王教滅絶焉。經義雜記云：「公、穀及董、劉義，皆以亳社爲殷社，故云『亡國之社』。先王立之，俾諸侯以亡爲戒。今天災之，因人君不能爲戒，而國將亡也。乃何氏見公羊作蒲，而以爲先世之亡國。疏又云：『蒲者，古國之名，天子滅之，以封伯禽。』考禮記『薄社北牖』，注：『薄社，殷之社。殷始都薄。』釋文：『薄，本又作亳。』書序：『將遷其君於蒲姑。』釋文：『蒲，如字，徐又扶各反，馬本作薄。』史記周本紀作『遷其君薄姑』。是薄、蒲、亳三字古通。何氏墨守公羊，未考左、穀之經，不知蒲爲亳字之聲借，其誤一也。又云：『戒社者，先王所以威示教戒諸侯，使事上。』此與立社爲使民戰栗之説無異，而反失警戒危亡之義，其誤二也。又歷指宋、齊、晉、滕、薛、魯、衛之聽命于吴，天以爲王教絶滅，故災之。按，經、傳及先儒皆無此義，其誤三也。范注穀梁最得經、傳意。」按：如亳爲殷社，則古天子之社，不得立之侯國。宰予失

〔一〕「禮」，原訛作「亂」，叢書本同，據漢書校改。

言，在使民戰栗。何意只使諸侯知所懼戒，正得畏天尊王之意，何有不合？至各國聽命于吳之説，何氏本之諸緯，並非肊造，均不得据以相難也。

○秋，八月，甲寅，滕子結卒。【疏】包氏慎言云：「八月書甲寅，月之二十九日。」

○冬，十有二月，葬蔡昭公。【注】賊已討，故書葬也。不書討賊者，明諸侯得討士以下也。【疏】注「賊已」至「葬也」。○正以隱十一年傳：「春秋君弒賊不討，不書葬，以爲無臣子。」蔡侯被殺而書葬，故知賊已討也。○注「不書」至「下也」。○舊疏云：「考諸正本，何氏之注盡於此，若更有注者，衍字矣。」又云：「孟子曰：『諸侯不得專殺大夫。』是以春秋之内，殺大夫不問有罪無罪，皆書而譏之。若殺微者，例所不録。今蔡侯之賊乃微者，嗣子殺之，故不書見，故云明諸侯得專討士以下也。」范云：「不書弒君之賊，而昭公書葬。既謂之盜，若殺微賤小人，不足録之。」

○葬滕頃公。

○**五年，春，城比。**【疏】〔一〕校勘記云：「唐石經、諸本同。釋文：『比，本又作芘，亦作庇，同音毗。』左氏、穀梁作『毗』。」按：古比密、朏輔字衹皆作比，後世叚用朏字，又譌作毗也。周易比彖傳：「比，輔也。」說文比部：「比，密也。」廣韻六脂：「朏，說文曰：『人臍也。』今作毗，通爲朏輔之朏。」

○**夏，齊侯伐宋。**

○**晉趙鞅帥師伐衛。**

○**秋，九月，癸酉，齊侯處臼卒。**【疏】包氏慎言云：「九月書癸酉，月之二十四日。」左氏、穀梁作「杵臼」，史記齊世家注：「徐廣曰：史記多作『箸臼』。」

○**冬，叔還如齊。**

〔一〕「【疏】」，原脱，叢書本同，據全書體例校補。

○閏月，葬齊景公。

閏不書，此何以書？【注】据楚子昭卒不書閏。【疏】注「据楚」至「書閏」。○襄二十八年：「冬，十有二月，甲寅，天王崩。乙未，楚子昭卒。」注：「乙未、甲寅相去四十二日，蓋閏月也。」彼卒在閏月，不書閏，故据以難。

喪以閏數也。【注】謂喪服大功以下諸喪，當以閏月爲數。【疏】釋文：「數，所主反。」下及注月數閏數同。舊疏云：「此數讀如『加我數年』之數，非頭數之數也。」○注「謂喪」至「爲數」。○毛本「諸喪」誤「諸侯」。舊疏云：「此數乃爲頭數之數，謂九月、五月、三月之喪，既是數月之物，故得數閏以充之，是以葬亦書閏矣，何者？葬亦數月之物故也。」白虎通喪服云：「三年之喪不以閏月數何？以其言期也。期者，復其時也。大功已下月數，故以閏月除。禮士虞經曰『期而小祥』，『又朞而大祥』。」舊疏引鄭志：「答趙商云：居喪之禮，以月數者，數閏；以年數者，雖有閏，無與于數也。」通典引射慈云：「三年期喪，歲數没閏，九月以下數閏月也。」然則，此傳之以閏數者，謂功緦之服。穀梁傳所謂「閏月者，天子不以告朔而喪事不數」者，謂期三年服也。通義云：「葬月當併閏計之，故特著其禮。」「五月而葬，亦事之以月數者，故同得計閏也。」然何氏竟指大功以下數閏釋此傳，非也。禮，與諸侯爲兄弟者服斬齊之臣子，豈有服大功者乎？明年傳曰『除景公之喪』，注：『期而小祥，服期者除。』然景公以九月卒，而以七月練，是齊之未失，雖以年數者，亦數閏矣。」按：何特舉大功以下以月數者得以閏數，以明葬之以月數者亦得以閏耳，不必謂齊之臣子服景公以大功以下也。下傳云「喪數略也」，必非指葬言。

喪曷爲以閏數？【注】据卒不書閏。【疏】舊疏云：「此喪亦喪服大功以下者。」

喪數略也。【注】略猶殺也。以月數，恩殺，故并閏數。【疏】通義云：「喪數沽略。」包氏慎言云：「九月至十二月方四月，未及葬期。時曆閏十二月，齊以有閏月爲合五月之期，故經特書閏，以著其失。」其説是也。○注「略猶殺也」。○荀子天論云：「養略而動希。」注：「略，減少也。」文選注引國語賈注：「略，簡也。」管子侈靡云：「略近臣。」注：「略禮，謂不繁也。」皆與殺義通。○注「以月」至「閏數」。○舊疏云：「此數亦如『加我數年』之數。大功以下之喪，所以得數閏月者，正以恩殺故也。」舊疏引鄭志：「趙商問曰：經曰『閏月不告朔，猶朝于廟』，穀梁傳云『閏月，附月之餘日，喪事不數』。又哀五年『閏月，葬齊景公』，公羊傳云『喪以閏數，喪數略也』。此二傳義相反，於禮斷之何就？鄭答曰：『居喪之禮，以月數者，數閏；以年數者，雖有閏，無與于數也。』然〔一〕則鄭意以彼云喪事不數者，謂期與三年也。此云喪以閏數者，謂大功以下也。」舊疏又云：「若穀梁之意，以爲大功以下及葬，皆不數閏。」按：穀梁説非是。

〔一〕「然」，原訛作「是」，據公羊注疏校改。

公羊義疏七十四

南菁書院　句容陳立卓人著

哀六年盡十三年

○六年，春，城邾婁葭。【注】城者，取之也。不言取者，魯數圍取邾婁邑，邾婁未曾加非於魯。而侮奪之不知足，有夷狄之行，故諱之，明惡甚。【疏】校勘記云：「唐石經、閩、監、毛本同。鄂本『葭』作『瑕』，非。」左氏、穀梁作「邾瑕」。春秋異文箋云：「定公十三年左氏經『次于垂葭』，公羊經作『垂瑕』。此年左氏經作『城邾瑕』，公羊經作『城邾婁葭』。知瑕、葭音相近。」杜云：「任城亢父縣有邾瑕城。」大事表云：「今在兗州府濟甯州南二十里。」水經注泗水篇：「又西過瑕丘縣東，屈從縣東南流，漷水從東來注之。瑕丘，魯邑，春秋之負瑕矣。」「漷水西南流入邾。」馬氏宗槤左傳補注云：「按郡國志，負瑕屬山陽郡，與邾之漆，與閭丘近。哀七年囚邾子負瑕，杜云：『在南平陽縣西北。』哀二年：『伐邾取漷東田。』水經：『負瑕，漷水從東來注之。』酈元亦云漷水在瑕丘西南，是哀二年所取漷東田，即負瑕也，本邾地，故曰邾瑕。哀七年傳『負瑕故有繹』，亦瑕丘本爲邾地之證。杜注非是。」○注「城者，取之也」。○襄二年：「遂城虎牢。」

傳：「虎牢者何？鄭之邑也。其言城之何？取之也。」今言城邾婁葭，文與彼同，故知城之爲取之也。○注「魯數」至「惡甚」。○即上二年「伐邾婁，取漷東田及沂西田」，又三年「叔孫州仇、仲孫何忌帥師圍邾婁」之屬是也。有夷狄行者，舊疏云：「正以貪而無親故也。」通義云：「諱取言城，與虎牢同義。不但言取葭者，方將滅其國，故諱之益深。凡爲内深諱者，正惡之大者也。諱亟取不繫國，今深諱反繫國者，但言城葭，嫌與内邑同，文無所起。」

○晉趙鞅帥師伐鮮虞。

○吴伐陳。

○夏，齊國夏及高張來奔。

○叔還會吴于柤。

○秋，七月，庚寅，楚子軫卒。【疏】包氏慎言云：「七月書庚寅，月之十七日。」軫，史記世家作「珍」。

○齊陽生入于齊。【疏】穀梁傳：「入者，内弗受也。荼不正，何用弗受？以其受命，可以言弗受也。陽生其以國氏，何也？取國于荼也。」注引：「何君廢疾曰：『即不使陽生以荼爲君，不當去公子，見當國也。』又穀梁以爲國氏者，取國于荼。齊小白又不取國于子糾，無乃近自相反乎？」以穀梁上傳曰：「陽生入而弑其君，以陳乞主之，何也？不以陽生君荼也。其不以陽生君荼，何也？陽生正，荼不正。」故何氏有此難也。「鄭釋之曰：『陽生篡國，故不言公子。』不使君荼，謂書陳乞弑君爾。荼與小白，其事相似，荼弑乃後立，小白立乃後弑，雖然，俱篡國而受國焉爾。傳曰：『齊小白入于齊，惡之也。』陽生其以國氏何？取國于荼也。義適相足，又何自反乎？子糾宜立，而小白篡之，非受國于子糾，則將誰乎？」按：經義述聞云：「子糾未得入于齊，則國非其國也，豈得云受國子糾？」故劉氏逢禄難之曰：「荼之不正，以不日明之，與晉卓子同例。荼之弑，實陳乞主之，故與晉里克同例。經曰『其君』，傳曰陳乞之君，非陽生之君，不亦亂于義乎？然則，楚棄疾不以國氏，比又不稱其君，且得爲誅亂辭乎？商人取國于舍，又何爲不以國氏乎？」按：大國篡例月，此不月者，舊疏云：「陽生之入實是九月，但事不宜月，故直時。」若然，隱四年注「大國篡例月」，則齊爲大國，例宜書月，而言事不宜月者，正以陽生之篡，陳乞爲之，故陽生之入欲移惡於陳乞故也。似若莊九年「夏，齊小白入于齊」，注「不月者，移惡于魯也」之類也。然則，大國之篡，所以月者，以其禍大故也。既移惡于陳乞，是以不月，正得述事之宜矣。

○齊陳乞弑其君舍。【疏】釋文：「左氏、穀梁『舍』作『荼』。」云：「音舒。」舍、荼同部，故通。唐韻正：「舍，古音署。」詩小雅何人斯云「亦不遑舍」，與車、盱協〔一〕韻。「熊朋來曰：舍非但與車、盱協韻，音作舒，便合讀作舒。春秋哀六年『齊陳乞弑其君荼』，公羊作『舍』，音舒，此經中明證。」史記律書：「日月所舍。舍者，舒氣也。」九經古義：云：「史記律書：『舍者，日月所舍。舍者，舒氣也。』是舍有舒義，故有舒音。」

弑而立者，不以當國之辭言之。此其以當國之辭言之何？【注】据齊公子商人弑其君舍而立，氏公子。【疏】通義云：「弑而立者，謂繼弑君而立者。若宋督弑殤公而立莊公，不言宋馮入于宋；趙盾弑靈公而立成公，不言晉黑臀入于晉之類是也。」○注「据齊」至「公子」。○文十四年「齊公子商人弑其君舍」，故疑陽生不氏公子。

爲諼也。【疏】馮、黑臀等，皆君弑而後復國。此則先復國，乃以諼弑舍，故特爲篡詞，與齊小白入于齊，而後殺糾者同罪也。

此其爲諼奈何？【注】問其義。

〔一〕「協」字原脱，叢書本同。這裏是説詩何人斯之「亦不遑舍」句之舍字，與「遑脂爾車」、「雲何其盱」句之車、盱二字協韻。據義徑補。

景公謂陳乞曰：「吾欲立舍，何如？」【疏】齊世家云：「景公寵妾芮姬生子荼。」左氏傳：「諸子鬻姒之子荼嬖。」未知孰是。

陳乞曰：「所樂乎爲君者，欲立之則立之，不欲立則不立。【注】貴自專也。【疏】舊疏云：「此乃有爲而言，非正道也。」

君如欲立之，則臣請立之。」【注】陳乞欲拒言不可，恐景公殺陽生。【疏】齊世家云「景公病，命國惠子、高昭子立少子荼爲太子」，與左傳同，與此異。

陽生謂陳乞曰：「吾聞子蓋將不欲立我也。」陳乞曰：「夫千乘之主，將廢正而立不正，必殺正者。【注】晉世子申生是也。【疏】注「晉世」至「是也」。○即僖五年，「晉侯殺其世子申生」是也。穀梁傳云：「陽生正，荼不正。」世家：「荼少，其母賤無行。」明不正也。

吾不立子者，所以生子者也，走矣！」【注】教陽生走。【疏】左傳、史記皆以陽生奔在景公卒後。

與之玉節而走之。【注】節，信也。析玉與陽生，留其半，爲後當迎之，合以爲信，防稱矯也。奔不書者，未命爲嗣。【疏】注「節，信也」。○周禮掌節云：「守邦國者用玉節。」注：「諸侯於其國中，公卿大夫、王子弟於其采邑，有命者亦自有節以輔之。玉節之制，如玉爲之，以命數爲小大。」是也。○注「析玉」至「矯也」。○漢書孝文紀：「除關無用傳。」張晏曰：「傳，信也，若今過所也。」如淳曰：「兩行書繒帛，分持其一，出入關，合之乃得過，謂之傳也。」李奇曰：「傳，棨也。」師古曰：「古者或用棨，或用繒帛。棨者，刻木爲合符也。」又終軍傳：「關吏予軍繻。」即師古所謂「或用繒帛」也。蓋古或有用木者，説文木部：「棨，傳信也。」自謂木爲之者。又孝文紀：「初，與郡守爲銅虎符、竹使符。」注：「應劭曰：『銅虎符第一至第五，國家當發兵遣使者，至郡合符，符合乃聽受之。竹使符皆以竹箭五枝，長五寸，鐫刻篆書，第一至第五。』張晏曰：『符以代古之珪璋，從簡易也。』師古曰：『與郡守爲符者，謂各分其半，右留京師，左以與之。』」後漢書杜詩傳：「兵者，國之凶器，聖人所慎。舊制，發兵皆以虎符，其餘徵調，竹使而已。符策合會，取爲大信，所以明著國命，斂持威重也。」注云：「説文：符，信也。漢制以竹，長六寸，分而相合。」皆古玉節之遺也。通義云：「使詐以使命出，防關稽也。周禮有金節、竹節，此言玉者，蓋若龍輔之類。」○注「奔不」至「爲嗣」。○通義云：「子糾來奔亦不書，同此例。」按：定十四年「衛世子蒯聵出奔宋」，此陽生出奔不書，明未命爲嗣矣。然則，上傳云「廢正而立不正，必殺正者」，立子以貴，蓋陽生雖非嫡出，但其秩次宜立，故亦爲正，或貴妾之子也。舊疏引：「舊云『陽生實是世子，但未命爲嗣，故出入不兩書。若命爲嗣，則是大國之君，出入合兩書』者，非。」按：左傳、史記皆云，諸大夫願擇諸子長賢者爲嗣，景公惡言嗣事，是未命爲嗣。若陽生是適，則諸大夫宜請立陽生矣。

景公死，而舍立。陳乞使人迎陽生于諸其家。【注】于諸，寘也，齊人語也。【疏】齊世家：「田乞敗二相，乃使人之魯，召公子陽生至齊，私匿田乞家。」左傳：「僖子使召公子陽生。」「逮夜至于齊，國人知之。僖子使子士之母養之。」

除景公之喪。【注】期而小祥，服期者除。【疏】注「期而」至「者除」。○期而小祥，士虞記文。喪服斬衰章：「父，傳曰：父至尊也〔一〕。」又曰：「君，傳曰：君至尊也。」則君、父皆應三年。景公死於上年之九月，至此年秋末始及期。舍及陳乞並諸大夫皆無除喪之禮，蓋時無三年喪禮也。故孟子盡心云：「齊宣王欲短喪。公孫丑曰：爲朞之喪，猶愈於已乎？」又滕文公篇：「滕定公薨。然友反命，定爲三年之喪，父兄百官皆不欲，曰：『吾宗國魯先君莫之行，吾先君亦莫之行也。』」襄十四年左傳：「吳子諸樊既〔二〕除喪。」注：「乘卒，至此春十七月，既葬而除喪〔三〕。」閔二年傳：「譏始不三年。」論語陽貨篇：「宰我問三年之喪，期已久矣。」是當時各國皆不行三年喪也。詩檜風序：「素冠，刺不能三年也。」則春秋前已有不三年者矣。通義云：「除義如除喪者，先重者之除喪服，自卒哭而練而祥而禫，皆有變除之節，謂之除喪。此期而除喪者，所謂男子除乎首，婦人除乎帶也。」義或然也。然此距景公之卒，並未及期，蓋連閏數之耳。練祭當以閏數，則不能行三年之喪必矣。

諸大夫皆在朝，陳乞曰：「常之母【注】常，陳乞子。重難言其妻，故云爾。【疏】注「常，陳乞子」。○注「重○田齊世家：「田乞卒，子常代立，是爲田成子。」田常即陳恒也，漢博士避文帝諱，改恒爲常。

〔一〕「父至尊也」上，喪服原文有設問：「爲父何以斬衰也？」此略去。
〔二〕「既」字下原衍「葬而」二字，叢書本同，據左傳校刪。
〔三〕「喪」字原脫，叢書本同，據左傳正義校補。

難」至「云爾」。○今人猶有此稱。舊疏云：「正以妻者，己之私，故難言之，似若今人謂妻爲兒母之類是也。」

有魚菽之祭，【注】齊俗，婦人首祭事。言魚豆者，示薄陋無所有。【疏】齊世家：「十月戊子，田乞請諸大夫曰：『常之母有魚菽之祭，幸來會飲。』」○注「齊俗」至「祭事」。○舊疏云：「主婦設祭，禮則有之，何言齊俗者？正以主婦設祭之時，助設而已，其實男子爲首，即君牽牲，夫人奠酒；君親獻，夫人薦豆之類是也〔一〕。若其齊俗，則令婦人爲首也，故此傳云云，即其文是矣。」○注「言魚」至「所有」。○鹽鐵論散不足篇：「古者庶人魚菽之祭，蓋陳乞自卑之詞也。」舊疏云：「依正禮，水陸僉陳，而止言魚與豆者，示薄陋無所有故也。」公羊問答云：「問：陳乞爲大夫，而祭以魚菽，何也？曰：祭典，國君有牛享，大夫有羊饋，士有豚犬之奠，庶人有魚炙之薦。今陳乞大夫，而言魚菽之祭，故注云『示薄陋無所有』。」通義云：「牲用魚，薦用菽，家之小祭祀，所謂季女尸之者也。亦以乞未終君喪，不可自首祭事，其妻服除，故得言之。禮，爲夫之君服期。」按：孔氏此論甚是。陳乞本爲立陽生事，不必實有正祭也。

願諸大夫之化我也。」【注】言欲以薄陋餘福共宴飲。【疏】桓六年傳：「曷爲慢之？化我也。」注：「行過無禮謂之化，齊人語也。」意謂魚菽至薄，諸大夫不必以禮相將，謙若不敢當盛儀然也。通義云：「不將禮而相過謂之化。」

〔一〕「是也」二字原脱，叢書本同，脱此語氣不足，據公羊注疏校補。

諸大夫皆曰：「諾。」於是皆之陳乞之家，坐。陳乞曰：「吾有所爲甲，【注】甲，鎧。請以示焉。」諸大夫皆曰：「諾。」於是使力士舉巨囊而至于中霤，【注】巨囊，大囊。中央曰中霤。【疏】校勘記出「巨囊」，云：「唐石經、諸本同。釋文：『囊，乃郎反。又音託。』按，史記齊大公世家『囊』作『橐』，故音託。」○注「巨囊，大囊」。○陳氏啓源毛詩稽古編云：「諸家釋囊橐各異。毛傳：『小曰橐，大曰囊。』玉篇解亦同。孔疏引左傳趙盾食靈輒，實食與肉於橐，及公羊傳陳乞盛公子陽生于囊，以橐僅容物，證其小；囊可容人，證其大。干寶晉紀論引此詩，吕注云『大曰橐，小曰囊』，與毛傳反。釋文引説文云：『無底曰囊，有底曰橐。』孫奕示兒編亦引之。唐韻：『橐無底囊。』漢書注：『無底曰橐，有底曰囊〔一〕。』宋董氏及朱傳因之，與釋文正反。説各異，而毛傳最古。疏引趙盾、陳乞二事似爲確證。史記平原君傳『若錐之處囊中』，揚雄傳『士或自盛以橐』，又云『范雎扶服入橐』，則囊未嘗不可盛物，橐未嘗不可容人。二物本大同小别，可以互稱，人各以意名之乎？」按：陳説辨論極明晰。蓋本無定名，故説亦互異。○注「中央曰中霤」。○左傳宣二年「三進及溜」，釋文：「溜，屋霤也。」惠氏棟左傳補注云：「案，熊氏經説云古有中霤禮。蓋儀禮之逸而不傳者。霤者，屋有複穴，開其上以取明，雨則霤之，因名中庭曰

〔一〕「囊」，原訛作「橐」，叢書本同，據漢書校改。

中霤。鄉飲記有『磬，階霤』〔一〕，即中霤也。大記有『東霤』，注云：『危，棟上也。』〔二〕雜記有『門内霤』，即賓執脯賜鐘人之處。釋名釋宫室云：『中央曰中霤。古者寝穴後〔三〕室之霤，當今之棟下直室之中，古者霤下之處也。』月令『其祀中霤』，注：『中霤，猶中室也。古者複穴，是以名室爲霤。』舊疏引庾蔚之云：『複，地上累土，穴則穿地也。複穴皆開其上取明，故雨霤之，是以因名中室爲中霤也。』」程氏瑶田釋宫小記云：「霤之義，始于廇。爾雅云：『宗廇謂之梁。』言宫室之上覆者廇然隆起也。當未有宫室之先民，複穴以居，地上累土爲之謂之複，鑿地爲之謂之穴，其上皆必有廇然者覆之，此宫室宗廇之所自始也。開上納明，雨從此下，此則霤之所自始，故字从雨而从留也。受霤之地，在複穴之中，則中室名中霤之始也。月令『中央土』，『其祀中霤』，祀土神也。土爲五行主，神在室之中央。室之中央因於古先納明之霤，故名之曰中霤。祀之於此，故名祀土神曰祀中霤也。祀中霤之禮，設主於牖下，牖象納明之霤，故主設之於此。郊特牲曰：『家主中霤而國主社。』社祀土，中霤亦祀土，故家國相擬也。今世茅屋草舍開上納明，以破甕之半側覆之，以禦雨，即古中霤之遺象與？嘗試論之，古者初有宫室時，易複穴爲蓋構，度亦未遽爲兩下屋與四注屋也，不過爲廇然之物以覆於上，當如車蓋然。中高而四周漸下，以至於地。中高者棟，四周漸下者宇，度所謂上棟下宇者，或如是亦通謂之壁；度即屋之上覆者，非如後世牆垣始謂之壁也。古者

〔一〕「磬，階霤」，左傳補注原文引作此。儀禮鄉飲酒禮原文爲「磬，階閒縮霤」。
〔二〕「大記」至「上也」句：「東霤」正文出自燕禮，非喪大記，但下引注「危，棟上也」，不在燕禮一節，出自喪大記注。
〔三〕「寝穴後室」，原訛作「寑穴復室」，叢書本同，據釋名及釋名疏證校改。寝，土室，洞窟。

明堂圓其上以法天。余以爲上棟下宇之初，殆亦圓其上者與？古者屋覆至地，必開上納明，故霤恒入於室。後世制度大備，屋宇軒敞，四旁皆得納明，其霤不入於室，而惟外垂，故天子諸侯，屋皆四注，則有東西南北之霤凡四。大夫以下兩下屋，則有南北之兩霤。燕禮「當東〔一〕霤」，見有南北霤，復有西南霤也。鄉飲酒禮「縮霤」，則其南霤也，此言堂屋之霤也。凡門屋又皆有北霤，曰門内霤。凡此之霤，皆外垂，皆有木梘承之，檀弓所謂「池視重霤」，鄭氏謂屋之承霤，以木爲之，用行水也。」按：此自謂屋之中霤，非南北霤也。

諸大夫見之，皆色然而駭，【注】色然，驚駭貌。【疏】校勘記云：「唐石經、諸本同。釋文：『色然，如字。』本又作『垝』，又或作『危』。按，一切經音義引作『歒然』，此作『色』，蓋誤。」經義述聞云：「色者，歒之借字也。一切經音義卷九：『歒，所力反。埤蒼云：恐懼也。通俗文：小怖曰歒。公羊傳「歒然而駭」是也。』集韻：『歒，恐懼也。』亦引春秋傳『歒然而駭』。與何本不同。蓋出王愆期、高龍、孔衍三家注也。垝、危皆色之譌，猶脃之譌爲脆矣。」○注「色然，驚駭貌」。○莊子大宗師云：「且彼有駭形而無損心。」注：「以變化爲形之駭動耳。」説文：「駭，驚也，从馬亥聲。」讀書叢録云：「説文：『歒，悲意。』色、歒同聲叚借字。本作垝，危者又因色字而譌。」經傳釋詞説論語「色斯舉矣」云：「斯猶『然』也。」「鄉黨馬注云：『見顔色不善則去之。』憲問篇『其次辟色』，孔傳曰：『色斯舉矣。』二注相應。然下句『翔而後集』，自指鳥言

〔一〕「東」字原脱，叢書本同，據儀禮校補。

之，若謂孔子辟色，則與下句意不屬；若謂鳥見人之顏色不善而飛去，則人之顏色不善又豈鳥所能喻？今按，色斯者狀鳥舉之疾也，與翔而後集意相反。色斯猶色然驚飛貌也。呂覽審應篇云：『蓋聞君子猶鳥也，駭則舉。』公羊傳『色然而駭』，何注『驚駭貌』，與此相近。漢人多以色斯連讀，論衡定賢云：『大賢之涉世也，翔而後集，色斯而舉。』議郎元賓碑：『翻翥色斯。』竹邑侯相張壽碑：『君常懷色斯，遂用高逝。』堂邑令費鳳碑：『色斯輕翔，翻然高潔。』費鳳別碑：『功成事就，色斯高舉。』」則色斯即此之色然也。

開之，則闖然【注】闖，出頭貌。【疏】校勘記云：「唐石經、諸本同。釋文：『闖然，見貌。』字林云：『馬出門貌。』按，說文：『覢，暫見也，从見炎聲。春秋公羊傳曰：「覢然公子陽生。」』」按：釋文：「闖，丑鴆反，又丑甚反，一音丑今反。見貌。」○注「闖，出頭貌」。○玉篇門部：「闖，敕蔭切，馬出門皃。」引「公羊傳『開之則闖然』，何注：『闖然，出頭皃。』或作覘。」按：說文見部有「覢」字，則玉篇之「或作覘」，當云「或作覢」也。段注云：「猝乍之見也。倉頡篇曰：『覢覢，視皃。』按，與目部之『睒』音義皆同。」說文云：「闖，馬〔一〕出門皃，从馬在門中。讀若郴。」出門皃，與出頭貌，取象亦近也。說文：「覾，私出頭視〔二〕也。」「閃，闚頭門中也。」太玄䁗：「初一，䁗復睒天，不覩其軫。」范注：「睒，窺也。」劇：「次三，鬼睒其室。」注：「睒，見也。」禮運注：「淰之言閃也。」凡閃、睒、覢、闖，音義皆相近。

〔一〕「馬」字原脱，叢書本同，據說文校補。
〔二〕「視」，原訛作「貌」，叢書本同，據說文校改。

公子陽生也。陳乞曰：「此君也已！」諸大夫不得已，皆逡巡北面再拜稽首而君之爾。【注】時舍未能得衆，而陽生今正當立，諸大夫又見力士，知陳乞有備，故不得已，遂君之。【疏】齊世家：「會飲，田乞盛陽生橐中，置坐中央，發橐出陽生，曰：『此乃齊君矣！』大夫皆伏謁。將與大夫盟而立之，鮑牧醉，乞誣大夫曰：『吾與鮑牧謀共立陽生。』鮑牧怒曰：『子忘景公之命乎？』諸大夫相視欲悔，陽生前頓首曰：『可則立之，否則已。』鮑牧恐禍起，乃復曰：『皆景公子也，何爲不可！』乃與盟，立陽生。」與此大同小異。○注「時舍」至「君之」。○齊世家云：「芮子故賤而孺子少，故無權，國人輕之。」是未能得衆也。毛本「今正」作「本正」。齊世家云「鮑牧恐禍起」，蓋亦見力士，知陳乞有備也，故諸大夫亦從而君之爾。

自是往弑舍。【注】陽生先詐致諸大夫，立於陳乞家，然後往弑舍，故先書當國，起其事也。乞爲陽生弑舍，不舉陽生弑者，諼成于乞也。不日者，與卓子同。【疏】齊世家云：「悼公入宮，使人遷晏孺子於駘，殺之幕下。」左傳：「使胡姬以安孺子如賴。去鬻姒。」「使朱毛遷孺子於駘，不至，殺諸野幕之下。」○注「陽生」至「事也」。○舊疏云：「先書當國，起其事也者。謂書陽生入齊，乃在弑舍之前，所以起其先入後弑也。」通義云：「陽生正，舍不正，而入于齊爲簒辭者，舍有父命也，此大爲臣子防也。」穀梁傳：「不正，則其曰君何也？荼雖不正，已受命矣。入者，內弗受也。荼不正，何用弗受？以其受命，可以言弗受也。」注：「先君已命立之，於義可以拒之。」是弑君之謀起於陽生，故以當國辭起之。○注「乞爲」至「乞也」。○舊疏云：「舉重略輕。春秋之常事，今而不書者，諼成于乞故也。」通義云：「比猶加弑，陽生不加弑者，彼言歸，嫌比無惡，此言入，不嫌陽生無惡。須主見陳乞之罪，彼則别書棄疾弑公子比于下，諼弑之罪自有所見也。此二經文異而義同。」按：弑君之事成于乞，不書陳乞弑君，乞罪不見，陽生已書當國，不嫌無罪也。○注「不日」至「子同」。○僖十年：「春，王正月，晉里克弑其君卓子。」注：「不日者，不正遇禍，終始惡明，故略之。」今此陳乞弑舍不日，亦不正遇禍，終始惡明，故略之也，故曰與卓子同。舊疏云：「鄉解云陽生之入，實在九月，但事不宜月，故不書月。則陳乞之事，宜云不月，而云不日者，以卓子之弑書月，若言不月，則與卓子同，文不可設，故曰不日。且陳乞弑舍，實不書日，謂之不日亦何傷？則陳乞弑舍，與里克弑卓子相類，而不月者，以文承『陽生入齊』之下，陽生入齊不月，是以陳乞之事不得月也。僖九年『冬，晉里克弑其君之子奚齊』，注：『不月者，不正遇禍，終始惡明，故略之。』此亦不月，何氏不云不月者，與奚齊同義，正以奚齊未踰年之君，與舍不類也。」

○冬，仲孫何忌帥師伐邾婁。

○宋向巢帥師伐曹。

○七年，春，宋皇瑗帥師侵鄭。

〇晉魏曼多帥師侵衛。

〇夏，公會吴于鄫。【疏】左傳校勘記云：「釋文作『繒』，云：『一本作鄫。』陳樹華云：穀梁、史記吴世家、魯世家、孔子世家並作繒，是所據本有異也。」

〇秋，公伐邾婁。八月，己酉，入邾婁，以邾婁子益來。【疏】包氏慎言云：「八月書己酉，月之十一日。」

入不言伐，此其言伐何？【注】据當舉入爲重。【疏】注「据當舉入爲重」。〇莊十年傳：「戰不言伐，圍不言戰，入不言圍，滅不言入，書其重者也。」

内辭也，若使他人然。【注】諱獲諸侯，故不舉重而兩書，使若魯公伐而去，他人入之以來者，醇順他人來文。【疏】注「諱獲」至「來文」。〇隱六年：「鄭人來輸平。」傳：「諱獲也。」注：「明鄭擅獲諸侯，魯不能死難，皆當絶之。」又僖十五年：「獲晉侯。」注：「釋不書者，以獲君爲惡；書者，以惡見獲，與獲人君者，皆當絶也。」是獲君當絶，故爲内諱獲諸侯也。舊疏云：「若不諱，宜舉重云公入邾婁，今不舉重而伐入兩書，故知諱獲諸侯也。」又云：「使若魯公伐而去，他人入之以來者，以來是詣魯之常文，故何氏言來者常文，不爲早晚施是也。今始若不諱，宜云以邾婁子益至自某，而經言來，故如此解。」又云：「醇順他人來文者，以上諱獲諸侯，故不舉重，使若魯人伐而去，他人自入之。今文言來，作外來詣魯之常文，故曰醇順他人來文也。」按：經若不諱，當云「以邾子益歸」，不言來也。通義云：「諱不欲公首其惡，與須朐同意，不嫌觸日入例者，下有獲文，惡明。」

邾婁子益何以名？【注】据以隗子歸不名。絶之〔一〕。曷爲絶之？【注】据俱以歸。【疏】校勘記云：「唐石經、諸本同。按，僖二十六年疏引此，『曷』上有『之』字，此脱。」○注「据俱以歸」。○正以經書「以來」，實則歸也。不書歸而書以來，不没其實也，與「以隗子歸」同，故云「据俱以歸」。

獲也。【疏】穀梁傳：「益之名，惡也。」注：「惡其不能死社稷。」左傳：「師宵掠，以邾子益來，獻于亳社，囚諸負瑕，負瑕故有繹。」

曷爲不言其獲？【注】据獲晉侯言獲。【疏】注「据獲晉侯言獲」。○見僖十五年。

内大惡諱也。【注】故名以起之也。日者，惡魯侮奪邾婁無已，復入獲之。入不致者，得意可知例。【疏】正以擅獲諸侯宜絶，故爲内大惡也。舊疏云：「隱二年『無駭入極』之下，傳云：『此滅也，其言入何？内大惡諱也。』昭四年『取鄫』之下，傳云：『滅之，則其言取之何？内大惡諱也。』今此又言『内大惡諱也』，重發傳者，正以往前二處入取文異，今此上經雖亦言入，但書名之由，事須備釋，是以又言。」通義

〔一〕「之」字原脱，叢書本同，據公羊傳校補。

云：「外言以歸，内言以來，别其辭也。醇順諱文，不舉公至，故特辟不言以至。而穀梁以爲言來，有外魯之辭焉，非經意。」○注「故名以起之也」。○正以内諱獲言來，獲之實恐不見，故書名以起之。正以曲禮云：「諸侯不生名。」又曰：「諸侯失地名。」是諸侯禮當死位，今不能死位，故生名，見其宜絶，知被獲矣。○注「日者」至「獲之」。○隱二年注：「入例時，傷害多則月。」此書日，故解之。侮奪無已，即上六年「城邾婁葭」，注云：「魯數圍取邾婁邑。邾婁未嘗加非於魯，而侮奪之不知足。」今又入其國，獲其君，故書日以惡内也。○注「入不」至「知例」。○莊六年注：「公與一國及獨出用兵，得意不致，不得意致伐。」至入則不書致，明得意也。此不書致，從可知例。僖三十三年：「公伐邾婁取叢。」注云：「取邑不致者，得意可知。」例與此同。

○宋人圍曹。

○冬，鄭駟弘帥師救曹。

○八年，春，王正月，宋公入曹，以曹伯陽歸。

曹伯陽何以名？【注】据以隗子歸不名。【疏】注「据以」至「不名」。○見僖二十六年。

絶。曷爲絶之？【注】据俱以歸。

滅也。【疏】大事表云：「按，宋滅曹，而經文書入，先儒以爲入與滅不同。然哀十四年經書『宋向魋入于曹，以叛』，則曹爲宋邑明矣。且春秋書入者多矣，『莒人入向』，向爲莒邑；『秦人入滑』，而滑爲晉邑；『秦人入鄀』，而鄀爲楚邑。至哀十三年『於越入吴』，豈得謂其非滅耶？而宣十二年書『楚子滅蕭』，而蕭反未滅，仍屬于宋。然則，謂入與滅之判然不同者，殆未可爲定例也。益知隱二年『入極』，公、穀以爲滅者，其説近是矣。」

曷爲不言其滅？【注】据滅隗也。

諱同姓之滅也。【注】故名以起之。【疏】注「故名以起之」。○義與書「邾婁子益」同。桓七年：「穀伯綏來朝。鄧侯吾離來朝。」傳云：「皆何以名？失地之君也。」

何諱乎同姓之滅？【注】据衛侯燬滅邢不諱。【疏】注「据衛」至「不諱」。○見僖二十五年。

力能救之而不救也。【注】以屬上力能獲邾婁而不救曹，故責之。不日者，深諱之。定、哀滅例日。此不日者，諱使若不滅，故不日。【疏】通義云：「滅邢不諱，滅曹諱者，所見之世，爲内恥尤深也。此同事而異辭，所以各見其義。彼主責衛滅同姓，此主責魯不救同姓之滅。直書宋滅，則責内意無所託，變滅言入，乃得起其微辭，故曰諱之，與譏之爲用一也。至於滅國之惡，前後屢見，不待責一宋公而後顯，所謂見者不復見耳。春秋用意，每略人所易曉而發人所難知。亦猶滅虞言執虞公，梁亡不言秦滅，勿獨嫌責宋公之薄也。且入國而以其君歸，罪固不滅于滅矣。」○注「以屬」至「責之」。○即上七年，「公伐邾婁。八月，己酉，入邾婁，以邾婁子益來」是也。○注「不日者，深諱之」。○舊疏云：「既書入以諱同姓見滅，而又不日，故曰深諱也。」今疏本脱「不」字。○注「定、哀」至「不日」。○定四年：「夏，四月，庚辰，蔡公孫歸姓帥師滅沈。」注云：「定、哀滅例日，定公承黜君之後，有彊臣之讎，故有滅則危懼之，爲定公戒也。」哀承定後，亦宜日。今不日，諱使若不滅然，故不日也。

○吳伐我。【注】不言鄙者，起圍魯也。不言圍者，諱使若伐而去。【疏】解詁箋云：「所見世，著治大平文也。董子曰：『當此之時，魯無鄙疆，諸侯之伐哀者，皆言我。』中庸述春秋之化施及蠻貊，正此意也。從吳、齊來伐上見者，明當與春秋異道，不得相干也。」按：董子説見繁露奉本篇。○注「不言」至「魯也」。○莊十九年：「齊人以下伐我西鄙。」注：「鄙者，邊垂之辭，榮見遠也。」此見圍，故不得言鄙矣。通義云：「不言鄙者，近逼城下之辭。」均與董異。○注「不言」至「而去」。○舊疏云：「國君當彊，折衝當遠。魯微弱深見犯，至于圍國，故諱之。但言伐者，差輕也。」按：莊十九年：「齊人以下伐我西鄙。」注又云：「榮見遠也。」則此逼近國都，恥可知，故深爲諱也。

○夏，齊人取讙及僤。【疏】校勘記：「唐石經、諸本同。釋文：『僤』，字林作『障』，左氏作『闡』。解云：左氏、穀梁作『讙』、『闡』字。」杜云：「闡在東平剛縣北。」大事表云：「戰國時爲齊之剛邑。故剛城在今兗州府甯陽縣東北三十五里。」玉篇阜部：「墠，尺善反。魯邑名。」與字林同水經注汶水篇：「又西南過剛縣北。地理志：剛，故闡也。應劭曰：春秋書『齊人取讙及闡』是也。杜預釋地曰：『闡在剛縣北，剛城東有一小亭，今剛縣治，俗又謂之闡亭。京相璠曰：剛縣西四十里有闡亭。』」漢書地理志：「泰山郡剛，故闡。」應劭曰：「春秋注取讙及闡，今闡亭是也。」闡、僤皆單聲，音義通。方輿紀要：「應劭曰：剛城，故闡邑也。戰國時爲齊之剛邑。秦昭王三十六年，取齊剛壽，即此。漢置剛縣，屬泰山郡。後漢屬濟北。晉曰剛平，後謁剛爲堽。今有堽城壩。」紀要又云：「闡城，兗州甯陽縣東北三十五里故剛城北。」通志亦云：「闡邑在寧〔一〕陽縣東北境。爾雅注別爲『闡』。」應劭又引「讙」作「鄻」，不知何家本。漢地理志亦引作「鄻」。說文有「鄻」字。

外取邑不書，此何以書？所以賂齊也。曷爲賂齊？【注】据上無戰伐之文。【疏】穀梁傳注宣元年傳：「內不言取，言取，授之也，以是爲賂齊。」此言取，蓋亦賂也。

爲以邾婁子益來也。【注】邾婁，齊與國，畏爲齊所怒而賂之，恥甚，故諱使若齊自取。【疏】注「邾婁」至「自取」。○穀梁傳：「惡內也。」范上注云：「魯前年伐邾，以邾子益來。益，齊之甥也，畏齊，故賂之。」范以邾子益爲齊甥，本左氏爲說。何以爲邾婁，齊之與國，未知何氏所本。

〔一〕「寧」，原訛作「[illegible]」，叢書本同，據通志校改。

○歸邾婁子益于邾婁。【注】獲歸不書，此書者，善魯能悔過歸之，嫌解邾婁子益無罪，書故復名之。

【疏】注「獲歸」至「歸之」。○舊疏云：「正以僖十五年，秦獲晉侯，後歸不書，故曰獲歸不書。今此書者，善魯能悔過歸之，故録見之。」○注「嫌解〔一〕」至「名之」。○監、毛本「名」誤「明」。又經文「于」誤「子」。穀梁傳：「益之名，失國也。」注：「於王法當絶故。」解詁箋云：「正以上來爲獲歸，且刺畏齊而後歸益也。」按：桓十五年傳：「歸者，出入無惡。」今此言歸，是無惡之文，嫌魯與益皆無罪，故復書名以罪之。蓋書名有二義：一則見邾婁子不能死之罪，一則見魯雖解釋邾婁子，不能除其獲人之罪也。舊疏：「所以書益之名，得見魯之有罪者，正以上七年以益來之時，傳云『内大惡諱』，注：『故名以起之。』然則初書名，起見魯罪，則知今復名者，其不善明矣。」

○秋，七月。

○冬，十有二月，癸亥，杞伯過卒。【疏】包氏慎言云：「冬十二月書癸亥，月之四日。」

〔一〕「解」，原訛作「辭」，叢書本同，據【注】文改。

○**齊人歸讙及僤。**【注】書者，善魯能悔過，歸邾婁子益，所喪之邑，不求自得，故不言來，使若不從齊來，與歸我濟西田同文。【疏】注「書者」至「之邑」。○魯歸邾婁子所喪之邑，經傳無文，未知何氏所據。○注「不求」至「同文」。○正以書歸，知不求自得也。若求乃得之則當言取，僖三十一年「取濟西田」，成二年「取汶陽田」是也。與「歸我濟西田」同文者，宣十年：「齊人歸我濟西田。」傳：「齊已取之矣，其言我何？言我者，未絶于我也。曷爲未絶于我？齊已言取之矣，其實未之齊也。」注：「不言來者，明不從齊來，不當坐取邑。」是也。則彼以未之齊，故不言來，此以不求自得，使若不從齊來，不當坐取邑，故亦不言來，故云與彼同文矣。然則，彼言我者，以其未絶于我；此不言我，蓋讙、僤已絶于魯。濟西田未絶于我〔一〕，齊不坐取邑；則讙、僤，齊人當坐取邑矣。通義云：「既歸邾婁子，齊亦還所賂。」

○**九年，春，王二月，葬杞僖公。**

○**宋皇瑗帥師取鄭師于雍丘。**【疏】杜云：「雍丘縣屬陳留。」方輿紀要：「雍丘城，今開封府杞縣治。」

〔一〕「于我」二字原脱，「濟西田未絶」不辭，據上引論之公羊注疏校補。

其言取之何？【注】据詐戰言敗也。【疏】注「据詐戰言敗也」。○莊十年「荆敗蔡師于莘」，昭二十三年「吴敗頓、胡、沈、蔡、陳、許之師于雞父」是也。「敗于雞父」傳云：「此偏戰也，曷爲以詐戰之辭言之？」故春秋各國詐戰者皆書敗。

易也。其易奈何？詐之也。【注】詐謂陷阱奇伏之類。兵者，爲征不義，不爲苟勝而已。十三年詐反不月，知此不蒙上月，疾略之爾。【疏】注「詐謂」至「之類」。○舊疏云：「何氏蓋取禮記中庸，云：『人皆曰予知，驅而納諸罟擭陷阱之中而莫之知辟也。』又言奇伏者，奇兵伏兵之謂也。」莊十一年左傳：「覆而敗之曰取某師。」杜氏釋例：「覆者，謂威力兼備，若羅網之所掩覆。一軍皆見禽制，故以取爲文，專制之辭也。」○注「兵者」至「而已」。○春秋之義，偏戰者日，詐戰者月。所以然者，不爲苟勝，故繁露竹林云：「惡詐擊也。」○注「十三」至「之爾」。○即下十三年：「春，鄭軒達帥師取宋師于嵒。」傳：「其言取之何？易也。其易奈何？詐反也。」注：「前宋行詐取鄭師，今鄭復行詐取之，苟相報償，不以君子正道，故傳言詐反。反，猶報也。」是不月也。詐戰者月，所以然者，疾其行詐，故略之也。此二經設陷阱奇伏，又爲詐之甚者，故不月；疾之深，故略之甚也，知此不蒙上月矣。

○夏，楚人伐陳。

○秋，宋公伐鄭。

○冬，十月。

○十年，春，王二月，邾婁子益來奔。【注】月者，魯前獲而歸之，今來奔，明當尤加禮厚遇之。

【疏】注「月者」至「遇之」。○隱元年注「出奔例時」，故[一]襄二十八年「冬，齊慶封來奔」、上六年「夏，齊國夏、高張來奔」之屬是。今此月，故解之。舊疏云：「文十二年『春，王正月，盛伯來奔』，注『月者，前爲魯所滅，今來見歸，尤當加意厚遇之』也，義亦通於此。則知昭二十三年『秋，七月，莒子庚輿來奔』，月者，爲下『戊辰，吴敗頓、胡以下之師』書，莒子之奔雖在月下，不蒙月。何氏不注之者，正以隱元年『冬，十有二月，祭伯來』之下注云『月者，爲下卒也，出奔例時也[二]』，上已有注，故至[三]庚輿之下，省文從可知。」

[一]「故」，殆爲衍文，叢書本同。
[二]「出奔例時也」句原脱，叢書本同，據公羊注疏校補。
[三]「至」，原訛作「知」，叢書本同，據公羊注疏校改。

○公會吴伐齊。

○三月，戊戌，齊侯陽生卒。【疏】包氏慎言云：「三月有戊戌，月之十六日。」

○夏，宋人伐鄭。

○晉趙鞅帥師侵齊。

○五月，公至自伐齊。【疏】通義云：「前後公會吴皆不致者，恥也。此致者，善公因齊喪退師，將順其美。」

○葬齊悼公。

○衛公孟彄自齊歸于衛。

○**薛伯寅卒。**【注】卒、葬略者，與杞伯益姑同。【疏】左氏、穀梁「寅」作「夷」。書堯典「寅賓出日」，釋文「寅又音夷」；又「夙夜惟寅」，釋文「徐音夷」，古音寅，讀如以脂切，故得與夷通。○注「卒葬」至「姑同」。○昭六年：「春，王正月，杞伯益姑卒。」注：「不日者，行微弱，故略之。上城杞已貶，復卒略之者，入所見世，責小國詳，始録内行也。諸侯内行小失，不可勝書，故於終略責之，見其義。」則此不卒日葬月者，故亦以内行小失略之。

○**秋，葬薛惠公。**

○**冬，楚公子結帥師伐陳。吴救陳。**【注】救中國不進者，陳，吴與國，救陳欲以備中國，故不進。【疏】注「救中」至「不進」。○僖十八年「秋，救齊」，又云「邢人、狄人伐衛」，注：「狄稱人者，善能救齊，雖拒義兵，猶有憂中國之心，故進之。不於救時進之者，辟襄公，不使義兵壅塞也。」定四年：「冬，蔡侯以吴子及楚人戰于伯莒。」傳：「吴何以稱子？夷狄也而憂中國。」注：「言子，起憂中國。」則夷狄能憂中國皆進之。此稱國不進，以救陳欲以備中國，故不進也。通義云：「何焯曰：救中國不進者，吴、楚結憾，志不在救中國，故不進。」

○十有一年，春，齊國書帥師伐我。

○夏，陳袁頗出奔鄭。

○五月，公會吴伐齊。甲戌，齊國書帥師及吴戰于艾陵。【疏】方輿紀要：「艾陵亭在泰安府萊蕪縣北。」

齊師敗績。獲齊國書。【注】戰不言伐，舉伐者，魯與伐而不與戰。不從内與伐，使吴爲主者，吴主會，故不與夷狄主中國也。言獲者，能結日偏戰，少進也。【疏】宣二年「春，獲宋華元」之下，注云：「復出宋者，非獨惡華元，明恥辱及宋國。」則此復出齊者亦然，但省文從可知，故不注。○注「戰不」至「與戰」。○莊十年傳云「戰不言伐」，今此戰伐並舉，故解之。○注「不從」至「國也」。○成二年：「季孫行父以下會晉郤克以下及齊侯戰于鞌。齊師敗績。」注：「大夫敵君不貶者，隨從王者大夫得敵諸侯也。」然則郤克等得敵齊侯，由隨從魯人，故得序于上，王齊侯也。今魯雖與伐，實吴主會，若與之序于齊上，則是夷狄主中國矣，是以退之，而以齊主之也。然則宣十二年「晉荀林父帥師及楚子戰于邲」，林父序楚子上，亦宜是不與夷狄主中國，而彼注云「不與晉而反與楚子爲君臣之禮」者，以彼楚稱子，已成楚爲君；此吴止稱國，與彼殊也。○注「言獲」至「進也」。○莊十年：「荆敗蔡師于莘，以蔡侯獻舞歸。」傳：「曷爲不言其獲？不與夷狄之獲中國也。」此言「獲齊國書」，故云「能結日偏戰，少進也」。亦猶昭二十三年：「獲陳夏齧。」傳云：「不與夷狄之主中國，則其言獲陳夏齧何？吴少進也。」注：「能結日偏戰，行少進，故從中國辭言之。」是也。

○**秋，七月，辛酉，滕子虞母卒。**【疏】包氏慎言云：「七月書辛酉，月之四日。」左傳本有作「母」者。六經正誤：「母作毋，誤〔一〕，興國本作母。」

○**冬，十有一月，葬滕隱公。**

○**衛世叔齊出奔宋。**

○**十有二年，春，用田賦。**

〔一〕「母作毋，誤」句，「母」及「誤」字原脱，叢書本同，據六經正誤校補。

何以書？【注】据當賦税，爲何書。

譏。何譏爾？譏始用田賦也。【注】田，謂一井之田。賦者，斂取其財物也。言用田賦者，若今漢家斂民錢，以田爲率矣。不言井者，城郭里若〔一〕亦有井，嫌悉賦之。禮，税民公田，不過什一，軍賦十井不過一乘。哀公外慕彊吴，空盡國儲，故復用田賦，過什一。【疏】通義云：「魯語曰：季康子欲以田賦。子謂冉有曰：『先王制土，藉田以力，而砥其遠邇。賦〔二〕里以入，而量其有無；任力以夫，而議其老幼。於是乎有鰥、寡、孤、疾，有軍旅之出則徵之，無則已。其歲，收田一井，出稯禾、秉芻、缶米，不是過也。』」五經異義：「周禮説：有軍旅之歲，一井九夫百畝之賦，出禾二百二十斛，芻粟二百四十斤，釜米十六斗。」謂此田賦也。古者公田藉而不税，有武事然後取其賦，故賦之字从武从貝。昔伯禽徂征淮夷，芻茭餱糧，郊遂峙之，此田賦之法也。今魯用田賦者，是無軍旅之歲，亦一切取之，厲民甚矣。税畝本無其制，故言初田賦。本有其制，特不宜非時用之，故言用。傳例曰：「用者不宜用也。」○注「田謂」至「率矣」。○周禮大宰云：「以九賦斂財賄。」注：「玄謂賦，口率出泉也。今之算泉，民或謂之賦，此其舊名

〔一〕「若」字誤，見下【疏】。
〔二〕「賦」字原脱，叢書本不誤，據補。

與?」疏:「鄭君引漢法:民年二十五已上至六十出口賦錢〔一〕,人百二十,以爲算。」江氏永周禮疑義舉要云:「漢之口率出泉,周禮亦有之,閒師言『凡無職者出夫布』是也。此因閒民一職,轉移執事於人,不能赴公旬三日之役,故使出夫布以當之,猶後世之丁錢及雇役錢。不可以此通釋賦字也。」「賦者,徵取財物之總名〔二〕。自一至六,以三農九穀爲主,而草木鳥獸、器用布帛及閒民夫布皆有之。唯臣妾無賦。關市則商賈也,山澤則虞衡也。關市山澤獨别出者,自邦中至都鄙,皆有關市山澤,别爲二賦,不與六賦混也。幣餘之賦,則已用之,餘取之於掌事者,故居末。」公羊問答云:「古安得有此制耶?曰:此舉漢法以況之也。食貨志:『董仲舒曰:田租口賦二十倍於古。』貢禹傳:『古民無賦筭口錢。起武帝征四夷,重賦於民。民産子〔三〕三歲以上則出口錢,故民重困。宜令兒〔四〕七歲去齒乃出口錢,年二十乃筭。』元帝『令産子七歲乃出口錢』。鹽鐵論:『田雖三十,而以頃畝出稅,加之以口賦更繇之役。』此皆漢法之可考者。哀公事强吴而虚國用,有類於後世之斂民,故何氏以漢法況之。」按:漢書昭帝紀注:「如淳曰:漢儀注民年七歲至十四出口賦錢,人二十三。二十錢以食天子,其三錢者,武帝加口錢以補車騎馬。」貢禹傳:元

〔一〕「民年」句,孫詒讓十三經注疏校記曰:「衛宏漢舊儀云:『令民男女年十五以上至五十六出賦錢,人百二十爲一算,以給車馬。』賈説即出於彼。此『十五』上衍『二』字,『五十六』譌『六十』。」
〔二〕「總名」,原訛作「總者」,叢書本同,據周禮疑義舉要校改。
〔三〕「子」字原脱,叢書本同,據漢書校補。
〔四〕「兒」,原訛作「免」,據漢書校改。

帝時，「禹以爲古民亡賦筭口錢。起武帝征伐四夷，重賦於民。民〔一〕産子三歲則出口錢，故民重困。至於生子輒殺，甚可悲痛。宜令兒七歲去齒乃出口錢，年二十乃筭。」「天子下其議，令民産子七歲乃出口錢。」此傳言之最詳，則口錢之制興於漢世。然管子山至數篇云：「邦錢之籍，終歲十錢。」則口賦之法，殆管子時已有矣。按：如何注，則魯蓋仍按田於正供之外，復取民財與口賦，殊孔氏説，似較通。舊疏云：「知如此者，正以家語政論篇云：『季康子欲以一井之田出賦法焉。』又魯語下篇云：『孔子謂冉求曰：田一井出稯禾、秉芻、缶米。』彼二文皆論此經用田賦之事，而言一井，故知然也。」○注「不言」至「賦之」。○校勘記出「里若」，云：「閩、監、毛本同，誤也。鄂本『若』作『井』，當據正。」按：紹熙本作「城郭里巷」，較鄂本尤善。蓋計田以井，故科賦亦以井起也。○注「禮稅」至「什一」。○穀梁傳：「古者公田什一，用田賦，非正也。」宣十五年傳：「什一者，天下之中正也。什一行而頌聲作矣。」許慎所稱「周禮説：軍旅之歲，一井九夫百畝之賦，出禾二百四十斛，芻秉二百四十觔，釜米十六斗」，周禮無文，蓋即魯語所謂先王制土，「其歲，收田一井，出稯禾、秉芻、缶米，不是過也」。禮記疏引異義：「左氏説：山林之地，九夫爲度，九度而當一井。藪澤之地，九夫爲鳩，八鳩而當一井。京陵之地，九夫爲辨，七辨而當一井。淳鹵之地，九夫爲表，六表而當一井。疆潦之地，九夫爲數，五數而當一井。偃豬之地，九夫爲規，四規而當一井。原防之地，九夫爲町，三町而當一井。隰皋之地，九夫爲牧，二牧而當一井。衍沃之地，九夫爲井。賦法積四

〔一〕「民」字原脱，據漢書校補。

十五井，除山川坑岸三十六井，定出賦者九井，則千里之圻，地方百萬井。」是仍不外以井定賦也。○注「軍賦」至「一乘」。○舊疏引：「鄭氏云『公侯方百里，井十則賦出革車一乘』者，義亦通於此。」○注「哀公」至「什一」。○上十年「公會吴伐齊」，十一年「公會吴伐齊」，下云「公會吴于橐皋」，是其外慕强吴也。

○夏，五月，甲辰，孟子卒。【疏】包氏慎言云：「五月書甲辰，月之四日。」

孟子者何？【注】据魯大夫無孟子。

昭公之夫人也。【疏】論語述而云：「君取於吴，爲同姓，謂之吴孟子。」

其稱孟子何？【注】据不稱夫人某氏。【疏】注「据不」至「某氏」。○隱二年「冬，十有二月，乙卯，夫人子氏薨」之屬是也。

諱娶同姓，蓋吴女也。【注】禮，不娶同姓。買妾不知其姓，則卜之。爲同宗共祖，亂人倫，與禽獸無别。昭公既娶，諱而謂之吴孟子。春秋不繫吴者，禮，婦人繫姓不繫國，雖不諱，猶不繫國也。不稱夫人、不言薨、不書葬者，深諱之。【疏】舊疏云：「公羊子不受于師，故疑之。」○注「禮不」至「無别」。○曲禮文。鄭注：「爲其近禽獸也。」通典引異義云：「諸侯娶同姓，今春秋公羊説：魯昭公娶于吴，爲同姓也，謂之吴孟子。春秋左氏説：孟子，非小君也，不成其喪，不當譏。謹案，易曰：同人于宗，吝。言同姓相娶，吝道也。即犯誅絶之罪，言五屬之内禽獸行，乃當絶。」白虎通嫁娶云：「不娶同姓者，重人倫，防淫泆，恥與禽獸同也。」論語曰：「君娶于吳，爲同姓，謂之吳孟子。」則白虎通與何氏説同。許君駁從左氏，言五屬之内禽獸行，乃當絶，明娶同姓不爾此也。按：禮記大傳云：「六世，親屬竭矣。其庶姓别于上，而戚單於下，昏姻可以通乎？」又云：「繫之以姓而弗别，綴之以祀而弗殊，雖百世而昏姻不通者，周道然也。」禮記坊記云：「取妻不取同姓，以厚别也。」注：「厚猶遠也。」國語鄭語云：「史伯曰：夫和實生物〔一〕，同則不繼。以它平它謂之和，故能豐長而物歸之〔二〕；若以同裨同，盡乃棄矣。」「故先王聘后于異姓。」又晉語司空季子曰〔三〕：同德則同姓，同姓雖遠，男女不相及；異姓雖近，男女相及也〔四〕。御覽引禮外傳曰：「夏殷五世之後則通婚姻。周公制禮，百世不通。」据大傳云「雖百世而婚姻不通」，目爲周道，則禮外傳有來矣。穀梁傳：「孟子者何也？昭公夫人也。其不言夫人何也？諱取同姓也。」○注「昭公」至「孟子」。○禮記坊記云：「魯春秋猶去夫人之姓曰吳，其死曰孟子卒。」注：「吳太伯之後，魯同姓也。昭公取焉，去姓曰吳，至其死，亦略云『孟子卒』，不書夫人某氏薨。」左傳云：「昭夫人孟子卒。昭公娶於吳，故不書姓。」疏引賈云：「言孟子，若言吳之長女也。」禮記雜記云：「夫人之不命於天子，自魯昭公始也。」注：「周

〔一〕「物」，原訛作「氣」，叢書本不誤，據改。

〔二〕「故能豐長而物歸之」句原脱，叢書本同，據國語校補。

〔三〕「司空季子曰」，原誤記爲「胥臣曰」，叢書本同，據國語校改。

〔四〕「同德」至「及也」，撮引失誤難解。晉語原爲兩段文字，分别爲：「同姓則同德，同德則同心，同心則同志。同志雖遠，男女不相及。」「異姓則異德，異德則異類。異類雖近，男女相及。」

之制，同姓百世婚姻不通。吴大伯之後，魯同姓，昭公娶於吴，謂之吴孟子，不告於天子。自此後，取者遂不告於天子，天子亦不命之。」按：賈説是也。昭公特避「孟姬」之稱耳。杜預以爲「詭託宋姓」者，非也。詩齊風載驅云「齊子由歸」同此。通義云：「孟子者，貴母姊妹之稱。」故坊記鄭注云「孟子，蓋其且字」，亦不以子爲宋姓也。○注「春秋」至「國也」。○禮記坊記云：「魯春秋猶去夫人之姓曰吴。」此謂不修春秋也。然則，魯春秋或當有夫人至自吴之文，聖人修之，並没吴文，但存孟子卒舊書法而已。婦人繫姓不繫國者，即隱元年注云：「仲字，子姓。婦人以姓配字，不忘本也，因示不適同姓也。」故孟子雖不諱，猶不繫吴。以文姜、穆姜之屬，亦不繫國言之也。○注「不稱」至「諱之」。○舊疏云：「若稱夫人，又言薨，則當書夫人姬氏薨；若葬，當言葬我小君昭姬，皆爲大惡，不可言，故曰深諱之也。而云孟子卒者，若言宋之長女，爲魯侯之妾而卒之，如定十五年書『姒氏卒』之類。」

○公會吴于橐皋。【疏】杜云：「在淮南逡遒縣東南。」大事表云：「孟康曰：橐皋音拓姑，漢置縣。今廬州府巢縣西北六十里有柘皋鎮，俗猶名會吴城。漢逡遒故城在今廬州府治合肥縣東，與巢縣相接壤。」按：漢書地理志「九江郡」下「橐皋」云：「孟康曰：音拓姑。」後譌拓，又譌柘。宋紹興十一年，兀术屯兵柘皋是也。方輿紀要：「橐皋城在廬州府巢縣西北六十里，一名會吴城。杜云淮南者，沈約州郡志云：魏復九江爲淮南郡，徙治壽春。」

○**秋，公會衛侯、宋皇瑗于運。**【疏】左傳「運」作「鄖」，杜云：「發陽也，廣陵海陵縣東南有發繇口。」大事表云：「按，晉時海陵縣屬廣陵郡，今爲江南泰州。發陽，無考。今通州如皋縣亦係海陵地。縣南十里有會盟原，相傳爲吴、楚會盟處。考春秋之世，吴、楚始終無會盟事，意必指此矣。」名勝志：「今有立發口，在通州如皋縣西北二十里，即發繇口也。」按：通、泰地於時屬吴，故九年左傳云「吴城邗，溝通江、淮」，是其證矣。魯、衛、宋不應遠會至此。左氏作「鄖」者，古員聲、軍聲同部也。通義云：「諸夏之會止於是，故不月不致，復爲大信辭，所以撥亂世，存中國。其猶下泉殿曹、匪風終檜之意與？」

○**宋向巢帥師伐鄭。**

○**冬，十有二月，螺。**【疏】校勘記云：「唐石經、諸本同。釋文：『螺，本亦作螽。注同。』按，注『比年再螺』，疏作『比年再螽』。」

何以書？記異也。何異爾？不時也。【注】螺者，與陰殺俱藏。周十二月，夏之十月，不當見，故爲異。比年再螺者，天不能殺，地不能理〔一〕，自是之后，天下大亂，莫能相禁，宋國以亡，齊併於陳

〔一〕「理」，叢書本同，四部叢刊本作「埋」，阮元校勘記云「理當作埋」。二語見於荀子儒效：「天不能死，地不能埋。」

氏，晉分爲六卿。【疏】解詁箋云：「左氏記夫子之言曰：『火伏而後蟄者畢，今火猶西流，司曆過也。』是据當時實測，非不知歲差也。時周不頒朔，國自爲正，官御廢職，閏餘乖次。經於十三年再書『十二月，蝝』，終之以十有四年春西狩獲麟，以明改建夏正之數云。」○注「蝝者」至「爲異」。○五行志中之下：「哀公十二年十二月，螽，是時哀用田賦。劉向以爲，春用田賦，冬而螽，十三年九月螽，十二月螽。比三螽，虐取於民之效也。劉歆以爲，周十二月，夏十月也，火星既伏，蟄蟲皆畢，天之見變，因物類之宜，不得以螽，是歲再失閏矣。周九月，夏七月，故傳曰『火猶西流，司曆過也』。」經義雜記云：「按，穀梁三螽，范皆無説。『用田賦』，傳云：『古者公田什一，用田賦，非正也。』故子政据以爲説。歆以爲『天之見變，因物類之宜，不得以螽是陰』，以父説爲非也。杜注左氏云：『是歲應置閏，而失不置。雖書十二月，實今之九月，司曆誤。一月、九月之初尚温，故得有螽。』本劉子駿義，與傳合。」律曆志：「劉歆説云：『哀十二年，亦以建申〔一〕，流火之月爲建亥，而怪蟄蟲之不伏也。』」張晏曰：「周十二月，夏八月也。再失閏當爲八月建酉，而云建申，誤也。仲尼曰：『火猶西流，司曆過矣。』劉歆徒以詩『七月流火』爲喻，不知八月火猶西流也。」○注「比年」至「能理」。○惠棟云：「二語見荀子。『理』當作『埋〔二〕』。」從之。比年再蝝，即下十三年「冬，十二月，蝝」是也。○注「自是」至「六卿」。○舊疏云：「皆在春秋後。考諸舊本，『宋』是『宗』字，

〔一〕「申」，原訛作「中」，叢書本同，據漢書校改。
〔二〕「埋」，原訛作「理」，叢書本不誤，據改。

然則宗國猶大國。言天不能殺，地不能埋〔一〕，天下大亂，莫能相禁，是其紀綱之國，滅亡之象，是故齊并於陳氏，晉分爲六卿。若作宋字，何氏更有所見。春秋説云：陳氏篡齊三年，千人合葬，故螽蟲冬踊者，是其螽爲齊亡之一隅也。」何氏取象較廣，蓋亦春秋緯義。舊疏又云：「左氏及史記皆云晉亡分爲魏、趙、韓，今云晉分爲六卿者，蓋其初時，晉君失政，六卿用事，不妨其下滅時但三家分之矣。」漢書五行志中之上：「傳曰『言之不從』，是謂不艾。」「時則有介蟲之孽。」「介蟲孽者，謂小蟲有甲飛揚之類，陽氣所生也，於春秋爲螽，今謂之蝗，皆其類也。」故志所引劉向、董仲舒説，諸螽皆與何氏同，大率皆以爲煩擾之應，惟此注與前解諸傳異。按：顯宗紀云：「魯哀禍大〔二〕，天不降譴。」注引感精符云：「魯哀公時，政彌亂絶，不日食。」則比年書蝝，當爲天下記異也，故何氏推廣之。春秋者，聖人明義之書，此之再蝝，不必泥爲齊亡、晉分之應，然記之春秋之末，則春秋後事皆在所繫，若執事實以求之，則泥矣。

○十有三年，春，鄭軒達帥師取宋師于嵒。

其言取之何？易也。其易奈何？詐反也。【注】前宋行詐取鄭師，今鄭復行詐取之，苟相報償，不以君子正道，故傳言詐反。反，猶報也。【疏】注「前宋」至「詐反」。○即上九年，「宋皇瑗取鄭師

〔一〕「埋」，原訛作「理」，叢書本不誤，據改。
〔二〕「大」，原訛作「火」，叢書本不誤，據改。

于雍」是也。○注「反，猶報也」。○（原文闕）

○夏，許男戌卒。【注】比陳、蔡不當復卒，故卒葬略。【疏】通義云：「失國復立尤微弱，故不得日卒。」舊疏云：「昭八年『冬，楚師滅陳』，十一年『楚師滅蔡』，至十三年『秋，蔡侯廬歸于蔡。陳侯吴歸于陳』，二十年『冬，十有一月，辛卯，蔡侯廬卒』，二十一年『春，王三月，葬蔡平公』，定四年『春，王二月，癸巳，陳侯吴卒。夏，六月，葬陳惠公』，定六年『鄭游遬帥師滅許，以許男斯歸』，今年『夏，許男戌卒。秋，葬許元公』。然則，陳、蔡之滅，非吴、廬之罪，及其存時，乃爲大國所復，但以不受封於天子，故書君以見之，仍以前君死位，非其自復，其國合存，故許録其卒葬也。而許男斯者，爲鄭所滅，不能死位，許國合絶，不足存之。而戌自復，罪惡深矣。若比之陳、蔡不當合録而録之者，正欲見其前君不死位，後君自復之惡深，是以書其卒葬，而去其日月以見矣，故曰比陳、蔡不當復卒，故卒葬略之也。」

○公會晉侯及吴子于黄池。【疏】杜云：「陳留封丘縣有黄亭。亭近濟水。」水經注泗水篇：「又東過沛縣東，黄水注之。黄水出小黄縣黄溝，國語曰『吴子會諸侯于黄池』者也。」大事表云：「地名考從胡傳，以黄池列諸衛地，非也。公羊傳曰『吴在是，則天下諸侯莫敢不至』，趙伯循曰『黄池，魯地，故魯獨會之耳』。若更有諸侯，不當不序。是時吳闕〔一〕爲深溝于商、魯之間。商即宋，魯會而宋不會，故吳王歸欲伐宋，殺其大夫〔二〕而囚其婦人。則趙氏之言爲有據矣。國語稱北屬之沂，西屬之濟，以會晉公午于黄池。沂水出蓋縣臨樂山，入于泗，而濟水在封丘縣南。今河南開封府封丘縣西南有黄池，東西廣三里，春秋時爲宋地。」按：漢書地理志「魏郡内黄」下云：「清河水出南。」應劭曰：「春秋『吳子、晉侯會于黄池』。今黄澤在西，陳留有外黄，故加内云。」臣瓚曰：「國語曰『吳子會諸侯于黄池，掘溝於齊、魯之間』。今陳外黄有黄溝是也。史記曰『伐宋取黄池』。然則，不得在魏郡明矣。」師古曰：「瓚説是也，應説失之。」續漢志：「平丘有黄池亭。」元和郡縣志：「黄池在汴州封丘縣南七里。」按：諸説是也，黄池不得在内黄。

吳何以稱子？【注】据救陳稱國。【疏】注「据救陳稱國」。○即上十年「吳救陳」是也。

吳主會也。【注】以言及也。時吳彊而無道，敗齊臨菑，乘勝大會中國。齊、晉前驅，魯〔三〕、衛驂乘，滕、薛俠轂而趨，以諸夏之衆，冠帶之國，反背天子而事夷狄，恥甚不可忍言，故深爲諱辭，使若吳大以禮義會天下諸侯，以尊事天子，故進稱子。【疏】通義云：「吳自是遂雄長，列國不可復得抑，故稱爵，存其實。」齊氏召南考證云：「按，此會，左傳謂先晉，而國語謂先吳，公羊亦謂吳主會。以勢度之，國語是也。晉不

〔一〕「闕」，通掘。
〔二〕「大夫」，原訛作「丈夫」，叢書本同，據大事表校改。
〔三〕「魯」，原訛作「吳」，叢書本同，據公羊注疏校改。

競已數世矣，自宋之會即爲楚所先，此時能與吴争乎？公羊説非無据，但何注引緯書，所云齊、晉前驅，魯、衛驂乘，滕、薛俠轂而趨者，則言之太過不可信耳。」繁露觀德云：「雞父之戰，吴不得與中國爲禮。至伯莒〔一〕、黄池之行，變而反道，乃爵而不殊。」按：伯莒之戰，吴有憂中國之心，故有與辭。此傳無進吴之文，董生比類而舉，與何氏異。○注「以言及也」。○舊疏云：「以經言及吴，即知吴主會，何者？正以及者汲汲之辭，即僖五年『夏，公及齊侯、宋公以下會王世子于首戴』，注云：『言及者，因其文可得見汲汲也。』然則，彼云『及齊侯』，齊侯主會，則知此言『及吴子』，吴子主會明矣，故云以言及也。」○注「時吴」至「臨菑」。○舊疏云：「『菑』字有作『晉』字者，若作『晉』字，以黄池爲近晉，晉人畏而會之，故曰臨晉。」按：即上十一年，「五月，公會吴伐齊。甲戌，齊國書帥師及吴戰于艾陵。齊師敗績」是也。不在臨菑，以或本作臨晉爲是。○注「乘勝」至「中國」。○即謂此會也。○注「齊晉」至「而趨」。○舊疏云：「春秋説文。」北堂書鈔引考異郵云：「黄池之會，齊、晉前驅，滕、薛俠轂，魯、衛驂乘。」文選注引感精符云：「黄池之會重吴子，滕、薛挾轂，魯、衛驂乘。」左傳有「單平公」，經亦不書，亦其一也。越絶書：「吴有子胥之教，伯世甚久。北陵齊、楚，諸侯莫敢叛〔二〕者，乘薛、許、邾婁、莒，旁轂趨走。」按：彼文有譌，或即「薛、許驂乘，邾婁、莒旁轂趨走」是也。前驅者，詩衛風伯兮云「伯也執殳，爲王前驅」是也。驂乘者，即史記齊世家「齊

〔一〕「伯莒」，原訛作「柏莒」。定公四年，「蔡侯以吴子及楚人戰于伯莒，楚師敗績」。左傳作「柏舉」，穀梁作「伯舉」。三傳均無「柏莒」這個地名。下同，徑改。

〔二〕「叛」，原訛作「動」，叢書本同，據越絶書校改。

陳乞僞事高、國者，每朝，乞〔一〕驂乘」是也。俠轂，即夾轂也。禮士喪禮「婦人俠牀，東面〔二〕」，冬官考工記注「今時鐘乳俠鼓與舞」，與「夾」同也。漢書叔孫通傳「殿下郎中俠陛」，亦夾義也。舊疏云：「以下傳及注云，則天下盡會，而春秋説特舉此六國，時爲之役，故偏舉之，或言不盡意故也。」○注「以諸」至「稱子」。○穀梁傳：「吴王夫差曰：『好冠來！』孔子曰：『大矣哉！夫差未能言冠而欲冠也。』」注：「不知冠有差等，唯欲好冠。」是也。明不知冠帶，故諸夏之衆爲冠帶之國矣。彼傳又云：「黄池之會，吴子進乎哉！遂子矣。吴，夷狄之國也，祝髮文身。欲因魯之禮，用晉之權，而請冠端而襲。其藉於成周，以尊天王，吴進矣。吴，東方之大國也。累累致小國以會諸侯，以合乎中國。吴能爲之，則不臣乎？吴進矣。王，尊稱也。子，卑稱也。辭尊稱而居卑稱，以會乎諸侯，以尊天王。」然則，吴時蓋實有興伯尊周之心，故春秋如其意而進之，且以殺恥故也。

吴主會，則曷爲先言晉侯？【注】据申之會，楚子主會序上。【疏】注「据申」至「序上」。○即昭四年，「夏，楚子、蔡侯以下會于申」是。

不與夷狄之主中國也。【注】明其實自以夷狄之彊會諸侯爾，不行禮義，故序晉於上。【疏】通義云：「國語稱黄池之盟，吴公先歃，晉侯亞之。春秋不欲以吴長晉，故不録其盟，唯存會時之次云爾。」

〔一〕「乞」，原訛作「必」，叢書本同，據史記校改。
〔二〕「面」，原訛作「西」，叢書本同，據儀禮校改。

其言及吴子何？【注】据鍾離之會殊會吴，不言及。僖五年「公及齊侯」，齊侯主會益明矣。【疏】注「据鍾」至「言及」。○成十五年，「叔孫僑如會晉士燮、齊高無咎以下會吴于鍾離」是也。○注「僖五」至「明矣」。○僖五年，「公及齊侯、宋公以下會王世子于首戴」是也。舊疏云：「按，如彼經，書公及齊侯，齊侯主會，此云及吴，則是吴子主會益明矣，何言不與夷狄之主中國乎？是以据而難之。」

會兩伯之辭也。【注】晉序上者，主會文也。吴言及者，亦人往爲主之文也。方不與夷狄主中國，而又事實當見〔一〕，不可醇奪，故張兩伯辭。先晉，言及吴子，使若晉主會爲伯，吴亦主會爲伯，半抑半起，以奪見其事也。語在下。【疏】繁露奉本云：「黄池之會，以兩伯之辭，言之不以爲外，以近内也。」與何義殊。○注「晉序」至「文也」。○正以不與夷狄主中國，故以晉主會爲文也。○注「吴言」至「文也」。○舊疏云：「凡言及者，汲汲之辭。今言及吴子，則似吴子先在是，天下之人，慕而往事之然，故曰人往爲主之文。」是也。○注「方不」至「事也」。○舊疏云：「序晉于上，是其抑之。言及吴子，起其爲伯也，故曰半抑半起矣。序晉于上，是其奪，言及吴子，亦見其爲伯之事，故曰奪見其事。」○注「語見下」。○即下傳「重吴也」云云。爲其重吴，故不得不見其事；爲其不與，故不得以奪見其事。

不與夷狄之主中國，則曷爲以會兩伯之辭言之？【注】据伯主人。【疏】舊疏云：「謂爲伯

〔一〕「見」，原訛作「是」，叢書本同，據公羊注疏校改。

者，主領會上之人矣。」毛本傳文「主中」作「中主」，誤。

重吳也。【注】其實重在吳，故言及。舉晉者，諱而不盈。【疏】注「其實」至「言及」。○舊疏云：「謂其實處權重在于吳，故言及吳子，作汲汲之文矣。」是也。○注「舉晉」至「不盈」。○僖二十三年：「宋公慈父卒。」傳：「何以不書葬？盈乎諱也。」注：「盈，滿也。相接足之辭也。」此云不盈，即取彼傳文也。舊疏云：「公會晉侯，是其諱爲吳所主也。晉侯之下，即言及吳子，是其不盈滿其諱文也，何者？晉是大國而汲汲乎吳，還是吳爲會主之義也。」

曷爲重吳？【注】据常殊吳。【疏】注「据常殊吳」。○即成十五年「叔孫僑如會晉士燮以下會吳于鍾離」、襄十年「公會晉侯以下會吳于柤」之屬是也。

吳在是，則天下諸侯莫敢不至也。【注】以晉大國，尚猶汲汲於吳，則知諸侯莫敢不至也。不書諸侯者，爲微辭，使若天下盡會之，而魯侯蒙俗會之者，惡愈。齊桓兼舉遠明近，此但舉大者，非尊天子，故不得褒也。主書者，惡諸侯君事夷狄。【疏】注「不書」至「惡愈」。○桓二年疏引此「惡愈」下有「甚也」字，是也。通義云：「諸侯不序者，序在晉下，則仍似外吳常辭，兩伯不顯；序在吳下，則是外吳而並外中國諸侯矣，文不可施，故一切削之。但張兩伯辭，則諸侯皆在可知。」蓋欲實而言之，則天下諸侯豈可悉至；若歷言某侯某侯，則有不至之國，而魯乃與會，其恥甚。故但舉大國晉，見天下諸侯莫敢不至，魯因亦蒙俗會之，其恥少殺也。舊疏云：「但欲見其重在吳偏至之辭而已。」○注「齊桓」至「褒也」。○僖二年：「齊侯、宋公、江人、黄人會于貫澤。」傳：「江人、黄人者何？遠國之辭也。遠國至矣，則中國曷爲獨言齊、宋至爾？大國言齊、宋，小國言江、黄，則其餘爲莫敢不至也。」是齊桓之會不但舉大以見小，並舉遠以見近矣。而此但舉大見小，明齊桓實尊天子，故褒之，爲遠近大小皆至之辭。吴則春秋使若以禮義會天下諸侯，以尊事天子而已，故不得同也。○注「主書」至「夷狄」。○舊疏云：「春秋見義，非唯一種，一則見吴之强暴，一則見晉之衰微，但主書之情，本惡諸侯君事夷狄，餘者兼見之矣。」

○楚公子申帥師伐陳。

○於越入吴。

○秋，公至自會。【注】有恥致者，順諱文也。【疏】注「有恥」至「文也」。○莊六年注「公與二國以上出會盟〔一〕，得意致會」，此有恥書致，順上諱文，使若吴亦尊天子會諸侯然，故作得意文也。

〔一〕「盟」字原脱，叢書本同，據公羊注疏校補。

○晉魏多帥師侵衛。

此晉魏曼多也，曷爲謂之晉魏多？【注】据上七年言曼多。【疏】注「据上」至「曼多」。○即上七年，「晉魏曼多帥師侵衛」是也。左氏、穀梁經作「魏曼多」，淺人妄增也。

譏二名。二名，非禮也。【注】復就晉見者，明先自正而后正人。正人當先正大以帥小。【疏】通義云：「謹按，世本：『獻子荼生簡子取，取生襄子多。』然則曼多，本一名多，如左傳所載，晉文公重耳又稱晉重，宋樂祁犂即謂之樂祁，當時多有此比。故何忌或言忌，曼多或言多，春秋因兩書之，以託譏二名之義，亦所謂因其可譏而譏之也，非本二字作名而强削其一矣。」按：晉世家作魏侈〔一〕。○注「復就」至「帥小」。○定六年：「仲孫忌帥師圍運。」傳：「此仲孫何忌也，曷爲謂之仲孫忌？譏二名。二名，非禮也。」注：「爲其難諱也。一字爲名，令難言而易諱，所以長臣子之敬，不逼下也。春秋定、哀之間，文致太平，欲見王者治定，無所復爲譏，唯有二名，故譏之。」是則彼於魯已見譏二名之義，此復譏晉魏多也，所以然者，先見於魯，爲先自正而後正人；復見於晉，爲先正大以帥小也。繁露觀德云：「魯、晉俱諸夏也，譏二名獨先及之。」是也。

〔一〕「魏侈」，原訛作「魏晉侈」，衍「晉」字，叢書本同，史記晉世家、魏世家均作「魏侈」，據删。

○葬許元公。

○九月，螺。【注】先是用田賦，又有會吳之費。【疏】注「先是」至「之費」。○用田賦，見十二年。會吳，即上黄池之會是也。

○冬，十有一月，有星孛于東方。

孛者何？彗星也。其言于東方何？【注】据北斗言星名。【疏】据「北斗言星名」。○即文十四年，「有星孛入于北斗」是也。

見于旦也。【注】旦者，日方出。時宿不復見，故言東方，知爲旦。【疏】舊疏云：「于字亦有作『平』字者，誤也。」校勘記云：「諸本同。唐石經『于』字磨改，當本作『平』。」宋氏翔鳳論語發微云：「春秋文十四年『有星孛于北斗』，昭十七年『有星孛于大辰』，哀十三年『有星孛于東方』。公羊説曰『孛者何？彗星也』。古文左氏説曰『彗所以除舊布新也』。謂文公繼所傳聞之世，當見所以治衰亂；昭公繼所聞世，當見所以治升平；哀公終所見世，當見所以治大平者。於此之時，天必示以除舊布新之象，而後知春秋張三世之法。聖人所爲，本天意以從事也，北斗運於中央，中宮之星也，蓋除舊布新於内，而未遑治外也。大辰，房、心，明堂也。明堂之位，公侯伯子男至九采之國，内外秩如，所謂治升平之世，内諸夏而外夷狄，故見除舊布新之象於明堂。有星孛于東方。文王房心之精在東方。孔子作春秋，明文王之法度，將興周道於東方，而天命集，仁獸至，故天所以三見其象，而春秋之法備矣。」○注「旦者」至「爲旦」。○舊疏云：「旦者，日方出地，未相去離之辭，故曰旦者，日方出。當爾之時，宿皆不見，故曰時宿不復見也。星孛仍見，餘宿已没，是以不復指與孛之星，漫道其方而已，故言東方，知爲旦也。」杜云：「平旦，衆星皆没，而孛乃見，故不言所在之次。」

何以書？記異也。【注】周十一月，夏九月，日在房心。房心，天子明堂布政之庭，於此旦見，與日争明者，諸侯伐主〔一〕治，典法滅絶之象，是後周室遂微，諸侯相兼，爲秦所滅，燔書道絶。【疏】注「周十」至「之庭」。○舊疏引：「堪輿云『九月日體在大火』，故曰日在房心。云房心，天子明堂布政之庭，出堪輿，星經亦云也。」五行志下之下：「哀公十三年冬十一月，有星孛于東方。董仲舒、劉向以爲，不言宿名者，不加宿也。以辰乘日而出，亂氣蔽君明也。明年，春秋事終。一曰周之十一月，夏九月，日在氐。出東方者，軫、角、亢也。軫，楚；角、亢，陳、鄭也。或曰角、亢大國象，爲齊、晉也。其後楚滅陳，田氏篡齊，六卿分晉，此其效也。劉歆以爲，孛，東方大辰也，不言大辰，旦而見與日争光，星入而彗猶見。是歲再失閏，十一月實八月也。日在鶉火，周分野也。」解詁箋云：「堯典夏時，冬至日起虚危。周初，冬至日起牽牛。蓋歲差七十年而一度。計堯時至春秋末，約一千六百餘年。夏正八月辰則伏，九月辰繫於日，至春

〔一〕「伐主」爲「代王」之訛。説見下【疏】引阮元校勘記。

秋末，十一月當辰始伏，尚未繫於日。且司天失閏一月，昏時火尚西流，是時斗建申，日當在巳，翼軫之次，秦、楚相滅之應。」按：月令「季秋之月，日在房」，正義引：「三統曆：『九月節，日在氐五度。九月中，日在房五度。』又元嘉曆：『九月節，日在亢一度。九月中，日在氐七度。』」亦與房體近也。○注「於此」至「道絶」。○校勘記出「諸侯伐主治」，云：「閩、監、毛本同，誤也。鄂本作『諸侯代王治』，余本『伐』亦作『代』，當據正。」按：紹熙本亦作「代」所以〔一〕。引易是類謀云：「彗守大辰〔二〕，東方之度，天下亡。」鄭注：「大辰在東之度七宿之中，皆昔周之衰，有星守于户，有星茀于東方，此其驗之一隅。」開元占經引運期授云：「蒼帝亡也，大亂，彗東出。」舊疏引春秋説云：「趨作法，孔聖没，周姬亡。彗東出，秦正起，胡破術。書紀散亂，孔子不絶也。」亦言：「由此孛星，周室遂微也。」彼言秦正起，與何氏諸侯相兼，爲秦所滅，義同。秦本紀云，始皇名正，以二十六年滅周并六國也。燔書道絶，見史記本紀。惠氏士奇春秋説云：「晉大安三年，彗星見東方，與哀十三年同，占之曰：孛主兵喪。咸甯三年五月，星孛于東方，明年吴亡。」

○盗殺陳夏彄夫。【疏】釋文：「夏，户雅反，一本作『廉』。彄，苦侯反，一本作『嫗』，音同。二傳作夏

〔一〕「所以」二字，上無所承，下無所繼，不辭。叢書本作「□□」，清經解續編本由兩個墨釘佔位，均似爲缺字。據文意，或許「代□□」爲句，「□□」是「王治」二字的替身，如此則文通字順。

〔二〕「彗守大辰」上原衍一「出」字。源於上句「虎龍惙出」，斷句誤將「出」字屬下所致，據删。

區夫。」彄从區得聲，例得通也。經義述聞云：「夏與廉聲不相近，夏字無由通作廉。廉蓋廡之誤。古聲夏廡相近，故夏通作廡。檀弓：『見若覆夏屋者矣。』鄭注：『夏屋，今之門廡也。』是廡與夏聲義相近也。隸書廉字作廡，與廡相似，故廡誤爲廉耳。公羊古本蓋作廡，今作夏者，後人以二傳改之也。」

○十有二月，螺。【注】黄池之會費重煩之所致。【疏】注「黄池」至「所致」。○見上。

公羊義疏七十五

南菁書院　句容陳立卓人著

哀十四年盡是年

○十有四年，春，西狩獲麟。【疏】經義雜記云：「論衡指瑞篇『春秋曰，西狩獲死驎，人以示孔子』云云。据論衡，則春秋經作『西狩獲死麟』。今三傳本無死字。而公羊傳云：『顏淵死，子曰：噫！天喪予。子路死，子曰：噫！天祝予。西狩獲麟，孔子曰：吾道窮矣。』注云：『天生顏淵、子路，爲夫子輔佐，皆死者，天將亡夫子之證。麟者，太平之符，聖人之類。時得麟而死，此亦天告夫子將没之證。』則此傳本作『西狩獲死麟』，與上顏淵死、子路死一例。吾道窮矣，與上天喪予、天祝予一例。孔仲達引家語云：『獲麟，折其前左〔一〕足，載而歸。叔孫以爲不祥，棄之於郭外。』徐疏引孔叢子云：『以爲不祥，棄之五父之衢。孔子視之曰：兹日麟出而死，吾道窮矣。』二書雖魏晉人託作，然以爲麟死而棄之，則與公羊合，疑

〔一〕「左」字原脱，叢書本同，據經義雜記校補。

公羊經本有『死』字也。王充謂麟爲常有之物，無所爲來，則非。」按：驎，俗麟字。水經注濟水篇：「黄水又東，逕鉅野縣北。何承天曰：鉅野湖澤廣大，南通洙、泗，北連清、濟。」「東北出爲大野矣，昔西狩獲麟于是處也。」

何以書？記異也。【疏】校勘記云：「唐石經、諸本同。隸釋載漢石經公羊殘碑，『何以書』上有『十有四年』字，据此及隱公傳，知經、傳别行，傳首皆載某公年數，後人以經合傳，始删傳中紀年矣。」九經古義云：「按，孔舒元公羊傳本云：『十有四年春，西狩獲麟，何以書？記異也。今麟非常之獸。其爲非常之獸奈何？有王者則至，無王者則不至。然則孰爲而至？爲孔子之作春秋。』孔穎達曰：『何休注公羊，無作春秋之事。』棟案，蔡邕石經云：『何以書？記異也。』何以云云，與今本合。」按：下「春秋何以始于隱」，注云：「据獲麟乃作。」則獲麟而作春秋，何氏本有是語，與孔舒元本同。不知穎達何以云何休無作春秋事也。通義云：「何氏傳本無此，蓋治公羊者强成其説。」舊疏云：「麟者，仁獸，太平之嘉瑞。而言記異者，當爾之時，周室大衰，爲天下所厭，漢高方起，堯祚將復，興者謂之瑞，亡者謂之異。然則，何吉凶不並，瑞災不兼之有乎？」按：麟於春秋爲瑞，於周爲異，義各有主也。

何異爾？非中國之獸也。【疏】校勘記云：「唐石經、諸本同。左傳序疏引孔舒元公羊傳本作：『今麟非常之獸。其爲非常之獸奈何？』與注本迥異。」穀梁傳：「其不言來，不外麟於中國也。其不言有，不使麟不恒於中國也。」注：「雖時道喪，猶若不喪。」頗得聖人作春秋之意。故舊疏云：「謂有聖帝明王，然後乃來，則知不應華夏無矣。然則，以其非中國之常物，故曰非中國之獸。不謂中國不合有，似昭二十五年『有鸜鵒來巢』之下，傳云『何以書？記異也。何異爾？非中國之禽也』之類是也。若然，皆非中國之物，鸜鵒言有來，而麟不言有來者，正以麟是善物，春秋慕之，欲其常於中國，非今始有、非今始來之義。」

然則孰狩之？【注】稱西言狩，尊卑未分，据無主名。【疏】注「稱西」至「主名」。○舊疏云：「西者，四時之叔，是爲卑稱。狩者，天子諸侯之事，乃是尊名，故曰稱西言狩，尊卑未分也。」按：大戴禮夏小正云：「十有一月：王狩。」傳：「王狩者，言王之時田也。冬獵爲狩。」又桓四年「公狩于郎」，是天子諸侯之事。傳不出主名，故据以難。

薪采者也。【注】西者，据狩言方地，類賤人象也。金主芟艾，而正以春盡木火當燃之際，舉此爲文，知庶人采樵薪者。【疏】舊疏云：「薪采，猶言采薪也。言是庶人采薪者矣。」吴氏經説云：「按，薪，一作『新』，以斤斫取曰新，故新从斤从亲。以手折取曰采，故采从爪、木。木伐更生，故凡除舊生新者皆名爲新；果孰必采，凡采而可食者皆名爲采。加艸作薪菜，以別新舊之新，采取之采，非古文也。包束乾草曰芻，攀折木枝曰蕘。説文『新，取木也』，『采，捋〔一〕取也』，『薪，蕘也』，『蕘，薪也』，『芻，刈艸也，象包束艸〔二〕之形』，是薪猶采也。左傳以爲『叔孫氏之車子鉏商獲麟』，疏引服云：『車，車士，微者也。子，

〔一〕「捋」字原脱，叢書本同，據説文校補。
〔二〕「艸」字原脱，叢書本同，據説文校補。

姓；鉏商，名。』家語辯物篇：『子鉏商采薪於大野，獲麟焉，折其前左足，載而歸。叔孫以爲不祥，棄之於郭外，使人告諸孔子。孔子曰：「麟也。」然後取之。』王注：『傳曰「狩」，此曰「采薪」。時實狩獵，鉏商非狩者，采薪而獲麟也。』」○注「西者」至「象也」。○舊疏云：「正以西方爲兑，少女之位，女子之卑，草木衰落，亦非可貴之義，故曰類賤人象也。」左疏引服虔云：「言西者，有意於西，明夫子有立言，立言之位在西方，故著於西也。」又引賈逵曰：「周在西，明夫子道繫于周。」皆與此異。○注「金主」至「薪者」。○舊疏云：「經言西者，賤人象。金主芟艾，持斧之義，而文正以春盡，是火當絶木之時，今乃舉此爲文，即知庶人持斧，破木燃火之義，故曰庶人採樵薪者，似若漢高祖起於布衣之内，持三尺之劍而以火應之，君臨四海，從東向西，以應周家木德之象也。」義或然也。校勘記云：「鄂本、元本同。閩、監、毛本『采』作『採』，下同。」

薪采者，則微者也，曷爲以狩言之？【注】据天子諸侯乃言狩，天王狩于河陽，公狩于郎是也。河陽冬言狩，獲麟春言狩者，蓋据魯變周之春以爲冬，去周之正而行夏之時。【疏】注「据天」至「是也」。○見僖二十八年、桓四年。○注「河陽」至「狩者」。○解詁箋云：「『春言狩』下，當增『不從狩郎以正月讖』八字，乃明。微者以狩，言是假狩名以著文，宜有正月也。」舊疏云：「河陽言狩者，周之季冬，當夏之十月，故得言狩矣。」又云：「若使周之正月乃夏之仲冬，得冬獵田狩之時，即大司馬職云『仲冬教大閲，遂以狩田』是也。但孔子作春秋，欲改周公之舊禮，正朔三而反，改當欲行夏之時，取夏之孟冬以爲狩時。夏之仲冬，不是田狩之月，是以桓四年『春正月，公狩于郎』，注云：『狩例時，此月者，譏不時。』周之正月，夏十一月也，陽氣始施，鳥獸懷任，草木萌牙，非所以養微者。」是也。」舊疏云：「今獲麟之經春言狩者，蓋据魯爲王而改正朔，方欲改周之春以爲冬，去其周之正月而行夏之時，故春而言狩矣。」○注「蓋据」至「之時」。○据，校勘記云：「蜀大字本、閩、監、毛本同。鄂本『据』作『據』。」孔叢子雜訓篇：「縣子問子思曰：『顔淵問爲邦，夫子曰：「行夏之時。」若是殷、周異正〔一〕，爲非乎？』子思曰：『夏數得天，堯、舜之所同也。殷、周之王，征伐革命以應乎天。因改正朔，若云天時之改耳，故不相因也。夫受禪於人者，則襲其統；受命於天者，則革之。所以神其事，如天道之變然也。三統之義，夏得其正，是以夫子云。』」淮南子氾論訓：「夫殷變夏，周變殷，春秋變周。三代之禮不同，何古之從？」是春秋據魯以變周，行夏之時也。宋書禮志：「黄初元年〔二〕詔曰：孔子稱『行夏之時，乘殷之輅，服周之冕，樂則韶舞』。此聖人集羣代之美事，而爲後王制法也。」公羊禮説云：「春秋自用周正。公羊於『西狩獲麟』注乃云：『河陽冬言狩，獲麟春言狩者，蓋据魯變周之春爲冬，而行夏之時。』夏小正『十有一月，王狩』，此其證。已〔三〕此假以爲後王法，當用夏正，非顯然改周正也。周禮有正歲，有正月，鄭注：『正月，周之正月；正歲，夏之正月。』得四時之正以出教令者審也。据此，則知夏小正『農緯厥耒』，記於夏之正月。邠風『三之日于耜』，傳：『三之日，夏正月也。』故皇侃以爲三王所尚正朔、服色雖異，而田獵祭祀播種並用夏時，得天之正也。是知凡在夏時

〔一〕「異正」二字原脱，叢書本同，據孔叢子校補。
〔二〕「黄初元年」，原誤記爲「黄武五年」，叢書本同，據宋書校改。
〔三〕「已」，通「以」。古已、㠯（以）同。説文「以」字在「已」部，作「㠯」。

當用正月者，在周時則用三月。若夏時與周時無異，何以周有正歲又有正月乎？審是，則三代改正朔不改時月之説，其不然乎！其不然乎！」按：何氏此注決桓四年書正月之義，書狩者，紀事之實，不書正月，明改周之正也。

大之也。【注】使若天子諸侯。【疏】穀梁傳注：「非狩而言狩，大得麟，故以大所如者名之也。且實狩當言冬，不當言春。」通義云：「麟，太平之嘉應，帝王之極瑞，不可以賤者之辭加之，故大其文也。」

曷爲大之？【注】据略微。【疏】注「据略微」。○隱元年「及宋人盟于宿」，傳：「孰及之？内之微者也。」注：「内者，謂魯也。微者，謂士也。不名者，略微也。」薪采者又微於士矣。

爲獲麟大之也。曷爲爲獲麟大之？【注】据鸛鵒俱非中國之禽，無加文。【疏】注「据鸛」至「加文」。○昭二十五年「有鸛鵒來巢」。

麟者，仁獸也。【注】狀如麕，一角而戴肉，設武備而不爲害，所以爲仁也，詩云「麟之角，振振公族」是也。【疏】舊疏引：「五行傳云『東方謂之仁』，又云『視明禮修而麟至』。是以春秋説云『麟生于〔一〕火，遊于中土，軒轅大角之獸』。然則，麟爲土畜而言仁獸者，正以設武備而不害物，所以爲仁也。」禮運疏云：「按，異義：説左氏者，以昭二十九年傳云：水官不修，故龍不至。以水生木，故爲修母致子之説。故服虔

〔一〕「于」字原脱，叢書本同，據公羊注疏校補。

注『獲麟』云〔一〕：『麟，中央土獸，土爲信。信，禮之子，修其母，致其子，視明禮修而麟至，思睿信立而白虎擾，言從文〔二〕成而神龜在沼，聽聰知正則名山出龍，貌恭性仁則鳳皇來儀。』又毛詩傳云：『麟信而應禮。』又云：『騶虞，義獸，有至信之德則應之。』皆爲修母致子之義也。若鄭氏之説，則異於此。」禮記疏引：「異義：公羊説：麟，木精。左氏説：麟，中央軒轅大角之獸。陳欽説：麟是西方毛蟲。許慎謹案，禮運云：麟、鳳、龜、龍，謂之四靈。龍，東方也；虎，西方也；鳳，南方也；龜，北方也；麒，中央也。鄭駁之云：『古者聖賢言事亦有效，三者取象天地人，四者取象四時，五者取象五行。今云麟鳳龜龍謂之四靈，則當四時明矣。虎不在四靈中，空言西方虎者，則麟中央，得無近誣乎？』」則鄭不以麟爲土精也。彼疏又引：「公羊説『麟者，木精』。鄭云：『金九以木八爲妻，金性義，木性仁。得陽氣，性似父；得陰氣，性似母。麟，毛蟲，得木八之氣而性仁〔三〕。』」是與公羊説同。舊疏引：「異義：公羊説又云『麟者，木精，一角，赤目，爲火候』，下注亦云『麟者，木精』者，正以設武備而不害物，有仁之物，屬東方，赤木爲火候，火乃木之子，謂之木精亦何傷。又鶡冠子云『麟者，北方元枵之獸，陰之精』者，正以五行相配言之，水爲土妃，水土搆精而生麟，得土氣者性似父，得水氣者性似母，蓋以麟得水氣，故云玄枵之獸，陰之精也。」非公羊家義。○注「狀如」至「仁也」。○爾雅釋獸云：「麐，麕身、牛尾、一角。」郭注：「角頭有肉。」引此傳云：「有麕

〔一〕「云」，原訛作「之」，叢書本同，據禮記校改。

〔二〕「文」，原訛作「乂」，叢書本同，據禮記正義及左傳正義校改。

〔三〕「而性仁」三字原脱，叢書本同，據禮記正義校補。

而角。」廣雅釋獸云：「麟，狼額肉角。」禮記疏引京房易傳云：「麟，麕身、牛尾、馬蹄，有五彩，高丈二尺。」詩疏引：「陸璣疏云：麟，麕身、牛尾、馬足，黄色，圓蹄，一角，角端有肉。音中鍾吕，行中規矩，遊必擇地，詳而後處。不履生蟲，不踐生草，不羣居，不侶行，不入陷穽，不罹羅網。王者至仁則出。今并州界中有麟，大小如鹿，非瑞應麟也。故司馬相如賦云『射麋脚麟』，謂此麟也。」是爲仁也。○注「詩云」至「是也」。○詩周南麟趾篇文。傳：「麟角，所以表德也。」箋云：「麟角之末有肉，示有武而不用。」禮記疏引廣雅云：「文章斌斌，故呼爲大角之獸。」

有王者則至，【注】上有聖帝明王，天下太平，然後乃至。尚書曰：「簫韶九成，鳳皇來儀。擊石拊石，百獸率舞。」援神契曰：「德至鳥獸，則鳳皇翔，麒麟臻。」【疏】注「上有」至「乃至」。○詩疏引：「李巡爾雅注云：『麐，瑞應獸名。』孫炎云：『靈獸也。』」宋書符瑞志引京房易傳：「聖人清静行乎中正，賢人至，民從命，厥應麒麟來。」文選注引感精符云：「麟一角，明海内共一主也。王者不刳胎，不剖卵，則出於郊。」又類聚引感精符云：「王者德及幽隱，不肖斥退，賢人在位則至。明於興衰，武而仁，仁而有慮。禽獸有埳穽，非時張獵則去〔一〕。明王動則有義，静則有容，麒麟乃見。」舊疏云：「若今未太平而麟至者，非直爲聖漢將興之瑞，亦爲孔子制作之象，故先至。故孝經説云『丘以匹夫徒步，以制正法』，是其賤者獲麟，兼爲庶人作法之義也。」釋文：「大音泰，監、毛本『后』作『後』。」○注「尚書」至「率舞」。○咎繇謨文。毛本「皇」改

〔一〕「去」，原訛作「至」，叢書本同，據藝文類聚校改。

「凰」，俗字。舊疏引：「鄭注云：『簫韶，舜所制樂。』又引：「宋均注樂説云：『簫之言肅，舜時民樂其肅敬，而紀堯道，故謂之簫韶。或曰韶，舜樂名。舜樂者其秉簫乎？』鄭氏又云：『樂備作謂之成，簫韶作，九備而鳳皇乃來儀，止巢乘匹。擊石拊石，百獸率舞者，石，磬也；百獸，服不氏所養者。謂音聲之道與政通焉。』」舊疏云：「欲道上有聖帝明王，天下太平，瑞物乃來之義。」○注「援神」至「麟臻」。○白虎通封禪云：「德至鳥獸，鳳皇翔，麒麟臻。」据此知本援神契爲説也。舊疏引：「釋獸云：『麐，如馬一角，不角者騏。』舍人云：『麐，如馬而有一角，不有角者名麒。』然則麒麟非直雄雌之異，其體亦別。」

無王者則不至。【注】辟害遠也。當春秋時，天下散亂，不當至而至，故爲異。【疏】校勘記云：「唐石經、諸本同。」經義雜記云：「杜元凱春秋左氏傳序云：『春秋之作，左傳及穀梁無明文。』正義曰：『据杜云：左傳及穀梁無明文，則知公羊有其顯説。今驗何注公羊，亦無作春秋事。按，孔舒元公羊傳本云：『十有四年，春，西狩獲麟。何以書？記異也。今麟非常之獸。其爲非常之獸奈何？有王者則至，無王者則不至。然則孰爲而至？爲孔子之作春秋。』是有成文也。左傳及穀梁則無明文。按，孔舒元未詳何時人，儒林傳及鄭六蓺論皆無之。隋志有『春秋公羊傳十四卷，孔衍集解』，未知是否。杜氏作序，既所据用，則爲古本可知矣。」按：今何注無下二語，亦無今麟非常之獸二語，故通義以爲治公羊者增成其説也。○注「辟害」至「爲異」。○舊疏云：「謂無道之世，刳胎殺夭，是以瑞物亦不來游也，即家語云『孔子曰：刳胎殺夭，則麒麟不至。擿巢毁卵，則鳳皇不翔』是也。故云辟害遠也。」水經注河水篇：「續漢書曰：延熹九年，河水清。襄楷上疏曰：春秋注記，未有河清，而今有之。易乾鑿度曰：『上天將降嘉應，河水先清。』

京房易傳曰：『河水清，天下平。』天垂異，地吐妖，民厲疫，三者並作而有河清，春秋麟不當見而見，孔子書以爲異。」

有以告者曰：「有麕而角者。」【疏】校勘記云：「唐石經同。閩本『麕』字剜改，困作君，監、毛本承之，非也。釋文作『麏』，云：『本又作麇，亦作麕。』按，隸釋載漢石經作麏，即麕之隸變。爾雅釋獸：『麏，麕身牛尾。』郭注引公羊傳曰『有麕而角』，是古本作麕也。石經考文提要云：宋景德本、鄂泮宮書本皆作『麕』。」按：孔叢子亦作「有麏，肉角」。舊疏云：「即孔叢云：叔孫氏之車子曰鉏商，樵于野而獲麟焉，衆莫之識，以爲不祥，棄之五父之衢。冉有告孔子曰：『有麏肉角，豈天下之妖乎？』夫子曰：『今何在？吾將觀焉。』遂往。謂其御高柴曰：『若求之言，其必麟乎！』」

孔子曰：「孰爲來哉！孰爲來哉！」【注】見時無聖帝明王，怪爲誰來。【疏】舊疏引孔叢又云：「到，視之。曰：『今宗周將滅，無主〔一〕，孰爲來哉！茲日麟出而死，吾道窮矣。』乃作歌曰：『唐虞之世麟鳳游，今非其時來何求〔二〕？麟兮麟兮我心憂。』是也。」類聚引琴操曰：「魯哀公十四年，西狩，薪者獲麟，擊之，傷其左足，將以示孔子。孔子遂與相逢，見，俛而泣，抱麟曰：『汝孰爲來哉！孰爲來哉！』反袂拭面。仰視其人，龍顔日角。夫子奉麟之口，須臾，吐三卷圖：一爲赤伏，劉季興爲王。二爲周滅，

〔一〕「無主」上孔叢子原有「天下」二字，此脱。
〔二〕「求」，原訛作「由」，據孔叢子校改。

夫子將終。三爲漢制造作改經。夫子還，謂子夏曰：『新主將興，其人如得麟。』」樂府引獲麟歌曰：「唐虞世兮麟鳳遊，今非其時兮來何求？麟兮麟兮，我心悲之。」即本孔叢子。舊疏云：「然則此告者，其冉求也。若以孔叢合之此傳，則鄉云薪采者，還是鉏商也。而春秋不言之者，略微故也。不言爲漢獲之者，微辭也。故春秋説云『不言姓名，爲虚主』，宋氏云『劉帝未至，故云虚主。若書姓名，時王惡之』，是其義也。」○注「見時」至「誰來」。○論衡指瑞云：「春秋曰：西狩獲死麟，人以示孔子。孔子曰：『孰爲來哉！孰爲來哉！』反袂拭面，泣涕沾襟。儒者説之，以爲天以麟命孔子，孔子不王之聖也。夫麟爲聖王來，孔子自以不王，而時王魯君，無感麟之德，怪其來而不知所爲，故曰：『孰爲來哉！孰爲來哉！』知其不爲治平而至，爲己道窮而來，望絶心感，故涕泣沾襟。以孔子言『孰爲來哉』，知麟爲聖王來也。曰前孔子之時，世儒已傳此説，孔子聞此説而希見其物也。見麟之至，怪所爲來。實者麟至無所爲來，常有之物也，行邁魯澤之中，而魯國見其物，遭獲之也。孔子見麟之獲，獲而又死，則自比於麟，自謂道絶不復行，將爲小人所徯獲也。故孔子見麟而自泣者，據其見得而死也，非據其本所爲來也。然則，麟之至也，自與獸會聚也。其死，人殺之也。使麟有知，爲聖王來，時無聖王，何爲來乎？思慮深，避害遠，何故爲魯所獲殺乎？夫以時無聖王而麟至，知不爲聖王來也。爲魯所獲殺，知其避害不能遠也。聖獸不能自免於難，聖人亦不能自免於禍。禍難之事，聖者所不能避，而云鳳、麟思慮深避害遠，妄也。」蓋亦公羊家説。言時無聖帝明王而來，宜其遭害而死也。舊疏云：「下注云『夫子素案圖籙，知庶姓劉季當代周，見采薪獲麟，知爲其出』。夫子素知此事，而云『孰爲來哉』以怪之者，蓋畏時遠害，假爲微辭。故注解見時無聖帝明王，怪爲誰來矣。或者素案圖録，知劉季當代周，但初見時，未知薪采獲麟爲之出，仍自未明，故作此言。乃後詳審，焕然而寤，是以泣之。」

反袂拭面，【疏】舊疏云：「目亦有作『面』字者，知徐本作目也。」按：杜預左傳序亦作「反袂拭面，稱吾道窮」，則宜作「面」矣。校勘記云：「面，唐石經、諸本同。」易林小畜之坤：「子鉏執麟，春秋作元，陰將以終，尼父悲心。」

涕沾袍。【注】袍，衣前襟也。夫子素案圖録，知庶姓劉季當代周，見薪采者獲麟，知爲其出，何者？麟者，木精。薪采者，庶人燃火之意，此赤帝將代周居其位，故麟爲薪采者所執。西狩獲之者，從東方王於西也，東卯西金象也；言獲者，兵戈文也；言漢姓卯金刀，以兵得天下。不地者，天下異也。又先是蝝蟲冬踊，彗金精埽旦置新之象。夫子知其將有六國争彊、從横相滅之象，秦、項驅除，積骨流血之虞，然后劉氏乃帝，深閔民之離害甚久，故豫泣也。【疏】注「袍，衣前襟也」。○舊疏云：「袍亦有作『衿』字者。以衣前襟言之，袍似得之。」釋文亦作「沾袍」，「音步刀反，又步報反」。經義雜記云：「説文衣部：『袍，襺也，从衣包聲。論語曰：衣敝緼袍。』『䘳，交衽也，从衣金聲。』是當作涕沾䘳。衿、襟皆俗字。作袍，非也。論衡指瑞云：『反袂拭面，泣涕沾襟。』是王仲任所見之傳亦作䘳。春秋序正義引公羊『反袂拭面，泣沾袍』，下又云『聖人甯復畏懼死亡，下沾衿之泣』，據下作沾衿。疑沾袍或後人改也。離騷『攬茹蕙以掩涕兮，霑余襟之浪浪』，亦可證。」按：傳若直作衿，何注衣前襟成囈語矣。經義述聞云：「家大人曰：何以袍爲衣前襟者？袍本作襃，步報反，釋文：『衣前襟也。』當以步報之音爲是。玉篇襃與袍同：『又步報反，衣前襟也。』廣韻：『袌，薄報切，衣前襟。』墨子公孟篇：『楚莊王解冠組纓，絳衣博袍。然則袍者，袌之借字，涕沾袍即涕沾襟，非衣敝緼袍之袍也。論衡引此傳『西狩獲麟』作『西狩獲死驎』，『涕沾袍』作『涕沾襟』，蓋据嚴氏春秋，故與何本異。其實襟與袍一物也。春秋序正義引公羊『涕沾袍』，又曰『下沾衿之泣』者，以衿袍同物，而衿爲人所易曉，故言衿以見袍。非引公羊本作衿，而後人改之也。」王氏此説可釋臧氏之疑矣。説文衣部：「裾，衣袌也。」段注云：「上文云袌，褎也。褎物謂之袌，因之衣前襟謂之袌。方言：『襌衣有袌者，趙、魏之間謂之袏衣。』郭云：『前施袌囊也。』按，前施袌囊即謂右外衿。方言：『無袍者謂之裎衣。』則今之對襟衣，無右外衿者也。褻衣無袍，禮服必有袌。上文之袥、衸謂無袌者，唐、宋人所謂衩衣也。公羊傳『涕沾袍』，當作『袌』。何注云：『衣前襟也。』釋器：『衣眥謂之襟，衱謂之裾。衱同袷，謂交領。袌連于交領，故曰衱謂之裾。』郭謂衣後襟，非也。釋名裾在後之説，非是。」○注「夫子」至「代周」。○校勘記云：「鄂本、蜀大字本同。毛本『案』改『按』。閩本剜改『聖』作『姓』。監、毛本因之。惠棟云：當作庶聖。參同契曰：夫子庶聖雄。」詩疏引異義鄭駁云：「孔子作春秋，應以金獸，賤者獲之，則知將有庶人受命而得之。」説苑君道云：「孔子曰：夏道不亡，商德不作；商德不亡，周德不作；周德不亡，春秋不作。春秋作，而後君子知周道亡也。」文選注引演孔圖云：「有人卯金刀，握天鏡。」舊疏云：「蓋見中候，云卯金刀帝出，復堯之常，是其案圖籙，從亭長之任而爲天子，故謂之庶姓矣。」○注「何者」至「所執」。○初學記引：「演孔圖云：蒼之滅也，麟不榮也。麟，木精也。宋均注：麟，木精，生水，故曰陰。木氣好土，土黄木青，故麟色青黄。不榮謂見絏柴者也。」開元占經引異義：「公羊説：孔子獲麟，天命絶周，天下叛去。」隱元年疏引春秋説云：「經十有四年春，西狩獲麟，赤受命，蒼失權，周滅火起，薪采得麟。」禮運疏引石渠禮論：「議郎尹更始、待詔劉更生等議，以吉凶不並，瑞災不兼。今麟爲周亡天下之異，則不得爲瑞，以應孔子至。」又引異義：「公羊説：哀十四年獲麟，此受命之瑞，周亡失天下之異。」舊疏引：「舊云：木生火，火生土。麟爲土畜，亦受氣于祖，性合人仁，故爲木精也。」又引：「春秋説云：『麟生於火，游於中土，軒轅大角之獸。』麟爲土畜而言木精者，正以公羊説云『麟者，木精，一角赤目，爲火候』。既爲火候，是木之子，謂之木精亦何傷？」按：公羊家自以麟爲木畜，其以爲土畜者，左氏家説，不必率涉也。舊疏又云：「庶人采薪，本供庖爨，意欲燃之，故曰采薪，庶人燃火之意也。木雖生火，火復燒木，即漢以火德承周之后而能滅之，故曰此赤帝將代周居其位也。云故麟爲薪采者所執者，其若不然，麟爲異物，體形不小，薪采隻夫，甯能獲之？」○注「西狩」至「天下」。○類聚引演孔圖云：「有人卯金，興於豐，擊玉鼓，駕六龍。」又云：「其人日角龍顏，姓卯金刀，含仁義。」後漢書注引云：「卯金刀名爲劉，赤帝後，當次周。」文選注引漢含孳云：「劉季握卯金刀，在軫北，字季〔一〕，天下服。卯在東方，陽所立，仁且明。金在西方，陰所立，義成功。刀居右，字成章。力擊秦，枉矢東流，水神哭，祖龍死。」御覽引：「考靈曜云：卯金出軫，握命孔符。注：『卯金，劉字之别。軫，楚分野之星。符，圖書〔二〕。劉所握天命，孔子制圖書。』」初學記〔三〕引帝

〔一〕「季」，原訛作「禾子」，據四庫本文選注校改。
〔二〕「圖」下原脱「書」字，叢書本不誤，據補。
〔三〕初學記中没有檢索到尚書帝命驗這段文字。太平御覽所引不完整。明陳耀文天中記所稱引與此同。

命驗云：「有人雄起，載玉英，履赤矛，祈〔一〕旦失籥，亡其金虎。東南紛紛注精起，昌光出軫已啚之。」華陽國志公孫述志：「世祖報曰西狩獲麟，讖曰『乙木卯金』，即乙未歲授劉氏。」按：緯言興於豐，在軫北，即此注言從東方王於西也。以兵得天下者，舊疏云：「言劉季起於豐沛之間，提三尺之劍，而入秦宮。」是也。○注「不地」至「異也」。○舊疏云：「所以不言西狩于某獲麟者，正以麟見于魯，乃爲周室將亡之異，是以不舉小地之名，亦得爲王魯之義，故曰不地者，天下異也。」○注「又先」至「之象」。○蝝蟲冬踊，即上十二年「冬，十有二月，蝝」、十三年「冬，十有二月，蝝」是也。彗金精埽旦置新之象，即上十三年「冬，十有一月，有星孛于東方」是也。彼傳云：「孛者何？彗星也。其言于東方何？見于旦也。」舊疏云：「孛從西方鄉東，故曰金精；彗者，埽除之象，鄉晨而見，故曰埽旦也。然則，蝝蟲冬踊者，乃是天不能殺，地不能理，故爲六國争强、天下大亂之象也。金精埽旦，乃是秦、項驅除，劉氏乃帝之義，故何氏云焉。」按：災異之應俱不大遠，此哀公之世，蝝孛之變，得應之數百年後者，此春秋之義也。春秋爲漢制法，次年絶筆，後無所見，適有蝝孛之見，因即假以示義焉爾。○注「夫子」至「乃帝」。○校勘記出「積骨流血之虞」，云：「鄂本『虞』作『虐』，不誤。解云：『虐』亦有作『害』者。」按：紹熙本亦作「虐」，是也。六國争强，舊疏云：「即燕、齊、楚、韓、魏、趙也。齊据東蕃，燕、楚强于南北，韓、魏、趙居于晉洛之間，各自保險，迭相征伐。」是也。從横，燕、楚南北而遠，故謂之從。「蘇秦在東而相六國，謂之合從；張儀在西而相秦以成，謂之連横。故

〔一〕「祈」，原訛作「析」，據天中記校改。

彼下文『從成則楚王，横成則秦帝。蘇公居趙，秦兵不敢東伐。張儀在秦，楚兵絶于西』是也。蘇公既死，張儀以横滅從，是其相滅也。」秦、項斬除者，舊疏云：「始皇据秦，藉滅周之資而殄六國，項羽因胡亥之虐而籠括天下，皆非受命之帝，但爲劉氏驅其狐狸、除其豺狼而已，故曰秦、項驅除也。」積骨流血者，舊疏云：「爾時天下土崩，英雄鵲起，秦、項之君，視人如芥，殽函之處，積骨成山；平原之地，血流如海。自此以後，高祖乃興，故曰然後劉氏乃帝也。」御覽引：「文耀鉤云：『庶人争權，赤帝之精。』注：『庶人，項羽、劉季者也。争權，並欲起也。』」越絶書敘外傳記：「孔子感精，知後有彊秦喪其世，而漢興也。賜權齊、晉。」易林屯之坤：「採薪得麟，大命隕顛，豪傑争名，天下四分。」是其義也。○注「深閔」至「泣也」。○説苑貴德云：「仁人之德教也，誠惻隱于中，悃愊於内，不能已於其心。故其治天下也，如救溺人。見天下〔一〕强淩弱、衆暴寡、幼孤羸露、死傷係虜，不忍其然。是以孔子歷七十二君，冀道之一行，而得施其德，使民生於全育，烝庶安土，萬物熙熙，各樂其終。卒不遇，故睹麟而泣，哀道不行，德澤不洽〔二〕，於是退作春秋，明素王之道，以示後人。」越絶書敘外傳記：「孔子懷聖承弊，睹麟垂涕，傷民不得其所，非聖人孰能痛世若此？」

顔淵死，子曰：「噫！【注】噫，咄嗟貌。【疏】校勘記：「唐石經作『孔子曰』。按，下『西狩獲麟，孔子

〔一〕「天下」，原訛作「天人」，叢書本不誤，據改。
〔二〕「洽」，原訛作「治」，叢書本同，據説苑校改。

曰』注云：『加姓者，重終也。』然則，於此不當有『孔』字矣。」○注「噫，咄嗟貌」。○論語先進云：「子曰：噫！」注：「包曰：噫，痛傷之聲也。」皇疏同。易繫辭傳：「噫，亦要存亡吉凶。」崔憬注：「噫，歎聲也。」詩周頌「噫嘻成王」，傳：「噫，歎也。」漢書董仲舒傳：「贊：噫！天喪余。」注：「噫，歎聲也。」後漢書袁閎傳：「未嘗不噫嗚流涕。」注：「噫嗚，歎傷之貌也。」或作意，淮南繆稱訓「意而不戴」是也。或作懿，詩大雅瞻卬「懿厥哲婦」是也。禮記曾子問云：「祝聲三。」注：「聲，噫歆警神也。」緣祝聲不知作何聲，故曰噫。解之亦爲其有咄嗟義也。禮記檀弓云：「公肩假曰：噫！」是古人發聲多云噫矣。

天喪予！」【注】予，我。【疏】舊疏云：「聖人之道，當須輔佐而成，是以家語及殷傳云『自予得回也，門人加親也』，今而遭命，故曰天喪予。」翟氏灝四書考異云：「史記云：顏子年二十九髮盡白，早死。二十九乃其髮白之年，非死之年。其死年無所記，但云蚤耳。旁考之，則顏子之死，乃在哀公十四年獲麟之後，其次年子路亦死。故公羊傳連識之，曰有以麟告者曰云云，顏淵死云云，子路死云云。公羊氏去聖較近，所傳述定得本真也。」通義云：「子路死事在哀十五年。顏淵死年，諸書乖互。推泗水侯之歿，先聖年七十，而論語有『鯉也死，有棺無椁』之言，則淵卒又少在後，蓋亦當哀十二、十三年間也。比年三見傷痛，故子深悼之。傳亦連述之矣。」拜經日記云：「論語集註：短命者顏子，三十二而卒也。家語：顏回少孔子三十歲，年二十九髮白，三十一而死。王肅注：校其年，則顏回死時，孔子年六十一。然則，伯魚年五十，先孔子卒，卒時孔子且七十年。今此爲顏回先伯魚死。而論語顏淵死時，孔子曰『鯉也死，有棺而無槨』，或爲設事之詞。按，史記列傳但云『顏回少孔子三十歲，年二十九髮盡白，蚤死』，並不著卒之年歲。夫五十以上而卒皆可謂之早，三十一歲之文不知所本，必係王肅僞撰。公羊傳哀十四年『顔淵死』云云，史記孔子世家：『顔淵死，孔子曰：天喪予！及西狩獲麟，曰：吾道窮矣！』夫曰天喪予，曰天祝予，曰吾道窮矣；夫曰天喪予，曰天祝予，曰吾道窮，曰吾已矣者，皆孔子將殁之年所言。故公羊春秋及弟子傳皆連言之。則顔子之死，必與獲麟、子路死、夫子卒相先後。孔子年七十一獲麟，七十二子路死，七十三孔子卒。顔子少孔子三十歲，孔子七十，顔子已四十也。世家云：伯魚年五十，先孔子卒。以核孔子年二十生伯魚之説，尚不甚遠，則伯魚卒時，孔子年六十九。據論語，顔淵死在伯魚之後，則孔子年七十，顔子正四十七。魯哀、季康之問，皆在哀十一年孔子反魯之後。時顔子新卒，故聖人述之，有餘痛焉。若王肅説孔子年六十一顔子死，此正孔子自陳反蔡之年，猶未反魯，哀公、康子何從問詢？且此時去困阨陳、蔡，首尾三載，如六十一顔子已死，孔子思從難諸賢，何以首及顔淵？可知王肅削奪先賢年齒，以求勝其私説也。」○注「予，我」。○爾雅釋詁云：「予，我也。」

子路死，子曰：「噫！天祝予！」【注】祝，斷也。天生顔淵、子路，爲夫子輔佐，皆死者，天將亡夫子之証。【疏】注「祝，斷也」。○上十三年穀梁傳：「祝髮文身。」注：「祝，斷也。」廣雅釋詁云：「祝，斷也。」書泰誓：「祝降時喪。」傳亦云：「祝，斷也。」鹽鐵論訟賢云：「若『由不得其死然』，『天其祝予』矣。」舊疏云：「言〔一〕天祝惡己之道德，亦是斷絶之義矣。」○注「天生」至「之証」。○董仲舒傳：「贊：至向子歆

〔一〕「言」，原訛作「然」，叢書本同，據公羊注疏校改。

以爲，伊呂乃聖人之耦，王者不得則不興。故顏淵死，孔子曰：『噫！天喪予。』唯此一人足以當之。」師古曰：「噫，歎聲。言失其輔佐也。」舊疏云：「『自予得由也，惡言不至於耳』，是其爲輔佐之義也。若欲以理言之，則四科十人，游、夏之徒，皆爲夫子之輔佐。故孝經説云『春秋屬商，孝經屬參』是也。今特言二人，皆以其先卒故也。良輔之內，二人先死，亦非祐助之義，故曰將亡夫子之証。」校勘記云：「閩本剜改『証』作『證』，監、毛本承之。」

西狩獲麟，【疏】校勘記云：「唐石經、諸本同。」經義雜記曰：「論衡指瑞云：春秋曰：『西狩獲死驎。』今三傳本無『死』字。而公羊云：『顏淵死，子曰：噫！天喪予！子路死，子曰：噫！天祝予！西狩獲麟，孔子曰：吾道窮矣！』注：『時得麟而死，此亦天告夫子將歿之徵。』則此傳本作『西狩獲死麟』，與上『顏淵死』、『子路死』一例。『吾道窮矣』，與上『天喪予』、『天祝予』一例。」驎，俗麟字。

孔子曰：「吾道窮矣！」【注】加姓者，重終也。麟者，太平之符，聖人之類，時得麟而死，此亦天告夫子將歿之徵，故云爾。【疏】舊疏云：「麟之來也，應於三義：一爲周亡之徵，即上傳云『何以書？記異也』是也；二爲漢興之瑞，即上傳云『孰爲來哉！孰爲來哉！』雖在指斥，意在於漢也；三則見孔子將歿之徵，故孔子曰：『吾道窮矣。』是也。」史記孔子世家云：「魯哀公十四年春，狩大野。叔孫氏車子鉏商獲獸，以爲不祥。仲尼視之，曰：『麟也。』取之，曰：『河不出圖，雒不出書，吾已矣夫！』顏淵死，孔子曰：『天喪予！』及西狩見麟，曰：『吾道窮矣！』喟然歎曰：『莫知我夫！』子貢曰：『何爲莫知子？』子曰：『不怨天，不尤人，下學而上達，知我者其天乎！』」又儒林列傳：「仲尼干七十餘君，無所遇，曰：『苟有用我者，期月而已矣。』西狩獲麟，曰：『吾道窮矣！』故因史記作春秋，以當王法，其辭微而指博，後世學者多録焉。」〇注「加姓者，重終也」。〇舊疏云：「正以上文再發『子曰』，皆不加姓故也。」〇注「麟者」至「云爾」。〇史記注引服虔云：「麟非時所常見，故怪之，以爲不祥也。仲尼名之曰『麟』，然後〔一〕魯人乃取之也，明麟爲仲尼至也。」繁露隨本消息云：「顔淵死，子曰：『天喪予！』子路死，子曰：『天祝予！』西狩獲麟，曰：『吾道窮！』三年，身隨而卒。階此而觀，天命成敗，聖人知之，有所不能救，命矣夫。」後漢書何敞傳：「西狩獲麟，孔子有兩楹之殯。」是皆以爲夫子將殁之徵也。舊疏云：「麟者，聖人之類者，以皆有聖帝明王，然後〔二〕乃見，故謂之類也。時得麟而死者，即孔叢子云『麟出而死，言道窮矣』是也。」

春秋何以始乎隱？【注】据得麟乃作。【疏】注「据得麟乃作」。〇舊疏引：「演孔圖云『獲麟而作春秋，九月書成』是也。」又隱七年疏引演孔圖云：「孔子修春秋，九月而成。卜之，得陽豫之卦。」又引説題辭云：「昔孔子受端門之命，制春秋之義，使子夏等十四人求周史記，得百二十國寶書。九月經立。」舊疏引：「揆命篇云『孔子年七十歲知圖書，作春秋』者，何氏以爲年七十歲者，大判言之，不妨爾時七十二矣。」左疏引服虔説，以爲「夫子以哀十一年自衛反魯而作春秋，約以周禮，故有麟應而至」，與此不合。賈逵、潁容〔三〕等皆

〔一〕「然後」，原訛作「然然」，叢書本同，據史記注校改。
〔二〕「然後」二字原脱，叢書本同，據公羊注疏校補。
〔三〕「潁容」，原訛作「穎容」，叢書本同。潁容，東漢末經學家，著春秋左氏條例，今有輯佚本，稱春秋釋例。見於後漢書儒林傳。下同徑改不出校。

同服説，以爲修母致子之應，蓋左氏家説也。而説苑至公篇：「夫子道不行，退而修春秋。精和聖制，上通於天而麟至，此天之知夫子也，故夫子曰：『不怨天，不尤人，下學而上達，知我者其天乎？』」亦與左氏説合。通義云：「春秋之作，存王道於將絶，垂治法於不朽，孟子以爲亂後之一治。故左氏先師賈、服之徒皆言制作，三年，文成致麟。而胡康侯謂簫韶九奏，鳳儀于庭，魯史成經。麟出于野，天人相與之際，誠有然者。至其出而見獲，則聖〔一〕道不行，終老兩楹之象也。但夫子謙，不敢當麟爲己出，故但傷麟見非時，感而致泣，方在制作，就絶筆于所感爾。」按：孔子世家亦云：哀公十四年，狩大野，獲獸。仲尼視之，曰：「麟也。」曰：「吾道窮矣！」「乃因史記作春秋，上至隱公，下訖哀公十四年十二公。据魯親周故殷，運之三代，約其文詞而指博。」則亦以得麟而作。

祖之所逮聞也。【注】託記高祖以來事，可及問聞知者，猶曰我但記先人所聞，辟制作之害。【疏】校勘記云：「唐石經、諸本同。隸釋載漢石經『逮』作『遝』。九經古義云：説文：『遝，迨也。』玉篇：『迨、遝，行相及〔二〕。』又目部〔三〕：『眔〔四〕，目相及。』方言云：『迨、遝，及也。東齊曰迨；關之東西曰遝，或曰及。』」州輔碑云：「遝事和熹后、孝安皇帝。」劉寬碑云：「未遝誅紂。」陳球後碑云：「遝完徂齊。」俱以遝爲

〔一〕「聖」下原衍一「人」字，據公羊通義校删。
〔二〕「及」，原訛作「近」，叢書本同，據九經古義校改。
〔三〕「目部」，原訛作「自部」，叢書本同，據九經古義校改。
〔四〕「眔」，原訛作「遝」，據九經古義及説文解字校改。

逮也。釋言云：「逮，遝也。」遝、逮古音同也。説文又云：「逮，及也。」「及，逮也。」又云：「隶，及也。」則亦通隶。釋言云：「逮，及也。」謂祖之所及聞也。按：爾雅釋言又云：「遾，逮也。」方言又云：「噬，逮也。」北燕曰噬，逮通語也。」詩唐風有杕之杜「噬肯適我」，韓詩作「逝」，亦云及也。通義云：「隱公以來之事，祖雖不及見，猶及聞而知之，過是以往，文獻不足，恐失其實，故斷自隱始。」舊疏云：「何氏以爲公取十二，則天之數。故隱元年『益師卒』之下，注云：『所以二百四十二年者，取法十二公，天數備足。』是也。今此傳云『祖之所逮聞』者，謂兼有天數之義，亦託問聞而知，亦取制服三等之義，故隱元年注云：『所以三世者，禮，爲父母斬衰三年〔一〕，爲祖父母期，爲曾祖高祖父母齊衰三月。』是也。」○注「託記」至「之害」。○史記儒林傳：「故因史記作春秋，以當王法，其詞微而指博，後世學者多録焉。」舊疏云：「假託云道，我記高祖以來事者，謂因已問父得聞昭、定、哀之事，因父問祖得聞文、宣、成、襄之事，因祖問高祖得聞隱、桓、莊、閔、僖之事，故曰託記高祖以來事，可及問聞知者。以此言之，則無制作之義，故曰我但記先人所聞，辟制作之害也。」

所見異辭，所聞異辭，所傳聞異辭。【注】所以復發傳者，益師以臣見恩，此以君見恩，嫌義異；於所見之世，臣子恩其君父尤厚，故多微詞也；所聞之世，恩王父少殺，故立煬宫不日、武宫日是也；所傳聞之世，恩高祖曾祖又殺，故子赤卒不日，子般卒日是也。【疏】注「所以」至「義異」。○舊疏云：「隱元

〔一〕「爲父母斬衰三年」，原訛作「爲父母期爲曾祖」，據公羊注疏校改。

年『冬，十有二月，公子益師卒』，傳：『何以不日？遠也。所見異辭，所聞異辭，所傳聞異辭。』然則，彼已有傳，今復發之者，正以益師之卒所以不日者，以其恩遠，孔子所不見，欲道當時之君無恩於其臣，是以大夫之卒，不問有罪與不，例皆不日以見之，是以須發三代異辭之言。今此西狩獲麟當所見之世，已與父時之事，欲道當時之臣有恩於其君，故爲微辭，不忍正言其惡，是以復須發傳，道其三代異辭之意。然則，言益師以臣見恩者，言益師之經以臣之故，見君恩之薄厚也，此以君見恩者。此獲麟之經以君之故見臣恩之厚薄，其義實異，故重發。桓二年『成宋亂』之下，傳云：『内大惡諱，此其目言之何？遠也。所見異辭，所聞異辭，所傳聞異辭。』注：『所以復發傳者，益師以臣見恩，此以君見恩，嫌義異也。』則桓公時，已發見君恩之傳，今復發之者，正以桓公時，欲見其臣無恩於其君，是以不爲之諱大惡；今時有恩於其君，故爲之諱而作微辭也。彼注云『嫌義異』，此復注云『嫌義異』，是其一隅，何氏不決之者，省文也。」○注「於所」至「辭也」。○繁露楚莊王云：「春秋分十二世以爲三等：有見、有聞、有傳聞。有見三世，有聞四世，有傳聞五世。故定、哀、昭，君子之所見也。」「所見六十一年」，「於所見微其辭」是也。定元年傳云：「定、哀多微辭。」注云：「定公有王無正月，不務公室，喪失國寶。哀公有黃池之會，獲麟，故總言多。」是也。○注「所聞」至「是也」。○繁露又云：「襄、成、宣、文，君子之所聞也。所聞八十五〔一〕年，於所聞，痛其禍。」按：彼謂子般卒日，子赤卒不日故也。此立煬宮不日，即定元年「秋，九月，立煬宮」是也。武宮

〔一〕「八十五」，原訛作「八十一」，叢書本同，據春秋繁露校改。

日，即成六年「二月，辛巳，立武宮」是也。公羊之義，失禮鬼神例日，故所聞世，不爲諱恩殺也。○注「所傳」至「是也」。○繁露又云：「僖、閔、莊、桓、隱，君子之所傳聞也。所傳聞九十六年。於所傳聞，殺其恩。」按：子赤卒不日，即文十八年「冬，十月，子赤卒」是也。子般卒日，即莊三十二年「冬，十月，乙未，子般卒」是也。文十八年注云：「所聞世，臣之恩痛王父深厚，故不忍言其日，與子般異。」是也。通義云：「所聞者，己之所逮聞也。至於祖之所逮聞，而父受之祖，己受之父，則所傳聞也。世疏者其恩殺，若桓之無王，莊之不復仇、納鼎、歸寶，文姜淫泆，皆得質言之，以立其義。移於所見之世，則義有所尊，恩有所諱，是以定公受國於季氏，不敢明其篡；昭公取同姓，不忍斥其惡。是以春秋正名分，誅亂賊之大用，必託始于所傳聞世，而後可施也。近者微辭，遠者目言〔一〕，以義始之，以仁終之，別其世而不亂，斯異其辭〔二〕而不糅。」

何以終乎哀十四年？【注】据哀公未終也。【疏】漢書儒林傳：「因魯春秋舉十二公行事，繩之以文武之道，成一王法，至獲麟而止。」文選班固答賓戲云：「孔終篇於西狩。」○注「据哀」至「終也」。○舊疏云：「正以未見公薨之文故也，且以左氏言之，即哀二十七年，公孫〔三〕於越而因卒，則知今未終。」

〔一〕「言」下原衍「世」字，叢書本同，據公羊通義校删。
〔二〕「辭」，原作「詞」，叢書本同，據公羊通義校改。
〔三〕「孫」，公羊注疏作「遜」。孫、遜通。

曰：「備矣！」【注】人道浹，王道備，必止於麟者，欲見撥亂功成於麟，猶堯舜之隆，鳳凰來儀，故麟於周爲異，春秋記以爲瑞，明太平以瑞應爲效也。絶筆於春，不書下三時者，起木絶火王，制作道備，當授漢也。又春者歲之始，能常法其始，則無不終竟。【疏】禮記禮運云：「故聖人作則，必以天地爲本，以陰陽爲端，以四時爲柄〔一〕，以日星爲紀，月以爲量，鬼神以爲徒〔二〕，五行以爲質，禮義以爲器，人情以爲田，四靈以爲畜。」注：「天地以至於五行，其制作所取象也；禮義人情，其政治也；四靈者，其徵報也。此則春秋始於元，終於麟，包之矣。」正義：「謂春秋元年以後，獲麟以前，包籠此天地陰陽四時星辰日月之等。按，春秋五始：元者氣之始，則天地也。春者四時之始，則四時也。王者政教之始，則禮義也。公即位者一國之始，亦禮義也。熊氏云：春秋書『郊祭天〔三〕』，是天。書『地震』，是地。書『無冰』，是陽。書『雨雹』，是陰。書『春夏秋冬』，是四時，又四時陰陽也。書『日』，是日。書『恒星』，是星。書『月』，是月。書『沙鹿崩』、『梁山崩』，是鬼神。又『取郜大鼎』，是金。『雨木冰』，是木。『大水』，是水。『成周宣謝火』，是火。『城諸及防』，是土金木水火土，即五行也。得禮則褒，失禮則貶，是禮義也。桓書即位，先君被弒而行即位，安忍其喪，其情惡；莊不書即位，文姜出，不忍行即位之禮，其情善，此是人情也。西狩獲麟，是

〔一〕「柄」，原訛作「瑞」，叢書本同，據禮記校改。
〔二〕「徒」，原訛作「從」，叢書本同，據禮記校改。
〔三〕「祭天」二字原脱，叢書本同，據禮記正義校補。

四靈爲畜也。」是亦即備義也。蓋備即王道備。故文選注引元命包云：「孔子曰：丘作春秋〔一〕，始于元終于麟〔二〕，王道成也。」○注「人道浹，王道備」。○繁露王道云：「孔子明得失，差貴賤，反王道之本，譏天王以致太平，刺惡譏微，不遺大小，善無細而不舉，惡無細而不去，進善誅惡，絶諸本而已矣。」通義云：「上治隱、桓，而貶絶之法立；下録定、哀，而尊親之義著。君君臣臣、父父子子、夫夫婦婦，采毫毛之善，譏纖芥之惡，凡所以示後王經制者，靡不具焉。天之大數，不過十二，因而十之，周而再之。天道浹于上，人事備于下。」史記十二諸侯年表：「孔子明王道，干七十二君莫能用，故西觀周室，論史記舊聞，興於魯而治春秋。上紀隱，下至哀之獲麟，約其辭文，去其煩重以制義。王道備，人事浹。」説苑至公篇：「夫子行説七十諸侯無定處，意欲使天下之民各得其所，而道不行，退而修春秋，采豪毛之善，貶纖芥之惡，人事浹，王道備。」舊疏云：「浹，亦有作『帀』字者，正以三代異辭，因父以親祖，以親曾祖；以曾祖親高祖，骨肉相親極于此，故云人道浹也。王道備者，正以撥亂于隱公，功成于獲麟，懔懔治之，至于太平，故曰王道備也。」○注「必止」至「效也」。○舊疏云：「必止於麟者，正以獲麟之后，得端門之命，乃作春秋。但孔子欲道從隱撥亂，功成于麟，是以終于獲麟以示義，似若堯舜之隆，制禮作樂之后，簫韶九成，鳳皇乃來止，巢而乘匹之類也。故麟於周爲異者，即上傳云『何以書？記異也。何異爾？非中國之獸也』是也。春秋

〔一〕「作春秋」三字原脱，叢書本同，據文選注校補。
〔二〕「麟」，原訛作「靈」，叢書本同，據文選注校改。

記以爲瑞者，『記』亦有作『託』者，今解從記也。明太平以瑞應爲效者，言若不致瑞，即太平無驗，故春秋記麟爲太平之效也。」禮記疏引五經異義：「公羊說：哀十四年獲麟，此受命之瑞，周亡失天下之異。」左傳疏引：「賈逵、服虔、潁容等皆以爲，孔子自衛反魯，考正禮樂，修春秋，約以周禮，三年文成致麟，麟感而至，取龍爲水物，故以爲修母致子之應。」非何氏義。禮記疏〔一〕引：「異義：『左氏說：麟是中央軒轅大角之獸，孔子作春秋者，札修〔二〕以致其子，故麟〔三〕來爲孔子瑞。陳欽說：麟是西方毛蟲，孔子作春秋有立言，西方兑，兑爲口，故麟來。許慎謹案，公〔四〕議郎尹更始、待詔劉更生等議石渠〔五〕，以爲吉凶不並，瑞災不兼。今麟爲周亡天下之異，則不得爲瑞，以應孔子至，玄之闇〔六〕也。』洪範五事，二曰言。言曰從，從作乂。乂，治也。言於五行屬金。孔子時，周道衰亡，已有聖德，無所施用，作春秋以見志，其言可從，以爲天下〔七〕法，故應以金獸性仁之瑞，賤者獲之，則知將有庶人受命而行〔八〕之。受命之徵已見，則於

〔一〕「禮記疏」，原誤記爲「詩疏」，引文實出自禮記疏，據校改。
〔二〕「札」，原訛作「禮」；「修」下原衍一「母」字，據禮記正義校改。
〔三〕「麟」，原訛作「禮」，叢書本不誤，據改。
〔四〕「公」，原訛作「云」，叢書本同，據禮記正義校改。
〔五〕「石渠」二字原脱，據禮記正義校補。
〔六〕「闇」，原訛作「聞」，叢書本同，據禮記正義校改。
〔七〕「天下」，原訛作「天子」，據禮記正義校改。
〔八〕「行」，原訛作「得」，叢書本同，據禮記正義校改。

周將亡，事勢然也。興者爲瑞，亡者爲災，其道則然。何吉凶不並、瑞災不兼之有乎？如此，修母致子，不若立言之説密也。如鄭此説，從陳欽之義。以孔子有立言之教，故致西〔一〕方毛蟲。」故禮記疏引熊安生申鄭義云：「若人臣官修，則修母致子之應，左氏之説是也。若人君修其方，則當方來應。孔子修春秋，爲素王法以立言，故西方毛蟲來應。未知然否，且具録焉。或以修母致子，康成所不用也。」校勘記出「鳳皇」，云：「鄂本『鳳』作『皇』，何校本疏同。」又出「效」字，云：「鄂本『效』作『効』。按，疏中引注同。」○注「絶筆」至「漢也」。○舊疏云：「四時具然後爲年，此乃春秋之常。今不書下三時者，欲起木應之，君將亡，欲別起爲王，是以此處不得記之。且獲麟既記，制作之道已備，當欲以之授于漢帝，使爲治國之法，是以不得録下三時矣。」○注「又春」至「終竟」。○舊疏云：「所以然者，始正則僖十六年傳云『朔有事則書，晦有事不書也』，義亦通此。」

君子曷爲爲春秋？【注】据以定作五經。【疏】姚氏範援鶉堂筆記云：「爲春秋，如女爲周南、召南之類。」舊疏云：「君子，謂孔子。曷爲今日始爲春秋乎？嫌其大晚於諸典之後。」○注「据以定作五經」。○舊疏云：「何氏以爲孔子領緣五經，皆在獲麟之前，故言此。何氏知然者，正以論語云：『孔子曰：吾自衛反魯，然後樂正，雅、頌各得其所。』按，孔子自衛反魯，在哀十一年冬，則知料理舊經，不待天命者，皆在獲麟之前明矣。而論語直言樂正雅、頌，文不備矣。言料理五經在獲麟之前，何故作春秋獨在獲麟之後

〔一〕「西」，原訛作「其」，叢書本同，據禮記正義校改。

乎？故据五經以難之。」

撥亂世，【注】撥，猶治也。【疏】注「撥，猶治也」。○廣雅釋詁：「撥，治也。」詩商頌長發云「玄王桓撥」，傳：「撥，治也。」楚辭懷沙「孰察其撥正」，注：「撥，治也。」後漢明帝紀、梁統傳、陳元傳注並云：「撥，理也。」避治諱也。説文手部亦云：「撥，治也。」詩大雅雲漢序云：「宣王承厲王之烈，内有撥亂之志。」孟子章指：「言桓文之事，譎正相紛，撥亂反正，聖意弗珍。」

反諸正，莫近諸春秋。【注】得麟之后，天下血書魯端門曰：「趨作法，孔聖没，周姬亡，彗東出，秦政起，胡破術，書記散，孔不絶。」子夏明日往視之，血書飛爲赤烏，化爲白書，署曰演孔圖，中有作圖制法之狀。孔子仰推天命，俯察時變，却觀未來，豫解無窮，知漢當繼大亂之后，故作撥亂之法以授之。【疏】史記太史公自序云：「夫春秋，上明三王之道，下辨人事之紀，別嫌疑，明是非，定猶豫，善善惡惡，賢賢賤不肖，存亡國，繼絶世，補敝起廢，王道之大者也。」「是故禮以節人，樂以發和，書以道事，詩以達意，易以道化，春秋以道義。撥亂世反之正，莫近於春秋，文成數萬，其指數千。萬物之聚散皆在春秋。春秋之中，弑君三十六，亡國五十二，諸侯奔走不得保其社稷者不可勝數。察其所以，皆失其本已。故易曰：『失之豪釐，差以千里。』故曰『臣弑君，子弑父，非一旦一夕之故也，其漸久矣』。」「夫不通禮義之旨，至於君不君，臣不臣，父不父，子不子。夫君不君則犯，臣不臣則誅，父不父則無道，子不子則不孝。此四行者，天下之大過也。以天下之大過予之，則受而弗敢辭。故春秋者，禮之大宗也。夫禮禁未然之前，法施已然之後；法之所爲用者易見，而禮之所爲禁者難知。壺遂曰：『孔子之時，上無明君，下不得任用，故作春秋，垂空文以斷禮義，當一王之法。」」孟子盡心「無義戰章」章指：「言春秋撥亂，時多争戰，事實違禮，以文反正。征伐誅討，不自王命，故曰無義戰也。」通義云：「子曰：我欲託之空言，不如見之行事之深切著明也。蓋理不窮其變則不深，事不當其勢則不切。高論堯舜之道，而無成敗之效，則不著不明。故近取諸春秋，因亂世之事季俗之情，漸裁以正道，庶賢者易勉，不肖者易曉，亦致治太平之所由基也。」史記自序又曰：「上大夫壺遂曰：『昔孔子何爲而作春秋哉？』太史公曰：『余聞董生曰：周道衰廢，孔子爲魯司寇，諸侯害之，大夫壅之。孔子知言之不用，道之不行也，是非二百四十二年之中，以爲天下儀表，貶天子，退諸侯，討大夫，以達王事而已矣。』子曰：『吾欲見之空言，不如行事之深切著明也。』」孔子世家云：「上至隱公，下訖哀公十四年，十二公。據魯、親周、故殷，運之三代，約其文辭而指博。故吳、楚之君自稱王，而春秋貶之曰『子』；踐土之會實召周天子，而春秋諱之曰『天王狩于河陽』，推此類以繩當世。貶損之義〔一〕，後有王者舉而開之。春秋之義行，則天下亂臣賊子懼焉。」舊疏云：「孔子未得天命之時，未有制作之意，故但領緣舊經，以濟當時而已。既獲麟之後，見端門之書，知天命己制作，以俟後王，于是選理典籍，欲爲撥亂之道，以爲春秋者，賞善罰惡之書〔二〕，若欲治世，反歸于正道，莫近于春秋之義，是以得天命之後，乃作春秋矣。即上云治世之要務，義亦通於此。」校勘記云：「浦鏜云：詩序及爾雅序疏引何注

〔一〕「義」，原訛作「文」，叢書本同，據史記校改。
〔二〕「書」，原訛作「事」，叢書本同，據公羊注疏校改。

有『莫近，猶莫過之也』七字，疑今本脱。」○注「得麟」至「之狀」。○舊疏以爲演孔圖文。類聚、白帖引演孔圖「孔不絶」下有「此魯端門血書，十三年冬，有星孛東方」十五字。孔聖全書引演孔圖云：「孔子曰：某作春秋，天授演孔圖，中有大玉刻一版，曰璿璣，一低一昻，是七期驗敗毁滅之徵也。」趙氏在翰云：「端門，今在孔廟東南十一里。」類聚引説題辭云：「孔子謂子夏曰：『得麐之月，天當有血書魯端門。』子夏至期往，逢一郎，言門有血書，往寫之。血飛爲赤烏，化爲帛，烏消書出，署曰演孔圖。」與此所引大同。舊疏云：「秦始皇名正。秦本紀云：秦皇爲無道，周人以舊典非之，乃用李斯之謀，欲以愚黔首，於是燔詩書云。然則，始皇燔詩書，而言胡破術者，謂始皇燔之不盡，胡亥亦燔之。」按：御覽引演孔圖云：「驅除名正，衣〔一〕吾衣裳，坐吾曲牀，濫長九州滅六王，至於沙丘亡。」是其事也。舊疏又云：「疾作王者之法，孔氏聖人將欲没矣，周王姬氏將亡，是以十三年冬彗星出於東方矣。秦始皇方欲起爲天子，其子胡亥破先王之術，當爾之時，書契紀綱盡皆散亂，唯有孔氏春秋口相傳者，獨存而不絶。孔子聞之，使子夏往視其血書，其血乃飛爲赤鳥，其書乃化爲白書，署之曰：此是〔二〕演孔圖中義理，乃有訓作之象，制法之形狀矣。」校勘記出「赤鳥」，云：「蜀大字本、閩、監、毛本同，誤也。鄂本『鳥』作『烏』，當據正。」○注「孔子」至「授之」。○御覽引演孔圖云：「孔胸文曰：制作定世符運〔三〕。」繁露符瑞云：「有非力之所能致而自致者，

〔一〕「衣」，原訛作「顛倒」，叢書本同，據太平御覽校改。
〔二〕「此是」二字原脱，叢書本同，據公羊注疏校補。
〔三〕「運」字原脱，叢書本同，據太平御覽校補。

西狩獲麟，受命之符是也，然後託乎春秋正不正之間，而明改制之義，一統乎天子，而加憂於天下之憂也。」御覽引考靈耀云：「丣金出軫，握命孔符。」鄭注：「丣金，劉字之别。軫，楚分野之星。符，圖書。劉[一]所握天命孔子制圖書。」文選注引春秋緯云：「麟出周亡，故立春秋，制素王，授當興也。」隱元年疏引：「春秋説云：伏羲作八卦，丘合而演其文，瀆[二]而出其神，作春秋以改亂制。』又云：『丘[三]覽史記，援引古圖，推集天變，爲漢帝制法，陳敘圖籙。』又云：『丘水精制法，爲赤制功。』」後漢書郅惲傳：「漢曆久長，孔爲赤制。」注：「言孔丘作緯書，著曆運之期，爲漢家立制。漢火德尚赤，故云爲赤制，即春秋感精符云『墨、孔生爲赤制』是也。」又蘇竟傳：「夫孔丘祕經，爲漢赤制。」越絶書云：「見孔子删書、作春秋、定王制，賢者嗟歎。」又云：「道獲麟，周盡證也，故作春秋以繼周也。」此時天地暴[四]清，日月一明，弟子欣然，相與太平。」舊疏云：「孔子仰推天命，謂仰尋天命，即端門之命是也。俯察時變，即螽蟲冬踊，彗星埽旦之象也。卻觀未來，豫解無窮，知漢當繼大亂之後，故作撥亂之法以授之者，謂知其承大亂之後，天下未醇，故作治亂之法以授之矣。若欲託之春秋，即所傳聞之世是也，故桓三年傳『近正也』，注：『善其近正，似於古而不相背，故書以撥亂。』是也。」

[一]「劉」字原脱，據尚書考靈耀校補。
[二]「瀆」，原訛作「讀」，叢書本同，據公羊注疏校改。
[三]「丘」，原作「某」，清季避孔子丘聖諱，代之以「某」，兹據公羊注疏恢復本字。下同，徑改。
[四]「暴」，原訛作「一」，叢書本同，據越絶書校改。

則未知其爲是與？【疏】舊疏云：「爲，音于僞反。公羊子謙，不敢斥言孔子作春秋，故依違云，則未知其爲此春秋，可以撥亂世而作之與？」

其諸君子樂道堯舜之道與？【注】作傳者，謙不敢斥夫子所爲作意也。堯舜當古曆象日月星辰，百獸率舞，鳳凰來儀。春秋亦以王次春，上法天文，四時具然后爲年，以敬授民時，崇德致麟，乃得稱太平。道同者相稱，德合者相友，故曰樂道堯舜之道。【疏】舊疏云：「其諸，辭也。即桓六年：『公羊子曰：其諸以病桓與？』注：『其諸，辭也。』是也〔一〕。君子，謂孔子。不知爲是孔子愛樂堯舜之道，是以述而道之與？」繁露俞序云：「苟能述春秋之法，致行其道，豈徒除禍哉！乃堯舜之德也。」孟子滕文公云：「知我者其惟春秋乎？」史記注引劉熙孟子注云：「知者行堯舜之道者也。」是也。○注「作傳」至「意也」。○姚氏範援鶉堂筆記云：「蓋聖人制春秋以俟後聖，則君子樂後之知己，亦猶孔子之志也。傳者自云所以爲傳者，不敢必其爲得聖人經意，而要爲樂道堯舜〔二〕之徒也。」○注「堯舜」至「來儀」。○校勘記云：「何校本『凰』作『皇』，疏同。」漢書李尋傳：「書曰『曆象日月星辰』，此言仰觀天文，俯察地理，觀日月消息，候星辰行伍，揆山川變動，參人民繇俗，以制法度，考禍福。舉錯悖〔三〕逆，咎敗將至，徵兆爲之先見。」史記

〔一〕「也」字原脱，叢書本同，據公羊注疏校補。
〔二〕「道堯舜」，原倒作「堯道舜」，叢書本不誤，據乙。
〔三〕「悖」字原誤疊，叢書本不誤，據刪。

五帝本紀「曆象」作「數法」，大戴禮五帝德云帝嚳「曆日月而迎送之」，蓋謂曆象彼日月星辰也。史記曆書云：「方士唐都分其天部，而巴落下閎運算轉曆。」則落下閎之徒即所謂曆，如周馮相氏所掌，今之推步是也。唐都之徒即所謂象，如周禮保章氏之法，今之占驗是也。百獸率舞、鳳皇來儀，見堯典、皋陶謨〔一〕。史記注引鄭注云：「百獸，服不氏所養者也。率舞，言音和也〔二〕。」謂聲音之道，與政通焉，是也。夏本紀云：「於是夔行樂，祖考至，羣后相讓，鳥獸翔舞，簫韶九成，鳳皇來儀，百獸率舞，百官倍諧。」與崇德致麟之義合。宋書禮志：「高堂隆引尚書傳：舜定鐘石，論人聲，乃及鳥獸，咸變于前。故定四時，改堯正。」○注「春秋」至「民時」。○史記三代世表：「孔子因史文次春秋，紀元年，正時月日，蓋其詳哉。」隱六年「秋，七月」，杜云：「雖無事而書首月，具四時以成歲。」敬授民時，堯典文。舊疏云：「欲似堯舜當古曆象日月星辰以敬授人時也。」○注「崇德」至「太平」。○舊疏云：「欲似堯舜百獸率舞鳳皇來儀也。」禮運注云：「呂氏説『月令〔三〕』而謂之『春秋』，事類相近也。」孔疏：「言此一經初以天地爲本，終以四靈爲畜，是當春秋始於元年，終於獲麟也。」「呂氏，謂呂不韋也〔四〕」，説十二月之令爲呂氏春秋，事之倫類，與孔子所修春秋相近。『月令』亦載天地、陰陽、四時、日月、星辰、五行、禮義之屬也。」○注「道同」至「之道」。○

〔一〕「百獸率舞」、「鳳皇來儀」二語實出自虞書舜典、益稷，非虞書堯典、皋陶謨。
〔二〕「言音和也」，原訛作「音和焉」，叢書本同，據史記注校改。
〔三〕「令」，原訛作「會」，叢書本同，據禮記正義校改。
〔四〕「謂呂不韋也」句原脱，叢書本同，據禮記正義校補。

舊疏云：「謂孔子之道同於堯舜，故作春秋以稱述堯舜是也。友者，同志之名。言孔子之德合於堯舜，是以愛而慕之，乃作春秋，與其志相似也。」禮記中庸云：「仲尼祖述堯舜，憲章文武，上律天時，下襲水土。」鄭注：「此以春秋之道，述孔子之德。孔子曰：『吾志在春秋，行在孝經。』二經固足以明之，孔子祖述堯舜之道而制春秋，而斷以文王、武王之法度。春秋傳曰：『君子曷爲爲春秋？撥亂世，反諸正，莫近諸春秋。其諸君子樂道堯舜之道與？末不亦樂乎堯舜之知君子也。』又曰：『是子也，繼文王之體，守文王之法度。文王之法無求而求，故譏之也。』又曰：『王者孰謂？謂文王也。』」皆取其相稱相友也。彼正義引：「合誠圖云：『黄帝立五始，以制天道。』」「此春秋元年，即當堯典『欽若昊天』也。春秋四時，即當堯典『日中星鳥，日永星火，宵中星虚，日短星昴』也。春秋獲麟，即當益稷『百獸率舞，鳳皇來儀』是也。」

末不亦樂乎堯舜之知君子也？【注】末不亦樂后有聖漢，受命而王，德如堯舜之知孔子爲制作。

【疏】中庸疏云：「末，謂終末。謂孔子末，聖漢之初，豈不愛樂堯舜之知君子也。」經傳釋詞云：「末，蓋發聲。末不亦，不亦也。也，猶邪字。言不亦樂乎後世堯舜之知君子邪？下文制春秋之義，以俟後聖，以君子之爲亦有樂乎此也，正申明此句之義。」禮記中庸云：「苟不固聰明聖知達天德者，其誰能知之？」鄭注引：「春秋傳曰『末不亦樂乎堯舜之知君子』，明凡人不知也。」○注「末不」至「制作」。○孔子之道，既與堯舜雅合，故得與堯舜相對爲首末。然則，孔子言「不亦」也，堯舜之時，預知有己而制道術，預知有己而爲君子慕之，己亦預制春秋授劉帝，是孔子亦慕堯舜之知君子而效之。

制春秋之義，以俟後聖，【注】待聖漢之王以爲法。【疏】舊疏云：「制作春秋之義，謂制春秋之中賞善罰惡之義也。」禮記疏引鉤命決云：「丘爲制作之王，黑緑不代蒼黃。」書疏引：「王愆期注公羊以爲春秋制，文王指孔子耳，非周昌也。文王世子稱武王對文王云：『西方有九國焉，君王其終撫諸。』呼文王爲王，是後人追爲之辭〔一〕。」亦本緯書爲説。其意以春秋制以文王爲即孔子，所謂制作之王也。繁露俞序云：「仲尼之作春秋也，上探正天端王公之位、萬民之所欲，下明得失，起賢才，以待後聖。」又左氏疏引六藝論云：「孔子既西狩獲麟，自號素王，爲後世受命之君制明王之法。」漢書王莽傳：「孔子作春秋，以爲後王法，至於哀之十四年而一代畢。」後漢書班固傳典引云：「故先命玄聖，使綴學立制。」禮記中庸注云：「此孔子兼包堯、舜、文、武之盛德而著之春秋，以俟後世者。」孔子世家云：「子曰：『弗乎弗乎！君子病没世而名不偁焉。吾道不行矣。吾何以自見於後世哉？』乃因史記作春秋。」「後有王者舉而開之，春秋之義行，則天下亂臣賊子懼焉。」

以君子之爲，亦有樂乎此也。【注】樂其貫於百王而不滅，名與日月並行而不息。【疏】舊疏云：「君子，謂孔子。所以作春秋者，亦樂此春秋之道，可以永法故也。」論語學而篇：「人不知而不愠，不亦君子乎？」劉氏逢禄論語述何云：「禮中庸曰：『君子依乎中庸，遯世不見，知而不悔，惟聖者能之。』又曰：『苟不固聰明聖知達天德者，其孰能知之？』傳曰：『末不亦樂乎堯舜之知君子也。制春秋之義，以俟後聖，以君子之爲，亦有樂乎此也。』蓋夫子述詩、書、禮、樂，文辭有與人共者，不獨有也。至於作春秋，筆則

〔一〕「辭」，原作「詞」，叢書本同，據尚書正義校改。

筆，削則削，游夏之徒不能贊一辭。故曰『莫我知也』，又曰『知我者其惟春秋也』。」此解最得。通義云：「言君子豈不樂當世有聖帝如堯舜者，知君子而用之也。既不可得，退修春秋，以俟後世王者復起。推明〔一〕春秋之義，以治天下，則亦君子之所樂也。左氏馳騁於文辨〔二〕，穀梁圈囿於詞例。此聖人制作之精意，二家未有言焉。知春秋者，其惟公羊子乎！」

〔一〕「明」，原訛作「於」，據公羊通義校改。
〔二〕「辨」，原訛作「辭」，據公羊通義校改。

公羊義疏七十六

南菁書院　句容陳立卓人著

春秋公羊經傳解詁序

漢司空掾任城樊何休序【疏】阮氏元校勘記云：「唐石經同。釋文祇作『春秋公羊序』五字。何校本、閩本、監本、毛本此題及下序並傳，皆低一格，惟春秋經文始頂格，通書並然。蓋後人以意爲之，非也。此本從唐石經，題、序、經、傳皆頂格。」阮氏重刊本，卷首有中書門下牒。校勘記云：「此本及閩本、監本卷首皆載此牒，文係景德二年也。毛本始删去此牒文，下兩敕字中書字，俱跳行頂格。閩、監本改牒文，皆低一格，牒字跳行，亦低一格。兩敕字始頂格。」阮氏本又有「監本附音春秋公羊注疏序」。校勘記云：「何煌校宋監本，『公羊』下有『傳』字，是也，此脱。閩、監、毛本改此爲『春秋公羊傳注疏』七字。閩本於此下署『何休學』。（原闕四字）疏另行署『明御史李元陽提學僉事江以達校刊』，監本改署『皇明朝列大夫國子監祭酒曾朝節等奉敕重校刊』。毛本但存『漢何休學』四字。其實亦不當有也。」漢者，舊疏云：「巴、漢之閒地名也。秦二世元年，諸侯叛秦，沛人共立劉季以爲沛公。二年八月，沛公入秦，秦相趙高殺二世，立子嬰。冬十月爲漢元年。」「其年二月，項羽更立沛公爲漢王，王巴、漢之閒四十一縣，都南鄭。五年十二月，斬羽。六年二月，即皇帝位，遂取漢爲天下號。」司空者，舊疏云：「漢三公官名。」淩先生曙公羊問答云：「問：徐疏漢三公官，何也？曰：言漢以別於周也。周以太師、太傅、太保爲三公。冢宰、司徒、宗伯、司馬、司寇、司空，是爲六卿。漢則不然，史記：『公孫弘以春秋白衣爲天子〔一〕三公。』漢初因秦置丞相，而弘爲之，則丞相爲三公矣。續漢書百官志：『太尉，公一人，掌四方兵事功課。歲盡則奏其殿最而行賞罰。』『世祖即位，爲大司馬。』謝靈運晉書云：『秦有太尉掌兵，漢仍修之，或置或省。』是故司馬之官主九伐之職，是漢初無司馬而有太尉。天文録曰：『三公星在北斗柄南，主宣德化，和陰陽，若今之太尉司空之象。』應劭漢官儀曰：『冲帝册書曰：三公，國之楨幹，朝廷取正以成斷，今大司農李固，公族之苗，忠正不撓，有史魚之風，其以固爲太尉。』是以太尉爲三公矣。漢書曰：『成帝綏和元年，始更名御史大夫曰大司空。』又曰：『彭宣爲大司空，宣上書曰：三公鼎足承君，一足不任則覆亂美實。臣老病，願上印綬。』是以司空爲三公矣。漢官儀曰：『王莽時，議以漢無司徒官，故定三公之號曰：大司馬、大司徒、大司空。世祖即位，因而不改。』此後漢三公之制，而又不同於前代者也。故唐六典云：『漢承秦制，不置三公。漢末以大司馬、大司徒、大司空爲三公。師傅之官，位在三公上，後漢因之。師傅尊號曰上公，置府僚。』是也。」掾者，舊疏云：「即其下屬官也，若今之三府掾是也。」校勘記云：「掾字从手，釋文、唐石經、何校本並

〔一〕「天子」二字原脱，據史記校補。

同。閩、監、毛本改从木旁，非。」公羊問答云：「掾屬有別否？　曰：漢書蕭何爲沛主吏掾。音義：『正曰掾，副曰屬。』崔寔政論曰：『且〔一〕三公，天子之股肱；掾屬，則三公之喉舌。天子當恭己南面於三公，三公亦委策以答天子。』干寶司徒儀曰：『掾屬之職，敦明教義，肅厲清風，非禮不言，非法不行，以訓羣吏，以貴朝望，各掌其所治之曹。』漢舊注：『東西曹掾比四百石，餘掾比三百石，屬比二百石，故曰公府掾，比〔二〕古元士三命者也。』通典：『後漢司空屬官，長史一人，掾屬二十九人，令史及御屬三十二人。』『掾史辟皆上言之，故有秩，皆比命士。其所不言，則爲百石屬，其後皆自辟除，故通爲百石云〔三〕。』」「何謂三府？　曰：漢有三府四府五府，三府則三公之府也。漢官典職曰：『司徒本丞相官，哀帝改爲大司徒，主司徒〔四〕衆，馴五品。府與蒼龍闕對，厭於尊者，不敢稱府也。』漢官儀曰：『河閒相張衡説：明帝以爲司徒、司空府已治，更治太尉府，府公南陽趙熹。安帝元初六年詔：三府〔五〕選掾屬高第。』承宮傳〔六〕：『三府

〔一〕「且」，原訛作「上」，叢書本同，據公羊問答校改。
〔二〕「比」，原訛作「者」，叢書本同，據公羊問答及後漢書注校改。
〔三〕「云」上原衍一「又」字，叢書本同，據公羊問答校删。
〔四〕「主司徒」三字原脱，據太平御覽引漢官儀職、孫詒讓漢官典職儀式選用校補。
〔五〕「府」，原訛作「輔」，據後漢書安帝紀校改。
〔六〕「承宮傳」下衍「建武」二字，叢書本同，據後漢書校删。

更辟。』注：『太尉、司徒、司空。』李雲傳『三府』注：『三公府〔一〕。』是也。」按：續漢志云：「司空，公一人。本注曰：掌水土事。凡營城起邑、浚溝洫、修隄防之事，則議其利，建其功。凡四方水土功課，歲盡則奏其殿最而行賞罰。」「世祖即位，爲大司空，建武二十七年去『大』。」注引應劭漢官儀曰：「綏和元年〔二〕，罷御史大夫官，法周制，初置司空。議者又以縣道官獄司空，故覆加『大』，爲大司空，亦所以别大小之文。」考漢前止丞相、御史大夫。哀帝元壽二年更丞相爲大司徒。成帝綏和二年更御史大夫爲大司空。哀帝建平二年復舊名。元壽二年又爲大司空。官名雖有更替，終漢之世不廢。太尉不常置，武帝建元二年省。元狩四年置大司馬，冠將軍之號。宣帝地節三年置大司馬，不冠將軍，亦無印綬官屬，亦不常置。成帝綏和元年初，賜大司馬印綬，置官屬，比丞相。哀帝建平二年，復去印綬官屬，將軍如故。元壽二年，復賜大司馬印綬，置官屬，去將軍，位在司徒上，後漢因之，終漢世，三公常設不改也。志又云：「屬長史一人，千石。掾屬二十九人。令史及御屬四十二人。」説文手部：「掾，緣也。」緣者，衣領袂口之飾，引申爲凡物緣邊之稱。此掾爲三公翼輔，故亦得有緣義。又考後漢書本傳：太傅陳蕃辟之。黨禁解後，又辟司徒，拜議郎，再遷諫議大夫，卒。未知爲司空掾何時也。任城樊者，續漢書郡國志兗州刺史部：任城國，有桃聚、亢父、樊。後漢書本傳注：「樊縣故城，在今兗州瑕丘縣西南。」是也。按：樊於前漢屬東平國，爲

〔一〕「府」字原脱，叢書本同，據公羊問答校補。
〔二〕「元年」，原作「四年」，叢書本同，據後漢書注校改。

今兗州府滋陽縣地。何休者，後漢書儒林傳本傳云：「何休字邵公，任城樊人也。父豹，少府。休爲人質朴訥口，而雅有心思，精研六經，世儒無及者。以列卿子詔拜郎中，非其好也，辭病而去。不仕州郡。進退必以禮。太傅陳蕃辟之，與參政事。蕃敗，休坐廢錮，迺作春秋公羊解詁，覃思不闚門，十有七年。又注訓孝經、論語、風角七分，皆經緯典謨，不與守文同說。又以春秋駁漢事六百餘條，妙得公羊本意。休善曆算，與其師博士羊弼追述李育意，以難二傳，作公羊墨守、左氏膏肓、穀梁廢疾。黨禁解，又辟司徒。羣公表休道術深明，宜侍帷幄，倖臣不說之，迺拜議郎，屢陳忠言。再遷諫議大夫。年五十四，光和五年卒。」拾遺記云：「何休木訥多智，三墳、五典、陰陽、算術、河洛、讖緯及遠年古諺，歷代圖籍，莫不成誦。門徒有問者，則爲注記，而口不能説。作左氏膏肓、公羊墨守、穀梁廢疾，謂之三闕，言理幽微，非知幾藏往，不可通焉。京師謂之『學海』。」序者，釋名釋言語云：「敍，抒也。抒泄〔一〕其實，宣見之也。」爾雅釋詁云：「敍，緒也。」説文攴部：「敍，次第也。」書不空作，皆有所由，緒録其作書之由，使其意指抒發，故謂之敍也。敍，正字；序，叚借也。孔子爲易序卦傳，又作書序，子夏作詩序，作序之始也。舊疏二十八卷，相傳爲徐彦作。文獻通考作三十卷。四庫全書總目云：「或彦本以經文併爲二卷，別冠於前，後人又散入傳中，故少此二卷，亦未可知也。彦疏，唐志不載，崇文總目始著録，稱『不著撰人名氏，或云徐彦』。董逌廣川藏書志亦稱『世傳徐彦，不知時代，意其在貞元、長慶之後』。」校勘記序云：「徐彦疏、唐志不載，崇文

〔一〕「泄」，原訛作「揲」，叢書本同，據釋名疏證補校改。

總目始著録，亦無撰人名氏。宋董逌云『世傳徐彦所作，其時代里居不可得而詳矣』。光禄寺卿王鳴盛云『即北史之徐遵明也』，不爲無見也。蓋其文章似六朝人，不似唐人所爲者。郡齋讀書志、書録解題並作三十卷。世所傳本乃止二十八卷，其參差之由，亦無可考也。」按：舊疏名氏迄無定據，故今所引但稱舊疏也。

昔者孔子有云：【疏】舊疏云：「孝經云『昔者明王』，鄭注：『昔，古也。』禮記檀弓云『予疇昔之夜〔一〕』，注：『昔，猶前也。』」「何氏言前古孔子有此言也。」史記孔子世家云：「孔子生魯昌平鄉陬邑。生而首上圩頂，故因名曰丘云。字仲尼，姓孔氏。」「孔子之時，周室微而禮樂廢，詩書缺。追迹三代之禮，序書傳。」「古者，詩三千餘篇，孔子去其重，取可施於禮義，三百五篇。」「禮樂自此可得而〔二〕述，以備王道，成六藝。晚而好易。」「弟子蓋三千焉，身通六藝者七十二人。」大野獲麟，「乃因史記作春秋，上至隱公，下訖哀公十四年。」「貶損之義，後有王者舉而開之，春秋之義行，亂臣賊子懼焉。」「筆則筆，削則削，子夏之徒不能贊一辭。弟子受春秋，孔子曰：『後世知丘者以春秋，罪丘者亦以春秋。』」卒年七十三，以魯哀公十六年四月己丑卒。葬魯城北泗上。

「吾志在春秋，行在孝經。」【疏】禮記中庸注引鉤命決云：「吾志在春秋，行在孝經。」彼疏引孔演

〔一〕「予疇昔之夜」句，公羊注疏序原引作「予疇昔夜夢」。檀弓原文爲「予疇昔之夜，夢坐奠於兩楹之間」。

〔二〕「得而」二字原脱，叢書本同，據史記孔子世家校補。

圖〔一〕又云：「聖人不空生，必有所制以顯天心，丘爲木鐸制萬世法。」舊疏引：「鉤命決云：『孔子在庶，德無所施，功無所就，志在春秋，行在孝經。』是也。」事文類聚引鉤命決又云：「以春秋屬商，以孝經屬參。」石臺孝經敘引孝經緯云：「孔子曰：欲觀我褒貶諸侯之志在春秋，崇人倫之行在孝經。」白虎通五經云：「已作春秋，復作孝經，欲專制正。」蜀志秦宓傳：「宓曰：孔子發憤作春秋，大乎居正。復制孝經，廣陳德行。杜漸防萌，預有所抑。」是春秋、孝經相輔而行也。故禮記中庸云：「唯能經綸天下之大經，立天下之大本。」鄭注：「大經，春秋也；大本，孝經也。」論語學而篇：「君子務本，本立而道生。孝弟也者，其爲仁之本與？」劉氏逢禄論語述何云：「本立道生，謂始元終麟，仁道備矣。堯舜之行，則本乎孝弟。夫子志在春秋，行在孝經。二經相爲表裏也。」孔子世家云：「孔子之去魯，凡十四歲而反乎魯。然魯終不能用孔子。孔子亦不求仕，乃因史記作春秋。」繁露俞序云：「孔子曰：吾因其行事而加乎王心焉。以爲見之空言，不如行事博深切明。」史記自序及趙岐孟子序亦云：「仲尼有云：我欲託之空言，不如載之行事之深切著明。」舊疏云：「所以春秋言志在，孝經言行在。春秋者，賞善罰惡之書，見善能賞，見惡能罰，乃是王侯之事，非孔子所能行，故但言志在而已。孝經者，尊祖愛親，勸子事父，勸臣事君，理關貴賤，臣子所宜行，故曰行在孝經也。」

此二學者，聖人之極致，【疏】舊疏云：「二學者，春秋、孝經也。極者，盡也。致之言至也，言聖人作

〔一〕「孔演圖」，原誤記爲「鉤命決」，據禮記正義校改。

此二經之時，盡己至誠而作之，故曰聖人之極致也。」初學記云：「春秋經文備三聖之度。」北堂書鈔引援神契曰：「孔子作春秋，制孝經。既成，使七十二弟子向北辰星磬折而立，使弟子抱河洛事北向。孔子齋戒，簪縹筆，衣絳單衣，向北辰而拜。」

治世之要務也。【疏】舊疏引春秋説云：「作春秋以改亂制。」孟子滕文公云：「孔子成春秋，而亂臣賊子懼。」太平御覽引説題詞云：「孝經者，所以明君父之尊，人道之孝〔一〕。天地開闢皆在孝也。」是爲治世要務也。舊疏云：「凡諸經藝等皆治世所須，但此經或是懲惡勸善，或是尊祖愛親，有國家者最所急行，故云『治世之精要急務矣』。祭統云：『凡治人之道，莫急於禮。』禮者，謂三王以來也，若大道之時，禮於忠信爲薄。正以孔子修春秋，祖述堯舜，故言此。」校勘記云：「唐石經、諸本同。疏云考諸舊本皆作『也』。若作『世』字，俗誤已行。按，『也』作『世』，則屬下讀，曰『世傳春秋者非一』，俗本是。」

傳春秋者非一。【疏】舊疏云：「孔子至聖，卻觀無窮，知秦無道，將必燔書，故春秋之説口授子夏。度秦至漢，乃著竹帛，故説題詞云：『傳我書者，公羊高也。』」按：廣韻一東公：「複姓：子夏門人，齊人公羊高作春秋傳。」初學記引：「演孔圖云：公羊全孔經。宋均注：公羊，公羊高也。經，指謂春秋。」是也。舊疏引戴宏序云：「子夏傳與公羊高，高傳與其子平，平傳與其子地，地傳與其子敢，敢傳與其子壽。至漢景帝時，壽乃共弟子齊人胡毋子都著於竹帛，與董仲舒皆見於圖讖。」又引：「六蓺論云：『治公羊者，胡毋

〔一〕「之孝」，原訛作「人業」，叢書本同。太平御覽原文作「之素」，亦不可通，「素」殆「孝」之形訛。據義當作「之孝」。

生、董仲舒。仲舒弟子嬴公，嬴公弟子眭孟，眭孟弟子莊彭祖、顏安樂，安樂弟子陰豐、劉向、王彥。』故曰傳春秋者非一。」按：後漢書鍾離意傳注引意別傳云：意於孔子教授堂下得素書，文〔一〕云：「後世修吾書，董仲舒。」史記儒林傳：「董仲舒，廣川人也。以治春秋，孝景時爲博士。下帷講誦，弟子傳以久〔二〕，次相受業，或莫見其面。」「公孫弘治春秋不如董仲舒，而弘希世用事，位至公卿。」「董仲舒居家，至卒，終不治產業，以修學著書爲事。故漢興至於五世之閒，唯董仲舒名爲明於春秋，其傳公羊氏也。」又平津侯列傳：「丞相公孫弘者，齊菑川國薛縣人也。年四十餘，乃學春秋雜説。建元元年，天子初即位，招賢良文學之士。是時弘年六十，徵以賢良爲博士。」儒林列傳又云：「胡毋生，齊人也。孝景時爲博士，以老歸教授。齊之言春秋者，多受胡毋生，公孫弘亦頗受焉。」漢書儒林傳云：「董生自有傳。弟子遂之者，蘭陵褚大、東平嬴公、廣川段仲、溫吕步舒。唯嬴公守學不失師法，授東海孟卿、魯眭孟。」又：「嚴彭祖，東海下邳人也。與顏安樂俱事眭孟。孟弟子百餘人，唯彭祖、安樂爲明，質問疑義，各持所見。孟曰：『春秋之義，在二子矣！』孟死，彭祖、安樂各顓門教授。由是公羊春秋有嚴、顏之學。」「彭祖授琅邪王中，中授同郡公孫文、東門雲。」「顏安樂，魯國薛人。授淮陽泠豐次君、淄川任公。由是顏家有泠、任之學。始貢禹事嬴公，成於眭孟。疏廣事孟卿，廣授琅邪筦路。禹授潁川堂谿惠，惠授泰山冥都。都與路又事顏安

〔一〕「文」字原脱，叢書本同，據後漢書注校補。
〔二〕「久」，原訛作「名」，叢書本同，據史記校改。

樂，故顔氏復有筦、冥之學。路授孫寶。豐授馬宮、琅邪左咸，咸徒衆尤盛。」後漢書儒林傳引前書〔一〕，以嬴公、孟卿、眭孟以下皆爲胡毋子都弟子。據六蓺論，則皆董仲舒弟子。范氏誤以前書弟子遂之者綴於胡毋子都下，誤仞爲胡毋弟子。其實彼文自承「董生爲江都王相」，「自有傳」，連綴之爾。惟胡毋子都弟子不見諸史。何氏之學出於李育，育多據胡毋生條例，故與董生等説往往不同。齊氏召南注疏考證云：「『陰豐』當作『泠豐』。前書儒林傳『顔安樂授淮陽泠豐及淄川任公。由是顔家有泠、任之學』是也。又按，劉向始學公羊，後受穀梁。又按：前書有王亥而無王彦，即與尹更始、劉向、周慶、丁姓，同以穀梁議石渠者。後漢賈逵傳『兼通五家穀梁〔二〕之説』，注云『五家謂〔三〕尹更始等』，又作王彦，未知孰是。」惠氏棟九經古義云：「劉子政從顔公孫受公羊春秋，本傳不載，然封事多用公羊説。又按，漢書藝文志有公羊外傳五十篇、公羊章句三十八篇、公羊雜記八十三篇、公羊顔氏記十一篇、公羊董仲舒治獄十六篇，蓋皆當時傳公羊者各述所受，故何氏云『非一也』。」舊疏又引：「舊云：傳春秋者非一者，謂本出孔子而傳五家，故曰非一。」據漢書藝文志，有左氏傳、公羊傳、穀梁傳、鄒氏傳、夾氏傳。公羊、穀梁立於學官，鄒氏無

〔一〕「前書」，與後漢書相對而言，指漢書。下同。
〔二〕「五家穀梁」，原訛倒作「穀梁五家」，叢書本不誤，據乙。
〔三〕「五家」之上原衍「五家之説注云」六字，叢書本不誤，據删。「五家」下之「謂」字原脱，叢書本同，據後漢書注校補。

師，夾氏無師〔一〕，故云非一。然此下何氏傳論公羊家學，未必牽涉餘四家也。

本据亂而作，【疏】史記太史公自序：「上大夫壺遂曰：『昔孔子何爲而作春秋哉？』太史公曰：『余聞董生曰：周道衰微，孔子爲魯司寇，諸侯害之，大夫壅之。孔子知言之不用，道之不行也，是非二百四十二年之中，以爲天下儀表，貶天子，退諸侯，討大夫，以達王事而已矣。』」又曰：「春秋之中，弑君三十六，亡國五十二，諸侯奔走不得保其社稷者不可勝數。察其所以，皆失其本已。故易曰『失之毫釐，差以千里』。故曰『臣弑君，子弑父，非一旦一夕之故也，其漸久矣』。」越絶書德序外傳記：「夫子作經，攬史記，憤懣不泄，兼道事後，覽承傳說。厥意以爲周道不敝，春秋不作。」舊疏云：「孔子本獲麟之後得端門之命，乃作春秋。公取十二，則天之數。是以不得取成王、周公之史，而取隱公以下，故曰據亂而作，謂據亂世之史而爲春秋也。」按：據亂，蓋兼兩義。

其中多非常異義可怪之論，【疏】舊疏云：「由亂世之史，故有非常異義可怪之事也。『非常異義』者，即莊四年齊襄復九世之仇而滅紀、僖二年實與齊桓專封是也。此即是非常之異義，言異於文、武時。何者？若其常義，則諸侯不得擅滅諸侯，不得專封，故曰非常異義也。其可怪之論者，即昭三十一年，邾婁叔術妻嫂而春秋善之是也。」包氏慎言條釋云：「春秋貶纖芥之惡，祭仲出君，而許以行權；齊襄禽獸之

〔一〕「夾氏無師」，漢書作「夾氏未有書」。

行無善可紀，而以復遠祖之仇見褒；宋襄喪師辱國，而稱爲文王〔一〕；叔術蔑倫通嫂，而以讓國通其子孫於列國；周王守府而新之，等於宋稱爲二王後；衛輒拒父，而以尊王父。是數者，皆所謂異義可怪之端也。爲業左氏者所口舌。」

說者疑惑，【疏】繁露俞序云：「史記十二公之閒，皆衰世之事，故門人惑。」舊疏云：「此『說者』，謂胡毋子都、董仲舒之後莊彭祖、顏安樂之徒。見經、傳與奪，異於常理，故致疑惑。」

至有倍經、任意、反傳違戾者。【疏】舊疏云：「此倍讀如反背之背，非倍畔之倍也。言由疑惑之故，雖解經之理，而反背於經。即成二年，逢丑父當左以免其主，春秋不非而說者非之，是背經也。任意者，春秋有三世異辭之言，顏安樂以爲從襄二十一年之後，孔子生訖，即爲所見之世，是任意。任意者，凡言見者，目覩其事，心識其理，乃可爲見，故演孔圖云：『文、宣、成、襄，所聞之世也。』而顏氏分張一公而使兩屬，是其任意也。反傳違戾者，宣十七年『六月，癸卯，日有食之』，按，隱三年傳云：『某月某日朔，日有食之者，食正朔也。其或日，或不日〔二〕，或失之前，或失之後。』『失之前者，朔在前也』，謂二日乃食，失正朔於前，是以但書其日而已；『失之後者，朔在後也』，謂晦日食，失正朔於後，是以又不書日，但書其

〔一〕「宋襄」至「文王」句有脫誤。據文意，「文王」下當有「之戰」二字。公羊善宋襄公不鼓不成列，以爲文王之戰亦不過此，見僖公二十二年傳。

〔二〕「日」下原衍「者」字，叢書本同，據公羊傳校刪。

月而已，即莊十八年『三月，日有食之』是也。以此言之，則日食之道不過晦朔與二日，即宣十七年言日不言朔者，是二日明矣。而顏氏以爲十四日日食，是反傳違戾也。」

其勢雖問不得不廣，【疏】校勘記云：「唐石經、諸本同。疏云一説『其勢維適畏人問難，故曰維問』，『維』誤爲『雖』耳。按，『維』當作『惟』，言其形勢惟問難者多，是以不得不廣爲説也，故下云『講誦師言至於百萬』云云。」按：舊疏云：「言説者疑惑，義雖不足，但其形勢已然，故曰『其勢』。雖復致問，不得不廣引外文望成其説，故曰『不得不廣』也。一説謂顏、莊之徒以説義疑惑，未能定其是非，致使倍經、任意、反傳違戾，是以何氏觀其形勢，故曰『其勢』；維適畏人問難，故曰『維問』；遂恐已説窮短，不得不廣引外文望成己説，故曰『不得不廣』也。」按：作「雖」字亦通，言雖倍經、任意、反傳違戾，然既窮相問詰，不得不廣引以證成己説也。援鶉堂筆記云：「『雖』疑『難』字之譌，而誤强解爲『維』字之誤，謬矣。」亦不必改讀「難」字，古人文義不必如後世之平順也。

是以講誦師言至於百萬猶有不解，【疏】舊疏云：「此師，謂胡、董之前公羊氏之屬也。言由莊、顏之徒講義不是，致他問難，遂爾謬説至於百萬言。其言雖多，猶有合解而不解者。」按：此蓋何氏自謂講誦師言至於百萬，猶有未解者也。繁露俞序云：「孔子曰：『吾因其行事而加乎王心焉，以爲見之空言，不如行事博深切明。』故子貢、閔子、公肩子言其切而爲國家資也。」「故衛子夏言有國家者，不可不學春秋，不學春秋，則無以見前後旁側之危，則不知國之大柄，君之重任也。」「故曾子、子石盛美齊桓安諸侯、尊天子。」又：「故子夏言春秋重人。」「故子池言魯莊築臺，丹楹刻桷，晉厲之刑刻意者，皆不得以壽終。」

是七十子言人人殊。故漢書藝文志云：「口授弟子，弟子退而異言焉。」

時加釀嘲辭，【疏】校勘記云：「諸本同，唐石經缺。按，釋文作『讓嘲』，讓，相責讓也；嘲，嘲笑也。言時加責讓嘲笑之辭。作『釀』誤，當據正。」按：葉鈔本、徐本、釋文本「釀」作「讓」。如作「釀」，陸當有音，然今本釋文亦作「釀」矣。舊疏云：「顏安樂等解此公羊，苟取頑曹之語，不顧理之是非，若世人云『雨雪其雱，臣助君虐』之類是也。」

援引他經，失其句讀，【疏】舊疏云：「三傳之理不同多矣，羣經之義隨經自合，而顏氏之徒既解公羊，乃取他經爲義，猶賊黨入門，主人錯亂，故曰『失其句讀』。」

以無爲有，【疏】舊疏云：「公羊經傳本無以周王爲天囚之義，而公羊説及莊、顏之徒以周王爲天囚，故曰『以無爲有』也。」

甚可閔笑者，【疏】舊疏云：「欲存公羊者，閔其愚闇；欲毀公羊者，笑其謬妄也。」校勘記云：「唐石經同。閩、監、毛本作『笑』，非。」

不可勝記也。【疏】舊疏云：「言其可閔可笑者多，不可勝負，不可具記也。」按：不可勝記者，言記不勝記也，言其多也。勝記，猶言遽數之，悉數之也。

是以治古學、貴文章者，謂之俗儒，【疏】舊疏云：「左氏先著竹帛，故漢時謂之古學。公羊漢世乃興，故謂之今學。是以許慎作五經異義云：『古者，春秋左氏説；今者，春秋公羊説也。』」按：易、書、詩、禮、春秋、孝經，皆有今文、古文。今文立於學官，當時所習。古文或出孔壁，或出民閒，往在蝌蚪文，故無師傳，因皆目爲古文也。後漢書范升傳：「尚書令韓歆上疏，欲爲左氏春秋立博士。升對曰：『左氏不祖孔子，而出於邱明，師徒相傳，又無其人。』謹〔一〕奏左氏之失凡十四事。時難者以太史公多引左氏，升又上太史公違戾五經、謬孔子言，及左氏春秋不可録三十一事。」按：春秋當漢代，公羊爲今文，左氏爲古文。劉歆欲建左氏春秋及毛詩、逸禮、古文尚書列於學官，諸博士或不肯，故劉歆遺書太常博士責讓之，中有抑此三學，以尚書爲不備，謂左氏不傳春秋之語，明當時以治古學貴文章爲譏也。史記十二諸侯年表：「太史公曰：儒者斷其義，馳説者騁其辭〔二〕，不務綜其終始，曆人取其年月，數家隆於神運，譜諜獨記世謚，其辭略，欲一觀諸要難。於是譜十二諸侯，自共和訖孔子，表見春秋、國語，學者所譏盛衰大指著于篇，爲〔三〕成學治古文者要删焉。」按：史記所謂儒者斷其義，謂公羊先師胡毋生、董仲舒能得春秋之義；馳説者騁其辭，即謂貴文章。左氏春秋但務事實也。舊疏云：「謂之俗儒者，即繁露云：『能通一經曰儒生。博覽羣書號曰洪儒。則言乖典籍、辭理失所名之爲俗。教授於世謂之儒。』〔四〕鄭、賈之徒謂公羊雖可教授於世，而辭理失所矣。」按：鄭衆、賈逵，皆治古文者也。

〔一〕「謹」，原譌作「乃」，據後漢書校改。
〔二〕「辭」，原作「詞」，叢書本同，據史記校改。本段下二「辭」字同。
〔三〕「爲」，原譌作「而」，據史記校改。
〔四〕今春秋繁露中没有此段文字。

至使賈逵緣隙奮筆，以爲公羊可奪，左氏可興。【疏】後漢書賈逵傳：「建初元年，詔逵入講北宮白虎觀、南宮雲臺。帝善逵説，使出左氏傳大義長於二傳者。逵於是具條奏之，曰：臣謹擿出左氏三十事尤著明者，斯皆君臣之正義，父子之紀綱。其餘同公羊者十有七八，或文簡小異，無害大體。至如祭仲、紀季、伍子胥、叔術之屬，左氏義深於君父，公羊多任於權變，其相殊絶，固已甚遠，而寃抑積久，莫可分明。」又云：「凡所以存先王之道者，要在安上理民也。今左氏崇君父，卑臣子，强幹弱枝，勸善戒惡，至明至切，至直至順。且三代異物，損益隨時，故先帝博覽異家，各有所採。易有施、孟，復立梁丘；尚書歐陽，復有大小夏侯，今三傳之異亦猶是也。又五經家皆無以證圖讖，明劉氏爲堯後者，而左氏獨有明文。五經家皆言顓頊代黄帝，而堯不得爲火德。左氏以爲少昊代黄帝，即圖讖所謂帝宣也。如令堯不得爲火，則漢不得爲赤。其所發明，補益甚多。」「陛下若復留意廢學，以廣聖見，庶幾無所遺失矣。書奏。帝嘉之。令逵自選公羊嚴、顏諸生高才者二十人，教以左氏，與簡紙經傳各一通。」舊疏云：「賈逵者，即漢章帝時衛士令也。言『緣隙奮筆』者，莊、顏之徒説義不足，故使賈逵得緣其隙漏，奮筆而奪之，遂作長義四十二條，云公羊理短，左氏理長，意望奪去公羊而興左氏矣。鄭衆亦作長義十九條十七事，專論公羊之短，左氏之長，在賈逵之前。何氏所以不言之者，正以鄭衆雖扶左氏而毁公羊，但不與讖合，帝王不信，毁公羊處少，興〔一〕左氏不强，故不言之。豈如賈逵作長義四十一條，奏御于帝，帝用嘉之，乃知古之爲

〔一〕「興」，原訛作「與」，叢書本同，據公羊注疏校改。

真也。賜布及衣，將欲存立，但未及而崩耳。然則，賈逵幾廢公羊，故特言之。」按：春秋序正義云：「賈逵上春秋大義四十，以抵公羊。」後漢書本傳則云：「出左氏傳大義長者摘三十餘事以上。」玉海引疏亦作「四十一條」，是宋世本作「一」，不作「二」也。

恨先師觀聽不決，多隨二創。【疏】舊疏云：「此先師戴宏等也。戴宏作解疑論難左氏，不得左氏之理，不能以正義決之，故云『觀聽不決』。」按：戴宏不知何時人。休本傳云：「休善曆算，與其師博士羊弼追述李育義，以難二傳，作公羊墨守、左氏膏肓、穀梁廢疾。」又李育傳云：「李育，扶風漆人也。少習公羊春秋。沈思專精，博覽書傳，知名太學，深爲同郡班固所重。」「嘗讀左氏傳，雖樂文采，然謂不得聖人深意，以爲前世陳元、范升之徒更相非折，而多引圖讖，不據理體，於是作難左氏義四十一事。建初四年，詔與諸儒論五經於白虎觀，育以公羊義難賈逵，往返皆有理證，最爲通儒。」然則，先師或亦指李育之難左氏義有未盡，故何氏如此云與？多隨二創者，舊疏云：「上文云『至有背經、任意、反傳違戾』者，與公羊爲一創；又云『援引他經，失其句讀』者，又與公羊爲一創。今戴宏作解疑論多隨此二事，故曰『多隨二創』也。而舊云公羊先師說公羊義不著，反與公羊爲一創，賈逵緣隙奮筆奪之，與公羊爲二創，非也。」援鶉堂筆記云：「二創，疑斥上文詆爲俗儒及公羊可奪、左氏可興爲二創，疏解非也。」

此世之餘事，【疏】舊疏云：「何氏言先師解義雖曰不是，但有己在，公羊必存，故曰此世之餘事。餘，末也。言戴氏專慮公羊未申，此正是世之末事，猶天下閒事也。舊云：何氏云前世之師，說此公羊不得聖人之本旨，而猶在世之末說，故曰世之餘事也。」援鶉堂筆記云：「餘事疑同多事，言其議論紛紜滋多而未已也。當時三家互相排擠，豈得云閒事也？疏解非是。」

斯豈非守文、持論、敗績、失據之過哉！【疏】舊疏云：「守文者，守公羊之文。持論者，執持公羊之文以論左氏，即戴宏解疑論之流矣。敗績者，争義似戰陳，故以敗績言之。失據者，凡戰陳之法，必須據其險勢以自固，若失所據，即不免敗績。若似公羊先師欲持公羊以論左氏，不閑公羊、左氏之義，反爲所窮，已業破散，是失所依據，故以喻焉。」

余竊悲之久矣。【疏】舊疏云：「何邵公精學十五年，專以公羊爲己業，見公羊先師失據敗績，爲他左氏先師所窮，但在室悲之而已，故謂之『竊悲』。非一朝一夕，故謂之『久』。後拜爲議郎，一舉而起，陵羣儒之上，已業得申，乃得公然歎息。」

往者略依胡毋生條例，多得其正，【疏】漢書儒林傳：「胡毋生字子都，齊人。治公羊春秋，爲景帝博士。與董仲舒同業，仲舒著書稱其德。年老歸教於齊，齊之言春秋者宗事之，公孫弘亦頗受焉。」舊疏云：「胡毋生本雖以公羊經傳傳授董氏，猶自別作條例，故何氏取之以通公羊也。雖取以通傳意，猶謙未敢言已盡得胡毋之旨，故言『略依』而已。何氏本著作墨守以距敵長義以强義，爲廢疾以難穀梁，造膏肓以短左氏，蓋在注、傳之前，猶鄭君先作六蓺論訖，然後注書，故云『往者』也。何氏謙不言盡得其正，故言『多』爾。」惠氏棟九經古義云：「公羊有嚴、顏二家。蔡邕石經所定者，嚴氏春秋也。何邵公所注者，顏氏春秋也。何以知之？以石經知之。石經載公羊云『桓公二年』，顏氏有『所見異辭，所聞異辭』云云，是嚴氏春秋已見於隱元年，於此不復發傳也，今何本有之。又云：卅年，顏氏言『君出則已入』，此僖三十年傳也。又云：顔氏無『伐而不言圍者，非取邑之辭也』，今何氏本亦無。以此知何所注者，蓋顔氏春秋也〔一〕。鄭康成注三禮，引隱五年傳云『登戾之』，又引桓十一年傳『遷鄭焉，而鄙留』，又引隱二年傳『放於此乎』，與石經同，與何氏異，蓋所據者，嚴氏本也。藝文志云公羊顔氏記十一篇，後漢張伯饒又減定爲二十萬言。顔氏説經以襄公二十一年之後，孔子生訖即爲所見之世，又以爲十四日日食，周王爲天囚之類，倍經違戾，皆何氏所不取。」按：何氏亦不必爲顔氏學，其本或偶與石經所記顔氏説合耳。

故遂隱括，使就繩墨焉。【疏】舊疏云：「隱謂隱審，括謂檢括，繩墨猶規矩也。何氏言己隱審檢括公羊，使就規矩也。而舊云善射者，隱括令審，射必能中，何氏自言己隱括公羊，能中其義也。」公羊問答云：「故遂隱括，此何義也？曰：説文：『檃，括也。』『括，檃也。』荀子『大山之木，示諸檃栝』，又『枸〔二〕木必待檃括、烝、矯然後直』，淮南子『其曲中規，檃括之力〔三〕』。檃，叚借作隱，漢書刑法志『隱之以阢〔四〕』，臣瓚注『隱括其民』，栝，叚借作括，經傳中多作括。邪曲之器，揉曲者曰檃，正方者曰括。舊云隱括令審，射必能中，迂遠不可從。」按：段氏玉裁注説文云：「檃與栝互訓。檃〔五〕亦叚借作隱。栝亦假

〔一〕「也」，原訛作「焉」，叢書本不誤，據改。
〔二〕「枸」，原訛作「拘」，叢書本同，據荀子校改。
〔三〕「力」，原訛作「方」，叢書本同，據淮南子校改。
〔四〕「阢」，原訛作「勢」，叢書本同，據漢書校改。
〔五〕「檃」字原脱，叢書本同，據段玉裁説文解字注校補。

借作括〔一〕。尚書大傳：『隱栝之旁多曲木，良醫之門多疾人。』荀子大略：『示諸檃栝。』檃栝者，矯制衺曲之器也。方言：『所以隱櫂〔二〕謂之㯳。』郭云：『搖櫓小橛也。』按，櫂以索繫於㯳而後可打〔三〕，是㯳者所以檃其櫂也。如許云矢檃弦處謂之矢括，矢括所以檢〔四〕弦也。般庚『尚皆隱哉』，某氏注云：『相檃栝，共爲善政。』公羊何〔五〕序：『隱括使就繩墨焉。』孫卿書：『刧之以勢，隱之以阸。』皆讀爲檃。漢刑法志『刧之以勢，隱之以阸』〔六〕，臣瓚曰：『秦政急峻，隱括其民於隘狹之法。』是也。凡古云安隱者，皆謂檃括之而安也。俗作安穩，形聲皆變也。」按：段説是也。韓詩外傳：「外寬而内直，自設於隱括之中；直己不直人，善廢而不悒悒，蘧伯玉之行也。」亦即矯之義也。凡多衺曲臃腫、不中繩墨，故須隱括之，而後就繩墨之直。何氏自謂「矯正倍經、任意、反傳違戾者」，一規矩之於正也。

〔一〕「亦假借作括」五字原脱，叢書本同，據段玉裁説文解字注校補。
〔二〕「櫂」，原訛作「擢」，叢書本同，據段玉裁説文解字注校改。下同，徑改不出校。
〔三〕「打」，原訛作「行」，叢書本同，據段玉裁説文解字注校改。
〔四〕「檢」，原訛作「控」，叢書本同，據段玉裁説文解字注校改。
〔五〕「何」字原脱，叢書本同，據段玉裁説文解字注校補。
〔六〕「漢刑法志『刧之以勢，隱之以阸』」句，原脱訛作「注志注」，叢書本作「漢志注」，據段玉裁説文解字注改補。